30 年で最大（80 年代 7 倍，90 年代 8 倍，2000 年代 9 倍）になっている（同書，p. 15）。所得格差には世代内格差や世代間格差があり，所得格差の背後には，雇用格差や男女間格差があり，そのまた背後には教育格差や学力格差がある。そして，所得格差は資産格差や地域間格差を生み出す。

　本書では，このような広範な広がりを持つ格差問題のうち，税財政に関連した問題を取り上げて考察しているが，その内容は大きく 2 つに分けることができる。ひとつは，財政制度や租税制度に内在する格差問題である。これは，特に地方財政や地方税制において生ずるものであり，政府部門内でどのような格差が生じているのか，その対策はどうあるべきか，といった点が主要な論点となる。もうひとつは，民間部門における格差問題に対する国や地方自治体の政策対応の分析である。まず格差問題の所在の確認をし，税制や財政支出が民間の格差是正や格差拡大の抑制にどのような役割を果たしてきたかについて検討することが議論の中心となる。

　このような形で税財政に関連した格差問題を考察するため，対象とする格差問題は所得格差，資産格差，世代内格差，世代間格差，地域間格差が中心となる。ただし，それだけに留まらず，本書では，格差問題として重要ではあるがこれまであまり注目されてこなかった問題を積極的に取り上げて議論すること，および，一見無関係であるようにみえる問題に対して格差の観点からアプローチすることで斬新な考察を展開することをも目指している。

　本書は全 14 章で構成されているが，上述の内容に即して「第 1 部　日本の税制における格差問題と対応」，「第 2 部　諸外国の税財政における格差問題と対応」，「第 3 部　財政調整および公共料金政策における格差問題と対応」の 3 部構成にしてある。以下，各章の概要を紹介しておこう。

　「第 1 部　日本の税制における格差問題と対応」には，所得税の負担格差とその対応，地方税制における税収格差とその対応に関する 4 編の論文を収めている。

　「第 1 章　日本の所得税収入と所得税負担――1990 年代～2010 年代の実態――」（関野満夫）では，国税庁の税務統計を利用して，1990 年代以降の所

得構造の推移や，所得階級・所得階層別にみた所得税負担の実態について整理・分析を行い，特に近年の所得格差拡大の中で重要性を増している超高所得層の所得や所得税負担の実態についても注目している。具体的にはまず，1990年代以降の日本の所得税収の動向（縮小と停滞）を説明し，その縮小要因である経済実態と所得税制改正（減税）について概観する。次いで，所得税収入の動向を，給与所得税については民間給与所得者の所得構造と所得税負担を中心に分析し，申告所得者の所得税負担の動向についてはキャピタル・ゲインや超高所得層の所得構造・所得税負担にも留意して分析する。そして最後に，所得税増税・所得税負担率引き上げによる所得税収の確保について簡単な試算を行い，所得税の基幹税としての役割再建に向けての若干の展望を示している。

「第2章 所得格差と租税政策――給付付き税額控除は格差の縮小に寄与するのか――」（柳下正和）では，給付付き税額控除が，低所得層を支援する再分配政策として機能し，格差を縮小するのかについて検討を行っている。所得格差の拡大，貧困の拡大・変質は，日本のみならず，先進各国の共通の課題である。1980年代以降の30年間にOECD加盟諸国の大半で富裕層と貧困層の格差が最大になった。わが国においても，高齢化や雇用の非正規化によって所得格差や貧困が拡大している。一方，格差の是正，就労支援の有力な政策手段として給付付き税額控除を導入する動きが国際的に広がっている。諸外国での改革の結果から，給付付き税額控除は再分配の手段としてかなり効果を上げていると評価されている。わが国においても，再分配の手段として，所得税の改革や給付付き税額控除を導入するための議論がなされた。本章では「平成22年度税制改正大綱」と「社会保障・税一体改革の論点に関する研究報告書」について検討したうえで，給付付き税額控除が格差の縮小に寄与するのかについて考察し，税制改革のあり方についても示唆している。

「第3章 地方税制における税収格差の是正に関する一考察」（横山彰）は，2008年度税制改正で導入された地方法人特別税・地方法人特別贈与税の暫定措置とその後の議論を中心に，地方税制における税収格差の是正について考察している。この暫定措置の概要と影響および社会保障・税一体改革後の議論を

概観した後に，地方税制における税収格差の是正方法を考察している。すなわち，①特定の地方税（法人事業税や法人住民税法人税割など）の税収格差を是正する，②地方税制全体の税収格差を是正する，③地方税制と地方交付税制度との全体で地方税制の税収格差を是正する，の3つの是正方法の相違を明確にしたうえで，地方交付税制度の財政調整機能を強化していく具体的な糸口を示した点に，本章の意義があるといえる。

「第4章　地方法人所得課税改革と税源格差」（浅羽隆史）では，まず2013年度決算における自治体間の税源格差の現状を，法人所得課税中心に多くの視点から把握している。具体的には，各自治体の総額および人口当たりの数値の両方で格差をみることを重視し，指標として最大最小倍率，変動係数，ジニ係数などを用いて格差を測定している。続いて，法人所得課税について各種の格差を示す指標の推移を検証し，2008年度改正による影響を明らかにしている。そして，景気変動による影響を除き税制改正によるものを明示することで，格差是正における経済要因と税制改正要因の峻別を試みている。また，東京都と東京都以外に区分した検証を取り入れている。さらに，2014・15年度改正について，税源格差への影響を分析して改正の意味を検討している。

「第2部　諸外国の税財政における格差問題と対応」には，アメリカ連邦給与税の受益と負担の関係および税負担構造に関する格差問題，カナダとアメリカの所得税および社会保障負担構造に関する格差問題，ニュージーランドの資産格差と資産課税，中国における年金制度における所得格差と年金改革，OECD諸国における社会的リスクと所得格差を取り扱った5編の論文を収めている。

「第5章　アメリカ連邦給与税の受益と負担の関係およびその税負担構造の考察――ブッシュ政権期・オバマ政権期を中心に――」（片桐正俊）では，ブッシュ政権期・オバマ政権期を中心に，市場所得の世帯間格差が拡大していく中での，連邦給与税の受益と負担の関係およびその税負担構造の変化と今後の見通しについて考察し，次のような点を明らかにしている。①給与税を財源とする社会保障信託基金とメディケア入院信託基金の財政は悪化しており，2030

年頃予定給付支払不能に陥る。これは，後の世代になるほど受益（給付）と負担の関係が悪くなり，世代間で純受益の格差が拡大することを意味する。②受益（給付）面で世帯間所得再分配機能をみると，社会保障年金給付（現金給付）の方は弱まっているが，メディケア（現物給付）の方は強まっている。③負担面で世帯間配分をみると，給与税の逆進性は強まっている。④上記の①，②，③を解決する明確な方向性はまだ出されていない。

「第6章　カナダの普遍主義とアメリカの選別主義——所得税・社会保障負担構造および福祉国家財政の比較——」（広瀬義朗）は，カナダ福祉国家財政の再編過程，とりわけアメリカとの所得税および社会保障負担，福祉国家財政の比較を通じてカナダの普遍主義を明らかにし，今日カナダ社会において格差社会が顕在化する中，これが容認されたのか，あるいは是正されたのかを解明することを目的にしている。カナダおよびアメリカは英国植民地から建国したため，租税体系および構造において共通性を持つ。二度のオイルショック後には，両国で税制改革が行われたが，カナダでは税制改革に加え，年金，医療，福祉分野でも制度改革が行われたため，格差の拡大が懸念された。しかし，格差の広がったアメリカとは異なり，カナダでは，むしろ格差縮小がみられた。その理由として，カナダが，税制，所得移転，景気回復後の租税支出の増大等において普遍主義的政策を取った点を強調している。

「第7章　資産格差と資産課税——ニュージーランドの議論——」（篠原正博）は，経済格差のうち資産格差に注目し，資産格差是正の観点から資産課税のあり方を考察するためのひとつのモデルケースとしてニュージーランド（以下，NZ）の議論に注目している。現在NZには，資産再分配に関連した資産課税は存在しない。経常純資産税（富裕税）を導入した経験はなく，相続・贈与税は廃止されている。また，一時導入されていた土地税も現在は存在しない。さらに，キャピタル・ゲインに対する課税は限定的である。このような税制は，他の先進国に例をみない。一体なぜそのような事態になったのか，NZにおける資産格差の状況はどのようになっており，資産格差是正の観点から資産課税のあり方を巡っていかなる議論が行われているのか，これらの点に注目し，NZ

における資産課税の意義を考察する。

「第8章　中国の年金制度における所得格差と年金制度持続性についての分析」（李森）では，中国の現行年金制度における所得格差問題に焦点をおき，その根源を中国の年金制度の背景，二元的経済構造下での年金制度の特徴と後遺症等から探り，また，所得分配の公平性の視点および年金制度改革論の原点から年金制度持続性について分析している。2015年1月14日に，中国国務院から『機関・事業単位職員の年金制度改革に関する国務院の決定』が公布され，政府部門の年金制度改革が本格的に軌道に乗ることになった。これによって，現行の中国年金制度は，都市部就業員年金制度，都市・農村居住民年金制度，機関・事業単位職員の年金制度等3つに分けられることになったが，本章の考察は，今後の年金制度改革にとって重視すべき点を摘出する。

「第9章　OECD諸国の社会的リスクへの対応と所得格差について」（飯島大邦）では，OECD加盟国のうち21カ国を取り上げ，1990～2008年までの社会的リスクへの対応の違いについてOECD社会支出データを用いて検討している。具体的には，社会的リスクを，1980年代まで重視されていた「伝統的社会的リスク」とそれ以降重視されている「新しい社会的リスク」に分類したうえで，社会的リスクへの対応の違いが，各国間の社会的リスクへの対応の違いの40％以上を説明することを明らかにしている。また，新しい社会的リスクへの対応の度合いは，所得格差と負の相関を示すが，伝統的社会的リスクへの対応の度合いは，所得格差と正の相関を示すことも明らかにしている。

「第3部　財政調整および公共料金政策における格差問題と対応」には，過疎対策が過疎地域の財政力格差の是正に及ぼした影響についての考察，東京都市町村総合交付金等の財源調整機能に関する考察，地方自治体の合併のタイミングに関する分析，水道の基本料金と水道事業の費用の地域間格差を巡る分析，新しい電力市場の下で生ずる電力料金負担の格差に関する分析，の5編の論文を収めている。

「第10章　過疎対策と過疎地域の財政力格差——過疎対策は財政力の地域格差を是正できたか——」（御船洋）は，1970年代以降，10年おきに制定された

過疎対策に関する4本の特別措置法に基づき累次にわたって実施された過疎対策によって，過疎地域の財政力格差が是正されたかどうかを検証することを目的にしている。過疎対策の目的は，時期によって若干異なっているが，終始一貫して掲げられてきたのが「地域格差の是正」である。そして，過疎市町村であるかどうかの要件は，人口要件（人口減少率）と財政力要件（財政力指数の大きさ）であった。本章では，財政力の観点から地域格差を捉え，財政力指数を指標として財政力の変動や格差を把握して，過去40年間の過疎対策の評価を行っている。

「第11章 東京都市町村総合交付金等の沿革と財源調整機能」（中島正博）は，東京都から市町村に交付される都支出金のうち，市町村に対する「財源補完」制度としての東京都市町村総合交付金等の沿革をまとめたうえで，その性格と機能を明らかにすることを目的としている。東京都における市町村への財政支援の仕組みは，1961年度から振興交付金制度が始まり，1980年度に「市町村振興交付金」および「市町村調整交付金」として整理され，この両者が2006年に統合されて設けられたのが，東京都市町村総合交付金制度である。日本の地方財政研究において，都道府県支出金は近年では2兆円を超える規模となっているにもかかわらず，これまで，理論的にも定量的にもあまり分析されてこなかった。本章の分析は，こうした研究上の空隙を埋めるもので，その意義は大きい。

「第12章 自治体合併のタイミング――連続時間サバイバル分析――」（中澤克佳）は，1999年以降の平成の大合併における合併協議会設置と合併成立に要する期間が，自治体（協議会）ごとに大きく異なっている点に注目し，自治体の財政ないし社会経済的特性と，そのタイミングについて実証的に考察を行っている。

ハザード関数を特定化した連続時間サバイバル分析を行った結果，交付税比率が高い自治体，または政令指定都市・中核市・特例市への昇格を見込む自治体，一部事務組合や広域連合で共同事務を経験している自治体は，合併協議会設置および合併成立を早めることを明らかにしている。合併に向かわせるため

の財政措置は，自治体の合併協議会設置および合併の意思決定・時期に大きな影響を与えた。自治体間の財政力格差が拡大する一方で，国・地方を巡る税収と財政が厳しくなる中で，特に財政的持続可能性が厳しい小規模自治体が合併を選択していったことを示している。一方で，1人当たり地方債残高や人口規模といった変数は，合併協議会設置と合併成立のタイミングに異なる影響を与えることを明らかにした。

「第13章 水道料金と費用における格差分析」（田代昌孝）では，タイル尺度の計測に基づき，水道の基本料金と水道事業の費用に関する地域間格差の分析を行っている。具体的には，『地方公営企業年鑑（平成16〜23年度）』のデータを利用して，各都道府県で生じている料金格差，あるいは水道事業の費用格差が全体の格差に与える影響を分析している。分析の結果，①平成16年度から22年度にかけて水道料金の格差は拡大傾向にあり，その寄与度は北海道が最大，東京都が最小であること，②茨城県や福岡県の水道料金格差が全国における地域間格差に及ぼす影響が大きいこと，③水道事業の費用に及ぼす影響は北海道が最大で，東京都が最小である，④減価償却費と支払利息については北海道のみならず，千葉県や福島県の寄与度が大きく，これら2つの費用については寄与度の大きい都道府県が同じ傾向にあること，等を明らかにした。

「第14章 電力市場におけるベストミックスの理論的再構築──電力市場の価格政策が格差問題に与える影響の分析──」（田中廣滋）では，大量の電力供給能力を有する化石エネルギーに依存しない電力市場の確立とその運営のためには，ベストミックスの機能を理論的に解明することが必要であること，および電力市場の自由化が進むことで，電力価格は平均費用料金の体系に依存することが困難になることを踏まえ，このベストミックスの理論体系の構築をめざしている。本章のモデルは最善の理論に基礎をおくが，平均費用の分析も可能なように工夫している。脱原子力発電の政策では，電力価格の上昇と供給量の削減が効果として現れるが，水素社会や電力市場の自由化を組み合わせた電力の貯蔵技術のイノベーションは電力料金の引き下げと供給量増加の効果を実現する。その一方で，住民がその所得と住宅の状況によって電力という必需品の

消費において，このインセンティブメカニズムの適用の恩恵を受けられないで電力料金の負担の増大だけに直面することが起こりうる。本章ではこうした格差の構造も解明している。

　以上で概観した各章で構成される本書は，全体として共通の主張や見解を表明するものではない。アプローチの仕方もさまざまであるし，テーマの選択もまちまちである。その意味で，一貫性や統一性に欠けるという点はあるものの，その一方で，格差問題の多面性や奥の深さを浮き彫りにできたのではないかと思われる。ただし，重要な問題や論点を取り上げ損ねた可能性は否定できない。また，今後，さらに重要な課題や案件が生じることも十分ありうる。こうした点の検討については，他日を期したい。いずれにせよ，読者諸賢には，本書に対して忌憚のないご批判を賜れば幸いである。

　最後に，本書の刊行に際しては，中央大学経済研究所の宮岡朋子さんと中央大学出版部の中沢希実子さんには大変お世話になった。記して深甚の感謝の意を表しておきたい。

2015年3月

編著者　片　桐　正　俊
御　船　　　洋
横　山　　　彰

　本書『格差対応財政の新展開』の共編著者である，片桐正俊中央大学経済学部教授は，2015年8月15日にめでたく満70歳の誕生日を迎えられました。中央大学経済研究所財政研究部会の執筆者一同は，長年のご指導に心から感謝申し上げ，本書の各論文を片桐正俊教授に古稀記念として捧げたいと存じます。

御　船　　　洋
横　山　　　彰

目　次

はしがき

第1部　日本の税制における格差問題と対応

第1章　日本の所得税収入と所得税負担
　　　　──1990年代～2010年代の実態──……………関野満夫… 3
1. はじめに……………………………………………………………… 3
2. 所得税収の動向……………………………………………………… 4
3. 給与所得者の所得税負担…………………………………………… 11
4. 申告所得者の所得税負担…………………………………………… 17
5. 所得税収の確保に向けて…………………………………………… 26
6. おわりに……………………………………………………………… 31

第2章　所得格差と租税政策
　　　　──給付付き税額控除は格差の縮小に寄与するのか──
　　　　………………………………………………………柳下正和… 33
1. はじめに……………………………………………………………… 33
2. 所得格差・貧困の拡大と所得再分配……………………………… 34
3. 税制改革の潮流としての給付付き税額控除……………………… 46
4. わが国における税制改革と給付付き税額控除…………………… 51
5. おわりに……………………………………………………………… 56

第3章　地方税制における税収格差の是正に
　　　　関する一考察………………………………………横山　彰… 61
　1. はじめに……………………………………………………………… 61
　2. 地方法人特別税・地方法人特別譲与税の概要と影響…………… 62
　3. 社会保障・税一体改革後の議論…………………………………… 66
　4. 地方税制における税収格差の是正………………………………… 73
　5. おわりに……………………………………………………………… 84

第4章　地方法人所得課税改革と税源格差……………浅羽隆史… 87
　1. はじめに……………………………………………………………… 87
　2. 日本の地方法人所得課税の現状における格差…………………… 89
　3. 2008年度改正による影響…………………………………………… 92
　4. 税源格差からみた2014・15年度改正の意味……………………… 103
　5. おわりに……………………………………………………………… 107

第2部　諸外国の税財政における格差問題と対応

第5章　アメリカ連邦給与税の受益と負担の関係および
　　　　その税負担構造の考察
　　　　――ブッシュ政権期・オバマ政権期を中心に――…片桐正俊… 113
　1. はじめに……………………………………………………………… 113
　2. 連邦給与税（社会保障税とメディケア税）の受益と負担の関係……… 117
　3. 連邦給与税（社会保障税とメディケア税）の負担構造………… 138
　4. おわりに……………………………………………………………… 153

第6章　カナダの普遍主義とアメリカの選別主義
　　　──所得税・社会保障負担構造および
　　　　　福祉国家財政の比較── ………………………広瀬義朗… 163
1. はじめに…………………………………………………………… 163
2. 所得税および社会保障の負担分析……………………………… 164
3. カナダ普遍主義の特徴──アメリカとの比較から──……… 172
4. おわりに…………………………………………………………… 189

第7章　資産格差と資産課税
　　　──ニュージーランドの議論──………………篠原正博… 195
1. はじめに…………………………………………………………… 195
2. ニュージーランドの家計資産構造と資産格差………………… 196
3. ニュージーランドの資産課税…………………………………… 202
4. 資産再分配関連の資産課税廃止の経緯………………………… 206
5. 資産課税の見直しを巡る議論…………………………………… 212
6. おわりに…………………………………………………………… 216

第8章　中国の年金制度における所得格差と
　　　　年金制度持続性についての分析……………………李　　森… 221
1. はじめに…………………………………………………………… 221
2. 中国現行年金制度の所得格差…………………………………… 222
3. 所得分配の公平性視点での問題点……………………………… 229
4. 年金制度改革論の原点…………………………………………… 234
5. 年金制度改革論と持続可能性…………………………………… 236
6. おわりに…………………………………………………………… 238

第 9 章　OECD 諸国の社会的リスクへの対応と
　　　　所得格差について……………………………飯島大邦… 241
 1. はじめに……………………………………………………… 241
 2. SOCX と社会的リスク……………………………………… 243
 3. OECD 諸国の社会的リスクへの対応の時系列的推移…… 247
 4. 社会的リスクへの対応による OECD 諸国の類型化……… 258
 5. おわりに……………………………………………………… 274

第 3 部　財政調整および公共料金政策における格差問題と対応

第 10 章　過疎対策と過疎地域の財政力格差
　　　　──過疎対策は財政力の地域格差を是正できたか──
　　　　………………………………………………御船　洋… 279
 1. はじめに……………………………………………………… 279
 2. 過疎地域とはどこか………………………………………… 281
 3. 過疎対策の経緯と概要……………………………………… 285
 4. 過疎地域の市町村数，人口，面積の推移………………… 293
 5. 過疎地域の財政力格差……………………………………… 302
 6. 過疎対策の評価……………………………………………… 316
 7. おわりに……………………………………………………… 318

第 11 章　東京都市町村総合交付金等の沿革と
　　　　財源調整機能……………………………………中島正博… 321
 1. はじめに……………………………………………………… 321
 2. 東京都内市町村における歳入の特徴……………………… 323
 3. 東京都における市町村財源補完制度の経緯……………… 326
 4. 東京都市町村調整交付金・振興交付金としての整理…… 329

5. 東京都市町村総合交付金への統合 …………………………………………… 337
6. お わ り に …………………………………………………………………… 340

第12章　自治体合併のタイミング
　　　　　──連続時間サバイバル分析── ……………… 中澤克佳… 343

1. は じ め に …………………………………………………………………… 343
2. 平成の大合併と合併インセンティブ ……………………………………… 346
3. 推定方法とデータ …………………………………………………………… 348
4. 推 定 結 果 …………………………………………………………………… 352
5. お わ り に …………………………………………………………………… 357

第13章　水道料金と費用における格差分析 …………… 田代昌孝… 363

1. は じ め に …………………………………………………………………… 363
2. 経営主体と事業別における水道料金の変化 ……………………………… 364
3. 都道府県別における水道事業の費用について …………………………… 367
4. 水道料金と費用に関する都道府県ごとの格差 …………………………… 368
5. 水道料金と費用に関するタイル尺度の分析 ……………………………… 371
6. お わ り に …………………………………………………………………… 378

第14章　電力市場におけるベストミックスの理論的再構築
　　　　　──電力市場の価格政策が格差問題に与える
　　　　　　　影響の分析── ………………………………… 田中廣滋… 381

1. は じ め に …………………………………………………………………… 381
2. 脱原子力発電と原子力発電再稼働の費用便益分析 ……………………… 385
3. 電力の蓄蔵と再利用の市場分析 …………………………………………… 391
4. エネルギー市場の価格政策と格差の内容 ………………………………… 393
5. お わ り に …………………………………………………………………… 397

第1部　日本の税制における格差問題と対応

第 1 章

日本の所得税収入と所得税負担
―― 1990 年代～2010 年代の実態 ――

関 野 満 夫

1. はじめに

　1990 年代以降今日まで日本の所得税収入は減少・停滞しており，納税者の所得税負担率も低下してきている。これは所得税が，深刻な財政赤字状況にもかかわらず，基幹税としてのその役割を低下させてきたことも示している。それではこうした状況の中で所得税の負担構造は果たしてどのように推移・変化してきたのであろうか。本章では税務統計（国税庁）を利用して，1990 年代以降の所得構造の推移や，所得階級・所得階層別にみた所得税負担の実態について整理・分析してみたい。また，近年の所得格差拡大の中で重要性を増している超高所得層の所得や所得税負担の実態についても特に注目していくことにしたい。本章の構成は以下のとおりである。第 2 節では，日本の所得税収の動向を説明し，その縮小要因である経済実態と所得税制改正（減税）について概観する。第 3 節では，所得税収入の主体である給与所得税の動向について，民間給与所得者の所得構造と所得税負担を中心に分析する。第 4 節では申告所得者の所得税負担の動向について，キャピタルゲインや超高所得層の所得構造・所得税負担にも留意して分析する。第 5 節では，所得税増税・所得税負担率引き上げによる所得税収の確保について簡単な試算を行い，所得税の基幹税として

の役割再建に向けての若干の展望を示す。

2. 所得税収の動向

日本の個人所得税収はバブル経済期の 1990 年前後をピークに，それ以降持続的に低下してきており，2010 年代に入ってもその停滞状況を脱していない。その状況をまず表 1-1 で確認しておこう。同表からは個人所得税収の動向について，次の 4 点がわかる。

第 1 に，所得税（国税）と住民税（地方税）を合わせた個人所得税収の規模は，1990 年の 36.1 兆円をピークに持続的に低下，停滞しており，2012 年時点では 25 兆円程度の水準にある。

第 2 に，個人所得税の GDP 比も 1990 年の 7.9％をピークに低下し，2000 年 5.6％，2012 年 5.5％という低い水準にある。OECD 諸国平均の同数値は 1990 年 10.1％，2000 年 9.1％，2012 年 8.6％であり[1]，近年の日本の水準は OECD 平均の 6 割程度という低い水準になっている。

第 3 に，租税・社会保障負担全体に占める個人所得税のシェアも 1990 年の 27.8％をピークに低下しており，2010 年，12 年には 18.6％になっている。参考までに指摘すると，個人所得税とは反対に，社会保障負担のシェアは 12.7％（1990 年）から 21.6％（2010 年）へと約 9 ポイント上昇し，消費課税のシェアも

表 1-1　日本の個人所得税収の推移

(10 億円)

年度	1985	1990	1995	2000	2005	2010	2012
所得税	15,345	25,996	19,515	18,789	16,702	12,984	14,044
住民税	6,603	10,120	10,032	9,665	8,305	11,494	11,725
合計	22,038	36,116	29,457	28,444	25,007	24,478	25,769
租税・社会保障負担に占めるシェア（％）	24.7	27.8	22.4	19.6	18.3	18.6	18.6
GDP 比（％）	6.6	7.9	5.9	5.6	5.0	5.1	5.5

（出所）OECD（2014）.

---

1)　OECD（2014）.

12.0％から16.7％へと約5ポイントの上昇，中でも一般消費税のシェアは4.4％から9.6％に上昇していた[2]。つまり，日本の租税・社会保障負担における従来からの基幹税としての個人所得税の地位は，近年では相当に低下しているのである。

第4に，個人所得税に占める国税・所得税の比率も低下している。1990年には所得税25.9兆円，住民税10.1兆円で，所得税は住民税の2.6倍の規模であったが，2012年には所得税14.0兆円，住民税11.7兆円となり，同比率は1.2倍に低下している。なおこの背景には，地方財政の三位一体改革による「3兆円の税源移譲」に伴う所得税・住民税の税率変更（後述）が2007年から実施されていることもある。

さて，上記のことから個人所得税の中でも特にこの間，国税・所得税の税収規模が縮小してきたことは明らかである。そこで以下では主要には所得税について検討していくことにする。まず表1-2は，国税収入の租税別構成比の推移をみたものである。ここでも所得税のシェアは，1990年の41％をピークに低下傾向にあり，2013年には30％弱になっている。また，所得税と法人税を合わせた所得課税のシェアも1990年の70％から2013年には50％に低下してい

表1-2　国税収入・構成比の推移

(％)

年度	1985	1990	1995	2000	2005	2010	2013
所得税	39.4	41.4	35.5	35.6	29.8	29.7	29.9
法人税	30.7	29.3	25.0	22.3	25.4	20.5	20.3
小計	70.1	70.7	60.5	57.9	55.2	50.2	50.2
相続税	2.7	3.1	4.9	3.4	3.0	2.9	3.0
消費税	－	7.4	10.5	18.6	20.2	23.0	21.5
酒税	4.9	3.1	3.7	3.4	3.2	3.2	2.7
揮発油税	4.0	2.4	3.4	3.9	6.3	6.3	5.2
合計	100.0	100.0	100.0	100.0	100.0	100.0	100.0
税額（兆円）	39.1	62.7	54.9	52.7	43.7	43.7	49.5

（注）主要国税のみ計上，合計にはその他税も含む。2013年度は補正後予算，その他年度は決算。
（出所）住澤編（2014）より作成。

---

2) OECD（2014）.

表 1-3　所得税収の内訳

(億円)

年度	1985	1990	2000	2010	1990 → 2010
源泉所得税	125,080	187,787	158,785	106,770	− 81,017（− 43.2％）
給与所得分	112,819	112,819	101,762	85,013	− 27,806（− 24.6％）
利子所得分	48,916	48,916	31,616	5,482	− 43,434（− 88.8％）
申告所得税	72,168	72,168	29,104	23,073	− 49,095（− 68.1％）
所得税総計	154,350	259,955	187,889	129,844	− 130,111（− 50.0％）

(出所) 住澤編 (2014) より作成。

る。反対に，消費税のシェアは1990年の7％から2013年には21％に上昇している。国税収入の中での所得税の地位も低下しているのである。

それでは1990年代以降の所得税収の減少・停滞の具体的内容を考えてみよう。表1-3で所得税収の推移（1990年～2010年）を源泉課税分と申告課税分に分けてみてみる。同表によれば，所得税収全体では1990年の25.9兆円から2010年の12.9兆円へと約13兆円，50％の減少である。源泉課税分は18.7兆円から10.6兆円へと8.1兆円，43％の減少である。そのうち利子所得分は4.8兆円から0.5兆円へとじつに4.3兆円，89％の減少である。また，給与所得分は11.2兆円から8.5兆円へと2.7兆円，24％の減少になっている。他方，事業所得や不動産譲渡所得などの申告課税分は7.2兆円から2.3兆円へと4.9兆円，68％の減少になっている。つまり，減少率では利子所得分，申告課税分，給与所得分という順になる。他方，1990年から2010年にかけての所得税収13.0兆円の減少規模でみると，申告課税分（38％），利子所得等分（33％），給与所得分（21％）という順になっている。

さて，このように1990年代から2000年代にかけて所得税収が減少してきた大きな原因は，ひとつにはバブル経済崩壊後の長期不況の下での各種所得の減少という経済環境の変化があり，いまひとつには減税政策による所得税制改正がある。

まず，所得税の対象となる所得の規模の変化をマクロ・レベルでみてみよう[3]。表1-4は，国民経済計算からみた家計受取の推移（1992年，2000年，2009年）を示している。同表によれば，第1に，家計受取総額は1992年の365兆

表1-4　国民経済計算からみた家計受取の状況

(兆円)

	1992	2000	2009
営業余剰・混合所得	**56.4**	**53.1**	**36.5**
持家	22.4	30.1	24.4
混合所得	34.0	23.0	12.1
雇用者報酬	**256.8**	**278.4**	**244.9**
賃金・俸給	220.8	236.0	206.2
雇主の社会負担	36.0	42.4	38.7
財産所得	**52.6**	**27.5**	**24.0**
利子所得	32.6	11.4	7.5
配当所得	2.3	2.3	4.4
保険契約者に帰属する財産所得	14.1	10.9	8.9
賃貸料	3.5	2.8	3.2
合計	365.9	359.1	305.4

(出所)　内閣府編『国民経済計算年報』各年版より作成。

円から2000年359兆円, 2009年305兆円へと持続的に低下しており, この17年間で約60兆円, 16.5％の減少になっている。第2に, 給与所得税の対象となる賃金・俸給は220兆円, 236兆円, 206兆円という推移であり, 2000年代に入っての減少がやや目立つ。ここには経済不況に伴う賃金停滞や非正規雇用増による給与水準の低下も反映していると考えられる。第3に, 利子所得は32兆円, 11兆円, 7兆円へと大幅な低下であり, 17年間で約25兆円, 77％減と大きく減少してきている。第4に, 事業所得等からなる混合所得も34兆円, 23兆円, 12兆円と低下傾向にあり, 同じくこの17年間で約22兆円, 64％減という大きな減少になっている。

そして, このような給与所得や利子所得の減少が源泉所得税収の停滞, また事業所得等の減少が申告所得税収の停滞の重要な要因になってきたのである。なお国民経済計算における家計受取には, 申告所得税の対象となるキャピタルゲインは含まれていない。このキャピタルゲインの動向については第4節でも

---

3)　1990年代のマクロ・レベルの所得税課税ベースの推移については, 望月・野村・深江 (2010) 第1章も参照されたい。

表 1-5 所得税, 住民税の課税最低限

(万円)

年度	単身者世帯 所得税	単身者世帯 住民税	夫婦子 2 人世帯 所得税	夫婦子 2 人世帯 住民税
1980	83.1	75.7	201.5	158.4
1985	96.7	89.2	235.7	191.2
1990	107.5	102.1	319.8	272.2
1995	110.7	105.3	359.9	300.7
2000	114.4	108.8	384.2	325.0
2005	114.4	108.8	325.0	270.0
2010	114.4	108.8	325.0	270.0
2012	114.4	108.8	261.6	270.0

(出所) 財務省編 (2014) 52 ページより作成。

詳しくみるが, ここでも次のことを確認しておこう。後掲表 1-17 によれば, 申告所得者の所得総額は 1991 年の 59 兆円から 2012 年の 35 兆円へと 24 兆円も減少していること, 中でもキャピタルゲインの中核たる不動産譲渡益 (分離長期譲渡所得) が 17 兆円から 3 兆円へと 14 兆円も減少していることである。そしてこのことは, 先にみた申告所得税の急減の主な要因にもなっていた。

次に, 減税つまり減収につながる所得税制改正とは, 各種所得控除の引き上げによる課税最低限の引き上げ (所得税課税ベースの縮小) と, 税率構造のフラット化がある[4]。表 1-5 は単身者世帯と夫婦子 2 人世帯の所得税 (および住民税) の課税最低限の推移を示したものである。夫婦子 2 人世帯の水準は 1980 年の 201 万円から持続的に引き上げられて 2000 年には 384 万円に達しており, それ以降若干の引き下げがされている。また, 単身者世帯については, 1980 年の 83 万円から 2000 年の 114 万円に上昇して, 以降その水準が保たれている。なお, 住民税の課税最低限は所得税よりやや低いが, ほぼ同じ傾向を示している。そして, 表 1-6 は所得税 (および住民税) の税率構造の変化を示している。1987 年の 10.5〜60% の 12 段階から 1989 年には 10〜50% の 5 段階に大

---

4) 1980 年代から 2000 年代にかけての所得税および住民税の制度改正の背景・概要については, 北村・宮崎 (2013) 第 2 章, 藤・川勝 (2014), 根岸 (2014) を参照されたい。また 1990 年代までの各種控除制度の動向と所得税課税ベースの縮小については, 森信 (2002) が詳しい。

表 1-6　所得税率の推移

1987年		1989年		1999年		2007年	
税率	所得区分	税率	所得区分	税率	所得区分	税率	所得区分
10.5%	～150万円	10%	～300万円	10%	～330万円	5%	～195万円
12	～200	20	～600	20	～900	10	～330
16	～300	30	～1,000	30	～1,800	20	～695
20	～500	40	～2,000	37	1,800～	23	～900
25	～600	50	2,000～			33	～1,800
30	～800					40	1,800～
35	～1,000						
40	～1,200						
45	～1,500						
50	～3,000						
55	～5,000						
60	5,000～						
住民税率		住民税率		住民税率		住民税率	
2.5～14%（13段階）		5, 10, 15%		5, 10, 13%		10%	

（出所）住澤編（2014）等より作成。

幅に簡素化され，さらに1999年には10～37%の4段階へと簡素化・フラット化が進んできたことがわかる。なお，地方財政の三位一体改革によって，2007年から住民税率が10%の比例税化されたことに伴い，所得税率は5～40%の6段階に変更されている。

　所得税（および住民税）におけるこのような一連の課税最低限引き上げと税率のフラット化は，当然ながら納税者にとっては所得税負担率の引き下げとなる。表1-7と表1-8は，所得階級別にみたモデル世帯（給与所得者）の想定される所得税負担率の推移を単身者，夫婦子2人世帯ごとに示したものである。1985年，2000年，2014年の数値に注目すると，単身者世帯の負担率は所得300万円層では5.5%，3.3%，2.1%へと，所得500万円層では7.8%，4.1%，3.3%へと，所得1,000万円層では14.7%，7.7%，8.9%へと相当に低下している。一方，夫婦子2人世帯の負担率は，所得400万円層では3.1%，0.2%，1.1%へと，所得700万円層では7.5%，2.6%，3.0%，所得1,000万円層では11.7%，4.9%，6.8%という変化になる。夫婦子2人世帯の場合は，1985年から2000年にかけて負担率は大幅に低下しているが，2000年代以降は所得税課

表1-7 モデル世帯・所得階級別の個人所得税負担率(単身者世帯)

(%)

年度	所得300万円 所得税	所得300万円 住民税	所得500万円 所得税	所得500万円 住民税	所得1000万円 所得税	所得1000万円 住民税
1985	5.5	2.2	7.8	5.2	14.7	5.8
1990	4.6	2.7	5.6	4.5	12.3	7.6
2000	3.3	1.8	4.1	2.8	7.7	5.2
2006	3.7	2.0	4.6	3.1	8.7	5.3
2014	2.1	4.2	3.3	5.2	8.9	6.5

(出所)財務省編(2014)より作成。

表1-8 モデル世帯・所得階級別の個人所得税負担率(夫婦子2人世帯)

(%)

年度	所得400万円 所得税	所得400万円 住民税	所得500万円 所得税	所得500万円 住民税	所得700万円 所得税	所得700万円 住民税	所得1000万円 所得税	所得1000万円 住民税
1985	3.1	1.7	4.5	3.4	7.5	5.2	11.7	6.2
1990	1.4	1.1	2.6	2.0	4.2	3.8	8.2	5.8
2000	0.2	0.5	1.3	1.0	2.6	2.0	4.9	3.7
2006	1.1	1.0	2.1	1.4	3.4	2.6	6.2	4.2
2014	1.1	2.6	1.6	2.0	3.0	4.6	6.8	5.7

(出所)財務省編(2014)より作成。

税最低限の一定の引き下げ(表1-5参照)もあって負担率は若干ながら上昇している。

いずれにせよこのような従来の所得税制改正は,納税者にとっての所得税負担率を引き下げ,また先にみた課税対象となる各種所得の減少,停滞傾向とあいまって,1990年代以降の持続的な所得税収の減少の重要な要因になってきたことはまちがいない。

それでは,所得階級別にみた所得税の負担構造(納税者数,実質負担率,税収規模など)はこの間,実際にはどのような推移と変化を示していたのであろうか[5]。この点について,第3節では所得税収の大半を占める給与所得者の所得

---

[5] ドイツにおいても「税制改革2000」プログラムの下で所得税負担の軽減を目標に1990年代末以降所得税率のフラット化が進められてきた。しかしその結果は,とりわけ高所得層にとっての負担率低下となり,所得税による所得再分配機能を弱めることになった。詳しくは,関野(2014)第1章,参照のこと。

税負担について，第4節ではキャピタルゲイン所得も反映する申告所得者の所得税負担について，それぞれ税務統計資料を検討してみよう。

3. 給与所得者の所得税負担

ここでは国税庁による『税務統計から見た民間給与の実態（国税庁民間給与実態統計調査報告書）』各年分を利用して，民間給与所得者の所得税負担の実態について検討していく。この調査には公務員を除く従業員1人から5,000人以上までの幅広い民間企業の給与所得者を対象に，その所得構造や所得税負担が調査，推計されている。

まず表1-9で，マクロでみた給与総額，所得税額，税額割合（負担率）の推移（1985～2012年）をみてみよう。この表からは次の3点が指摘できる。第1に，1990年から2000年への推移をみると，給与総額は175兆円から216兆円へと41兆円も増加しているにもかかわらず，所得税額は10.0兆円から9.6兆円へとわずかながら減少しており，税額割合（負担率）は5.7％から4.4％へと1.3ポイントも低下している。ここには前節でみた所得税率のフラット化や課税最低限の引き上げによる減税の影響が顕著に表れている。

第2に，2000年から2012年の推移をみると給与総額は216兆円から191兆円へと25兆円も減少し，所得税額も9.6兆円から7.8兆円へと1.8兆円減らしており，税額割合（負担率）も4.4％か4.1％へと0.3ポイントながら持続的に

表1-9　民間給与所得者の給与総額と所得税額

(億円)

年	給与総額 (A)	所得税額 (B)	税額割合 (B／A)
1985	1,323,354	78,789	5.93％
1990	1,756,651	100,726	5.73
1995	2,131,265	102,290	4.94
2000	2,164,558	96,400	4.45
2005	2,015,802	90,364	4.48
2010	1,943,722	75,009	3.86
2012	1,910,996	78,240	4.09

(出所) 国税庁編『税務統計から見た民間給与の実態』各年分より作成。

低下している。なお，ここには三位一体改革による所得税減税（2007年以降）も影響している。

第3に，全体として注目すべきは，国税・所得税制による給与所得に対する所得税収確保力が大幅に低下してきたことである。ちなみに1985年には給与総額132兆円に対して7.8兆円の所得税収を確保していたが，2012年には給与総額はその1.4倍の191兆円であるのに同額の7.8兆円の所得税収しか確保できていないのである。

それでは所得階級別にみた所得税負担率はどのように変化しているのであろうか。表1-10は1993年，2006年，2007年，2012年における所得階級別の所得税負担率の推移をみたものである。なおここでの負担率とは，各所得階級での給与所得総額に対する所得税額の比率を意味している。三位一体改革による所得税率変更の影響をみるために2006年，07年の数値も並べている。さて同表からは次の3点のことがわかる。

第1に，給与所得額に対する累進的負担の実態は確認できる。1993年では

表1-10 民間給与所得者の所得階級別・所得税負担率の変化

(％)

所得階級 (万円)	1993年	2006年	2007年	2012年	93年→12年
～100	0.8	0.5	0.4	0.4	－0.2
100～200	4.3	1.7	1.3	1.0	－3.3
200～300	3.5	2.7	2.1	1.6	－2.1
300～400	3.9	3.0	2.3	1.8	－2.1
400～500	4.0	3.3	2.5	2.0	－2.0
500～600	4.2	3.5	2.7	2.4	－1.8
600～700	4.7	3.7	3.0	2.8	－1.9
700～800	5.7	4.4	3.6	3.9	－1.8
800～900	6.9	5.4	4.5	5.1	－1.8
900～1,000	8.0	6.4	5.6	6.2	－1.8
1,000～1,500	11.7	6.7	7.5	8.9	－2.8
1,500～2,000	19.5	13.8	13.1	15.1	－4.4
2,000～	28.7	22.4	24.0	23.9	－4.8
2,000～2,500	－	17.9	18.1	19.4	－
2,500～	－	24.9	27.3	26.7	－
全体平均	6.2	5.1	4.4	3.9	－2.3

(出所) 表1-9に同じ。

100万円未満層の0.8%から2,000万円超層の28.7%という累進的負担であり，2012年においても0.4%から23.9%（2,500万円超層は26.7%）の累進的負担になっている。

第2に，全体の平均負担率は1993年の6.2%から2012年の3.9%へと2.3ポイントの低下であるが，1,000万円超の高所得層の負担率は2.8～4.8ポイントもの低下を示しており，高所得層での負担率低下がより顕著である。

第3に，2006年から2007年への負担率変化をみると，2,000万円未満層は負担率低下しているが，2,000万円超層には若干の負担率上昇がみられる。後者については，従来のブラケット（20%，30%）に替えて20%，23%，33%のブラケットが導入された影響と考えられる[6]。

なお2000年前後に関しては，総務省統計局による『家計調査年報』によって世帯所得分位別（5分位）の所得税・住民税の実質負担率が計算可能なので参照してみたい。表1-11がそれであるが，1998年と2004年についての所得分位別・世帯負担率が計上されている。同表によると勤労所得税の平均負担率は3.5%から3.2%へと0.3ポイント低下しているが，特に第5分位は1.0ポイントも低下しており，この間の所得税制改正によって高所得層世帯ほど所得税

表1-11 世帯・所得分位別の所得税負担率の推移

(%)

		第1分位	第2分位	第3分位	第4分位	第5分位	平均
勤労所得税	1998年	1.2	1.8	2.5	3.7	5.7	3.5
	2004年	1.3	1.9	2.5	3.3	4.7	3.2
	差	+0.1	+0.1	0	-0.4	-1.0	-0.3
住民税	1998年	0.8	1.3	2.1	4.0	4.0	2.6
	2004年	0.8	1.3	1.8	3.6	3.6	2.3
	差	0	0	-0.1	-0.4	-0.4	-0.3
合計	1998年	2.0	3.1	4.6	6.5	9.7	6.1
	2004年	2.1	3.2	4.3	5.8	8.3	5.5
	差	+0.1	+0.1	-0.3	-0.7	-1.4	-0.6

（注）世帯実収入に対する勤労所得税，住民税の比率。
（出所）総務省編『家計調査年報』各年版より作成。

6) ただし，三位一体改革での所得税率変更に伴う所得税減税は，住民税増税によって事実上は相殺されており，納税者個人にとっての負担減とはなっていない。

14　第1部　日本の税制における格差問題と対応

表1-12　民間給与所得者の所得階級別にみた所得税額の推移

	所得（万円）	所得税額（億円）			指標		
		1993年	2000年	2012年	1993年	2000年	2012年
低所得層	～400	18,733	13,143	9,410	100	70	50
中所得層	400～800	40,215	29,264	21,459	100	73	53
高所得層A	800～1,500	38,080	28,501	23,024	100	75	60
高所得層B	1,500～	23,975	20,845	19,085	100	87	80
全体		121,003	91,754	72,977	100	76	60

（出所）表1-9に同じ。

負担率低下の恩恵を受けていることが確認できる。これは個人別負担でみた先の表1-10の結果とほぼ同じである。

次に、所得階級別にみた所得税負担の規模の変化から、所得税収全体への寄与度の変化をみてみよう。表1-12は、民間給与所得者を所得額から低所得層（400万円未満）、中所得層（400～800万円未満）、高所得層A（800～1500万円未満）、高所得層B（1,500万円超）に分けて、各所得階層からの所得税収額の推移（1993年、2000年、2012年）を示したものである。給与所得税額全体では1993年の12.1兆円から2012年の7.3兆円へと約60％の水準に縮小している。特に、低所得層は1.8兆円から0.9兆円へと50％の水準に、中所得層も4.0兆円から2.1兆円へと53％の水準に大きく縮小している。反対に、高所得層Aは3.8兆円から2.3兆円へと60％の平均水準であり、特に高所得層Bは2.4兆円から1.9兆円へと80％の水準を維持していることが注目される。つまり、所得税負担規模でみると、低中所得層の方がより多く縮小させており、所得税収確保への貢献はより小さくなっていることがわかる。

そこでこの点をより明らかにするために、所得階層別にみた所得者人員数（納税者数にほぼ一致する）、給与額、所得税額のシェアの推移（1993年、2000年、2012年）を表1-13で確認してみよう。同表からは注目すべき点として、次の5点が指摘できよう。

第1に、低所得層のシェアは人員数では、1993年の52％から2012年の59％に上昇して、給与額も26％から33％に上昇しているが、所得税額では15％から13％に低下している。このことは、1990年代から2000年代にかけて

表 1-13 民間給与所得者の所得階級別にみた人員・給与額・所得税額でのシェア

(%)

所得階級	低所得層	中所得層	高所得層 A	高所得層 B
所得（万円）	～400万円	400～800万円	800～1,500万円	1,500万円～
所得者人員				
1993年	52.2	37.5	9.2	1.2
2000年	51.0	37.8	10.0	1.3
2012年	59.0	33.0	7.0	1.0
給与額				
1993年	26.3	45.9	20.7	5.3
2000年	26.5	45.5	22.0	6.0
2012年	33.2	44.2	17.3	5.2
所得税額				
1993年	15.4	33.3	31.5	19.8
2000年	14.3	31.9	31.1	22.7
2012年	12.9	29.4	31.5	26.2

(出所) 表1-9に同じ。

400万円未満層の低所得者が増加しているものの，彼らの所得税への貢献は小さくなっていることを示す。

　第2に，中所得層のシェアは人員数（37％→33％），給与額（46％→44％），所得税額（33％→29％）へと，それぞれ若干ずつ低下させている。これは民間給与所得者における中間層（400～800万円未満）の縮小・衰退という事態が，所得税収にも反映していることを示すのであろう。

　第3に，高所得層A（800～1,500万円未満）の人員数シェアは7～10％であり，民間給与所得者の上位10％に位置する。この上位10％のシェアは人員数（9％→7％），給与額（20％→17％）において若干の低下がみられるが，所得税額のシェアは31％台を維持している。

　第4に，所得1,500万円超の高所得層Bの人員数シェアは1.0～1.3％の水準にあり，文字通り民間給与所得者の上位1％に位置する。この高所得層Bの給与額シェアは5.3％→5.2％とほぼ不変であるが，所得税額シェアは20％から26％へと上昇している。

　第5に，この高所得層Bの所得税額シェアの上昇については，所得税負担

16　第1部　日本の税制における格差問題と対応

表1-14　2000万円超所得者（民間給与所得者）の状況

	1993年	2000年	2012年
所得者人員（千人）	150 (0.35)	178 (0.39)	168 (0.37)
給与額（億円）	41,517 (2.1)	54,238 (2.5)	51,768 (2.8)
所得税額（億円）	11,913 (9.8)	11,718 (19.8)	12,346 (16.9)
平均負担率	28.7%	21.6%	23.9%
うち2,500万円超			
所得者人員（千人）	—	91 (0.20)	81 (0.37)
給与額（億円）	—	34,170 (1.6)	31,517 (1.7)
所得税額（億円）	—	8,150 (8.9)	8,410 (11.5)
平均負担率	—	23.8%	26.7%

（注）カッコ内は民間給与所得者全体に占めるシェア。
（出所）表1-9に同じ。

構造全体の解釈が必要になろう。つまり，先の表1-10によれば，所得1,500万円超の高所得層Bは，1993年と2012年の水準を比較すると最も大きな所得税負担率の低下を享受していた。それにもかかわらず所得税収総額における高所得層Bのシェアが上昇しているのは，人員数で90％前後，給与額で70％前後と圧倒的ボリュームを占める低中所得層（800万円未満層）の所得税負担率および負担額の低下・縮小という事情が大きく左右したと考えられよう。

最後に，民間給与所得者の中での超高所得層（2,000万円超および2,500万円超）の実態についても表1-14で確認しておこう。2,000万円超の給与所得者数は，1993年の15.0万人から2012年には16.8万人へとわずかながら増加しているが，給与所得者全体の0.4％弱を占めるにすぎない。そして，同所得層の給与額シェアは2.1％から2.8％に，所得税額のシェアも9.8％から16.9％へとかなり増加している。なお，給与額に対する税額の比率（負担率）は28.7％から23.9％に低下している。さらに，2,500万円超所得者について2000年，2012年でみると，人員数は8～9万人で，給与額シェアは1.6～1.7％であるが，所得税

額シェアは 2000 年 8.9%から 2012 年 11.5%へと増加している。また平均負担率は 2000 年 23.8%から 2012 年 26.7%へと若干ながら上昇している。

4. 申告所得者の所得税負担

前節の民間給与所得者に続いて，本節では国税庁の『税務統計から見た申告所得税の実態（申告所得税標本調査結果報告）』各年分を利用して，申告所得者の所得構造と所得税負担の動向について検討していこう。

まず表 1-15 で申告所得者の所得額と所得税額の推移をみると次の 4 点が指摘できる。第 1 に，バブル期においては所得額および所得税額が急増している。つまり 1985 年から 1990 年までの推移をみると，所得額は 30 兆円から 57 兆円に，所得税額は 4.9 兆円から 9.5 兆円へと，倍増に近い伸びを示している。第 2 に，1990 年代から 2000 年代にかけては，所得額，所得税額ともに低下・縮小傾向が続いている。所得額は 40 兆円台から 35 兆円程度に，所得税額も 4〜5 兆円程度に低下している。第 3 に，所得額に対する所得税額の割合（負担率）は 1990 年の 16.6%から 2005 年には 11.7%に低下し，2012 年になっても 13.8%へとやや上昇している。第 4 に，全体としてみると，バブル期をはさんでの上昇・下降という動きは民間給与所得者の動き（表 1-9）と同じであるが，その変動幅は申告所得者の方がはるかに大きくなっている。

申告所得者の所得税額の変動が大きい背景には，その所得構造の特性があ

表 1-15　申告所得者の所得額・所得税額の推移

(億円，%)

年度	所得額 (A)	所得税額 (B)	税額割合 (B／A)
1985	304,405	49,488	16.2
1990	575,500	95,316	16.6
1995	456,234	59,660	13.1
2000	412,189	49,140	11.9
2005	437,149	51,227	11.7
2010	346,958	44,515	12.8
2012	346,945	47,780	13.8

（出所）国税庁編『税務統計から見た申告所得税の実態』各年分より作成。

18 第1部 日本の税制における格差問題と対応

表 1-16 申告所得者の所得税額内訳

(億円)

年度	申告納税額	源泉徴収税額	うち給与所得税額	合計
1985	28,811	20,679	16,934	49,484
1990	66,023	29,293	24,269	95,316
1995	34,647	25,013	20,996	59,660
2000	26,753	22,387	18,809	49,140
2005	26,734	24,494	20,058	51,227
2010	22,431	22,084	18,456	44,515
2012	24,056	23,724	20,011	47,780

(出所) 表 1-15 に同じ。

る。申告所得者の所得および所得税負担は，給与所得などへの源泉課税分と事業所得，キャピタルゲインなどへの申告課税分がある。そこで表 1-16 で，申告所得者の所得税額の推移（1985～2012 年）を所得種類別にみてみよう。給与所得額を中心とする源泉徴収税額は一貫して 2～3 兆円程度である。これに対して申告納税額は，1990 年には 6.6 兆円のピークに達するが，それ以降は 2～3 兆円台に落ち着いている。1990 年前後における申告所得者の所得税額の大きな変動はこの申告納税額の変動によるものなのである。

そこで次に，このような所得税額の変動を示した背景としての，申告所得者の所得構造の推移を表 1-17，表 1-18 でみてみよう。表 1-17 は，申告所得者の所得額の推移を示しているが，ここからは次の 3 点が指摘できる。第 1 に，所得額合計は，1988 年の 41 兆円から 1991 年の 59 兆円へと 18 兆円の急増を示すが，その後は 2000 年 41 兆円，2012 年 35 兆円へと低下し 1980 年代後半の水準に戻っている。ピーク時の 1991 年に比べて 2012 年には 24 兆円も減少している。

第 2 に，不動産譲渡益を示す分離長期譲渡所得も 9 兆円（1988 年）→ 17 兆円（1991 年）→ 3 兆円（2012 年）と，急上昇・急下降というほぼ同様の動きをしている。特に，ピーク時の 1991 年と比べると 2012 年には 14.6 兆円も減少していることは注目される。申告所得者の所得変動の主要部分はこの分離長期譲渡所得によるものといえよう。

表 1-17　申告所得者の所得推移

(兆円)

	1988 年	1991 年	2000 年	2012 年	91 年→ 12 年
給与所得	13.7	19.7	18.0	14.7	− 5.0
不動産所得	3.7	4.7	6.4	6.0	＋ 2.7
営業所得・その他事業所得	7.8	11.4	7.9	5.4	− 6.0
農業所得	0.9	1.0	0.5	0.6	− 0.4
配当所得	0.6	0.6	0.4	0.4	− 0.2
分離長期譲渡所得	9.3	17.6	3.6	3.0	− 14.6
株式等譲渡所得等	−	0.6	0.5	1.3	＋ 0.7
公的年金等	−	−	2.9	2.2	＋ 0.7
合計	40.9	59.1	41.2	34.7	− 24.4

(出所) 表 1-15 に同じ。

　第 3 に, 給与所得, 営業所得・その他事業所得でもバブル経済期を前後にした所得変動は小さくなく, ピーク時の 1991 年に比べて 2012 年にはそれぞれ 5 兆円ないし 6 兆円の減少となっていることにもあわせて注目されよう。

　さて, 周知のとおり申告所得者の中でも高額所得者の場合, その所得内容において不動産・株式の譲渡益 (キャピタルゲイン) や株式配当所得が主要部分を占めていること, またキャピタルゲインや配当所得には低率分離課税が適用されて累進的所得税負担を免れている, という事実がある。そこで以下では, 申告所得者の中での高額所得者の所得構造と所得税負担についても着目しておこう。

　表 1-18 は, 申告所得者の所得総額における所得種類別シェアと所得 5,000 万円超層での同シェアの推移を示したものである。まず申告所得者全体でのシェアの変化 (1991 年→ 2012 年) をみると次のことがわかる。①分離長期譲渡所得は 29.8％から 8.7％へと大幅に低下するが, 株式等譲渡所得等は 1.1％から 3.8％に若干上昇している。②配当所得は 1％前後であり大きな変動はない。③給与所得は 33％から 42％へ, 不動産所得も 8％から 17％へ上昇している。④公的年金等は 2％台から 6％に上昇している。

　一方, 5,000 万円超の超高所得層でのシェア変化は, ①分離長期譲渡所得は 1991 年には 80％と圧倒的比重を持っていたが, 2012 年には 21％に低下している。それでも申告所得者全体に比べるとそのシェアは大きい。②反対に, 株式

20　第1部　日本の税制における格差問題と対応

表1-18　申告所得者の所得種類別シェア

(%)

	申告所得でのシェア			5,000万円超所得者のシェア		
	1991	2000	2012	1991	2000	2012
給与所得	33.4	43.8	42.4	6.9	27.0	30.2
不動産所得	7.9	15.6	17.3	2.2	8.6	7.4
営業所得等	19.3	19.2	15.8	3.4	14.4	11.9
農業所得	1.8	1.3	1.7	0.0	0.0	0.0
配当所得	1.1	0.9	1.3	1.0	3.9	5.4
分離長期譲渡所得	29.8	8.7	8.7	80.6	33.5	21.6
株式等譲渡所得等	1.1	1.3	3.8	3.7	9.8	21.1
公的年金等	2.6	7.1	6.5	0.1	0.3	0.2
合計	100.0	100.0	100.0	100.0	100.0	100.0

(出所)　表1-15に同じ。

表1-19　申告所得者の所得に占める所得5,000万円超層のシェア

(%)

	1991年	2000年	2012年
給与所得	5.1	6.6	11.1
不動産所得	6.8	5.9	6.7
営業所得等	4.4	8.2	11.8
農業所得	0.7	0.0	0.0
配当所得	23.2	43.7	64.7
分離長期譲渡所得	67.2	41.2	38.6
株式等譲渡所得等	82.8	79.8	85.7
公的年金等	1.0	0.4	0.5
申告所得合計	24.9	10.7	15.6

(出所)　表1-15に同じ。

等譲渡所得は3％台から21％へと相当に上昇している。5,000万円超の超高所得層では、不動産と株式の譲渡益がともに21％を占めて両キャピタルゲインが所得の42％となっている。③配当所得も1％から5％に上昇し、申告所得者全体平均1％よりも高い。④従来、シェアの低かった給与所得（7％）、不動産所得（2％）、営業等所得（3％）もそれぞれ30％、7％、12％に上昇している。

　超高所得層の所得構成は、申告所得者全体の平均に比べるとかなり相違していることが確認できた。そこで次に、表1-19で各種所得に占める5,000万円超の超高所得層のシェアの推移もみてみよう。同表からは次の4点が指摘でき

る。第1に，所得全体に占めるシェアは1991年の25%から2000年10%，2012年15%へと，バブル経済期に比べるとやや低下している。これは次に述べる不動産譲渡益が大幅に減少した影響であろう。

第2に，分離長期譲渡所得でのシェアは1991年67%から2012年38%に減少しており，不動産譲渡益の超高所得層への集中は少し低くなっている。

第3に，株式等譲渡所得に関しては一貫して約80%のシェアを占め続けていること，また配当所得でのシェアも1991年23%から2012年64%に上昇していることは注目される。株式関連の所得は，超高所得層への集中が強まっていることがわかる。

第4に，超高所得層のシェアは給与所得でも5%から11%へ，営業所得等でも4%から11%へ上昇しており，企業・事業関連所得の高所得層への集中傾向も見逃せない。

ただし超高所得層の中でも階層間の相違が大きいことには注意すべきである。特に株式関連の所得は，とりわけスーパーリッチ層に集中しているという事実がある。表1-20は2012年における所得5,000万円超の申告所得者の納税

表1-20 申告所得者の所得における超高所得層の所得シェア（2012年）

所得階級 （億円）	納税者数 人	構成比	所得額 10億円	構成比	株式等譲渡所得等	配当所得	分離長期譲渡所得	給与所得	営業所得等
0.5～1	35,005	0.574	2,341	6.7	7.0	14.7	17.8	6.5	6.9
1～2	8,649	0.142	1,151	3.3	8.3	12.2	10.8	2.5	2.8
2～5	2,723	0.044	789	2.3	14.1	12.0	7.1	1.3	1.4
5～10	491	0.008	334	0.9	11.3	9.8	1.9	0.4	0.3
10～20	153	0.002	205	0.6	7.6	7.4	0.5	0.2	0.2
20～50	70	0.001	209	0.6	12.5	2.7	0.4	0.1	0.1
50～100	18	0.000	123	0.3	7.5	2.5	－	0.0	0.1
100～	16	0.000	251	0.7	17.1	3.5	－	0.0	－
0.5～	47,125	0.773	5,403	15.6	85.7	64.7	38.6	11.0	11.8
5～	748	0.012	1,122	3.2	56.0	25.9	2.8	0.7	0.7
10～	257	0.004	788	2.2	44.7	16.1	0.9	0.1	0.4
申告所得者全体	609.2万人	100.0	34,694	100.0	100.0	100.0	100.0	100.0	100.0

（出所）国税庁編『税務統計から見た申告所得税の実態』平成24年分より作成。

者数，各種申告所得額を所得階級別に表示したものである[7]。同表によれば，所得5,000万円超の納税者数は4.7万人で申告所得納税者数609.2万人の0.77％であり，前述のように所得総額の15.6％，株式等譲渡所得の85.7％，配当所得の64.7％，分離長期譲渡所得の38.6％のシェアを占めている。その中で，所得5億円超の納税者数は748人（全体の0.012％）で，所得総額の3.2％のシェアであるが，株式等譲渡所得の56.0％，配当所得の25.9％を占めている。さらに所得10億円超層は納税者数257人（全体の0.004％）で所得総額の2.2％のシェアであるが，株式等譲渡所得の44.7％，配当所得の16.1％も占めているのである。

以上，申告所得者の所得構造の推移や超高所得層・スーパーリッチ層の所得構造をみてきた。それではこのような申告所得者の所得税負担率はこの間どのように変化し，また現状はどのようになっているのであろうか。表1-21は，所得階級別にみた申告所得者の所得総額に対する所得税額の割合（負担率）を1991年，2000年，2012年で示したものである。同表からは次の3点が指摘できよう。

第1に，全体の平均負担率は1991年の16.4％から2012年の13.8％へと2.6ポイント低下している。これは第2節でみた所得税制改正の影響と考えてよいであろう。また民間給与所得者の平均負担率（表1-10）と比べると10ポイント程度高いがこれは，申告所得者には超高所得層が多く含まれていることによるものであろう。

第2に，1,000万円～2,000万円未満という高所得層での負担率低下幅は3.0～4.2％で相対的に大きい。前節でみた民間給与所得者と同様に，申告所得者においても所得税制改正による減税という恩恵は高所得層により強く表れている。

第3に，2012年を例にとれば，所得70万円未満層の負担率0.5％から5,000

---

[7] 国税庁編『税務統計から見た申告所得税の実態』では，2006年版より5,000万円超の所得階層が細分化され，スーパーリッチ層の所得実態がよりわかりやすくなった。

表 1-21　申告所得者の所得階級別・所得税負担率の推移

所得階級	1991 年	2000 年	2012 年	91 → 12
～70 万円	2.4	2.7	0.5	− 1.9
70～100	3.4	3.2	1.6	− 1.8
100～150	3.7	3.5	1.9	− 1.8
150～200	3.9	3.6	2.3	− 1.6
200～250	4.1	3.7	2.7	− 1.4
250～300	4.7	4.3	3.0	− 1.7
300～400	5.6	5.0	3.7	− 1.9
400～500	6.8	5.8	4.8	− 2.0
500～600	8.4	7.1	6.3	− 2.1
600～700	9.9	8.4	7.8	− 2.1
700～800	11.4	9.7	9.2	− 2.2
800～1,000	13.8	11.1	10.8	− 3.0
1,000～1,200	16.8	13.6	12.9	− 3.9
1,200～1,500	19.7	15.6	15.5	− 4.2
1,500～2,000	22.9	18.4	18.7	− 4.2
2,000～3,000	25.2	22.1	22.7	− 2.5
3,000～5,000	26.0	25.3	26.9	− 0.9
5,000～	23.8	25.9	25.8	− 2.0
全体	16.4	13.2	13.8	− 2.6

（出所）表 1-15 に同じ。

万円前後層の負担率 26～27％まで，全体としては累進的な負担構造が確認できる。

　ただし，申告所得者の累進的負担が確認できるのは所得 5,000 万円未満までの所得階層にとどまる。この点は申告所得者の中の超高所得層・スーパーリッチ層の所得税負担の実態問題にかかわるので詳しくみておこう。表 1-22 は，所得 5,000 万円超の申告所得者の所得額と所得税額を所得階級別に区分したものである。所得税負担率は 5,000 万円超～1 億円未満の 28.4％をピークにして，1 億円以上の所得階層では負担率は一貫して低下し，100 億円超層では実に 14.7％という低さになっている。所得 1 億円以上のスーパーリッチ層には所得税の累進的負担は機能していないのである。この理由は明白であり，次にみるように（表 1-23）スーパーリッチ層の所得の大半は株式等譲渡所得，配当所得，不動産譲渡益であり，これらの所得は合算所得税に基づく累進課税（2012 年：10～40％）ではなく，それぞれ低率の分離課税が適用されているからであ

24 第1部 日本の税制における格差問題と対応

表 1-22 超高所得層（申告所得者）の所得税負担率（2012 年）

(10 億円，%)

所得階級	所得額	所得税額	負担率
0.5〜1 億円	2,341	666	28.4
1〜2	1,151	315	27.4
2〜5	789	200	25.3
5〜10	334	74	22.1
10〜20	205	48	23.4
20〜50	209	34	15.2
50〜100	123	24	18.8
100〜	251	37	14.7

（出所）表 1-20 に同じ。

表 1-23 超高所得層（申告所得者）の所得構成（2012 年）

(%)

所得階級	5,000 万〜1 億円	1〜2 億円	2〜5 億円	5〜10 億円	10〜20 億円	20〜50 億円	50〜100 億円	100 億円〜	全体
給与所得	40.9	32.6	24.6	16.1	16.1	4.3	4.2	2.0	42.4
営業等所得	16.1	13.5	9.6	4.2	5.8	2.4	5.7	−	15.8
不動産所得	10.8	8.4	5.1	2.4	1.5	0.5	0.0	0.0	17.3
配当所得	2.8	4.8	7.0	13.5	16.6	6.2	8.9	6.4	1.3
長期分離譲渡所得	23.2	28.4	27.4	17.7	6.8	5.7	−	−	8.8
株式等譲渡所得等	4.7	9.6	23.8	44.9	49.7	80.0	81.3	90.4	3.8
合計所得	100.0	100.0	100.0	100.0	100.0	100.0	100.0	100.0	100.0

（注）合計所得にはその他所得も含む。
（出所）表 1-20 に同じ。

る。ちなみに，上場株式の譲渡益および配当の税率は 2008 年まで 20％，2009〜2013 年原則 20％だが実質 10％，2014 年以降 20％であり，不動産譲渡益の税率（個人）は長期保有（5 年超）の場合所得税 15％（＋住民税 5％），短期保有（5 年未満）の場合所得税 30％（＋住民税 9％）になっている[8]。

そして表 1-23 は，2012 年におけるスーパーリッチ層の所得構成を表したものである。同表からは，①所得 5 億円超層では，株式等譲渡所得が所得の 40％以上を占めており，特に 20 億円超層では 80〜90％に達していること，②

---

8) 住澤編（2014），100-105，177 ページ参照。

表 1-24 申告所得者の人員・所得税額の所得階級別シェアの推移

(％)

所得階級	1991年 人員	1991年 税額	2000年 人員	2000年 税額	2012年 人員	2012年 税額
～1,000万円	89.66	24.9	84.94	25.4	88.41	19.2
1,000～1,500	2.97	6.9	7.38	14.7	5.12	11.4
1,500～2,000	2.56	8.9	3.21	11.3	2.51	10.3
2,000～3,000	2.04	10.8	2.38	14.1	1.99	13.9
3,000～5,000	1.42	12.5	1.35	14.2	1.20	15.6
5,000～	1.33	36.0	0.74	20.3	0.77	29.6
全体	100.0	100.0	100.0	100.0	100.0	100.0

(出所) 表 1-15 に同じ。

所得5～20億円層では配当所得も10％台を占めていること，③所得5,000万円超～5億円未満層では不動産譲渡益（分離長期譲渡所得）が20％台を占めていること，などがわかる。つまり，個人の所得を合算して累進課税される本来の総合課税ならば最高税率40％が適用されるべき所得5,000万円超の所得に対しても10％～20％という低い税率で分離課税される。ここにスーパーリッチ層の異常に低い所得税負担率が出現することになる。

最後に，申告所得者の所得階級別の所得税税額規模の推移（1991年，2000年，2012年）を表 1-24 でみてみよう。同表からは次の3点が指摘できよう。第1に，1,000万円未満の低中所得層は納税者数の85～90％を占めているが，税額は19～25％程度であり，2000年代に入ってそのシェアも低下している。第2に，1,000万円超～5,000万円未満までの高所得層は納税者数では10％前後であるが，税額規模では39～51％を占めて税収の中心的役割を担っている。第3に，所得5,000万円超の超高所得層は納税者数の1％前後であるが，税額規模の20～36％という無視できない大きさを占めている。そして，そのシェアもバブル期の1991年の36％から2000年には20％に低下したものの，2012年には30％弱に回復している。先にみた2000年代に入っての超高所得層への所得集中の結果といえよう。

さらに表 1-25 は，2012年時点での所得5,000万円超の超高所得層の人員と税額を所得階級別にみたものである。超高所得層の中でも所得10億円未満層

26　第1部　日本の税制における格差問題と対応

表 1-25　超高所得層（申告所得者）の所得階級別の所得税（2012 年）

所得階級	納税者人員	所得税額（億円）	1人当たり所得税額（億円）	税額シェア（％）
0.5〜1 億円	35,005	6,656	0.190	13.9％
1〜2	8,649	3,154	0.36	6.6
2〜5	2,723	1,997	0.72	4.2
5〜10	491	738	1.50	1.5
10〜20	153	475	3.10	1.0
20〜50	70	339	4.84	0.7
50〜100	18	234	13.00	0.5
100〜	16	367	22.93	0.8

（注）税額シェアは，申告所得者全体の所得税額に対するシェア。
（出所）表 1-20 に同じ。

が人員数で圧倒的であり，税額規模でも全体の 26.2％（超高所得層の 88.5％）を占めて税収面での相当な役割を担っていることがわかる。また，所得 10 億円超層の 1 人当たり税額は数億円〜数十億円と巨額であり，納税者数 257 人で税収規模シェアでも 3.0％を占めている。

5. 所得税収の確保に向けて

これまでみてきたように，1980 年代以降における所得税の課税最低限引き上げや税率フラット化は，2000 年代以降の今日において，一方では所得税の平均負担率の低下，特に高所得層での負担率低下をもたらし，他方では長期の景気低迷状況ともあいまって所得税収入の縮小・停滞をもたらしてきている。

とはいえ現在日本の国家財政（一般会計）の赤字状況を踏まえるならば，所得税収を増加させその基幹税としての地位を再び確固たるものにすることは不可欠の課題であろう。加えて，負担の逆進的な消費税の増税のみを進めてきたこれまでの日本税制の中では，負担の公平性や負担感の平衡という意味においても，納税者の負担能力に応じた租税負担・税収確保が可能な所得税をより一層活用する必要性は大きいはずである。

そこで本節では，所得税収を回復させるという見地から，所得税負担率を一般的に増加させることによる所得税収見込みや，それに伴う所得税収での所得

階級別寄与度の変化について，簡単な概算をしてみよう。なおここでは，所得税収の大半を占める民間給与所得者への所得税を対象とする[9]。その方法は以下のとおりである。

① 2012 年の民間給与所得額をベースにする。

② 所得税の平均負担率を 3.9%（2012 年水準）から 6.2%（1993 年水準）に引き上げるというイメージで考える。

③ 2012 年の所得階級別の給与額に，1993 年時点の当該所得階級の所得税負担率（表 1-10 参照）を乗じて想定税額を算出する。

上記に基づいて算出した各所得階級の想定所得税収額（2012 年）は表 1-26 のようになる。その要点は次のとおりである。①所得税収額は 2012 年実績の 7.3 兆円から 11.4 兆円と 4.1 兆円，56%の増収となる。②所得者（納税者）の約 9 割を占める 800 万円未満層の所得税累計額は 3.1 兆円から 5.9 兆円と 2.8 兆円増加し，増収額全体の約 7 割を占める。また増収率つまり負担増加率は 93%でほぼ倍増となる。③所得者（納税者）の約 1 割を占める 800 万円超層では，所得税累計額は 4.2 兆円から 5.4 兆円へと 1.2 兆円，29%の増加となる。④なお，想定税収額 11.4 兆円を 2012 年の給与総額 191.1 兆円で割ると 2012 年の想定平均負担率は 6.0%となる。

さらに表 1-27 で所得階層別にみた想定所得税額のシェアを 2012 年実績と比較してみよう。低所得層（400 万円未満）の税額シェアは 12.9%から 19.9%へと 7.0 ポイントも上昇し，中所得層（400～800 万円未満）のシェアも 29.4%から 32.3%へと 2.9 ポイント上昇している。逆に，高所得層 A（800～1,500 万円未満）は 31.5%から 26.7%へと 4.8 ポイントの低下，高所得層 B（1,500 万円超）は 26.2%から 21.1%へと 5.1 ポイントの低下となる。つまり，低中所得層の税額シェア（負担シェア）が 10 ポイント上昇し，高所得層 AB の税額シェアは 10 ポイント縮小することになる。この中で，低所得層の税額シェアが特に増加す

---

9) 第 4 節でみたように，申告所得者の所得額は 1991 年と 2012 年では大幅に変動しており，ここでの概算方法には適さない。

表 1-26　民間給与所得者の想定所得税額

(億円)

所得階級	2012年税額	93年負担率に基づく想定税収額	増収額	増収率(％)
～100万円	127	255	128	101
100～200	1,054	4,394	3,340	317
200～300	3,117	6,880	3,763	121
300～400	5,112	11,186	6,074	119
400～500	5,688	11,351	5,653	101
500～600	5,606	9,841	4,235	76
600～700	4,840	7,920	3,080	64
700～800	5,325	7,700	2,375	45
小計	30,869	59,507	28,638	93
800～900	4,913	6,750	1,837	37
900～1,000	4,546	5,870	1,324	29
1,000～1,500	13,565	17,843	4,278	32
1,500～2,000	6,739	8,755	2,016	30
2,000～2,500	3,936	5,812	1,876	48
		(8,100)	(4,164)	
2,500～	8,410	9,455	1,045	12
		(12,606)	(4,196)	
小計	42,108	54,488	12,377	29
合計	72,977	113,992	41,015	56

(注) 1993年の2500万円超層の負担率は30.0％と想定した。
　　　カッコ内は税率40％を想定した場合の税収額。
(出所) 国税庁編『税務統計から見た申告所得税の実態』平成24年分，および表 1-10 より作成。

表 1-27　民間給与所得者の所得階級別・所得税額のシェア

(％)

所得階級	1993年実績	2012年実績	2012年想定税額
～400万円	15.4	12.9	19.9
400～800	33.3	29.4	32.3
800～1,500	31.5	31.5	26.7
1,500～	19.8	26.2	21.1
合計	100.0	100.0	100.0
税額（億円）	121,003	72,979	113,972

(出所) 表 1-13，表 1-26 より作成。

ることになるが，これは主要には同所得層の給与額シェアが26.3%（1993年）から33.2%（2012年）と大きく上昇していること（表1-13参照），によるものもあろう。

　以上のことから，負担率を20年前の水準に戻して基幹税としての所得税収の確保を進めようとした場合，一方で確かに高所得層での所得税負担率の回復は実現するが，他方では所得税収の回復は主要には低中所得層での負担増加によって達成されることがわかる。これは，民間給与所得者全体では低中所得層が納税者数，給与額で圧倒的ボリュームを持つがゆえの結果である。

　ところで，2000年代以降，所得格差や資産格差の拡大が日本でも顕著になっているという状況の下では，所得税を中心とした税制による所得再分配機能の回復や，高所得層におけるさらなる負担増大を求める必要もあろう。それでは高所得層に対する所得税負担率の増加はどの程度の増収効果を持つのであろうか。ここでは民間給与所得者だけでなく，申告所得者も含めた高所得層を対象にして以下のような概算を行う。

①民間給与所得者のうち所得2,000万円超層に平均負担率40%（1993年実績28.7%）を適用する。

②申告所得者のうち5,000万円超層に対しては一律に平均税率40%で課税する。追加的に参考として10億円超層への平均税率60%の課税も考慮する。

　その結果は，①については表1-26の参考値が示すように0.5兆円の増収（負担増）になる。また②については表1-28が示すように所得5,000万円超層に対して税率40%を適用すると2.1兆円になり，2012年の税収実績1.4兆円に対して0.7兆円の増収となる。前節でもみたように5,000万円超の高所得層の中では10億円未満層が人員，所得額でもボリュームが大きく，同所得層からの増収累計額5,920億円が増収額合計7,630億円の78%を占めている。また，10億円超層（257人）に税率60%を適用しての追加的増収は0.3兆円となる。つまり，スーパーリッチ層（例えば10億円超層）により高い税率を適用するならば所得税収面では一定の増収効果も期待できる。さらに，より高い限界税率

表 1-28 超高所得層（申告所得者）の所得税負担の想定（2012 年）

(10 億円)

所得階級	納税者数(人)	所得額	実績税額	税率40%想定税額	増収額	(参考値)税率60%
0.5〜1 億円	35,005	2,341	664	936	272	—
1〜2	8,649	1,151	315	460	145	—
2〜5	2,735	789	199	315	116	—
5〜10	491	334	74	133	59	—
10〜20	153	205	49	82	33	123
20〜50	70	209	34	84	50	125
50〜100	18	123	24	49	25	74
100〜	16	251	37	100	63	151
合計	47,125	5,403	1,396	2,159	763	473

（出所）国税庁編『税務統計から見た申告所得税の実態』平成24年分より作成。

を設定することには増収効果だけではなく，超富裕層の出現とその固定化による所得格差，資産格差の拡大を防止するという意義もある。

ただ，所得税での高い限界税率を設定しても超高所得層の租税回避行動によって十分な増収，負担増加とはならない可能性もある。そこで，限界税率の水準はある程度に抑えて，ストック面での課税つまり純資産課税（富裕税）で補完する方法もありうる[10]。野村総研（2014）の調査・推計によれば，2013年時点での国内の全5,250万世帯の純金融資産総額1,286兆円のうち，純金融資産5億円超の「超富裕層」は5.4万世帯（全体の0.10％）で73兆円（全体の5.9％）の純金融資産を保有しているという[11]。いま純金融資産を対象にした経常的な富裕税を，税率0.5％，課税最低限（世帯当たり）5億円とすれば，約3,500億円の富裕税収となる。これは，申告所得10億円超層への税率60％での追加的増収に匹敵する税額である。

---

10) 近年ドイツでも一部の研究者・政党レベルでは，純資産課税（富裕税）の再導入の議論や具体的構想も検討されている。詳しくは，関野（2014）第6章を参照されたい。

11) 野村総研（2014）。なお，「超富裕層」に準じる純資産1億超〜5億円未満の「富裕層」は，95.3万世帯（全体の1.18％）で純資産168兆円（全体の13.1％）を保有している。

6. おわりに

　最後に本章での考察をまとめておこう。1990年代以降日本の所得税収は縮小し，所得税負担率も低下してきたが，それは所得階層別にみると次のような負担構造の変化となった。①低中所得層の負担率は低下し，所得税負担シェアでも低下している。②高所得層の負担率は低中所得層以上に軽減されてきたが，その一方で所得税負担シェアは高まっている。③2000年代に入って申告所得者の中でも超高所得層の所得シェアが株式関連所得を中心に上昇しており，富裕層への所得集中も顕著になりつつある。そして，こうした下で所得税収の回復を図るためには，ひとつには納税者数・所得額でのボリューム層である低中所得層からの所得税増収（増税）も必要であること，いまひとつには高所得層からの所得税増税や富裕税等の活用も税収確保に一定の役割を果しうることである。

　なお本章の分析では，もっぱら所得税での負担構造の変化に焦点を置いている。そのため，所得税による所得再分配効果の評価そのものや，所得税・住民税・消費税・社会保険料も含めた家計の負担構造全体，さらには日本の福祉国家財政の中での所得税のあり方等，については十分に考察されていない。これらについては今後の検討課題としたい。

参 考 文 献

北村行伸・宮崎毅（2013）『税制改革のミクロ実証分析』岩波書店。
国税庁編『税務統計から見た民間給与の実態』各年分。
国税庁編『税務統計から見た申告所得税の実態』各年分。
財務省編（2014）『財政金融統計月報』第745号（租税特集），2014年5月号。
住澤整編（2014）『図説　日本の税制』平成26年版，財経詳報社。
関野満夫（2014）『現代ドイツ税制改革論』税務経理協会。
総務省編『家計調査年報』各年版。
内閣府編『国民経済計算年報』各年版。
根岸睦人（2014）「迷走する税制改革」小西砂千夫編『日本財政の現代史　Ⅲ』第3章，有斐閣。
野村総研（2014）「日本の富裕層は101万世帯，純金融資産総額は241兆円」（野村総研ニュース・リリース　2014年11月18日）。

藤貴子・川勝健志「バブル経済下の税制改革」(2014) 諸富徹編『日本財政の現代史 Ⅱ』第3章，有斐閣。
宮崎毅 (2014)「所得税改革と所得再分配」『租税研究』2014年10月。
望月正光・野村容康・深江啓志 (2010)『所得税の実証分析』日本経済評論社。
森信茂樹 (2002)『わが国所得税課税ベースの研究』日本租税研究協会。
OECD(2014), *Revenue Statistics 1965-2013*.

第 2 章

所得格差と租税政策
──給付付き税額控除は格差の縮小に寄与するのか──

柳 下 正 和

1. はじめに

　所得格差の拡大，貧困の拡大・変質は，日本のみならず，先進各国の共通の課題である。わが国においては，非正規雇用やワーキングプアの増加は，1990年代後半から経済状況の変化によって生み出され，「格差社会」として社会問題化した。「格差」とは，「富裕層と貧困層，持つ者と持たない者というように，グループ間での差を意味する言葉」であり，「格差社会」が社会問題として取り上げられる場合には「生活困窮者等の特定のグループの状況がクローズアップされることが多い」とされる[1]。

　格差の是正，就労支援の有力な手段として給付付き税額控除を導入する動きが国際的に広がっている。社会保障と税制が統合された給付付き税額控除は，「個人の自立と整合的な勤労に報いる（Make Work Pay）支援として位置づけ」[2]られ，その有力な政策手段とされている。本章では，給付付き税額控除が，低所得層を支援する再分配政策として機能し，格差を縮小するのかについて検討

---

1) 林（2011），1-4 ページ。
2) 佐藤（2011），74 ページ。

をしたい。

本章の構成は以下のとおりである。まず第2節で，先進諸国とわが国での所得格差，貧困の拡大を分析する。次に，第3節では，格差是正や就労支援の政策手段としてアメリカ，イギリスをはじめ先進各国で導入され，国際的に広がりをみせた給付付き税額控除について概観する。そして，第4節では，国際的な広がりをみせた給付付き税額控除の導入に関して行われた議論を検討し，その特徴を明らかにする。最後に，上記の議論を踏まえ，給付付き税額控除が格差の縮小に寄与するのか，税制改革のあり方も含め示唆する。

2. 所得格差・貧困の拡大と所得再分配

2-1　所得格差の動向と政策課題

1980年代から30年間にわたり，OECD諸国の大半で富裕層と貧困層の格差が最大になったことが明らかにされている[3]。1980年代には，人口の上位10%の富裕層の所得は下位10%の貧困層の所得の7倍であったが，2014年には9.5倍に達している。格差が最大になったことの原因は，所得分布の最上位層の平均所得が特に増加していることであるとしている。その一方で，大幅な所得変動は最下位層でもみられるが，下位10%の所得層では，好況時の所得の伸びが緩やかであるのに対し，景気下降時あるいは不況時には落ち込む。そのため，OECDの多くの国では，相対的所得貧困が政策の関心となっていると指摘している。

所得格差の拡大は，ジニ係数の拡大にも見られる（図2-1）。OECD諸国のジニ係数は，1985年には0.29であったが，2011/12年には0.32に上昇している。OECD21カ国中16カ国でジニ係数が上昇し，所得格差が拡大していることが示されている。フィンランド，イスラエル，ニュージーランド，スウェーデン，アメリカでは特に上昇が大きい。ギリシャとトルコは小幅ながら低下がみられる。

3）　Cingano（2014），p. 8.

第 2 章　所得格差と租税政策　35

図 2-1　OECD 諸国の税引き前所得格差

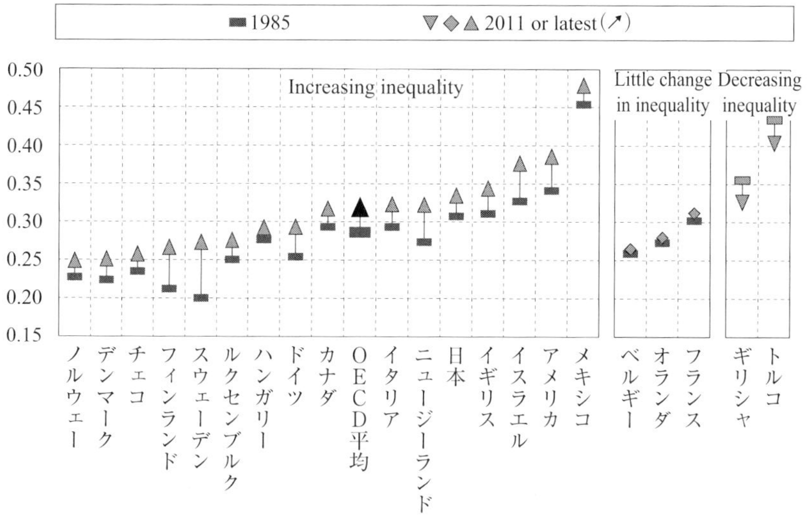

■ 1985　▼◆▲ 2011 or latest（↗）

Increasing inequality　　Little change in inequality　　Decreasing inequality

ノルウェー　デンマーク　チェコ　フィンランド　スウェーデン　ルクセンブルク　ハンガリー　ドイツ　カナダ　OECD平均　イタリア　ニュージーランド　日本　イギリス　イスラエル　アメリカ　メキシコ　ベルギー　フランス　オランダ　ギリシャ　トルコ

（出所）OECD（2014），p. 9 より作成。

　また，所得格差が経済成長に与える影響についての分析では，所得格差が 1985 年から 2005 年の 20 年間に変動していなかった場合，1990 年から 2010 年に 1 人当たりの GDP 成長率がどのくらい上昇または低下しているかについて推計を行っている（図 2-2）。ジニ係数が OECD 諸国における過去 20 年間の平均的な上昇幅である 3 ポイント上昇すると，経済成長は 25 年間にわたり毎年 0.35% 押し下げられ，25 年間の累積的な GDP 減少率は 8.5% となると示したうえで，OECD 各国の 1985 年から 2005 年の実際の格差変動と分析から格差の影響（impact of inequality）を推計している。これによれば，スペイン，フランス，アイルランドでは格差縮小が 1 人当たりの GDP の増加に寄与しているが，それ以外の国では所得格差の拡大が成長率を押し下げる結果となっている。

　所得格差の全般的な拡大は，他の所得層を大きく引き離している 1% の超富裕層によるところも大きい。しかし，この分析では，経済成長にとって最も重要なのは置き去りにされている低所得の世帯であることを示唆している。所得格差が経済成長に与えるマイナスの影響は最下位 10% の所得層ばかりでなく，所得分布の下位 40% までの所得層に及ぶことから，貧困の問題に取り組むだ

36 第1部 日本の税制における格差問題と対応

図2-2 所得格差が経済成長に与える影響（推計）

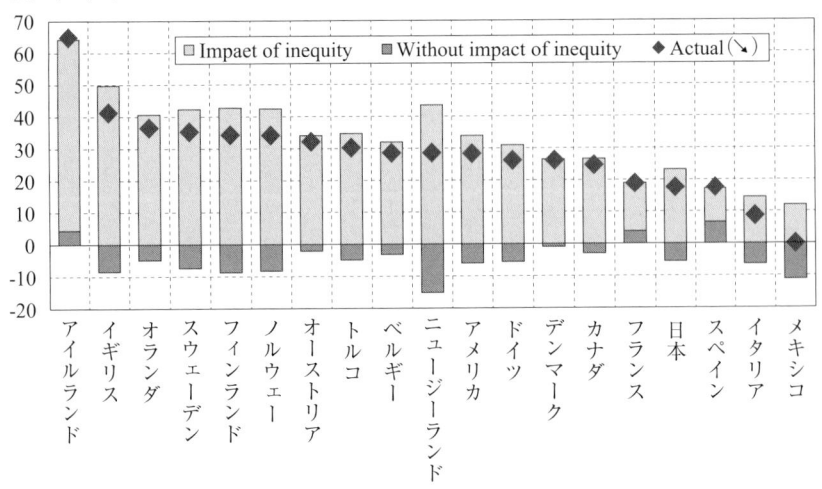

成長率（％）

凡例：Impaet of inequity／Without impact of inequity／◆ Actual

国名（左から）：アイルランド、イギリス、オランダ、スウェーデン、フィンランド、ノルウェー、オーストリア、トルコ、ベルギー、ニュージーランド、アメリカ、ドイツ、デンマーク、カナダ、フランス、日本、スペイン、イタリア、メキシコ

（注）格差の変動が1990〜2010年の25〜64歳人口1人当たりのGDP成長率にどのような影響を与えるかを推計したもの。「Actual（実際の成長率）」は，実際の1人当たりのGDP成長率，「Impact of inequity（格差の影響を考慮した成長率）」は，OECD各国の実際の格差変動（1985〜2005年）および分析により推計された格差の成長に対する影響に基づき算出。「Without impact of inequity（格差を考慮しない成長率）」は，「Actual（実際の成長率）」から「Impact of inequity（格差の影響を考慮した成長率）」を引いた差で，格差による変動がなかった場合の成長率である。ドイツの「Actual（実際の成長率）」は1991年以降，オーストリア，ベルギー，スペイン，アイルランドの「Impact of inequity（格差の影響を考慮した成長率）」は，1985〜2000年のものである。
（出所）OECD（2014），p. 18 より作成。

けでなく，より広義に低所得の問題に取り組む必要があることが述べられている。格差是正への直接的な政策ツールとして税と給付による再分配が挙げられる。再分配そのものが経済成長を押し下げるものでないこと，対象を適切に絞り込んでいない再分配政策や最も効果的なツールを重視していない再分配政策は資金の浪費と非効率の温床となりかねないことも指摘されている[4]。

2-2　わが国における所得格差

OECD諸国において，所得格差が拡大しており，貧困の問題だけでなくより

4）Cingano（2014），pp. 28-29.

広く低所得の問題に取り組むことが論点として示され，税と給付による再分配が，格差是正のための直接的な政策ツールとして重要であることが指摘されている。これに関して，わが国においては，所得格差についてどのように分析され，論じられているのか。

2011年度の「経済財政白書」では，わが国の賃金・所得格差について以下のように分析している[5]。

まず，労働所得[6]のジニ係数を分析している（図2-3, 2-4）。その傾向は，①1987年以降，緩やかであるが上昇していること，②1997年から2002年にかけて急激な上昇がみられるが，2002年から2007年にかけての上昇の幅は緩やかであること，③20～24歳を除くすべての層で97年以降，労働所得のジニ係数が上昇していることを示している。このことから労働所得の格差が拡大しており，その主要因が雇用の非正規化にあるとしている。

次に，1世帯当たりの家計の所得格差について，所得再分配調査，国民生活

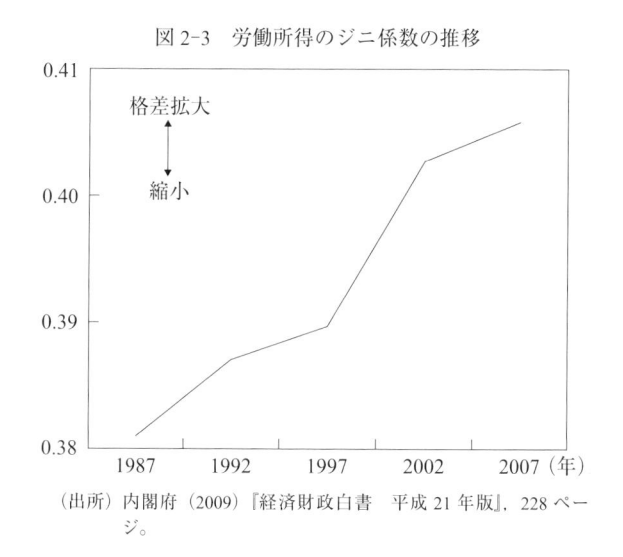

図2-3 労働所得のジニ係数の推移

(出所) 内閣府（2009）『経済財政白書 平成21年版』，228ページ。

---

5) 内閣府（2009），227-232ページ。
6) 内閣府（2009）では，労働所得を「1年間に得た税込みの給与総額である」と定義している。同書，228ページ参照のこと。

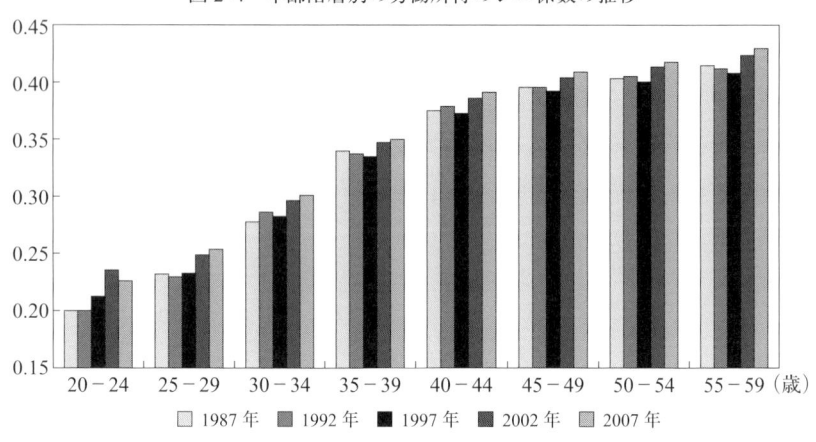

図 2-4　年齢階層別の労働所得のジニ係数の推移

凡例：1987年　1992年　1997年　2002年　2007年

（出所）内閣府（2009）『経済財政白書　平成21年度版』，228ページ。

基礎調査，全国消費実態調査から計算したジニ係数から，1980年代以降，所得格差が緩やかな拡大傾向で推移していることを示している（図2-5）。世帯の所得分布の変化についても分析を行っている（図2-6）。その特徴として，比較的高額の年収を得ていた世帯が減少し，100万円から300万円といった相対的に低所得の世帯が増加していることを示している。家計所得の格差拡大の主要因を高齢化にあると指摘している。

上記の所得格差の現状だけでなく，景気循環が格差に与える影響についてもみている[7]。総務省の「家計調査」を用いて，等価所得で測った五分位別の平均値の比を分析している（図2-7）。具体的には，最も所得の高い上位20％の層を第Ⅴ五分位，中間層を第Ⅲ五分位，最も所得の少ない下位20％の層を第Ⅰ五分位として，それぞれの平均的な所得につき，高所得者層（第Ⅴ五分位）と中間層（第Ⅲ五分位）の比，中間層（第Ⅲ五分位）と低所得者層（第Ⅰ五分位）の比がどのようになっているのかの傾向を分析し，1990年代以降，次のような3つの特徴があるとしている。第1に，90年代後半以降，いずれの系列も上昇傾向にあることから格差が拡大傾向にあったことである。第2に，高所得

---

7)　内閣府（2009），233-234ページ。

第 2 章　所得格差と租税政策　39

図 2-5　各種統計による家計の所得格差の推移

(注) 1：全国消費実態調査では，年間収入を勤め先収入，営業収入，内職収入，公的年金・恩給，農林漁業収入などを含む税金が除かれる前の所得と定義している。
　　 2：国民生活基礎調査では，年間所得金額を各年次の 1～12 月の稼働所得（雇用者所得，事業所得，農耕・畜産所得，家内労働所得），公的年金・恩給，財産所得，雇用保険，その他の社会保障給付金，仕送り，企業年金・個人年金等，その他の所得の合計額とし，税金が除かれる前の所得と定義している。
　　 3：所得再分配調査では，当初所得を雇用者所得，事業所得，農耕・畜産所得，財産所得，家内労働所得及び雑収入ならびに私的給付（仕送り，企業年金，生命保険均等の合計額）と定義し，再分配所得を当初所得から税金，社会保険料を控除し，社会保障給付（現物給付を含む）を加えたものと定義している。
(出所) 内閣府（2009）『経済財政白書　平成 21 年度版』，230 ページ。

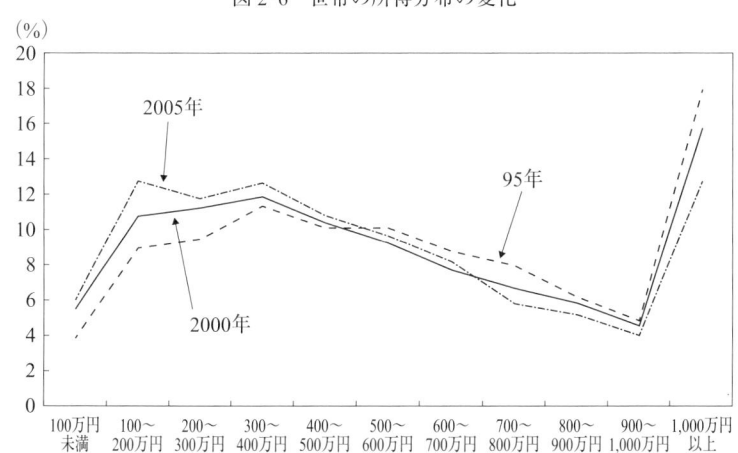

図 2-6　世帯の所得分布の変化

(出所) 内閣府（2009）『経済財政白書　平成 21 年度版』，231 ページ。

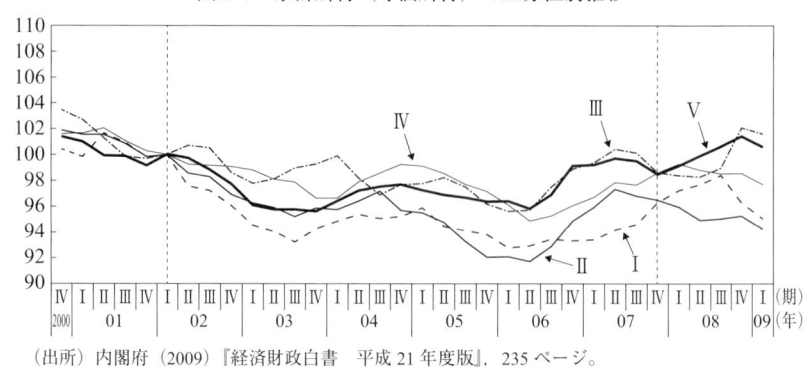

図 2-7　家計所得（等価所得）の五分位別推移

（出所）内閣府（2009）『経済財政白書　平成 21 年度版』，235 ページ。

者層と中間層の所得比は，景気拡張局面（1994～97 年，1999～2000 年，2002～2007 年）のいずれにおいても，企業収益が増加した段階で高所得者層の収入増を反映し，後半に傾きが急になっていることである。第 3 に，中間層と低所得者層の所得比については景気拡張局面（1994～97 年，1999～2000 年）に，低所得者層の稼得機会の好転を受け，低下し，また 2002～2007 年の景気拡張局面には，賃金上昇の伸び悩みを受けたことが影響し，前半は上昇し，後半は横ばいになったことである。以上の分析から，景気局面に対応した所得格差の循環が観察できるとしている。

　また，「家計調査」による分析では，世帯主が失業している場合，サンプルとして含まれないので失業に伴う所得格差が過小評価されることを指摘し，失業が所得格差に与える影響を分析している[8]。失業によって生じる貧困の問題を「相対的貧困率」として計測し，失業率の動きとどのような関係があるかをみている。「相対的貧困」は国際比較で用いられるもので，その概念は全世帯の所得の中央値の一定割合（中央値の 40％）の水準の所得を得られない層を貧困層と定義づけている。「年間生活基礎調査」の年間所得額の等価所得から推計した相対的貧困率と失業率をグラフに表す（図 2-8）。その結果は①高齢化の

---

8)　内閣府（2009），235-236 ページ。

図 2-8　相対的貧困率と失業率の推移

(出所) 内閣府 (2009)『経済財政白書　平成 21 年度版』, 236 ページ。

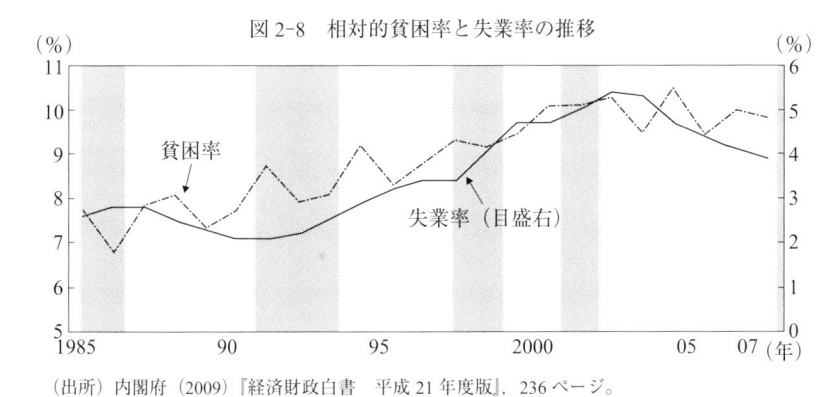

進展等によって相対的に所得の低い層が増加したことが影響し，貧困率が趨勢的に上昇していること，②失業率と同様の動きを示していることが分かる。

2-3　所得再分配効果の格差縮小効果

わが国において，高齢化や失業などの影響で所得格差は拡大しながら推移している (図2-9)。「所得再分配調査」における当初所得のジニ係数は90年代の後半以降, 急速に上昇している。それに対して，再分配所得のジニ係数は上昇が緩やかである。当初所得と再分配所得のジニ係数の差は，税や社会保障によって所得のジニ係数が改善しているということであり，所得再分配効果が機能していることを意味する。再分配の効果を社会保障と税に分けて改善度をみると, 社会保障による改善度が高まっているのに対して, 税による改善度は低い水準で推移している。

この背景について，2011年度の経済財政白書は，社会保障については高齢者の増加による年金，医療の給付が増加，制度改正による保険料の上昇が再分配効果を高める方向に作用したとしている[9]。税については，所得税の最高税率の引き下げや税率構造のフラット化が再分配効果を低下させたと述べてい

---

9)　内閣府 (2009), 240-241 ページ。

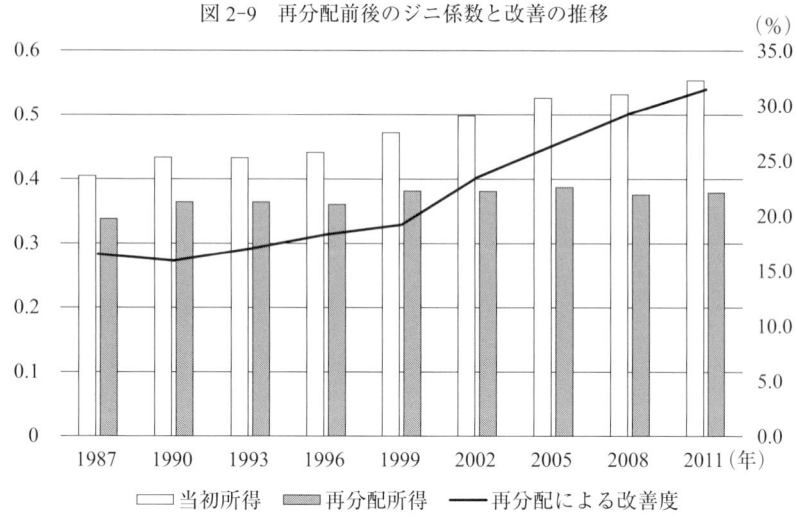

図 2-9　再分配前後のジニ係数と改善の推移

（出所）厚生労働省（2013）「平成23年　所得再分配調査」より作成。

る。所得税の再分配効果についての実証研究においては，再分配効果の低下の原因を分離課税に求めている[10]。

　同白書は，所得再分配効果の国際的な位置づけについても明らかにしている。再分配前と再分配後の所得のジニ係数の水準を OECD 加盟諸国のものと比較している（図2-10）。再分配前の所得について，ドイツ，フランス，イタリア，イギリス，アメリカよりも低い位置にあり，OECD 諸国の平均をやや下回っている。再分配後の所得に関しては，アメリカ，イタリア，イギリスに次ぐ位置で，OECD 諸国の平均をやや上回っている。再分配後の所得のジニ係数については，改善度が高くなっているものの，わが国の所得再分配機能は高いものではないとしている。その理由として，国民負担率や社会保障給付の対 GDP 比が相対的に低いことを挙げている。

---

[10]　橋本（2009），望月・野村・深江（2010）を参照されたい。なお，佐藤・古市（2014）では，高い累進税率で課税される高所得者層ほど，分離課税から大きな便益を受けており，総合課税方式で徴収されるべき税収が分離課税によって脱落していると指摘している。

図 2-10　再分配前後のジニ係数（2000 年代半ば）

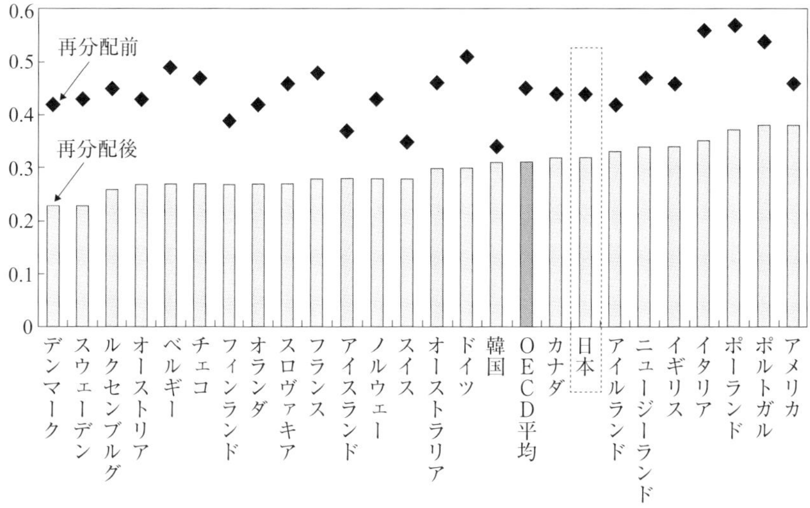

（出所）内閣府（2009）『経済財政白書　平成 21 年度版』，242 ページ。

　再分配効果について，公的移転による部分と税による部分に分け，国際的にどのように位置づけられるかも分析している（図 2-11）。公的移転による再分配効果については，OECD 加盟諸国の中でも下位のグループに属している。わが国よりも小さいのはアメリカ，韓国である。税による再分配効果については OECD 加盟諸国の中で最も小さい。それ以外の国については税による再分配効果は相対的にみても日韓よりも遥かに高い水準にあるとしている。以上のことから，わが国では税による再分配効果がきわめて小さいので，相対的に公的移転に対する依存度が高くなっていると結論づけている。

　相対的貧困率に関しても国際比較を行っている（図 2-12）。わが国の相対的貧困率は 15％程度で 2000 年まで上昇を続けていたが，2000 年半ばにやや低下しているものの，その水準はアメリカやメキシコなど貧困率が高いグループに次ぐグループに属し OECD 加盟諸国の中でも高い水準にある。また，所得下位 20％層に絞った間接税を除く税・社会保険料負担全体に占めるこの層の負担割合と公的移転給付全体に占めるこの層の給付額の割合について，2000 年と 2000 年代半ばの変化を国際比較している（図 2-13，図 2-14）。低所得者層の

44　第1部　日本の税制における格差問題と対応

図2-11　再分配効果の国際比較

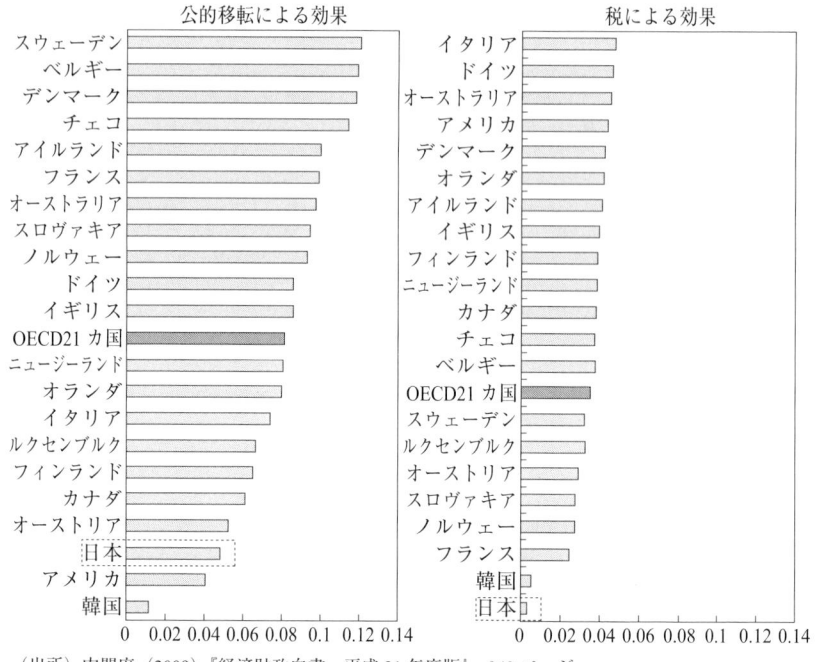

公的移転による効果：スウェーデン、ベルギー、デンマーク、チェコ、アイルランド、フランス、オーストラリア、スロヴァキア、ノルウェー、ドイツ、イギリス、OECD21カ国、ニュージーランド、オランダ、イタリア、ルクセンブルク、フィンランド、カナダ、オーストリア、日本、アメリカ、韓国

税による効果：イタリア、ドイツ、オーストラリア、アメリカ、デンマーク、オランダ、アイルランド、イギリス、フィンランド、ニュージーランド、カナダ、チェコ、ベルギー、OECD21カ国、スウェーデン、ルクセンブルク、オーストリア、スロヴァキア、ノルウェー、フランス、韓国、日本

（出所）内閣府（2009）『経済財政白書　平成21年度版』，243ページ。

図2-12　再分配後の各国の相対的貧困率（2000年代半ば）

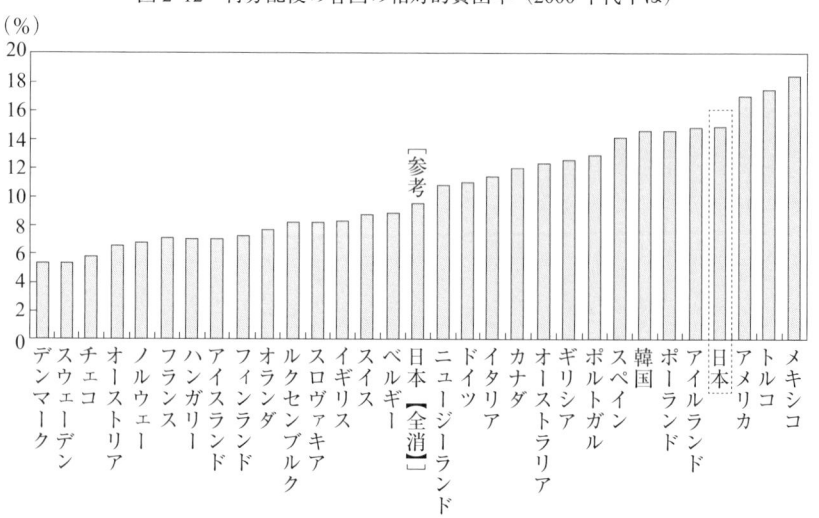

デンマーク、スウェーデン、チェコ、オーストリア、ノルウェー、フランス、ハンガリー、アイルランド、フィンランド、オランダ、ルクセンブルク、スロヴァキア、イギリス、ベルギー、日本【全消】[参考]、ニュージーランド、ドイツ、イタリア、カナダ、オーストラリア、ギリシア、ポルトガル、スペイン、韓国、ポーランド、アイルランド、日本、アメリカ、トルコ、メキシコ

（出所）内閣府（2009）『経済財政白書　平成21年度版』，244ページ。

図 2-13　負担全体に占める低所得者層の負担割合

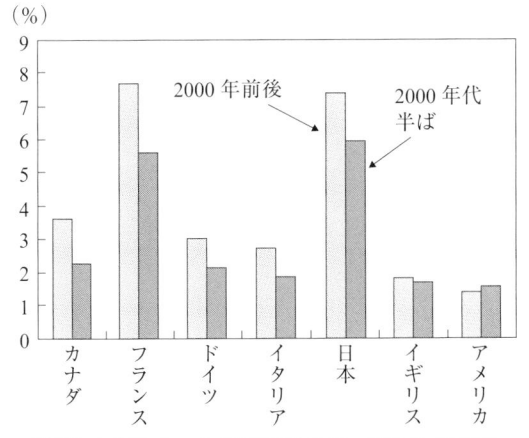

(出所）内閣府（2009）『経済財政白書　平成 21 年度版』，245 ページ。

図 2-14　給付全体に占める低所得者層の負担割合

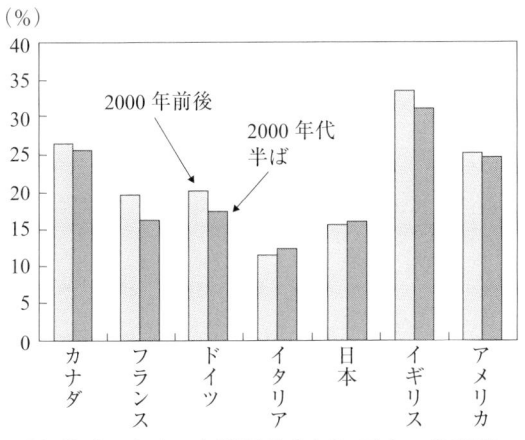

(出所）内閣府（2009）『経済財政白書　平成 21 年度版』，245 ページ。

負担割合は低下しているが，他の国と比較すると相対的に割合が高いこと，わが国は高齢化の影響があるにもかかわらず給付割合が微増にとどまっており，他の国と比較しても割合が低い。

　以上の分析から，高齢化による社会保障費の増加が所得再分配の大半を占め

ているとすると，高齢者の所得改善によるものであると指摘している。また，高齢化によって税制や社会保障による負担が漸減し，所得再分配が弱まっているとし，次のような議論が可能であるとする。現役世代に対する再分配が必要な場合は，税制のあり方を検討しなければならないこと，その具体的な方法として，アメリカの勤労所得控除やイギリスの児童税額控除など，諸外国で子育て支援や就労促進の目的で導入されている「給付付き税額控除」が参考になり，議論の必要があることを指摘している。

3. 税制改革の潮流としての給付付き税額控除

3-1 租税政策としての給付付き税額控除

　高齢化や雇用の非正規化によって，所得格差が拡大している。経済財政白書では，高齢化に対応するための社会保障による再分配の重要性について述べられていると同時に，税による所得再分配の低下から雇用の非正規化によってもたらされる現役世代に対する所得再分配のあり方を見直す必要性を指摘している。その具体的な制度として，給付付き税額控除の導入が議論されている。

　給付付き税額控除とは「所得税の納税者に対して税額控除を認めるとともに，税額控除前の税額から控除しきれない者，あるいは課税最低限以下の所得水準のため控除対象となる税額をそもそも持たない者に対しては税額を還付（給付）する」ものである[11]。給付付き税額控除は，税制を通じて直接，現金給付を行うところに大きな特徴がある。アメリカ，イギリスなどで導入されているこの制度は，その背景には租税政策的側面と社会保障政策的側面の2つの大きな流れがあることが指摘されている。租税政策の面からは所得再分配の強化の要請，社会保障政策の面からは税と社会保障を一体化することにより低所得者に対して就労のインセンティブを与え，福祉受給者の福祉依存からの自立を促進することと併せて子供の貧困解消を図ることである。

11）給付付き税額控除の定義については，鎌倉（2010），森信（2008），鶴田（2011）を参照のこと。

わが国での給付付き税額控除制度の導入議論の高まりを受け，租税政策の面からの位置づけは次のように説明される[12]。

1980年代に行われたレーガン・サッチャーの税制改革に代表される「課税ベースを拡げ，税率を引き下げる」という税制改革は，世界的な税制改革の潮流となった。所得税の最高税率や限界税率を引き下げて勤労インセンティブの増大を図ることを目的にしているが，財政赤字の問題もあり減税ではなく税収中立を図るために課税ベースを拡大する方向が指向された。課税ベースの拡大には，課税ベースを侵食している租税特別措置の廃止，縮小が行われ，水平的公平の確保が図られた。最高税率の引き下げによる所得税の再分配効果の縮小，グローバルな競争激化は，所得格差，貧困といった新たな課題を生じさせた。

格差問題に直面し，先進各国では税額控除制度を再評価し活用するという租税政策の見直しにつながったとする。課税最低限に近い層をターゲットとする政策税制を考える場合，所得控除では減税効果が拡大し，十分な財源が確保できない。そこで，以下のような理由で，税額控除が見直され再評価されているとする。第1に，所得控除から税額控除への移行は，課税ベースの拡大による水平的公平性の向上と所得再分配機能の強化という2つの政策目的の達成を可能とする。第2に，労働による稼得行為と直接リンクさせることにより労働インセンティブを高める政策が可能になる。働かなくても給付が受けられるという失業手当が持つモラルハザードを避ける政策手段を提供すること，控除対象となる税額を持たない者に対しては給付を行うことで，社会保障との一体的な運営が可能になり，行政効率を改善する効果を持つことも述べている。

3-2 給付付き税額控除の機能と類型

税と社会保障を一体的に設計しようという試みである給付付き税額控除は，「負の所得税」の理論から派生したスキームである。「負の所得税」はミルト

---

[12] 森信（2008）14-18ページ。

ン・フリードマンによって考案された政策アイディアである。その考え方は「所得が低い場合は政府からの受取が超過するが，所得が増加するにつれてその受取額は減少し，ある一定額を超えると所得税額が発生しその負担が増加していく」というものであり，その制度の導入によって政府の干渉が少なくなり，コストが低減されることなどが具体的なメリットとされている[13]。また，給付付き税額控除制度の利点としては次の3点が挙げられる[14]。第1に，給付資格が資産・年齢等による社会保障・公的扶助と異なり，所得水準に基づく低所得者対策である。第2に，現物給付とは違い消費者主権を重んじた現金給付の形態をとっている。第3に，生活保護の受給時のようにスティグマを受給者に感じさせることもない。その機能として，限界税率の高い層ほど減税額の大きい所得控除よりも税額控除の方が課税の累進度が高く，「給付付き」とすることで従来型のセーフティーネットでは対象とされてこなかった低所得の勤労世帯への所得移転ができるようになる。

森信（2008）は，先進諸国で導入されている給付付き税額控除を，4つの類型に区分している[15]。

第1の類型は勤労税額控除である。勤労所得に応じて給付が行われ，低所得のうちは所得の増加とともに給付が増加する仕組みを取り入れることで低所得者の勤労意欲を促進することを目的にしている。アメリカの勤労所得税額控除（EITC: Earned Income Tax Credit）やイギリスの就労税額控除（WTC: Working Tax Credit）がこの類型に属する。アメリカやイギリスにとどまらず，ドイツ，フランス，オランダ，ベルギー，ニュージーランド，スウェーデン，カナダ，韓国でも勤労税額控除を導入している。

第2の類型は扶養児童に対する税額控除である。母子家庭の貧困対策，子どもの貧困対策，子育て世帯への経済的支援などを目的に，低所得世帯に対して給付付き税額控除を認めるものである。所得控除では高所得者ほど税の減額が

---

13) 森信（2008），10-11ページ。
14) 佐藤（2011），85ページ。
15) 森信（2008），18-28ページ。

大きく，所得が低く控除を引ききれない納税者には恩恵が小さい。そこで，所得控除を税額控除にして，算出された税額よりも税額控除の方が大きければ，その差額を給付することで軽減効果を大きくしようとする考え方である[16]。アメリカ，イギリス，オランダ，カナダでこの類型の税額控除が導入されている。

　第3の類型は社会保険料負担軽減税額控除である。この類型は税額控除の対象を所得税だけでなく社会保険料にも拡大したもので，一般的に給付は伴わない。オランダでは低所得層の社会保険税負担が急増することになり，これを緩和するための措置として勤労所得税額控除（LITC: Labour Income Tax Credit）が導入された。韓国でも同様の制度が導入されている。

　第4の類型は消費税の逆進性対策税額控除である。消費税の逆進性の緩和のための措置として，消費税相当額を還付する仕組みを所得税制に組み込むことが考えられる。消費税の負担は低所得者層で相対的な負担が増加するからである。カナダでは，GST（一般売上税）について税額控除の仕組みが設けられている。

3-3　給付付き税額控除の国際的な広がり

　給付付き税額控除は，アメリカをはじめ，イギリス，カナダ，オーストラリア，ニュージーランド，韓国などで導入されている。なぜ，給付付き税額控除は国際的な広がりを持つようになってきたのであろうか。

　先進各国は，グローバル化の進展とともに構造的失業と貧困問題に悩まされてきた。これらの問題に対して，従来の福祉国家は失業給付，生活保護，児童手当などセーフティーネットを張って対応してきた。しかし，セーフティーネットが低所得者層の勤労意欲を減退させ，福祉依存を生み出す問題は，1980年代から顕在化してきた。1990年代以降の先進各国の福祉改革は，「ワークフェア（workfare）」の考え方に支えられ，勤労促進を主目的として，福祉はそれ

---

16)　林（2011），214ページ。

を支援するための政策としての色彩を強めることになったのである。ワークフェア改革の推進力となったのは，先進各国の共通の問題であった財政制約である。社会保障制度の下で給付対象となっている人々の数を就労支援で削減し，給付支出を減らして財政健全化を果たしたいという政府側の動機も改革の推進の要因であることが指摘されている[17]。

　ワークフェアの考え方に基づいた福祉改革の典型が，アメリカのクリントン政権下において実施された 1996 年福祉改革である。96 年福祉改革は，①扶助の受給期間の制限および職業教育・訓練の義務づけ，②勤労所得税額控除（EITC）の拡充の 2 つの施策を柱に推進された。この改革の評価として，成功したようにみえるのは景気拡大期と重なっていたことと勤労所得税額控除によって支えられていたことが要因として大きいとされている。アメリカの勤労所得税額控除制度は，イギリスにおける給付付き税額控除の導入に手本となり，少なからぬ影響を与えた点で重要であることが示されている[18]。

　イギリスでは，1997 年に誕生したブレア政権がワークフェアの基本理念に沿った福祉改革に着手し始めた。イギリスにおいても，就労の厳格化，給付付き税額控除による就労インセンティブの向上の 2 点が現実の政策に反映されることとなった。この 2 点はアメリカの 96 年福祉改革と重なり合う特徴であるとされている。しかし，イギリスの給付付き税額控除の導入の動機は，就労インセンティブの向上だけではなく，貧困問題の解決でもあったと指摘されている[19]。他の先進国と比較して劣悪な状況におかれていた子供の貧困問題の解決に焦点を当てていく。労働党はその戦略として，世代を通じた貧困が再生産される可能性が高いこと，貧困世帯の中でも子持ち世帯の比率が高いことから，貧困一般ではなく，子供の貧困解決に集中的に取り組むことに注力した。高い比率を占める子持ち世帯の層に対象を絞り，すべてではないにしても重要な部分の解決を目指したのである。イギリスの給付付き税額控除制度は 2003

---

17) 諸富（2009），204 ページ。
18) 諸富（2009），205-206 ページ。
19) 諸富（2009），209-210 ページ。

年に大きな改革が行われた。この改革は3つの含意を持っているとされる。第1に給付の拡大である。第2に給付付き税額控除の「負の所得税」としての純化である。第3に給付と労働が切り離されて給付付き税額控除が「ベーシックインカム化」していくことである。

これらの改革の結果から，給付付き税額控除は再分配の手段としてかなり効果を上げていると評価されている。イギリスにおける給付付き税額控除は，ワークフェアの一環として就労インセンティブの向上に主眼を置いていたが，いったん導入されるとその目的が貧困問題，とりわけ子供の貧困問題の解決に焦点が当てられるようになり，再配分に傾斜していったことが明らかにされている[20]。

4. わが国における税制改革と給付付き税額控除

アメリカやイギリスをはじめとして，制度の導入に国際的な広がりをみせた給付付き税額控除であるが，わが国においては導入の是非に関してどのような議論があったのだろうか。

4-1 給付付き税額控除と税制改革

給付付き税額控除制度導入の国際的な広がりから，わが国においても政府税制調査会の「抜本的な税制改革の基本的な考え方」(2007年11月)で所得控除から税額控除へ，給付付き税額控除制度導入の検討が提起された。

「抜本的な税制改革の基本的な考え方」では，「税負担面から見ると，所得控除は，高所得者ほど税負担軽減額が大きい一方で，税額控除は，基本的に所得水準にかかわらず税負担軽減額を一定とすることができる」ことを踏まえ，近年，厳しい財政事情等を背景として，財政的支援の集中化や所得税の所得再分配機能の強化といった観点から，所得控除を改組して税額控除を導入してはどうかとの考え方も現れてきており，考慮に値する」とし，「今後，所得税にお

---

[20] 諸富 (2009), 220-222 ページ。

ける控除のあり方を考えるに際しては，担税力との関係，税額控除を設ける政策の必要性，関連する給付との役割の整理といった論点について，さらに検討を深める必要がある」とする。さらに，それを受けて給付付き税額控除の議論すべき課題として，「この制度が給付としての性格を有するものであることを踏まえる必要がある。その上で，課税最低限以下の者に対する公的給付の必要性について，社会保障政策の観点から，既存の給付や各種の低所得者対策との関係を踏まえて整理が行われる必要がある。また，資産保有状況等と関係なくある年の所得水準に基づいて給付することが適切か，財源をいかに確保するか，さらには，給付に当たって適正な支給の方策，とりわけ正確な所得の捕捉方法をどう担保するか」を挙げている。

民主党を中心とする連立政権に交代し，最初の税制改革案となる「平成22年度税制改正大綱」において，個人所得税の改革として「所得控除から手当へ」さらに「給付付き税額控除」へという方向性を示した。所得税の累進性が喪失した原因として，「第1に，所得控除が相対的に高所得者に有利なこと，第2に，分離課税している金融所得などに軽課していることなど」を挙げている。格差が拡大する中，所得税には所得再分配機能の発揮が求められ，格差拡大を食い止めるために，累進構造を回復させる改革を行って所得再分配機能を取り戻す必要を主張した。そのための改革方向として，税率構造の改革と次の3つの改革を示している。第1に，「的確に所得捕捉できる体制を整え，課税の適正化を図るために，社会保障・税共通の番号制度の導入を進める」ことである。第2に，「所得控除から税額控除・給付付き税額控除・手当へ転換を進める」ことである。第3に，本来，すべての所得を合算して課税する「総合課税」が理想であるが，「金融資産の流動性等にかんがみ，当面の対応として，景気情勢に十分配慮しつつ，株式譲渡益・配当課税の税率の見直しに取り組むとともに，損益通算の範囲を拡大し，金融所得の一体課税を進める」ことである。

平成22年度税制改正大綱の所得税の改革案に関して，鶴田（2011）は，「所得税の累進性や再分配機能の低下についての正確な要因分析は全く反映されて

おらず，したがって，所得税改革の中身も，所得控除と税額控除の比較分析，手当と税額控除ないし給付付き税額控除との係わり，資産所得の分離課税の是非についての検証，最高税率の大幅な引き下げを含む税率構造のフラット化の検証と改革，総合課税のあり方を含めた所得税改革の基本方向や全体像の検討をまったく欠落させたまま，社会保障・税の共通番号制度の導入などの徴税体制に前のめりになっていることが見て取れるのである」と指摘している[21]。

さらに，「前政権時代の政府税制調査会答申において指摘されていた既存の社会保障制度の整合性についての言及さえ欠落させ，ましてや社会保障の全体像との係わりなどはまったく視野に入れられていない。給付付き税額控除による給付が望ましいのか，それとも社会保障給付や社会サービスの供給の方が望ましいのか基本的な疑問にも全く解答が示されていない」と批判している[22]。

格差縮小のための税制改革案として示された所得税改革と給付付き税額控除の導入に関する議論は，所得控除から税額控除へ切り替え，所得控除を整理して課税ベースを拡げ，給付の財源にする議論はなされるものの，全体的な改革の方向性が示されることもなかった。財政再建と社会保障の効率化の必要性から，消費税増税が税制改革案として打ち出された。消費税を社会保障給付の財源とし，低所得者対策は，給付付き税額控除を消費税の逆進性の緩和のための手段とする案が中心となっていく。

4-2 再分配政策としての給付付き税額控除

「社会保障・税一体改革大綱」において，消費税の税率を5％から10％へ増税し，社会保障目的財源にすることが謳われた。税制抜本改革として，「所得の少ない家計ほど，食料品向けを含めた消費支出の割合が高いために，消費税負担率も高くなるという，いわゆる逆進性の問題も踏まえ，2015年度以降の番号制度の本格稼動・定着後の実施を念頭に，関連する社会保障制度の見直し

---

21) 鶴田 (2011), 971ページ。
22) 鶴田 (2011), 972ページ。

や所得控除の抜本的な整理とあわせ，総合合算制度や給付付き税額控除等，再分配に関する総合的な施策を導入する」と述べられている。

「社会保障・税一体改革の論点に関する研究報告書」（2011年5月30日）においては，消費税の逆進性を「ある一時点の所得」に対して見られる逆進性が「不公平」を意味するかといえば必ずしもそうではないとする。また，逆進性の緩和策としての軽減税率の導入については，その導入が「逆進性を是正する有効な方策とはいえず，他の有効な方策があれば，それを行うべきである」と勧告している。

同研究報告書では，日本の再分配政策が，無業者の貧困の減少には有効であるのに，有業者には逆に増加させるように作用していることから，なぜ貧困に対してうまく対応できていないかを分析している。貧困を減らす方策として，社会保障には「主として現役世代に恩恵が及ぶような保健医療以外のサービス給付や積極的労働市場政策が有効ではないかと考えられる」と述べている。税制の面では，低所得者対策として，税を払っていない場合，税制で救うことが難しいことから，その対処法として，社会保障と税制が一体となった検討が必要であると示している。

そこで，再分配政策として給付付き税額控除の活用を提言している。消費税の逆進性の対策のために，基礎的な消費にかかる消費税相当分を還付（給付）する方法を検討している。また，代案として，社会保険料軽減税額控除についても検討しているが，負担軽減のための還付（給付）に別途新たな財源を要すると論じている。そして，給付付き税額控除の海外の導入事例における問題を指摘している。英米の給付付き税額控除制度では，制度の複雑さから不正受給等が問題となっていることを指摘し，カナダのように簡素な制度設計が望ましいこと，番号制度の整備が必要不可欠であることを指摘する。さらに，消費税の逆進性対策としての給付については，その性格上，所得制限のついた定額給付金に近いので，税額控除として国民に認識されるのかについて疑問視されるのではないかとの指摘には，「仮に導入された場合，税額控除という名前にとらわれずに，事前に一定以下の所得の人に給付する制度とする方が国民の理解

が得られやすい可能性がある」と示唆する。

　町田（2011）は，同報告書を財務省や民主党政権の消費税の逆進性緩和措置の採用に対する消極的姿勢を理論的に合理化していると批判する。また，カナダ方式の中低所得者に対する消費税負担額相当額の所得税における還付（給付）については，「高所得者にも軽減効果が及ぶ軽減税率よりは再分配政策としては効率的である」としているが，「ただし，日本では財政再建優先政策という枠内での導入となるので，対象者がきわめて所得が低い層に限定されたり，所得税の納税者とはならない高齢者やワーキングプアが実質的には排除される可能性がある」と指摘している[23]。

　再分配からみて改めるべきは所得税や社会保険料であるという議論もある。消費税の逆進性軽減のためには所得税の見直しが必要であり，所得の捕捉も不可欠である。納税者番号制導入などの所得捕捉のインフラがなければ，低所得者救済はできない。所得とリンクした現金やサービスの受給に当たっては，これらも把握できるような手続きと審査を求めることを可能にする必要があるためである。そうすることで，社会保障の負担・給付を併せて効率的に行うことが可能となる。給付付き税額控除は，消費税の逆進性軽減には有効な手段であるとしながらも，全体として所得と連動させる社会保険料負担軽減税額控除の採用が望ましいとする。その理由として，消費税還付型の税額控除では再分配の効果が十分に発揮できない制度になる危険性があると指摘する。

　給付付き税額控除の導入に，インフラとして納税者番号制が必要不可欠とされるのは，所得の捕捉だけではなく，資産の捕捉も必要だからである。とりわけ消費税還付型の税額控除において，所得制限を設ける場合の実効性を担保するために必要であると説明される。現金給付に関して，金融資産や不動産など保有状況が把握されれば，不正受給の問題が解決されるだけでなく，申請の手続きを残しておけば，常にすべての人の状況を把握しておく必要はなく，申請のあったケースのみチェックすればよい。このような形をとれば，対象者と事

23）　町田（2011），42-43 ページ。

務局にとっては便宜性が高まるというのである。背番号制に関しては，税制上の管理のためということは合意を得ることが難しく，国民生活の向上にどのように結びつくかという視点が不可欠であるので，国民に対して丁寧に説明をしながら検討を進める必要があるという指摘がある[24]。

給付付き税額控除に関しての番号制の導入は，社会保障の給付と税の負担の公平性の確保を目的としている。2016年1月から実施されるマイナンバー制度では，同制度の導入の必要性についてそのように説明される。納税者番号制度のような背番号制の導入は，包括的所得税の条件整備に必要不可欠であると主張され続けてきた。所得税が理想としている，総合課税の原則は，金融所得の分離課税によって侵害されている。金融所得の分離課税が所得税の再分配機能を低下させている原因である。包括的所得税の理論に基づき，金融所得も課税ベースに含め課税を行い所得税の再分配機能，財源調達機能を高める形で直接税の再構築を行うのが望ましい[25]。

5. おわりに

本章でも検討したように，格差の是正や就労のインセンティブを高め貧困を解消するための租税政策として，アメリカ，イギリスをはじめとして導入された給付付き税額控除制度は，国際的な広がりをみせていった。導入された諸国の事情に合わせ，給付なしの税額控除，給付を付ける税額控除と租税政策のバリエーションも生み出された。低所得者層への再分配政策の手段としての観点から，かなりの効果をあげていると評価されている。

わが国においても給付付き税額控除制度導入の国際的な広がりを受け，制度導入の議論が始まった。「社会保障・税一体改革の論点に関する研究報告書」では，貧困を減らすための低所得者層に対する再分配政策として，給付付き税額控除の導入を主張している。所得の再分配は直接税である所得税の役割であ

---

24) 林（2011），226-227ページ。
25) 町田（2011），47-48ページを参照のこと。

る。そのため，全体として所得と連動させる類型の採用について社会保険料軽減税額控除を検討しているが，負担軽減のための還付（給付）に別途新たな財源を要すると論じている。むしろ，消費税の増税で社会保障給付をまかなう方向になっていたので，低所得者対策は消費税の逆進性の緩和が議論の中心であった。消費税の逆進性の対策のために，基礎的な消費にかかる消費税相当分を還付（給付）する方法が検討されたのである。しかし，消費税が10％に増税されるのが2015年から2017年に先送りされた。低所得者対策としての消費税の逆進性緩和は軽減税率の導入を目指す方向が考えられている。

　給付付き税額控除は，格差を縮小するための租税政策として機能するのだろうか。所得格差の拡大と貧困の拡大は区別しなければならないとする指摘がある。所得格差とは，所得が特定の人に集中しているという見方であり，高所得者と低所得者の所得が広がることである。その一方で，貧困の拡大とは，貧困基準以下の所得で生活が成り立たないような人が増加することをいう。駒村（2009）によれば，貧困率の上昇は，格差の拡大よりも深刻な問題であり，格差の縮小か貧困縮小かという目標を掲げるならば，貧困の縮小の方が優先順位は高いとされる[26]。

　国際的な広がりを見せた給付付き税額控除が，他の先進国で租税政策として成功したのは，就業インセンティブを高めることや子供の貧困対策といった政策目的と対象が明確に示され，低所得者層に対する再分配政策として実行されたからである。また，導入に際して税政インフラとしての納税者番号制の整備も不可欠である。わが国においては，給付付き税額控除の導入に，多大なコストをかけてもそれに見合うメリットがあるのかについては慎重論もある[27]。

　税による所得再分配を高めるためには，所得税の改革が必要であり，消費税の負担とは切り離して考えることが望ましい。所得再分配は直接税である所得税の役割であり，間接税である消費税では再分配効果は限定的であると考えら

---

26)　駒村（2009），122-123ページ。
27)　鶴田（2011），979-982ページ。

れるからである。給付付き税額控除制度導入の前提となる番号制は，社会保障負担・給付や税負担についての情報は把握が可能であるが，消費税の負担は把握することが困難である。給付付き税額控除を導入するならば，所得再分配効果を発揮できるように，所得と連動させる類型を採用し，低所得者，とりわけ貧困から抜け出せない層を支援するような租税政策として実行されるべきである。

参 考 文 献

鎌倉治子（2010）「諸外国の給付付き税額控除の概要」（国立国会図書館『ISSUE BRIEF』No. 678）。
厚生労働省（2013）「平成23年所得再分配調査」
駒村康平（2009）『大貧困社会』角川SSC新書。
駒村康平編（2010）『最低所得保障』岩波書店。
佐藤滋・古市将人（2014）『租税抵抗の財政学 信頼と合意に基づく社会へ』岩波書店。
佐藤主光（2011）「所得税・給付つき税額控除の経済学―「多元的負の所得税」の構築―」（財務省財務総合政策研究所『フィナンシャル・レビュー』第1号通巻第102号）。
鶴田廣巳（2011）「給付付き税額控除をめぐる論点」（『立命館経済学』第59巻第6号）。
内閣府（2009）「経済財政白書 平成21年版」
内閣府（2011）「社会保障・税一体改革の論点に関する研究報告書」。
西沢和彦（2010）『税と社会保障の一体改革』日本経済新聞社。
橋本恭之（2009）「所得税の累進性に関する研究」（『関西大学経済論集』第59巻第1号）。
林宏昭（2011）『税と格差社会 いま日本に必要な改革とは』日本経済新聞社。
町田俊彦（2011）「国民の「将来不安」の払拭と内需創造型経済への転換を阻む「社会保障・税一体改革」―中低所得層の給付抑制・負担増と大企業・高所得層の負担軽減―」（『自治総研』通巻395号）。
望月正光・野村容康・深江敬志（2010）『所得税の実証分析―基幹税の再生を目指して―』日本経済評論社。
森信茂樹（2008）『給付つき税額控除 日本型児童税額控除の提言』中央経済社。
諸富徹（2009）「グローバル化による貧困の拡大と給付付き税額控除―イギリス所得税制の経験から何を学べるか―」諸富徹編著『グローバル時代の税制改革―公平性と財源確保の相克―』ミネルヴァ書房。
八塩裕之（2009）「グローバル化・少子化にどう対処すべきか―わが国の税制改革へ向けて―」諸富徹編著『グローバル時代の税制改革―公平性と財源確保の相克―』ミネルヴァ書房。

Cingano, Federico (2014), "Trends in Income Inequality and its Impact on Economic Growth" OECD, *Social, Employment and Migration Working Papers*, No. 163.
OECD (2008), *Growing Unequal? — Income distribution and poverty in OECD countries*.

第 3 章

地方税制における税収格差の是正に関する一考察

横 山 彰

1. はじめに

　本章は,「地方法人特別税等に関する暫定措置法（平成20［2008］年4月30日法律25号）[1]」に基づく地方法人特別税・地方法人特別贈与税の導入とその後の議論を中心に,地方税制における税収格差の是正について考察する。

　地方分権化の進展とともに,地方公共団体間の財政力格差の是正が大きな政策課題となり,「地方法人特別税等に関する暫定措置法（以後,暫定措置法という）」の成立する前年の2007年11月16日に,地方財政審議会（2007）の意見が示された。つまり,「財政力格差の拡大への対応策の基本は,偏在度が小さい地方税の充実強化によって地方の自主財源を強化するとともに,地方公共団体間の財政調整に重要な役割を果たしている地方交付税制度の機能を適切に発揮させることと考える」（地方財政審議会 2007, 2ページ）,と指摘された。

　また,2007年11月20日に開催された税制調査会総会（第6回）で決定された答申の中でも,「国民がゆとりと豊かさを実感でき,個性豊かで活力に満ちた地域社会を実現する観点から,地方分権改革に取り組んでいく必要がある。

---

1) 法律などは必要に応じて［　］で西暦を加筆した。以下同じ。ただし図表の注などは和暦のまま引用している。

地方の活力を取り戻すためにも，地方の自立を推進し，真の地方分権を確立しなければならない。納税者が身近なところで税を納め，その使途をチェックすることの意義も大きい。こうした地方分権の観点から，国・地方の財政状況，国・地方の税体系のあり方等を考えながら，税源の偏在性が少なく，税収の安定性を備えた地方税体系を構築し，地方税の充実確保を図ることが重要である。また，地方公共団体間で財政力に格差があることを踏まえ，地方間の税源の偏在を是正し，その格差の縮小を目指すことが喫緊の課題となっていることから，総合的な検討を進め，早急な対応を図るべきである」（税制調査会 2007, 8ページ）と記述された。

こうした国の審議会と調査会の意見を基に，暫定措置法が「この法律は，税制の抜本的な改革において偏在性の小さい地方税体系の構築が行われるまでの間の措置として，法人の事業税（中略）の税率の引下げを行うとともに，地方法人特別税を創設し，その収入額に相当する額を地方法人特別譲与税として都道府県に対して譲与するために必要な事項を定めるものとする」（暫定措置法，第一条）趣旨で制定された。

以下では，次の第2節で地方法人特別税・地方法人特別譲与税の概要と影響をみて，第3節で社会保障・税一体改革後の議論を概観し，第4節で地方税制における税収格差の是正として地方交付税制度の役割について検討する。そして，第5節で結論を述べる。

2. 地方法人特別税・地方法人特別譲与税の概要と影響

地方法人特別税は，税源の偏在是正の観点から，制度創設時に地方消費税1％相当額（2.6兆円）の法人事業税を国税化して，2008年10月1日以後に開始する事業年度から適用して施行された。具体的な税率は，次のとおりである。

① 付加価値割額，資本割額及び所得割額の合算額によって法人事業税を課税される法人の所得割額に対する税率：148％
② 所得割額によって法人事業税を課税される法人の所得割額に対する税率：81％

③　収入割額によって法人事業税を課税される法人の収入割額に対する税率：81％

　地方法人特別税の課税主体は国ではあるが，都道府県が法人事業税と併せて賦課徴収を行う法定受託事務方式である。納税義務者は法人事業税の納税義務者で，課税客体は上記のように法人の基準法人所得割額及び基準法人収入割額である。そして，課税方式は，法人事業税の申告と併せて事務所等が所在する都道府県に税額等を記載した申告書を提出し，その税額を納付する申告納付方式である。都道府県は，地方法人特別税として納付された額を国に払い込む。

　他方，地方法人特別譲与税は，地方法人特別税の税収全額を，地方消費税交付金の交付基準と同じく，都道府県に対して，その 2 分の 1 を人口で他の 2 分の 1 を従業者数で按分・譲与するものである。

　この地方法人特別税・地方法人特別譲与税の各都道府県への影響実績は，2011 年度について，全国知事会地方税財政制度研究会（2013）が計算している（表 3-1）。この表 3-1 では，都道府県ごとの地方法人特別税として国に払い込まれた額（A）と地方法人特別譲与税として国から譲与された額（B）の差し引きが，増減（B − A = C）として示されている。増減がマイナスの場合には，▲印が付され，ネットで地方法人特別税・地方法人特別譲与税の影響が実質税収減になっている。このマイナスが最も大きいのが東京都で，その減収額は 1,510 億円である。次いで大阪府の 166 億円減収，愛知県の 121 億円減収となっており，この 3 都府県を含め地方法人特別税・地方法人特別譲与税がマイナスの影響を与えた都道府県数は 10 であった。残りの 37 の道府県が，ネットでプラスの影響となり水平調整による恩恵を受けていた。地方法人特別税・地方法人特別譲与税の措置で最大の恩恵を受けたのが，北海道で 212 億円の増収である。次いで，埼玉県が 196 億円増収，福岡県が 175 億円増収であった。ネットの増減幅が最小なのは三重県の 2 億円減収で，次いで石川県の 3 億円増収，京都府の 4 億円増収となっている。これらの増減幅が少ない府県は，地方法人特別税・地方法人特別譲与税の措置の影響が低い。

　表 3-1 によると，地方法人特別税・地方法人特別譲与税制の措置でなされた

表 3-1 平成 23［2011］年度地方法人特別税・地方法人特別譲与税の各都道府県への影響実績

(億円)

都道府県	地方法人特別税 A	地方法人特別譲与税 B	増減 B － A = C
北海道	431	643	212
青森県	90	158	68
岩手県	88	155	67
宮城県	234	279	44
秋田県	67	127	60
山形県	82	139	57
福島県	201	239	38
茨城県	338	346	8
栃木県	225	240	15
群馬県	219	242	23
埼玉県	574	770	196
千葉県	541	651	110
東京都	3,502	1,991	▲1,510
神奈川県	905	991	86
新潟県	261	287	26
富山県	132	137	5
石川県	143	145	3
福井県	131	100	▲31
山梨県	137	103	▲34
長野県	197	260	63
岐阜県	224	247	23
静岡県	492	463	▲29
愛知県	1,055	933	▲121
三重県	223	221	▲2
滋賀県	204	166	▲38
京都府	310	314	4
大阪府	1,296	1,130	▲166
兵庫県	557	635	78
奈良県	75	145	71
和歌山県	82	114	32
鳥取県	46	69	23
島根県	65	86	20
岡山県	209	228	18
広島県	344	348	5
山口県	158	170	13
徳島県	105	91	▲14
香川県	125	121	▲5
愛媛県	158	167	9
高知県	46	87	40

福岡県	425	600	175
佐賀県	86	100	14
長崎県	109	163	54
熊本県	136	206	70
大分県	100	140	40
宮崎県	88	130	42
鹿児島県	113	196	83
沖縄県	99	155	56
合計	15,427	15,427	0

(注) 1：地方法人特別税は，平成23年2月から平成24年1月までに国に払い込まれた額。
2：地方法人特別譲与税は，平成23年度5月，8月，11月，2月期の譲与額の合計。（東京都は加算額46億円を含む。）
3：地方法人特別譲与税額は，各都道府県の人口（8月譲与分まではH17国勢調査，11月譲与分からはH22国勢調査）及び従業者数（5月譲与分はH18事業所企業統計調査，8月譲与分からはH21経済センサス基礎調査）で按分。
4：四捨五入により計が一致しないところがある。
(出所) 全国知事会地方税財政制度研究会（2013，3ページ），資料2。ただし，表タイトルは加筆修正し，付註事項※は一括して注記方式で示した。

都道府県間の水平調整の財政規模は，減収額合計（＝増収額合計）の1,950億円に過ぎない。つまり，地方法人特別税の総額が15,427億円であるが，水平調整に充てられた比率は 1950 ÷ 15427 ＝ 12.6% であった。

　地方法人特別税・地方法人特別譲与税制の措置がなされてから，抜本的税制改革として位置づけるかどうかは意見が分かれるが，社会保障・税一体改革がなされた。「社会保障の安定財源の確保等を図る税制の抜本的な改革を行うための消費税法の一部を改正する等の法律（以下，社会保障・税一体改革関連法という）」（平成24［2012］年8月22日法律第68号）の中で，地方税制についての検討事項が明記された。すなわち，この社会保障・税一体改革関連法第7条第5項で，「地方法人課税の在り方を見直すことにより税源の偏在性を是正する方策を講ずること」についての検討が定められた。と同時に，「地方法人特別税及び地方法人特別譲与税について，税制の抜本的な改革において偏在性の小さい地方税体系の構築が行われるまでの間の措置であることを踏まえ，税制の抜本改革に併せて抜本的に見直しを行う」ことにも同条同項で定められた。

3. 社会保障・税一体改革後の議論

こうした法改正に相応して，地方財政審議会に「地方法人課税のあり方等に関する検討会」の設置が準備され，2012年9月20日に第1回検討会が開催された。この検討会の目的は，「地方法人特別税の抜本的見直しに向けて検討を行うとともに，地域間の税源偏在の是正に向け地方法人課税のあり方等について幅広い検討を進める」（地方法人課税のあり方に関する検討会 2012a, 資料1）ことである。と同時に，全国知事会に「地方税財政制度研究会」が設置され，税源の偏在性を是正する観点から，地方法人課税のあり方が議論された。

しかしながら，「税源の偏在性の意味することが何なのか」については必ずしも明確ではない。税源の偏在性を議論するときよく示されるのが，図3-1である。これは，人口一人当たりの税収額で測られる偏在度を，最大／最小の尺度と，全国平均値を100としたときの各都道府県の相対値とで示している。地方税計・個人住民税・地方法人二税・地方消費税（清算後）・固定資産税の偏在度が示されている。ここで地方法人二税は，図の中の注3に記されているように，法人住民税と法人事業税（地方法人特別譲与税を含まない）の合計である。2012年度決算額のデータで，これらの地方税の偏在度が図3-1で示されている。これをみると，地方法人二税の偏在度は，最大／最小が5.7倍で，全国平均値を100としたときの東京都の人口一人当たりの税収額は247.2と，最大の偏在性を示している。これに対し，地方消費税（清算後）は，最大／最小が1.8倍で，全国平均値を100としたときの東京都の人口一人当たりの税収額は138.6と，偏在度が一番少ない。これらの主要地方税の税収の時系列的な推移は，図3-2で示される。時系列でみたとき，地方法人二税は，他の税よりも税収の変動の振幅が大きく安定的でないことが，図3-2で示されている。さらに図3-2は，国税として仕組まれた地方法人特別税の規模が，地方法人特別譲与税として示されている。地方法人特別税は同額だけ地方法人特別譲与税として都道府県に譲与されるので，地方法人特別譲与税の額が，地方法人特別税の規模となる。それは，2009年度0.6兆円，2010年度1.4兆円，2011年度1.5兆円，

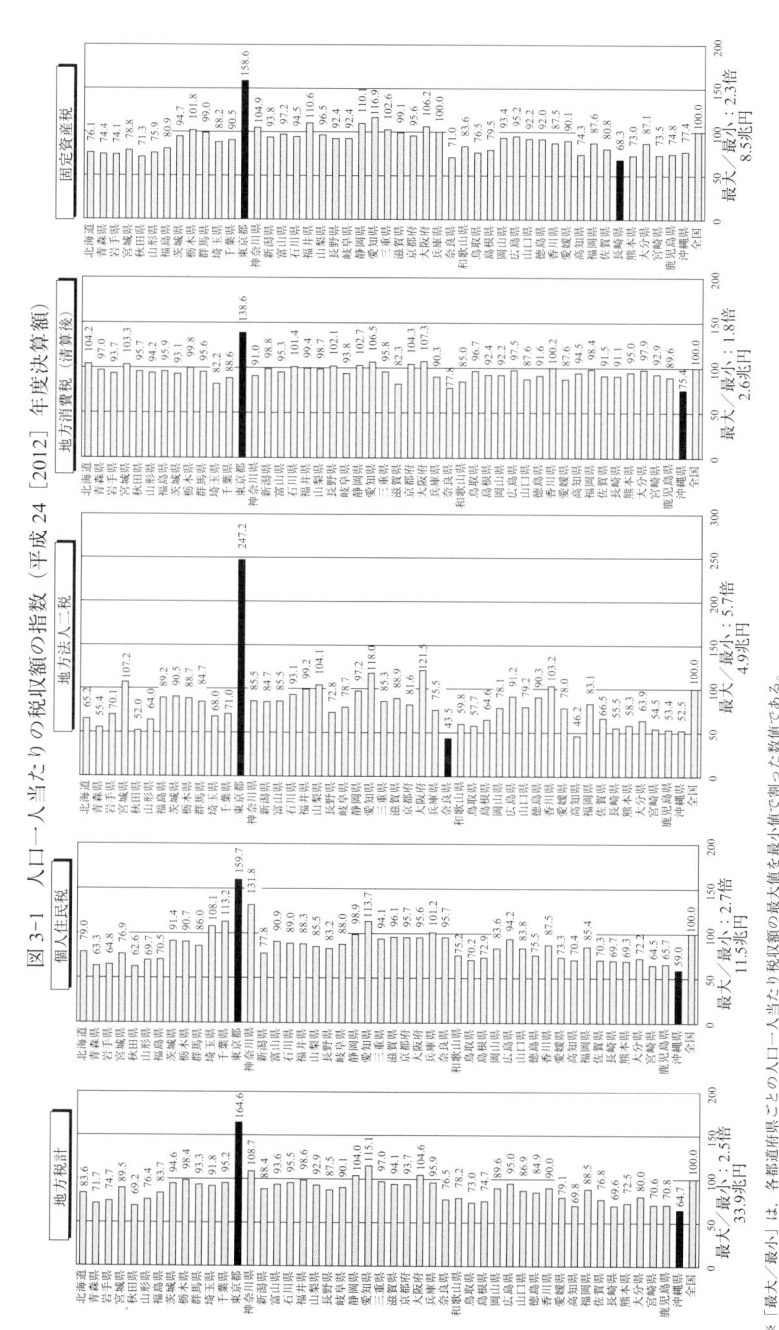

第3章　地方税制における税収格差の是正に関する一考察　67

図 3-1　人口一人当たりの税収額の指数（平成 24 [2012] 年度決算額）

※「最大／最小」は、各都道府県ごとの人口一人当たり税収額の最大値を最小値で割った数値である。
（注）1：地方税収計の税収額は、地方譲与税及び法定外税等を含む。超過課税及び法定外税等を含む。地方法人特別譲与税（地方法人特別税）及び個人市町村民税（均等割及び所得割）の合計額である。2：個人住民税の税収額は、超過課税を含む。道府県民税（均等割及び所得割）、法人道府県民税、法人市町村民税（均等割及び所得割）及び個人市町村民税（均等割及び所得割）の合計額である。3：地方法人二税の税収額は、超過課税を含む。道府県民税、法人道府県民税、法人市町村民税の合計額である。4：固定資産税分を除く。5：人口は、平成25年3月31日現在の住民基本台帳人口による。
（出所）税制調査会（2014）, 10ページ。

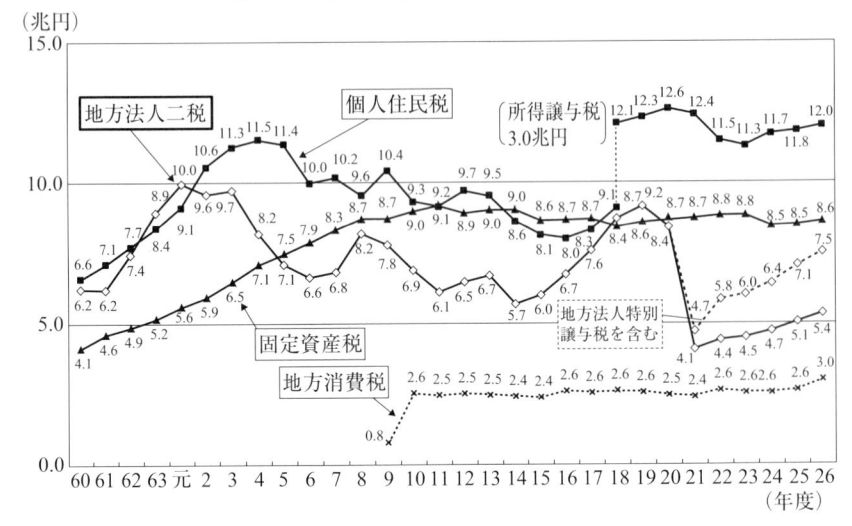

68　第1部　日本の税制における格差問題と対応

図 3-2　主要税目（地方税）の税収の推移

（注）1：表中における計数は，超過課税及び法定外税を含まない。
　　　2：平成24年度までは決算額，25年度は推計額（H25.12時点），26年度は地方財政計画額である。
　　　3：地方法人二税の平成21年度以降の点線は，国から都道府県に対して譲与されている地方法人特別譲与税を加算した額。（㉑0.6兆円，㉒1.4兆円，㉓1.5兆円，㉔1.7兆円，㉕2.0兆円，㉖2.2兆円）
（出所）地方法人課税のあり方等に関する検討会（2014），資料。

2012年度1.7兆円，2013年度2.0兆円，2014年度（地方財政計画額）2.2兆円となっている。

　図3-2は，明示されていないが，図3-3と図3-4の出所と同じ資料（平成22[2010]年度決算額）の最新版（平成24[2012]年度決算額）であり，それによると各税収額は都道府県分と市区町村分の合計額である。これに対し，図3-3と図3-4は，都道府県税の一人当たり税収のジニ係数で偏在度を示している。図3-3は，地方法人二税については，ジニ係数が大きく不平等度すなわち偏在性が高いこととジニ係数の時系列での変動も大きいことが示されていると同時に，地方法人特別税と地方法人特別譲与税の措置がジニ係数で示される偏在度を縮小していることがわかる。図3-4は，地方法人二税に関して，法人事業税と法人住民税（法人税割）についてジニ係数を時系列的にみている。地方法人特別税・地方法人特別譲与税の措置が，税収の偏在度を減少させていること

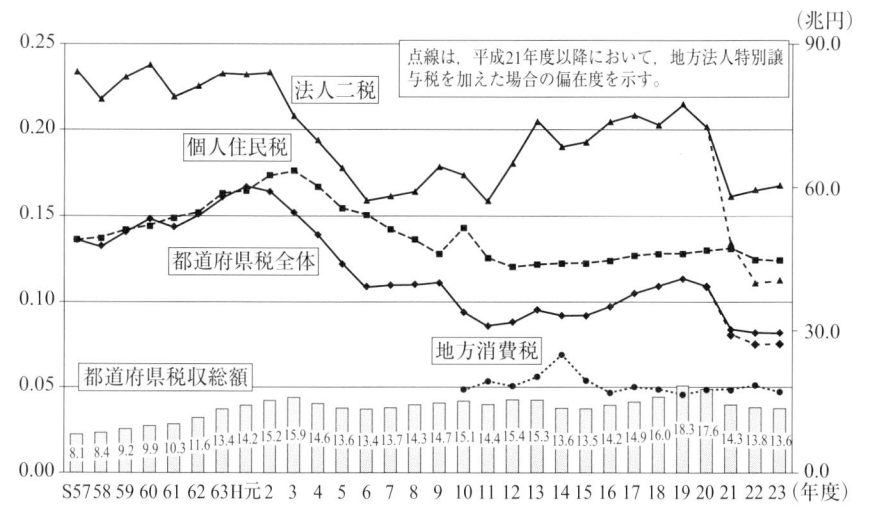

第3章　地方税制における税収格差の是正に関する一考察　69

図3-3　都道府県税の偏在度（ジニ係数）の推移

(注) 1：ジニ係数は，人口1人当たり税収額を基に次の算式により算出。ジニ係数＝〔共分散×2〕／〔都道府県数×平均値〕
　　2：税収は各年度の決算値であり，法定外税，旧法による税及び超過課税分を含まない。なお，「法人二税」及び「都道府県税全体」は，東京都が徴収する特別区分の法人住民税を含まない。また，「地方消費税」は平年度化した平成10年度から計上しており，税収額は清算後の額である。
　　3：人口は，各年度末の住民基本台帳人口による。
（出所）地方法人課税のあり方等に関する検討会（2013a），資料6ページ。

は，事実である。

　税源の偏在性の意味が問題になるのは，上述したように，社会保障・税一体改革関連法第7条5項の規定にかかわるからである。つまり，この第7条5項の規定では，地方法人特別税・地方法人特別譲与税の措置はあくまで暫定的な措置であるので消費税率の引き上げ施行に併せて抜本的に見直しを行うことと，地方消費税の充実と併せて地方法人課税のあり方を見直すことにより税源の偏在性を是正する方策を講ずることが定められた。具体的には，地方法人特別税・地方法人特別譲与税の暫定措置をどうするのかを，消費税率の引き上げ施行前に議論し決定する必要があった。そのとき，主に議論された選択肢は次の通りである。

　①　地方法人特別税・地方法人特別譲与税の暫定措置を廃止し法人事業税に復元する

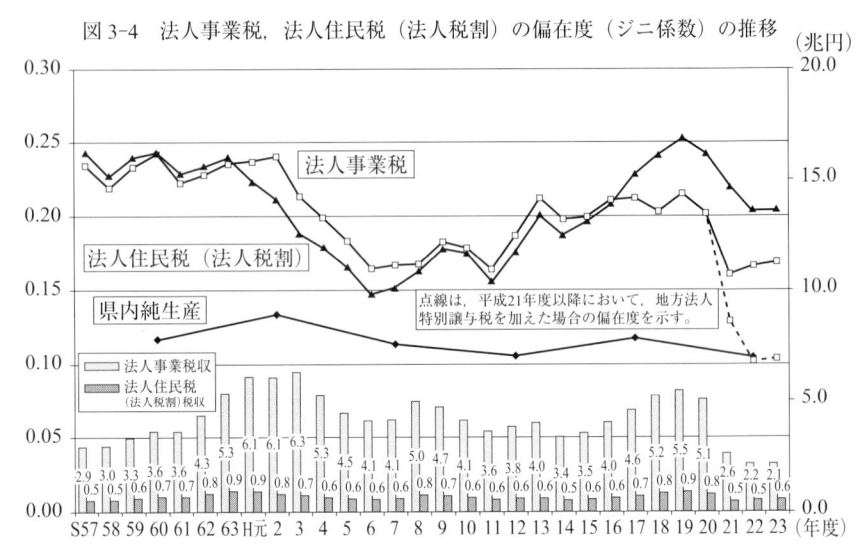

図 3-4　法人事業税，法人住民税（法人税割）の偏在度（ジニ係数）の推移

(注) 1：ジニ係数は，人口 1 人当たり税収額を基に次の算式により算出。ジニ係数＝〔共分散×2〕／〔都道府県数×平均値〕
2：税収は各年度の決算値であり，超過課税分を含まない。また，「法人住民税（法人税割）」は，東京都が徴収する特別区分を含まない。
3：「県内純清算」は，内閣府「県民経済計算年報」に示された「産業」（「政府サービス生産者」及び「対家計民間非営利サービス生産者」以外のもの）の県内要素所得を基に算出。
4：人口は，各年度末の住民基本台帳人口による。
(出所) 地方法人課税のあり方等に関する検討会（2013a），資料 7 ページ。

②　地方法人特別税・地方法人特別譲与税の暫定措置を据え置くか恒久化する

③　地方法人特別税・地方法人特別譲与税の暫定措置を廃止し法人事業税に復元したうえで，法人住民税法人税割を一部国税化して地方交付税の原資とする

　これらの選択肢以外にも多くの議論があったが，①が東京都税制調査会，②が国の財政制度等審議会，③が全国知事会と地方財政審議会における主流の意見であった。東京都税制調査会での議論は，筆者自身もかかわったが，①であった（東京都税制調査会 2013; 2014）。税源の偏在について人口一人当たり税収差をみるにしても，夜間人口でみた場合と昼間人口でみた場合では，偏在性に違いがある。この点は表 3-2 で示されているが，夜間人口に比べ昼間人口一人当

表 3-2　夜間・昼間人口一人当たり道府県税収

	夜間人口				昼間人口			
	最大	最小	倍率	変動係数	最大	最小	倍率	変動係数
道府県税合計	173,879円（東京都）	69,461円（沖縄県）	2.50倍	0.16	141,780円（東京都）	71,004円（沖縄県）	2.00倍	0.14
法人事業税	42,298円（東京都）	7,645円（奈良県）	5.53倍	0.38	34,486円（東京都）	8,502円（奈良県）	4.06倍	0.32
法人住民税（法人税割）	14,385円（東京都）	2,047円（青森県）	7.03倍	0.48	11,729円（東京都）	2,060円（青森県）	5.69倍	0.40
地方消費税	27,872円（東京都）	15,269円（奈良県）	1.83倍	0.10	22,725円（東京都）	15,640円（沖縄県）	1.45倍	0.06

（注）1：「第7回地方法人課税のあり方等に関する検討会」（平成25年5月14日）横山会長発表資料により作成。
　　　2：税収額は平成23年度決算ベース。
　　　3：税収額には超過課税，法定外税を含み，地方譲与税は含まない。
　　　4：夜間人口は住民基本台帳人口（平成24年3月31日），昼間人口は国勢調査（平成22年10月1日）による。
（出所）東京都税制調査会（2013），資料11。

表 3-3　法人事業税の暫定措置導入前後における人口一人当たり道府県税収の偏在の状況

・人口一人当たりの道府県税収を都道府県別にみると，直近では暫定措置導入前ほどの税源偏在は存在していない。

	17[2005]年度	18[2006]年度	22[2010]年度	23[2011]年度	24[2012]年度
最大（東京都）	219,360円	235,093円	180,380円	173,897円	179,184円
最小（沖縄県）	69,347円	75,510円	71,659円	69,461円	71,462円
最大／最小	3.16倍	3.11倍	2.52倍	2.50倍	2.51倍
変動係数	0.22	0.23	0.17	0.16	0.17

（注）1：人口一人当たり道府県税収は，各年度の「地方税に関する参考計数資料」による。
　　　2：税収額には超過課税，法定外税を含み，地方譲与税は含まない。
（出所）東京都税制調査会（2014），参考資料14ページ。西暦を加筆。

たりの偏在度は小さくなっている。さらに，地方法人特別税・地方法人特別譲与税の暫定措置導入前に比べると，最近は偏在性が縮小していることも，表3-3で確認できる。財政制度等審議会での議論では，地方法人特別税・地方法人特別譲与税の仕組みは地方法人課税の偏在是正に効果を発揮しており，地方

交付税制度では不交付団体・交付団体間の格差是正が困難であることから，上記②が示唆されている（財政制度等審議会 2013a ; 2013b）。他方，全国知事会の地方税財政制度研究会や地方財政審議会の地方法人課税のあり方等に関する検討会の議論では，税源交換論に基づき③の方向での検討が中心になされた（全国知事会地方税財政制度研究会 2013；地方法人課税のあり方等に関する検討会 2013b）。

そうした議論がある中，平成26年度税制改正で，地方法人特別税の3分の1が法人事業税に復元されるとともに，消費税率8％の段階において地域間の財源の偏在を是正し，財政力格差の縮小を図るため，法人住民税法人税割の一部を国税化して新たに「地方法人税」を創設し，その税収全額を地方交付税原資とする措置が導入された。その結果，2014年10月1日以後に開始する事業年度に係る地方法人特別税の税率は，以下のとおりになった[2]。

① 付加価値割額，資本割額及び所得割額の合算額によって法人事業税を課税される法人の所得割額に対する税率：67.4％
② 所得割額によって法人事業税を課税される法人の所得割額に対する税率：43.2％
③ 収入割額によって法人事業税を課税される法人の収入割額に対する税率：43.2％

そして，法人住民税法人税割の税率は引き下げられ，道府県民税が5.0％から3.2％に市町村民税が12.3％から9.7％に改正された。その引き下げ合計分の1.8％＋2.6％＝4.4％が国税化された地方法人税の税率となり，その税収の全額が交付税特別会計に直接繰り入れられ地方交付税原資とされた。この地方法人税の創設は，地方消費税率の引き上げによる地方公共団体間の財政力格差拡大を是正する観点から，求められた。つまり，交付団体は地方消費税の増収が

---

[2] 平成27［2015］年度税制改正により，本文①の税率は，2015年4月1日から2016年3月31日までの間に開始する事業年度には93.5％，2016年4月1日以後に開始する事業年度には152.6％が適用されることになった（平成27年度税制改正「地方税法等の一部を改正する法律要綱」参照）。

基準財政収入額増大を通して交付税交付金の減少につながるのに対し，東京都等の不交付団体では地方消費税の増収がそのまま純増になるので，地方公共団体間の収入格差が拡大することに対する是正措置として，法人住民税法人税割の一部が国税化され地方法人税が創設されたのである。

結局，偏在性の小さい地方税体系の構築に向けての現実の税制改正は，全国知事会と地方財政審議会における主流の意見すなわち上記の③の考え方に副うものであった。

4．地方税制における税収格差の是正

第二次世界大戦後の日本における地方分権の推進は，2000 年 4 月に施行された「地方分権の推進を図るための関係法律の整備等に関する法律（通称：地方分権一括法）」（平成 11［1999］年 7 月 16 日法律第 87 号）で，機関委任事務が廃止され大きく前進した。その後，小泉内閣でなされた 2004 年度から 2006 年度までの「三位一体改革」では，4.7 兆円の国庫補助負担金の廃止・縮減，国から地方への（所得税から個人住民税への）3 兆円の税源移譲，地方交付税・臨時財政対策債の 5.1 兆円の総額抑制がなされた（総務省 2006）。この「三位一体改革」については，「『三位一体改革』では……地方税という自主財源は増加したけれども，地方税と地方交付税をあわせた一般財源が減少し，地方財政の財源が全体としても圧縮されてしまったのである。……地方財源の総額が圧縮されたばかりか，一般財源を大幅に削減してしまった『三位一体改革』は，地方分権に逆行する改革だったといえる」（神野・小西 2014, 225-226 ページ）といった厳しい評価もなされている。

地方法人特別税・地方法人特別譲与税の措置は，こうした「三位一体改革」のマイナス効果に対する政策対応とも考えられる。地方分権を推進し，国から地方への税源移譲がなされれば，当然に地方公共団体間の財政力の格差が拡大する。地方分権を推進する一方で，その推進に伴う財政力の格差の拡大を是正する役割を担っている地方交付税の総額をカットすることは，地方公共団体間の財政力の格差をさらに拡大する方向に作用する。

地方税制における税収格差の是正を考えるとき，次の3つの是正の違いを明確に認識する必要がある。

① 特定の地方税(法人事業税や法人住民税法人税割など)の税収格差を是正する
② 地方税制全体の税収格差を是正する
③ 地方税制と地方交付税制度との全体で地方税制の税収格差を是正する

これらの3つの是正の違いを，消費税のいわゆる逆進性（消費税負担額が所得に占める割合つまり消費税負担率＝消費税負担額／課税前所得が低所得者ほど高くなる）問題を是正する方法の違いに対応させると，その違いが明確になる。①は免税や軽減税率の措置で消費税の逆進性を是正する，②は消費税だけでなく所得税などを含め税制全体で消費税の逆進性を是正する，③は税－移転制度の全体つまり歳入・歳出一体で消費税の逆進性を是正する。消費税に係る給付付き税額控除は①とも③ともいえる逆進性の是正方式である。

上記の3つの是正について，これまでの議論を考えてみよう。地方法人課税のあり方を見直すことにより税源の偏在性を是正する方策を議論しているときは，上記①の特定の地方税の税収格差を是正することが求められている。その一方で，社会保障・税一体改革関連法に基づく地方消費税率の引き上げで交付団体と不交付団体とで地方税と地方交付税をあわせた一般財源に違いが出てくるので，一般財源の格差を是正するという理由から，法人住民税法人税割の国税化による地方法人税創設が正当化された。これは，上記③の形で地方税制の税収格差を是正することが求められている。しかし，上記②の形での地方税制の税収格差の是正については，余り議論されてはいない。具体的には，法人事業税なり法人住民税法人税割の標準税率を引き下げるとともに固定資産税の標準税率を引き上げたり地方消費税の税率を引き上げたりする税収格差是正については，論じられていないのである。また③についても，社会保障・税一体改革関連法で決まった消費税・地方消費税の税率引き上げに伴う，消費税分（うち交付税分）・地方消費税分の引き上げ配分についての是非が全く検討されていない。この配分は，表3-4で示されている。

消費税プラス地方消費税の税率は2014年4月に5%から8%へと3%引き上

表 3-4　消費税及び地方消費税の引上げ

	改正前	平成26年4月1日～ (平成26年度)	平成27年度		平成28年度4月1日～ (平成28年度～)
			4月～9月	10月～3月	
消費税＋ 地方消費税	5%	8%	10%		
消費税	4%	6.3%	7.8%		
うち交付税分	1.18% (法定率29.5%)	1.40% (法定率22.3%)	1.47% (法定率20.8%)	1.52% (法定率19.5%)	
地方消費税	1% [消費税分の 100分の25]	1.7% [消費税分の 63分の17]	2.2% [消費税分の 78分の22]		

(出所) 東京都税制調査会 (2014), 16ページ。

げられたが, その引き上げ配分は, 消費税分 2.3%(うち交付税分 0.22%)・地方消費税分 0.7%であった。また 2015 年 10 月に予定されていた 10%への引き上げに伴う 5%からの引き上げ配分については, 消費税分 3.8%(うち交付税分 0.29%, 2016 年 4 月以降 0.34%)・地方消費税分 1.2%が予定されていたのである。これらの引き上げ配分で, 消費税分のうちの交付税分の引き上げ部分が小さい点に大きな問題があった。この引き上げ配分については国と地方の協議の場で合意されたのであるが, 消費税分と地方消費税分の引き上げ配分は動かせないとしても, 消費税分のうち交付税分 0.22% ＋ 地方消費税分 0.7% ＝ 0.92%について地方の一般財源部分の増加になるような協議を前提にすれば, 消費税のうち交付税分と地方消費税分の配分を逆転させることもできたのである。協議の場では, 表面的な地方分権の名のもとに, 消費税分に含まれる交付税分のアップよりも目に見える地方消費税分のアップを優先させた。と同時に, この協議の場で地方側が懸念したのは交付税分をアップしたとしても, そのアップ分が地方交付税総額の純増の結びつかないおそれがある点であったと考えられる。

それは, 図 3-5 の地方交付税等総額の推移で示されている[3]。地方交付税等

---

3)　図中の臨時財政対策債における白抜部分の数値は, 過去に発行した臨時財政対策債に係る元利償還金相当額の財源不足額や決算乖離是正に対応する一般財源分の一定割合についての臨時財政対策債による対応額を示している。この点を含め, 地方交付税財源の不足に対応するための折半ルールの考え方については, 神野・小西 (2014, 92-93 ページ) を参照されたい。

76 第1部 日本の税制における格差問題と対応

図 3-5 地方交付税等総額（当初）の推移

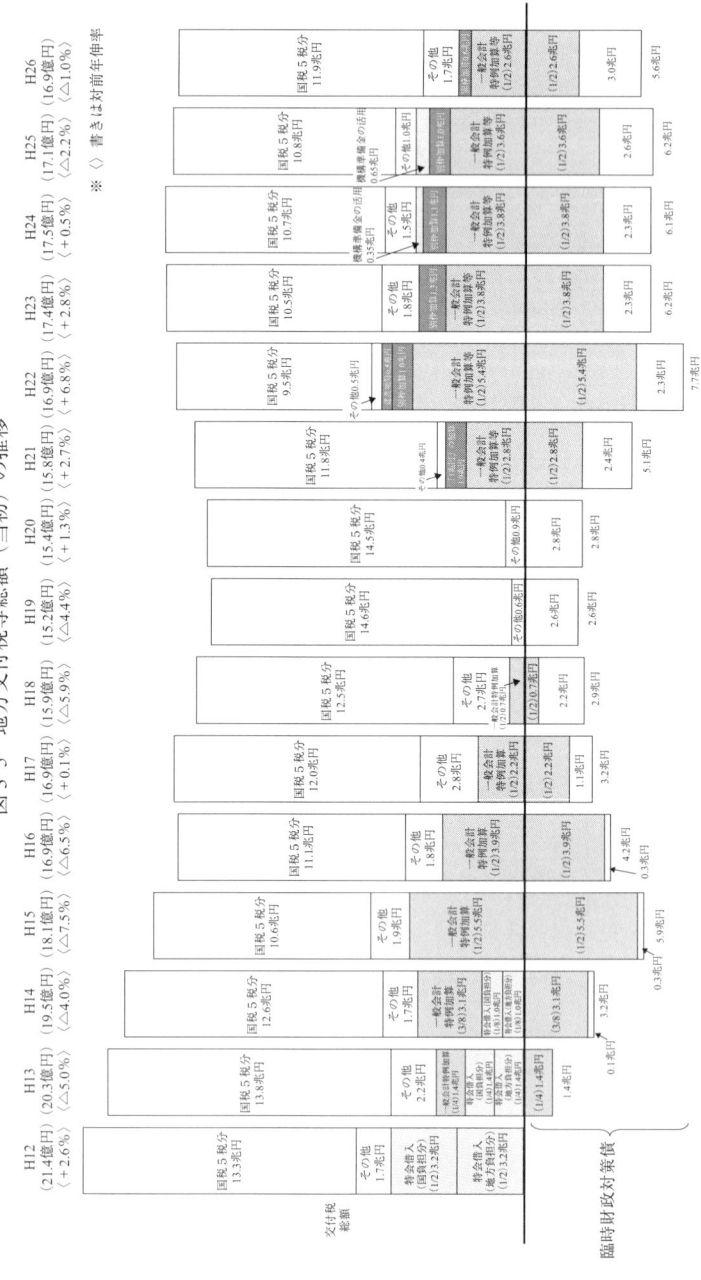

(注) 1：「地方財政関係資料」（総務省）により作成。2：表示未満四捨五入の関係で、積み上げと合計が一致しない箇所がある。
(出所) 東京都税制調査会 (2014)、参考資料 11 ページ。

総額は，地方の実質的な財政需要をカバーするために必要な所要額を示しているともいえる。国税5税分だけでは交付税総額も賄えておらず，2009年度以降では一般会計特例加算と別枠加算の合計額が3兆円を超えているので，消費税のうち交付税分を増やしても加算分と相殺されて交付税総額の純増に結びつかないと考えられたのである。

　この点は，地方交付税制度のあり方そのものにもかかわってくる。地方税制における税収格差の是正は，地方税制と地方交付税制度との全体でみれば，すなわち人口一人当たりの一般財源でみれば，地方法人二税とは異なる東京都の姿も見える。それが，図3-6である。図3-6は，人口一人当たりの一般財源が示されている。一般財源は，地方税の超過課税分を除き，財政調整後に地方公共団体が自由にできる財源で，図3-6の注3で示される合計額である。しかしながら，図3-6の留保財源＋財源超過額をみると，東京都が突出している。さらに，人口一人当たりではなく，基準財政需要額に対する比率で図3-6の各項目をみたのが，図3-7である。図3-7をみると，一般財源の対基準財政需要額比率も東京都が高くなっている。

　地方税制における税収格差の是正に関しては，特定の地方税だけや地方税制だけでなく地方税制と地方交付税制度との全体で検討すべきであり，地方交付税をどう評価するかが問われているのである。地方交付税制度は，周知の通り，財政調整機能と財源保障機能を果たすことが期待されている。財政調整機能は，財政力の格差を調整する機能で，垂直的財政調整と水平的財政調整からなる。垂直的財政調整は国と地方の税収比率と歳出比率のギャップを調整するもので，水平的財政調整は地方団体間で税収と歳出の格差を調整する。また，財源保障機能は，標準的な歳出を満たすように国が財源を保障する働きである。

　普通交付税（地方交付税総額の94%）は，一定の算定方式に従って，各地方団体に配分される。第i地方団体の普通交付税額（S_i）＝第i地方団体の基準財政需要額（D_i）－第i地方団体の基準財政収入額（R_i）の算定式における基準財政収入額の算定基礎に，標準税率が関係する。基準財政収入額は，「各地方団体

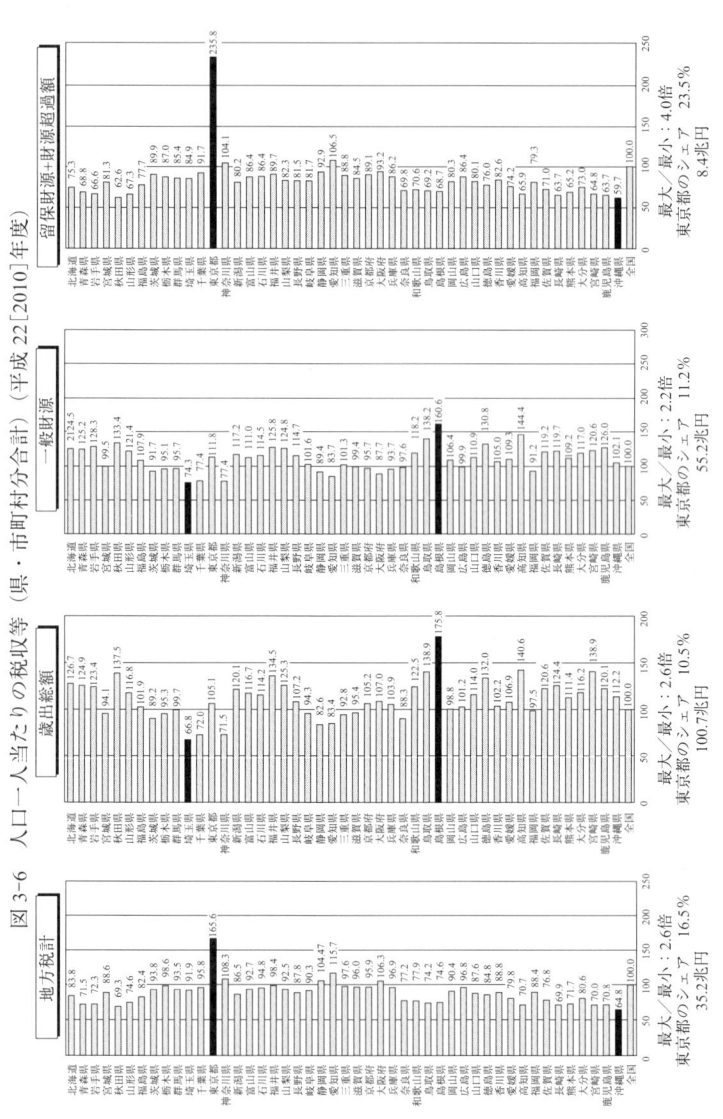

78 第1部 日本の税制における格差問題と対応

図3-6 人口一人当たりの税収等（県・市町村分合計）（平成22[2010]年度）

(注) 1：いずれの数値も道府県分と市区町村分の合計額に基づくものである。2：「地方税計」，「歳出総額」，「留保財源＋財源超過額」は平成22年度普通交付税算定における標準税収入額の25％相当額に，財源超過額を加算した数値である。3：「一般財源」は，地方税（超過課税を除く），地方譲与税，地方特例交付金及び地方交付税の合計額。4：「地方税計」は，地方法人特別譲与税の額を含み，法定外普通税及び法定外目的税を除いたものである。5：「最大／最小」は，地方法人特別譲与税の額を含んだ人口一人当たり額の最大値を最小値で割った数値である。6：人口は平成22年度末時点の住民基本台帳人口による。
(出所) 各都道府県の人口一人当たり方等に関する検討会（2012b），資料2，1ページ。

第 3 章 地方税制における税収格差の是正に関する一考察　79

図 3-7　税収等（県・市町村分合計）の基準財政需要額に対する比率（平成 22［2010］年度）

（注）1：いずれの数値も道府県分と市区町村分の合計額である。2：［地方税計］、［留保財源］及び［一般財源］は「歳出総額」及び「留保財源＋財源超過額」は平成 22 年度決算額。「留保財源」は平成 22 年度普通交付税算定における標準税収入額の 25％相当額に、財源超過団体については財源超過額を加算した数値である。3：基準財政需要額は、地方特例交付金及び地方交付税の合計額（地方特例交付金及び臨時財政対策債発行可能額を含む）。4：「一般財源」は、地方税（超過課税を除く）、地方譲与税、地方特例交付金及び地方交付税の合計額（地方特例交付金及び臨時財政対策債発行可能額を含む）。5：「地方税計」は、地方税（超過課税及び法定外普通税及び法定外目的税を除いたもの）である。6：「最大／最小」は、各都道府県ごとの基準財政需要額に対する各数値の割合の最大値を最小値で割った数値である。

（出所）地方法人課税のあり方等に関する検討会（2012b）、資料 2、2 ページ。

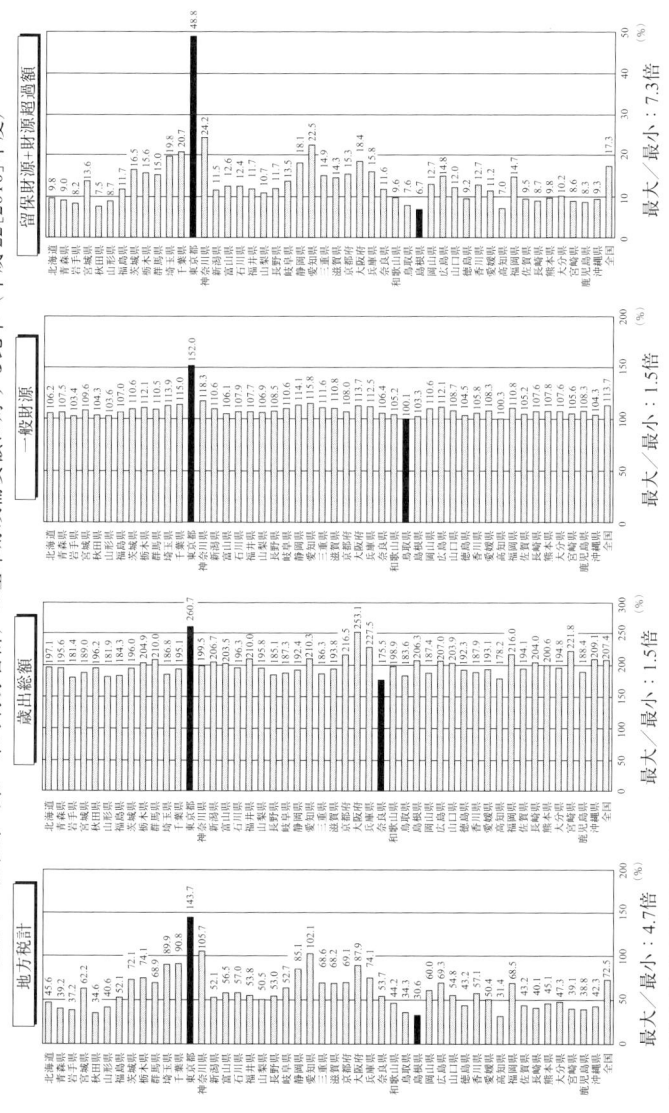

の財政力を合理的に測定するために，当該地方団体について第 14 条の規定により算定した額をいう」(地方交付税法第 2 条第 4 号)。すなわち基準財政収入額は，標準的に見込まれる税収額等で，法定普通税の収入見込額の 75%（基準税率）と地方譲与税の一部等の収入見込額の合計である。この法定普通税の収入見込額の算定で用いられるのが，一定税率と標準税率である。

ここで，簡単な地方交付税のモデルを考えてみよう。この基準財政収入額 R_i は次式で与えられる。

$$R_i = 0.75\overline{T}_i + Z_i \tag{1}$$

ここで，$\overline{T}_i =$ 第 i 地方団体の標準的な地方税収入，$Z_i =$ 第 i 地方団体の地方譲与税額他，$0.75 =$ 基準税率である。また標準的な地方税収入は，

$$\overline{T}_i = \sum_h \varepsilon_h\, t_h\, B_{ih}(t_{ih}) \tag{2}$$

で表される。ここで，下添字の h は地方税 h にかかる変数を示し，$\varepsilon_h =$ 地方税 h の捕捉徴収率，$t_h =$ 地方税 h の標準税率もしくは一定税率，$B_{ih}(t_{ih}) =$ 第 i 地方団体の地方税 h の課税標準額，$t_{ih} =$ 第 i 地方団体の地方税 h の現実の地方税率である。

第 i 地方団体の現実の地方税収入 T_i は，

$$T_i = \sum_h T_{ih} = \sum_h \varepsilon_{ih}\, t_{ih}\, B_{ih}(t_{ih}) \tag{3}$$

で表される。ここで，T_{ih} は地方税 h に関する第 i 地方団体の現実の地方税収入であり，

$$T_{ih} = \varepsilon_{ih}\, t_{ih}\, B_{ih}(t_{ih}) \tag{4}$$

第 i 地方団体の地方交付税 S_i は，$D_i - R_i > 0$ を満たせば，次式で与えられる。

$$S_i = D_i - R_i = D_i - 0.75\sum_h \varepsilon_h\, t_h\, B_{ih}(t_{ih}) - Z_i \tag{5}$$

もし$D_i - R_i > 0$を満たさなければ$S_i = 0$で，その地方団体は不交付団体になる。したがって，第i地方団体の一般財源TR_iは，

第i地方団体が交付団体であれば，

$$TR_i = T_i + S_i + Z_i = \sum_h \varepsilon_{ih} t_{ih} B_{ih}(t_{ih}) + D_i - 0.75\sum_h \varepsilon_h t_h B_{ih}(t_{ih}) \tag{6}$$

第i地方団体が不交付団体であれば，

$$TR_i = T_i + Z_i = \sum_h \varepsilon_{ih} t_{ih} B_{ih}(t_{ih}) + Z_i \tag{7}$$

で与えられる。

この簡単なモデルで，地方税制における税収格差の是正を考える。

(1) 特定の地方税hの税収格差を是正する

地方税hの偏在性なり格差は，

$$\text{Max}\,(T_{ih}/n_i)\,/\,\text{Min}\,(T_{ih}/n_i) \tag{8-1}$$

$$\text{Max}\,(T_{ih}/n_i)\,/\,\text{E}\,(T_{ih}/n_i) \tag{8-2}$$

で表される。ここで，n_iは第i地方団体の人口数，$\text{Max}\,(T_{ih}/n_i)$は地方税hの人口一人当たりの税収T_{ih}/n_iの最大値，$\text{Min}\,(T_{ih}/n_i)$はT_{ih}/n_iの最小値，$\text{E}\,(T_{ih}/n_i)$はT_{ih}/n_iの平均値を示す。この偏在性を是正するためには，地方法人特別税・地方法人特別譲与税の措置方式のように，当該税収内での地方団体間の水平的な財政調整が必要になる。

(2) 地方税制全体の税収格差を是正する

地方税制全体の税収の偏在性なり格差は，

$$\text{Max}\,(T_i/n_i)\,/\,\text{Min}\,(T_i/n_i) \tag{9-1}$$

$$\text{Max}\,(T_i/n_i)\,/\,\text{E}\,(T_i/n_i) \tag{9-2}$$

で表される。この偏在性を是正する方法は，上記のような特定の地方税だけに限った地方団体間の水平的な財政調整だけではなく，地方税制全体における地方税の税収構成を変えることでも考えられる。その点で，是正策の選択集合が広がる。

(3) 地方税制と地方交付税制度との全体で地方税制の税収格差を是正する

地方団体の一般財源は，財政調整後の地方団体の財政力の偏在性なり格差を示す一つの指標とも考えられ，その偏在性なり格差は，

$$\text{Max}\,(TR_i/n_i)\,/\,\text{Min}\,(TR_i/n_i) \qquad (10\text{-}1)$$

$$\text{Max}\,(TR_i/n_i)\,/\,\text{E}(TR_i/n_i) \qquad (10\text{-}2)$$

で示される。この一般財源で地方税制の税収の偏在性が是正されたかどうかを見ることに対する批判は，歳出側の規模の経済性や集積の経済性を考慮できていない点，不交付団体が財源超過額（基準財政収入額－基準財政需要額）と留保財源（$0.25\overline{T}_i$）を手にしている点，人口一人当たりではなく基準財政需要額を基準に格差をみていない点などの問題点を指摘する。図 3-6 の「留保財源＋財源超過額」や，図 3-7 の基準財政需要額に対する比率でみる格差である。

特別交付税を無視して普通交付税＝地方交付税と仮定して，$S_i = D_i - R_i$ について交付団体の総計をとると $\Sigma S_i = \Sigma D_i - \Sigma R_i$ となる。ここで交付団体数を z とすると，1 交付団体当たりの地方交付税額は $\Sigma S_i/z = \Sigma D_i/z - \Sigma R_i/z$ であるから，この両辺を $\Sigma D_i/z$ で除すと，$\Sigma S_i/\Sigma D_i = 1 - (\Sigma R_i/\Sigma D_i)$ となる。2014 年度の道府県分の地方交付税額の算定における基準財政需要額と基準財政収入額について，不交付団体の東京都を除いてみると，基準財政需要額 18.59 兆円（道府県分 20.57 兆円－東京都 1.98 兆円）と基準財政収入額 10.12 兆円（道府県分 12.12 兆円－東京都 2.00 兆円）である（総務省 2014: 5）。したがって，($\Sigma R_i/\Sigma D_i$) ＝ 10.12 兆円/ 18.59 兆円 ＝ 0.544 が，平均的な交付団体の単年度の財政力指数を含意することになる。これは，各交付団体の単年度の財政力指数の平均 $\text{E}(R_i/D_i) = \Sigma\,(R_i/D_i)\,/\,46$ とは異なるが，平均的な交付団体で基準財政需要額のどの程度の割合を基準財政収入額で手当てできるかを示している。

さらに，地方譲与税を無視して基準財政収入額がすべて法定普通税に係る標準的税収見込額（標準税収入）の 75％ だと仮定してみよう。すると交付団体全体で，標準的税収見込額は 10.12 兆円/ 0.75 ＝ 13.49 兆円，留保財源は 13.49 兆円 × 0.25（留保財源率）＝ 3.37 兆円となる。基準財政需要額 18.59 兆円－標準的税収見込額 13.49 兆円 ＝ 5.10 兆円は，標準的な歳出を満たすように国が財源を保障する財源保障機能の大きさとも理解できる。いま他の事情に等しくして

標準税率を引き上げることは，地方交付税の財源保障機能の役割を減じて地方自治の強化に結びつくことを含意する。また基準財政需要額に対する基準財政収入額の相対的な伸長がいま求められている。各地方団体の財源不足額すなわち交付基準額（＝基準財政需要額−基準財政収入額）と普通交付税総額とが整合するように交付基準額が調整されるが，基準財政収入額が増大すれば，相対的に地方交付税の財源保障機能より財政調整機能が高まると考えられるからである。そこで，「基準財政収入額を引き上げることが求められる。したがって，課税標準が増大しないとすれば，留保財源率の引き下げか一定税率及び標準税率の引き上げによって，基準財政収入額の相対的な伸長を図ることが重要になっている。この点において，地方交付税の額を定める際に基準財政収入額の算定の基礎となる税率としての機能から標準税率の意義を再評価し，標準税率の引き上げの検討をすることが重要になる」（横山 2012, 7 ページ）。

最後に，標準税率の引き上げの効果を考えておこう。いま，地方税 h の標準税率 t_h の変更が交付団体の一般財源に与える影響は，(6) 式を標準税率 t_h で偏微分することで与えられる。つまり

$$\partial TR_i / \partial t_h = \varepsilon_{ih}\{t'_{ih}B_{ih}(t_{ih}) + t_{ih}B'_{ih}(t_{ih})t'_{ih}\} - 0.75\varepsilon_h\{B_{ih}(t_{ih}) + t_hB'_{ih}(t_{ih})t'_{ih}\} \quad (11)$$

ここで，$t'_{ih} \equiv dt_{ih}(t_h)/dt_h$ で，第 i 地方団体の地方税 h の現実の税率 t_{ih} が標準税率 t_h の関数になっていることを想定している。もし $t_{ih}(t_h) = t_h + \pi_{ih}$ で，捕捉徴収率に地方団体間で違いがなく $\varepsilon_{ih} = \varepsilon_h$ を想定すると，$t'_{ih} = 1$ なので，(11) 式は次のようになる。

$$\begin{aligned}\partial TR_i / \partial t_{ih} &= \varepsilon_h\{B_{ih}(t_{ih}) + t_{ih}B'_{ih}(t_{ih})\} - 0.75\varepsilon_h\{B_{ih}(t_{ih}) + t_hB'_{ih}(t_{ih})\} \\ &= \varepsilon_h\{0.25[B_{ih}(t_{ih}) + t_hB'_{ih}(t_{ih})] + \pi_{ih}B'_{ih}(t_{ih})\}\end{aligned} \quad (12)$$

同様に，同じ想定の下で不交付団体の一般財源に対する影響をみると，

$$\partial TR_i / \partial t_{ih} = \varepsilon_h\{B_{ih}(t_{ih}) + t_{ih}B'_{ih}(t_{ih})\} = \varepsilon_h\{[B_{ih}(t_{ih}) + t_hB'_{ih}(t_{ih})] + \pi_{ih}B'_{ih}(t_{ih})\} \quad (13)$$

標準税率の引き上げが水平的な租税外部性をもたらさないとすれば，すべての地方団体で $B'_{ih}(t_{ih}) = 0$ となるので，(12) 式と (13) 式より，交付団体で $\partial TR_i / \partial t_{ih} = 0.25\varepsilon_hB_{ih}(t_{ih})$，そして不交付団体で $\partial TR_i / \partial t_{ih} = \varepsilon_hB_{ih}(t_{ih})$ となる。

そこで，偏在性の高い地方税 h の標準税率 t_h を引き下げ，偏在度の低い地方

税 j の標準税率 t_j を引き上げたときの効果は，交付団体では，

$$\partial TR_i/\partial t_{ij} - \partial TR_i/\partial t_{ih} = 0.25\{\varepsilon_j B_{ij}(t_{ij}) - \varepsilon_h B_{ih}(t_{ih})\} \tag{12'}$$

となり，不交付団体では

$$\partial TR_i/\partial t_{ij} - \partial TR_i/\partial t_{ih} = \varepsilon_j B_{ij}(t_{ij}) - \varepsilon_h B_{ih}(t_{ih}) \tag{13'}$$

となる。この抱き合わせの標準税率の効果は，一般財源の偏在度を是正するが，地方交付税制度の基準財政収入額への効果を無視している。そこで，偏在性の高い地方税 h を除く他の地方税の標準税率なり一定税率を引き上げて，基準財政収入額を増大させることを検討する必要がある。加えて，基準財政収入額を増大させることになる留保財源率（現行の 0.25）の引き下げも検討する必要もある。

4. おわりに

本章では，地方税制における税収格差の是正について考察した。地方税制における税収格差の是正の方法としては，①特定の地方税（法人事業税や法人住民税法人税割など）の税収格差を是正する，②地方税制全体の税収格差を是正する，③地方税制と地方交付税制度との全体で地方税制の税収格差を是正する，の3つが考えられる点を明確にした。そして，地方交付税制度の財政調整機能を無視して特定の地方税の税収格差だけを是正することは，地方団体間の利害対立を露わにし，地方分権推進にブレーキを掛けるおそれもある。地方法人特別税・地方法人特別譲与税のような個別税目だけに限定した水平的な財政調整機能ではなく，地方交付税制度の財政調整機能をいかに強化していくかが求められているのである。

その糸口は，①偏在性の低い地方税の標準税率なり一定税率の引き上げ，②消費税率が 10％になる段階で，地方消費税分は 1.7％から 2.2％に 0.5％分アップさせずに据え置き，その分を消費税のうち交付税分として地方交付税総額の純増として振り向ける，③地方団体レベルで捕捉ができる固定資産の遺産について地方遺産税という形で国税を創設し地方交付税原資に直入する，④留保財源率を引き下げる，⑤不交付団体については財源超過額（基準財政収入額－基準

財政需要額）を留保財源分から差し引く，などの検討を行うことにある。

　地方税制における税収格差の是正については，地方税制と地方交付税制度との全体で是正する方向で，さらなる検討を行うべきときである。

参　考　文　献

財政制度等審議会（2013a）『平成 25 年度予算編成に向けた考え方（財政制度等審議会報告書）』平成 25 年 1 月 21 日。

財政制度等審議会（2013b）『平成 26 年度予算の編成等に関する建議』平成 25 年 11 月 29 日。

神野直彦・小西砂千夫（2014）『日本の地方財政』有斐閣。

税制調査会（2007）『抜本的な税制改革に向けた基本的考え方』平成 19 年 11 月。

税制調査会（2014）『第 1 回法人課税ディスカッショングループ参考資料』平成 26 年 3 月 12 日。

全国知事会地方税財政制度研究会（2013）『中間論点整理（概要）』平成 25 年 4 月 22 日全国知事会議資料。

総務省（2006）『「三位一体の改革」の成果』(http://www.soumu.go.jp/main_sosiki/jichi_zeisei/czaisei/czaisei_seido/pdf/060207_f.pdf）

総務省（2014）『平成 26 年度普通交付税の算定結果等』平成 26 年 7 月 25 日（http://www.soumu.go.jp/main_content/000307174.pdf）。

地方財政審議会（2007）『地方公共団体間の財政力格差の是正についての意見』平成 19 年 11 月 16 日。

地方法人課税のあり方等に関する検討会（2012a）『第 1 回会合　配布資料』平成 24 年 9 月 20 日（http://www.soumu.go.jp/main_sosiki/kenkyu/tihou_houjin_kazei/index.html）。

地方法人課税のあり方等に関する検討会（2012b）『第 2 回会合　配布資料』平成 24 年 10 月 23 日（http://www.soumu.go.jp/main_sosiki/kenkyu/tihou_houjin_kazei/index.html）。

地方法人課税のあり方等に関する検討会（2013a）『第 9 回会合　配布資料』平成 25 年 7 月 1 日。（http://www.soumu.go.jp/main_sosiki/kenkyu/tihou_houjin_kazei/index.html）。

地方法人課税のあり方等に関する検討会（2013b）『地方法人課税のあり方等に関する検討会報告書』(http://www.soumu.go.jp/main_content/000258178.pdf）

地方法人課税のあり方等に関する検討会（2014）『第 17 回会合　配布資料』平成 26 年 9 月 9 日。（http://www.soumu.go.jp/main_sosiki/kenkyu/tihou_houjin_kazei/index.html）。

東京都税制調査会（2013）『平成 25 年度東京都税制調査会第 3 回小委員会資料』平成 25 年 7 月 22 日。

東京都税制調査会（2014）『平成 26 年度東京都税制調査会答申：少子高齢化，人口

　　　　減少社会に対する税制のあり方』平成 26（2014）年 11 月 17 日。
横山彰（2012）「標準税率の意義」『地方税』第 63 巻第 4 号，2-9 ページ。

〈上記の URL の最終閲覧は，すべて 2015 年 5 月 11 日である。〉

第 4 章

地方法人所得課税改革と税源格差

浅 羽 隆 史

1. はじめに

　新千年紀に入り 10 余年経つが，この間，地方自治体間の財源格差に最も大きな影響を与えたのは，三位一体の改革（実施は 2004～06 年度）だろう。三位一体の改革では，税に関して地方法人所得課税には手がつけられず，所得税から住民税への税源移譲および定率化が実施された。税制改正について，改革時に政府は格差縮小を謳ったが，実際の効果はわずかで，地方交付税（臨時財政対策債を含む）や国庫支出金の減少が財政力の低い自治体を直撃し，結果として自治体の財源格差を拡大した[1]。

　三位一体の改革後，リーマン・ショック（2008 年）に端を発した世界同時不況による税収減や三位一体の改革の揺り戻し等もあり，財政力格差の縮小や偏在是正を狙いとして，地方法人所得課税について，何度かの改正が実施されている。三位一体の改革ほど大規模なものではないが，2008・14・15 年度改正は比較的大きな意味を持つ改正である。

　本章の目的は，まず 2013 年度決算における自治体間の税源格差の現状を，

---

[1] 三位一体の改革における財源格差拡大については，浅羽（2014），浅羽（2015）を参照せよ。

法人所得課税中心に多くの視点から把握する。具体的には，格差をみるうえで，各自治体の総額および人口当たりの数値の両方をみることや，指標として最大最小倍率，変動係数，ジニ係数などを用いる。そして，法人所得課税について各種の格差を示す指標の推移を検証し，2008年度改正による影響を明らかにする。そこでは，景気変動による影響を取り除き税制改正によるものを明示することで，格差是正における経済要因と税制改正要因の峻別を試みる。また，東京都と東京都以外に区分した検証を取り入れる。さらに，2014・15年度改正について，税源格差への影響を分析したうえで，改正の意味を検討し，今後の課題を明らかにする。

地方法人所得課税のあり方は，西野（1995），島田（1998），青木（2006），池上（2007）など，先駆的な分析が数多く行われている。中でも事業税（法人）には，シャウプ勧告以来，さまざまな議論があり，その理論的・歴史的検証として，戸谷（1995），浅利（2014），石田（2014）などが参考になる。地方法人所得課税の格差を分析したものとしては，高林（2000），関口（2013），飛田（2014），諸富（2014）などが挙げられ，市町村税の格差については，河原（2014）が最近のデータを用いて分析しており，参考になる。また，実際の税制改正に際しては，地方法人課税のあり方等に関する検討会（2013），全国知事会（2013）日本経済団体連合会（2013）など，各種の提言も行われている。

格差については，税収等を1人当たりでみることが多い。たとえば地方法人課税のあり方等に関する検討会（2013）で提出された資料や関口（2013）など，地方法人所得課税の1人当たり税収のジニ係数を主な指標に用いている。確かに1人当たり税収の格差をなくすことは，ドイツにおける州間財政調整をはじめ，他国制度でもみられることであり，一定の説得力を有する。しかし，現実の日本の財政調整は，1人当たり額を大きく超えて行われており，仮に1人当たり税収の格差がなくなっても，財源保障の意味に加えて，財源の均衡化の観点でも財政調整が残ることになる。そのため本章では，税収等を1人当たりでみるのを基本としつつ，具体例では補足的に財政力指数への影響をみることにする。

2. 日本の地方法人所得課税の現状における格差

2-1 概要

日本において，税目の設定は原則として国が地方税法で規定する（法定税）。法定税は，国と地方が実質的に課税ベースを共有するケースが多く，混合課税制度といえる。このうち法人所得課税は，国では法人税，地方法人特別税，地方法人税，都道府県は道府県民税（法人税割・法人均等割）と事業税（法人），市町村では市町村民税（法人税割・法人均等割）が課税されている。このなかで，道府県民税（法人税割）と市町村民税（法人税割）の課税標準は法人税額であり，道府県民税（法人均等割）が資本金額等に応じた定額，市町村民税（法人均等割）は資本金額等と従業者数等に応じた定額である。そして，事業税（法人）は，電気，ガス，保険業の課税標準が収入金額（収入割），それ以外の業種で資本金1億円以下の普通法人等の課税標準は所得や清算所得（所得割），資本金1億円超の普通法人については，付加価値額（付加価値割：報酬給与額，純支払利子と純支払賃借料，単年度損益），資本金等の額（資本割），所得・清算所得（所得割）で構成されている。

2-2 特徴

日本の地方税の特徴のひとつに，課税ベースのバランスの良さがある。2012年において，個人所得課税が31％，法人所得課税は16％，消費課税21％，資産課税等32％である[2]。他の国々では，極端にウェイトの高い課税ベースがある反面，課税されていないか，わずかな割合の課税ベースが存在することが多い。日本以外の国々で共通点を探すと，法人所得課税のウェイトの低さを挙げることができる。単一制国家のイギリスやフランスでは，法人所得課税が地方税にはない。同じくイタリアは，ごくわずかである。連邦制国家の州・地方税でも，法人所得課税の占める比率は他の課税ベースに比べかなり低い。

---

2) 地方税の内訳の国際比較は，OECD, *Revenue Statistics*, OECD. により作成した。

諸外国で地方税として法人所得課税がない，あるいはあったとしてもわずかである理由は，そもそも法人所得課税が地方税に適切とはいえない税目だからである。法人所得課税で十分に充たされる地方税の租税原則は，伸張性のみで，十分性かつ普遍性，安定性，負担分任性，応益性などに反する。特に，単一制国家で法人所得課税を基幹税のひとつにすると，人口や経済の地域格差を凌ぐ大きな税収格差を生み，手厚い財政調整制度を必要とする。日本では，法人所得課税のウェイトが高いうえ，広域的自治体である都道府県だけでなく，基礎的自治体である市町村でも課税されている。

それでも，経済成長率や物価の伸びが高い場合，伸張性を重視した税体系は必ずしも否定される訳ではない。とりわけ経済の発展段階にあり，行政サービスも十分でない状況であれば，経済発展とともに増す行政サービスのニーズを充足するため，経済成長や物価の上昇が税収に反映されやすい伸張性を重視した税目が望まれるだろう。しかも，自治体の財源不足分を，国からの移転財源で賄えるならば，法人所得課税が一定の割合を占め税収格差が助長される地方税体系でも，問題は小さいかもしれない。

しかし，現在はそうした状況とは大きく異なる。バブル崩壊以降，経済成長率の鈍化が顕著である。また，円安などを背景にある程度の物価上昇はあっても，かつてのようなインフレとは水準が異なる。こうした経済状況の変化に加え，価値観の多様化などを背景として各地域が独自の事業を行う地方分権の時代に，伸張性を重視した地方税体系は不適当である。地方税収に大きな格差が生じると，地方分権の実現も単に財源の豊かな一部の地方自治体のみの話になる。一方，多くの自治体では，いかに移転財源を確保するかに重きが置かれてしまう。また，法人所得課税の短所である安定性の欠如も，国から地方への多額の移転財源が前提にならない限り，自治体にとって大きな問題となる。

2-3　地方法人所得課税の格差の現状（2013 年度決算）

地方税の自治体間の格差は，人口と経済活動の違いによって概ね説明することが可能である。実際，都道府県を例にしても，人口，県内総生産ともに大き

第4章 地方法人所得課税改革と税源格差 91

表4-1 主要な地方税等の格差（2013年度）

都道府県

	人口	県内総生産	税収	道府県民税（所得割）	地方消費税	自動車税	道県民税（法人税割）	道府県民税（法人均等割）	事業税（法人）
総数・総額	12,844万人	497兆円	16.8兆円	45,612億円	26,739億円	15,744億円	6,921億円	1,482億円	26,739億円
最大最小倍率	22.5倍	52.3倍	86.7倍	52.6倍	34.2倍	16.3倍	155.8倍	29.1倍	91.2倍
変動係数	97.70%	136.6%	186.6%	136.5%	118.0%	84.1%	224.3%	121.3%	181.3%
ジニ係数	0.450	0.510	0.575	0.550	0.489	0.422	0.643	0.468	0.588

1人当たり

加重平均	—	387万円	13.1万円	3.6万円	2.0万円	1.2万円	0.5万円	0.1万円	2.1万円
最大最小倍率	—	2.8倍	4.8倍	2.7倍	2.0倍	2.2倍	9.0倍	2.3倍	6.3倍
変動係数	—	16.8%	28.4%	18.8%	10.0%	18.4%	40.60%	20.7%	31.4%
ジニ係数	—	0.084	0.112	0.114	0.048	0.099	0.214	0.111	0.176

市町村

	人口	税収	市町村民税（個人分）	市町村民税（法人分）	固定資産税	地方消費税交付金
総数・総額	12,844万人	17.6兆円	61,580億円	15,614億円	75,272億円	11,230億円
最大最小倍率	21,848倍	26,955倍	30,369倍	94,826倍	27,200倍	14,683倍
変動係数	262.1%	331.7%	323.4%	470.5%	306.6%	289.4%
ジニ係数	0.699	0.750	0.758	0.805	0.726	0.712

1人当たり

加重平均	—	12.7万円	4.0万円	0.9万円	6.4万円	0.9万円
最大最小倍率	—	76.0倍	12.7倍	296.1倍	577.2倍	5.3倍
変動係数	—	60.8%	31.4%	110.4%	108.8%	15.9%
ジニ係数	—	0.213	0.171	0.365	0.289	0.079

（注）県内総生産は名目で2011年度のもの。
（出所）総務省編『地方財政統計年報』『市町村別決算状況調』『決算カード』、内閣府経済社会総合研究所『県民経済計算』により作成。

な違いがある。重要なことは，人口や県内総生産の都道府県の格差やばらつきよりも，地方税の方が大きいことである（表4-1）。人口（2013年度）と県内総生産（2011年度）の最大最小倍率は22.5倍と52.3倍，変動係数は97.7%と136.6%，ジニ係数が0.45と0.51である。一方，2013年度の地方税の最大最小倍率は86.7倍で，変動係数は186.6%，ジニ係数が0.58にのぼる。つまり，元々大きい人口や経済活動の差が，地方税制によって助長されより大きな税収の格差を生んでいる可能性を指摘できる。

中でも法人所得課税は，税収の格差が大きい。主要な都道府県税の税収の格差（2013年度）をみると，人口の格差より小さいのは自動車税で，人口と県内総生産の間にあるのが，地方消費税，道府県民税（所得割），同（法人均等割），県内総生産より格差が大きいのは，事業税（法人）と道府県民税（法人税割）である。総額，1人当たりいずれをみても，事業税（法人）は道府県民税（法人税割）より格差が小さいが，それは，外形標準課税を含むことが要因と考えられる。

市町村別の格差をみると，総額では，主要税目で人口より格差の小さいものはなく，格差が比較的小さいものから，地方消費税交付金，固定資産税，市町村民税（個人分），そして市町村民税（法人分）の格差が際立っている。1人当たりで見ると，地方消費税交付金の格差が比較的小さいのは総額同様だが，市町村民税（個人分）より固定資産税の方が，いずれの指標を見ても格差が大きく，市町村民税（法人分）に準じたものになっている。河原（2014）などで指摘されているように，市町村税収全体については，総額でも1人当たりでも固定資産税の影響が大きい。しかし，それは税収規模の大きさも効いているからで，規模を無視して純粋に各税目の格差だけみれば，市町村民税（法人分）の格差の方が大きい。

3．2008年度改正による影響

3-1　2008年度改正の概要

地方法人所得課税は，租税特別措置の見直しなど細かいものも含めれば，毎

年度改正されている。しかし，三位一体の改革以降の特に自治体の税源格差に関連する注目すべき改正は，2008・14・15 年度改正である。この他，2011 年度改正においても，法人所得課税の実効税率が引き下げられたものの，課税ベース拡大と合わせて実施され，税収中立だった[3]。

このうち 2008 年度改正では，地域間の財政力格差の縮小を狙い，偏在性が小さく税収が安定的な地方税体系の構築を基本的な方向性としていた。目指すべき姿は，地方消費税の充実と地方法人所得課税のあり方の抜本的見直しであった。2008 年度改正の具体的な内容は，事業税（法人）の一部を分離して，地方法人特別税と地方法人特別譲与税を創設することであった。ただし，あくまで消費税を含む税体系の抜本的改革実施までの暫定措置と位置づけられていた。

事業税（法人）では，所得割と収入割の一部を分離（平年度 2 兆 6,175 億円）し，標準税率を引き下げた。一方，その分を国税として地方法人特別税を創設した。規模は平年度 2 兆 5,993 億円で，課税標準は事業税（法人）の所得割と収入割の税額（標準税率分），賦課徴収は国税ながら都道府県が行い，2008 年10 月 1 日以降開始の事業年度から適用開始された。

地方法人特別税の税収の全額は，同時に創設された地方法人特別譲与税となり，都道府県に譲与する。譲与基準は，人口と従業者数を 2 分の 1 ずつであり，改正による減収額が財源超過額の 2 分の 1 超の場合，減収額の 2 分の 1 を限度に超過額が譲与額に加算される。譲与開始は，2009 年度であった。

---

3) 2011 年度改正では，法人所得課税の実効税率を 5％ポイント引き下げる一方，減価償却・欠損金の繰越控除制度見直し，中小企業関係の租税特別措置の見直しなど課税ベースを拡大するものであった。地方法人所得課税では，法人税を課税標準とする道府県民税（法人税割）と市町村民税（法人税割）に影響が及んだものの，税収中立であった。ただし，都道府県と市町村の間で税収の多寡があり，調整のため道府県たばこ税の一部を市町村たばこ税へ移管した。

3-2 地方法人所得課税の格差の推移

(1) 道府県民税（法人税割）

税収（決算）の推移をみると，リーマン・ショック（2008年）まで順調に税収を伸ばしていた。それがリーマン・ショック後の世界同時不況により大幅減収となった後，2010年代に徐々に税収を回復している（表4-2）。道府県民税（法人税割）の税収が2009年度に底を打ったのに対し，事業税（法人）の底が2011年度なのは，景気変動に加え，事業税（法人）の税制改正による影響を示している。

道府県民税（法人税割）は，大きな改正がなかったため，税収の変動は景気要因が主である。2002年度以降，税収の増減が激しく，法人所得課税の特徴のひとつである不安定性が顕著である。そして，景気変動により，格差を示す指標が上下している。税収増の場合に偏在性を示す指標が拡大し，税収減では縮小している。格差を示す指標のうち，特に変動が大きい最大最小倍率の急激な変化は，後述の東京都における税収の増減の影響が大きい。なお，こうした格差の推移は，1人当たりだけでなく，総額でみても同様の結論が得られる。

(2) 事業税（法人）

事業税（法人）については，世界同時不況による影響に加えて，税制改正の影響が大きかったと考えられる。リーマン・ショックが2008年9月15日，2008年度改正が2008年10月1日以降開始の事業年度から適用開始であった。

1人当たりでみて，2002年度から2007年度まで，ジニ係数および変動係数は，ほぼ横ばいで推移した。一方，最大最小倍率は，他の指標よりも比較的上昇と下落が激しい。しかし，2002年度と2007年度の水準そのものはそれほど大きく変化していない[4]。

ジニ係数は，2007年度の0.221から2008年度に0.208へとやや下落した後，2009年度に0.168と大きく下がっている。その後は税収増とともに少しずつ上

---

4) 総額でみると，最大最小倍率はこの間，やや上昇傾向にあった。2002年度90.6倍に対して，2007年度には117.9倍まで上昇している。これは，人口が最大の東京都は増加したのに対して，最小の奈良県や長崎県などが人口減だったためである。

第 4 章　地方法人所得課税改革と税源格差　95

表 4-2　道府県税等の格差の推移

税目等			単位	2002年度	03	04	05	06	07	08	09	10	11	12	13
道府県民税 (法人税割)	税収額	平均	億円	5,901	6,405	7,222	8,227	9,721	10,356	9,169	5,435	6,115	6,391	6,859	6,921
	1人当たり	平均	万円	35.9	39.1	43.1	48.1	55.0	58.1	51.7	30.7	36.8	38.9	39.8	38.8
		最大最小倍率	倍	6.6	5.9	7.4	8.0	8.8	9.1	9.1	8.9	7.2	7.0	8.2	9.1
		変動係数	%	46.8	46.9	49.6	54.1	58.7	61.5	60.5	58.5	49.7	48.5	51.1	56.7
		ジニ係数	—	0.188	0.198	0.210	0.230	0.242	0.254	0.244	0.224	0.206	0.207	0.207	0.214
事業税 (法人)	税収額	平均	億円	34,527	36,293	41,233	46,984	53,627	56,077	52,026	27,011	22,530	22,404	23,537	26,739
	1人当たり	平均	万円	212.3	226.4	252.3	285.5	329.5	341.7	323.1	172.4	143.2	145.2	149.8	167.7
		最大最小倍率	倍	7.6	5.8	7.3	7.1	6.2	6.6	6.5	6.2	5.7	5.5	5.7	6.4
		変動係数	%	48.0	45.3	47.7	48.1	45.5	47.9	44.6	38.8	39.0	37.6	37.2	39.1
		ジニ係数	—	0.203	0.204	0.216	0.218	0.209	0.221	0.208	0.168	0.176	0.178	0.175	0.180
事業税 (法人) + 地方法人特別譲与税	税収額	平均	億円	34,527	36,293	41,233	46,984	53,627	56,077	52,026	27,011	36,690	37,831	40,246	46,541
	1人当たり	平均	万円	212.3	226.4	252.3	285.5	329.5	341.7	323.1	222.0	253.3	263.9	272.6	315.7
		最大最小倍率	倍	7.6	5.8	7.3	7.1	6.2	6.6	6.5	4.6	3.3	3.2	3.6	3.5
		変動係数	%	48.0	45.3	47.7	48.1	45.5	47.9	44.6	31.2	24.1	23.3	25.2	24.6
		ジニ係数	—	0.203	0.204	0.216	0.218	0.209	0.221	0.208	0.135	0.108	0.109	0.110	0.107

(出所) 総務省編『地方財政統計年報』『決算カード』により作成。

昇し，2013年度は0.180である。最大最小倍率については，2007年度に6.6倍だったものが，2008年度から2011年度まで下落し5.5倍となった後，上昇に転じ2013年度に6.4倍となっている。変動係数は，2007年度の47.9%が2012年度まで概ね下落傾向にあり37.2%となった後，2013年度に39.1%となった。このように，格差を示す指標をみると，時期の前後はあるものの，リーマン・ショックと税制改正によって格差は縮小したものの，税収の増加とともに再び格差が拡大しつつあることがわかる。

(3) 事業税（法人）＋地方法人特別譲与税

2008年度改正では，事業税（法人）の一部が地方法人特別税となり，それを地方法人特別譲与税として都道府県に譲与する形に変わった。そのため，事業税（法人）だけみるのでは不十分で，地方法人特別譲与税と合わせて検証する必要がある。

結論からいえば，事業税（法人）に地方法人特別譲与税を加えると，格差是正が顕著である。1人当たり額のジニ係数をみると，2008年度に事業税（法人）のみで0.208だったものが，2009年度には0.135，2010年度に0.108まで格差が縮小し，その後もほぼ横ばいで推移して，2013年度で0.107となっている。2013年度についてみれば，事業税（法人）のみのジニ係数が0.180なので，地方法人特別譲与税を加えたものとは68%の差がある。

1人当たりの事業税（法人）と地方法人特別譲与税の合計における最大最小倍率については，2008年度に6.5倍だったものが，2009年度から2011年度まで下落し3.2倍となった後，2012年度に上昇したが，2013年度で3.5倍にとどまっている。変動係数は2008年度の44.6%が2009・10年度に大幅に下落し24.1%となった後，概ね横ばいで推移し2013年度に24.6%となっている。

このように，2008年度改正における地方法人特別税および地方法人特別譲与税の創設は，格差是正に大きな効果があったことがわかる。なお，2013年度における1人当たり地方法人特別譲与税のみのジニ係数は0.034，最大最小倍率が1.8倍，変動係数8.7%と格差がきわめて小さいものとなっている。

3-3　東京都と鳥取県への影響

望ましい格差是正は，単に偏在性が縮小するだけでなく，元々財源の多い地方自治体はそれほど減収にならず，財源の少ない地方自治体の財源が増加する形で格差が縮小することであろう。そこで，都道府県として人口最大の東京都と最小の鳥取県をそれぞれみることで，2008 年度税制改正などの影響が実際にどのように出たか検証する（表 4-3）。

東京都は，2008 年度に 1.406 と 1 を大幅に上回る財政力指数だったが，2009 年度以降急激に下落し，2011 年度に 1 を下回り，2012 年度からは愛知県・神奈川県を下回り，2013 年度に下げ止まったものの 0.871 となっている。ただし，他の財政指標の悪化は顕著ではない。

財政力指数の急激な低下の原因は，税収の減少，中でも世界同時不況と 2008 年度改正の両方の影響により法人 2 税の減少が顕著である。東京都の総税収は，2007 年度に 5.5 兆円，2008 年度 5.3 兆円あったが，2009 年度に 4.3 兆円（地方法人特別譲与税を加えると 4.4 兆円），2010 年度が 4.1 兆円（同 4.3 兆円），2012・13 年度に増加したものの，それでも 2013 年度で 4.5 兆円（同 4.8 兆円）

表 4-3　都道府県の財政力指数や総税収等の推移（決算）

（単位：億円，％）

	年度	2007	08	09	10	11	12	13	増減率 (13/07)
財政力指数	東京都	1.319	1.406	1.341	1.162	0.961	0.864	0.871	-34.0
	鳥取県	0.269	0.269	0.268	0.262	0.257	0.244	0.241	-10.6
	愛知県	1.016	1.097	1.074	1.004	0.913	0.900	0.927	-8.8
	神奈川県	0.921	0.963	0.966	0.938	0.934	0.926	0.913	-0.8
	都道府県	0.497	0.521	0.516	0.490	0.465	0.455	0.464	-6.7
総税収	東京都	55,095	52,801	42,867	41,485	41,466	42,471	44,910	-18.5
	鳥取県	617	612	537	515	505	508	523	-15.2
総税収＋地方法人特別譲与税	東京都	55,095	52,801	43,658	43,233	43,457	45,293	47,924	-13.0
	鳥取県	617	612	567	580	574	579	609	-1.3
うち事業税(法人)	東京都	14,500	13,132	6,822	5,590	5,372	5,706	6,812	-53.0
	鳥取県	123	134	82	64	63	63	76	-38.5
事業税(法人)＋地方法人特別譲与税	東京都	14,500	13,132	7,613	7,338	7,363	8,529	9,826	-32.2
	鳥取県	123	134	112	129	132	133	161	31.0

（注）財政力指数は 3 年平均のもので，財政力指数の都道府県は単純平均値。
（出所）総務省編『地方財政統計年報』『決算カード』により作成。

にとどまっている（すべて決算ベース）。2007年度から2012年度の間，法人2税以外は2.9兆円とほぼ横ばいで推移し，2013年度に3.0兆円とやや増加した程度の変化である。法人2税でも特に事業税（法人）の落ち込みが大きく，2007年度に1.5兆円あった税収が，2011年度までに0.5兆円（地方法人特別譲与税を加えると0.7兆円）まで落ち込んだ。なお，2012年度からの回復も大きく，2013年度は0.7兆円（同1.0兆円）まで戻している。

東京都の税収は，2013年度でも2007年度の81.5％（地方法人特別譲与税を加えると87.0％）に過ぎない。特に事業税（法人）は47.0％で，地方法人特別譲与税を加えても67.8％しかない。一方，東京都以外では，2013年度の事業税（法人）は2007年度の47.9％と東京都とほぼ同じだが，地方法人特別譲与税を加えると，2007年度の88.3％の水準となっており，財政力指数の急減の要因として，景気変動と税制改正が大きかったことがうかがえる。

一方，鳥取県は2007年度以降，財政力の緩やかな低下傾向が続いている。2007年度に0.269だった財政力指数は，2013年度で0.241となっている。事業税（法人）の改正後も，著しい変化はみられない。

財政力指数が緩やかに低下している要因として，税収の緩やかな減少傾向が挙げられる。2007年度の税収617億円が，2013年度は523億円となっている。これに地方法人特別譲与税を加えると2013年度が609億円となり，2007年度の税収の98.7％となっている。一方，歳出は2007年度よりやや増加しており，歳出入両面が，財政力指数を緩やかに低下させる要因となっている。

こうしたことから，格差の縮小は，元々財源の豊かな自治体の税収等，特に事業税（法人）の大幅減が地方法人特別譲与税の皆増に追いつかなかったことが大きかった。しかしそれは，景気変動等と税制改正の両方の影響によるものであり，税制改正の影響を見極めるためには景気変動等の影響を除去する必要がある。

3-4 景気変動と税制改正:事業税(法人)

(1) 課税環境・課税状況の変化

事業税(法人)と地方法人特別譲与税について,税制改正による影響をみるために,2007年度以降の課税環境・課税状況の推移をみる(表4-4)。

まず事業税(法人)の対象となる法人数を事実上示す事業年度数[5]は,数の少ない収入割の対象となる収入金額課税分(電気,ガス,保険業)は増加しているものの,大多数を占める所得課税分(外形標準課税の対象法人分を除く)と外形対象法人分は,減少傾向にある。特に,資本金1億円超の大企業(電気,ガス,保険業を除く)で,外形標準課税の対象となる外形対象法人分の減少が大幅である。

事業税(法人)の対象となる法人が生み出した所得額等も,収入金額課税分のみ増加し,その他は減少している。2012年度のものを2007年度と比較して,所得課税分(外形対象法人分を除く)の所得額は20.9%減,外形対象法人分の所得額は37.1%減,付加価値額が20.0%減とそれぞれ大幅に減少している。付加価値額は,所得額ほどには景気に左右されない特性を持つが,それでも減少幅は大きい。また,より景気変動に影響されづらい資本割分の資本金額も,同じ間に4.6%減となっている。このように,事業税(法人)の課税環境は,世界同時不況の影響を強く受けたことがわかる。

こうした課税環境の変化を受けて,事業税(法人)と地方法人特別税の課税状況も同様の方向で変化している。事業税(法人)と地方法人特別税を合計しても,外形対象法人への課税額が大幅に減少している。2012年度のものを2007年度と比較して,33.9%減である。特に,所得割と付加価値割の減少が大きい。また,資本金1億円以下の法人が対象となる所得課税分の課税額も,同じ間に20.4%と大幅に減少している。なお,課税額は景気状況の向上などから2012年度にやや持ち直している。また,収入割は増加傾向が続いている。

---

5) 事業年度数は1年,6カ月等の事業年度区分にかかわらず,各事業年度で1件と計上している。

表4-4 事業税(法人)の課税環境・課税状況の推移(決算)

年度		2007	2008	2009	2010	2011	2012	増減率(12/07)
事業年度数(万)	所得課税分(除く a)	291.5	291.1	289.7	287.7	286.3	287.5	-1.4%
	収入金額課税分	0.4	0.4	0.4	0.4	0.4	0.4	20.4%
	外形対象法人分(a)	14.3	14.1	13.6	12.9	12.6	12.2	-14.6%
	計	306.2	305.5	303.7	301.0	299.3	300.2	-2.0%
所得・収入・付加価値・資本金等の額(億円)	所得課税分(除く a)	183,107	166,573	123,445	128,223	134,370	144,802	-20.9%
	収入金額課税分	251,765	257,195	274,753	255,382	267,497	276,958	10.0%
	外形対象法人分(a) 所得割分	343,040	332,061	202,844	198,214	198,834	215,916	-37.1%
	付加価値割分	1,053,165	1,046,030	833,437	821,549	845,457	842,588	-20.0%
	資本割分	1,135,478	1,127,286	1,101,552	1,100,293	1,099,280	1,083,188	-4.6%
事業税課税額(億円)	所得課税分(除く a)	17,669	15,592	9,019	7,101	7,310	7,951	-55.0%
	収入金額課税分	3,409	3,575	2,821	1,838	1,986	2,093	-38.6%
	外形対象法人分(a) 所得割分	27,283	25,259	10,089	6,059	6,420	6,969	-74.5%
	付加価値割分	5,398	5,297	3,213	4,839	4,353	4,261	-21.1%
	資本割分	2,388	2,365	1,869	2,693	2,331	2,258	-5.5%
	計	35,069	32,921	15,172	13,592	13,104	13,488	-61.5%
		56,147	52,088	27,012	22,531	22,401	23,532	-58.1%
地方法人特別税課税額(億円)	所得課税分(除く a)	—	—	2,600	5,368	5,630	6,122	(増増)
	収入金額課税分	—	—	813	1,389	1,530	1,612	(増増)
	外形対象法人分(a)	—	—	4,581	8,729	8,907	9,691	(増増)
	計	—	—	7,994	15,486	16,067	17,425	(増増)
課税額合計(億円)	所得課税分(除く a)	17,669	15,592	11,619	12,469	12,940	14,073	-20.4%
	収入金額課税分	3,409	3,575	3,635	3,227	3,516	3,704	8.7%
	外形対象法人分(a)	35,069	32,921	19,753	22,321	22,011	23,179	-33.9%
	合計	56,147	52,088	35,007	38,017	38,467	40,957	-27.1%

(資料) 総務省編『道府県税の課税状況等に関する調』により作成。

課税環境や課税状況の変化は，東京都と東京都以外では，異なった形で表れている[6]。2012年度のものを2007年度と比較した事業年度数の合計数の減少率は，東京都が1.3％減，東京都以外は2.1％減と大差なく，やや東京都の落ち込みが小さい。また，東京都の収入金額課税分の事業年度数は66.0％伸び，東京都以外の2.2％増を大きく上回っている。一方，外形対象法人分は，東京都が18.3％減と東京都以外の14.0％減と比較して落ち込みが大きい。

課税所得等は，事業年度数同様に外形対象法人分で東京都の落ち込みが大きい。外形対象法人分の所得割分，つまり東京都における大企業の利益の落ち込みが顕著である。2012年度のものを2007年度と比較すると，東京都以外の33.7％減に対し，東京都は47.8％減となっている。また，事業年度数では東京都が大きく伸びた収入金額課税分の課税所得等は，東京都が5.6％増にとどまったのに対して，東京都以外は10.6％伸びている。

所得課税分（外形対象法人分除く）の課税所得等は，東京都以外の落ち込みが21.5％減と東京都の19.3％減をやや上回った。

このように，事業税（法人）の課税状況は，東京都の減少率が東京都以外よりやや高くなった。ただし，東京都は落ち込みが大きい反面，2012年度の回復が大きいという特徴を持つ。そして，事業税（法人）に地方法人特別譲与税を加えると，東京都の減少率がかなり高いのは先述の通りである。

(2) 景気変動等がなかったと仮定した場合の税収等

税制改正のみの影響を測るため，景気変動や人口の移動などがなく，2007年度の課税環境が継続し，2008年度改正のみが実施された場合，各都道府県の事業税（法人）と地方法人特別譲与税の税収等がどのようになっていたはずか，試算した（表4-5）。

試算結果を見ると，事業税（法人）に地方法人特別譲与税を合計した都道府県の格差は，2013年度実績より拡大するが，2007年度実績よりはかなり小

---

6) 東京都と東京都以外の比較は，総務省編『道府県税の課税状況等に関する調』，東京都『東京都税務統計年報』により作成。

表 4-5 経済等が 2007 年度と同じ場合の 2013 年度の法人事業税＋地方法人特別譲与税の都道府県格差

	総額			1 人当たり		
	07 年度実績	13 年度実績	13 年度仮定値	07 年度実績	13 年度実績	13 年度仮定値
総額・平均	56,147 億円	46,541 億円	56,147 億円	4.4 万円	3.6 万円	4.4 万円
最大最小倍率	117.9 倍	61.0 倍	65.9 倍	6.6 倍	3.5 倍	3.5 倍
変動係数	186.5%	153.1%	153.3%	47.9%	24.6%	28.4%
ジニ係数	0.606	0.540	0.544	0.221	0.107	0.126

(注) 事業年度数や課税所得等の課税環境が，2007 年度のまま継続したと仮定し，2008 年度税制改正のみを実施した場合について，各都道府県の 2013 年度の法人事業税や地方法人特別譲与税を推計した。なお，地方法人特別譲与税の配分は，2007 年度の配分実績を元に按分した。

(出所) 総務省編『地方財政統計年報』『決算カード』『道府県税の課税状況等に関する調』により作成。

い。つまり，景気低迷による格差是正の効果は無視できないものの，税制改正の影響が大きかったことがわかる。

具体例として，東京都と鳥取県を検証してみよう。2007 年度の課税環境が継続し 2008 年度改正のみ実施した場合，東京都の 2013 年度における事業税（法人）と地方法人特別譲与税の合計額は，実績の 9,826 億円に加え，1,927 億円の増収だったと推計される。これは，基準財政収入額への算入額 1,445 億円となり，基準財政需要額の 7.3%に相当する。つまり，2013 年度財政力指数の実績 0.871（単年度であれば 0.895）を 0.073 ポイント上昇させるほど大きなものである。このことから，東京都に関しては，世界同時不況がなければ，2008 年度改正があっても財政力指数はほぼ 1 を維持できたことになり，税制改正に加えて景気変動の影響を強く受けたことを意味する。

一方，鳥取県における事業税（法人）と地方法人特別譲与税の合計額は，景気変動等がなければ，2013 年度の実績である 161 億円に 17 億円増収だったと推計される。これは，基準財政収入額への算入額では 13 億円，2013 年度の基準財政需要額の 0.7%に相当し，2013 年度財政力指数実績 0.241（単年度であれば 0.240）を 0.007 上昇させる大きさである。

このように，景気変動がなかった場合の 2013 年度の増収率（事業税（法人）と地方法人特別譲与税の合計額について実績との比較）は，東京都 19.6%，鳥取県

10.7％でともに10％を超えかなり大きいものの，財政力への影響は，東京都がかなり大きいのに対して，鳥取県はその10分の1にも満たない。これは，鳥取県の歳入に占める税収等の比率が，元々かなり小さいためである。

4．税源格差からみた2014・15年度改正の意味

4-1　改正の概要（地方法人所得課税関連）

（1）2014年度改正

2008年度改正とならび地方法人所得課税として見逃せない改革は，2014年度改正である。2014年度改正は，地方法人所得課税の偏在是正がその狙いであった。2008年度改正時に，地方消費税の充実と地方法人所得課税のあり方の抜本的見直しを目指すとしており，地方消費税の税率は，それまでの1％から2014年度に1.7％への引き上げが決まった。それに合わせて，地方法人所得課税も改正されることになった。

住民税（法人税割）については，消費税率（国・地方合計）8％段階での税率引き下げで，道府県民税が従来の5.0％（標準税率，以下同じ）から3.2％へ，市町村民税は12.3％から9.7％へ引き下げられた。この結果，税収は平年度ベースで道府県民税1,965億円減，市町村民税2,943億円減と見込まれている。そして，法人住民税の税率引き下げ相当分が，創設された地方法人税（国税）となる。地方法人税は，全額が交付税及び譲与税配付金特別会計（交付税特会）に直入され，地方交付税の原資となる（平年度4,845億円）。

2008年度改正で創設された地方法人特別税は3分の1縮小され，その分が事業税（法人）に復元される。復元される規模は平年度6,728億円を見込んでいる。これらの適用は，2014年10月1日以降開始の事業年度からである。

（2）2015年度改正

2015年度改正では，成長志向に重点をおいた法人税改革が実施される。内容としては，課税ベース拡大と税率引き下げを同時に行うもので，2015年度から数年で法人実効税率を20％台にする目標が掲げられ，2015年度改正では，

それまでの実効税率 34.62％を 2015 年度に 32.11％，2016 年度に 31.33％とする予定である。

こうした中，地方法人所得課税も改正されている。それが，事業税（法人）の外形標準課税の拡大等である。資本金 1 億円超の法人（一部業種を除く）が対象となる外形標準課税（付加価値割，資本割）を段階的に拡大し，それまでの 4 分の 1 を 2015 年度に 8 分の 3，2016 年度は 2 分の 1 とする予定である。具体的には標準税率を，付加価値割についてはこれまでの 0.48％から 2015 年度に 0.72％，2016 年度は 0.96％とし，資本割を現行の 0.2％から 2015 年度に 0.3％，2016 年度は 0.4％へと引き上げる。一方，外形標準法人分の所得割の標準税率は，それまでの 7.2％を 2015 年度に 6.0％，2016 年度は 4.8％へとそれぞれ引き下げる[7]。

この他，所得割の軽減税率についても，比例的に引き下げる。地方法人特別税の税率も，所得割の税率引き下げに合わせ見直す。ただし，税収は課税ベース拡大が合わせて実施されるため中立と想定されている。

4-2　2014・15 年度改正が税源格差に与える影響

(1)　各税目および税収額等の格差

2014・15 年度改正が税源格差に与える影響を検討するため，2013 年度実績と他の条件がすべて同じと仮定し，地方消費税増税と 2014・15 年度改正（地方法人所得課税関連）のみが実施された場合の税収額等を試算した[8]（表 4-6）。

各税目についてみると，事業税（法人）と地方消費税増税については，税収増が格差をやや拡大する方向に働く。道府県民税（法人税割）については，減

---

[7]　2 年間の経過措置として，外形標準課税拡大で負担増となる事業規模一定以下の法人は，負担増を原則 2 分の 1 に軽減する。この他，地方法人所得課税の 2015 年度税制改正では，一定の要件を満たす法人の給与増加分の負担軽減や，資本割の課税標準を資本金等の額から資本金と資本準備金の合計額へ変更すること（法人住民税均等割も同様）などが決まっている。

[8]　事業税（法人）は，統計上の制約から，2010 年度決算の課税環境が使用されている。

第4章 地方法人所得課税改革と税源格差 105

表4-6 税制改正後の都道府県税・市町村税の格差に関する試算

	事業税（法人）		地方消費税		道府県民税（法人税割）	
	13年度実績	改正後試算	13年度実績	改正後試算	13年度実績	改正後試算
総額（兆円）	2.6	3.4	2.6	4.5	0.6	0.5
最大最小倍率（倍）	91.2	98.6	34.2	34.2	155.8	155.8
変動係数（%）	181.3	182.1	118.0	118.0	224.3	224.3
ジニ係数	0.588	0.594	0.489	0.489	0.643	0.643
			1人当たり			
平均（万円）	2.1	2.7	2.1	3.5	0.5	0.4
最大最小倍率（倍）	6.3	5.6	2.0	2.7	9.0	9.0
変動係数（%）	38.9	39.8	10.6	18.1	56.4	56.1
ジニ係数	0.176	0.180	0.048	0.089	0.214	0.212

	都道府県税計		都道府県税＋地方法人特別譲与税		市町村税計		市町村税＋地方消費税交付金	
	13年度実績	改正後試算	13年度実績	改正後試算	13年度実績	改正後試算	13年度実績	改正後試算
総額（兆円）	16.8	19.3	18.8	21.5	17.6	18.0	18.7	20.3
最大最小倍率（倍）	86.7	79.9	79.5	74.1	26,955	27,063	25,602	24,575
変動係数（%）	186.6	178.9	178.8	172.4	331.7	334.2	329.0	328.6
ジニ係数	0.575	0.568	0.565	0.559	0.750	0.751	0.747	0.746
			1人当たり					
平均（万円）	13.1	15.1	14.6	16.7	147.5	151.0	156.9	170.1
最大最小倍率（倍）	4.8	4.5	4.3	4.1	76.0	72.5	52.3	38.9
変動係数（%）	34.9	33.1	31.7	29.4	60.8	60.6	57.2	53.9
ジニ係数	0.112	0.114	0.102	0.097	0.213	0.215	0.202	0.193

（注）他の条件がすべて同じで、地方消費税増税と2014・15年度改正（地方法人所得課税関連）のみが実施された場合の税収額をベースに試算したもの。
（出所）総務省編『地方財政統計年報』『決算カード』『道府県税の課税状況等に関する調』、自治税務局企画課「平成27年度地方税及び地方譲与税収入見込額」により作成。2013年度実績をベースに試算したもの。

税されるものの，同率で減収する仮定から，ほとんど格差は変わらない。

　都道府県税収については，みる指標により格差の拡大または縮小と異なる。全体としてみると，地方消費税の増収が大きいことから，格差がやや縮小すると考えてよいだろう。そして，都道府県税収に地方法人特別譲与税を加えてみると，明らかに格差が縮小すると考えられる。市町村税収については，税制改正による増収額が小さく格差への影響は小さい。それよりも，市町村税収に地方消費税交付金を加えたものの増収が大きい。もともと格差の小さい地方消費税交付金が増収になることから，特に1人当たりの格差縮小が大きくなると想定される。

（2）東京都と鳥取県

　東京都の税収と地方法人特別譲与税の合計は，2014・15年度改正により高い増加率となる可能性が高い。試算によると，4,553億円（地方消費税交付金分を除くと3,142億円）の増収となる。これは，2013年度の税収に地方法人特別譲与税を加えた実績48,357億円の9.4％に相当し，2013年度の財政力指数を0.12ポイント引き上げる規模である。2013年度の財政力指数の実績は0.871（単年度であれば0.895）だったので，改正により財政力指数が再び1を超える可能性が高い。

　一方，鳥取県の税収および地方法人特別譲与税の増加についても，高い増加率となる可能性が大きい。試算では，2013年度の税収に地方法人特別譲与税を加えた実績609億円の17.3％に相当する105億円（地方消費税交付金分を除くと64億円）増加する。つまり，増収率については東京都をはるかに凌ぐと考えられる。しかし，もともとの税収規模が小さいことから，財政力指数については0.027ポイント引き上げる程度に過ぎない。

　こうした増収型の改正の場合，税源格差は是正できても，財政力の格差は拡大させてしまうことがわかる。

（3）その他の意味

　2014・15年度改正（地方法人所得関連）には，その他にもいくつかの重要な意味がある。事業税（法人）の外形標準課税の拡大等（所得割を縮小）は，税収

を安定させると考えられる。また，法人所得課税の欠点である負担分任性の欠如についても，一定程度カバーされる。

　地方法人税の創設については，実質的な意味として3つの可能性が考えられる。第1に，地方法人税は全額が交付税特会に直入されるため，2015年度末見込みで32.8兆円に上る交付税特会の借入金（すべて地方負担分）の返済に充当される可能性がある。第2に，バブル崩壊以降続いている，交付税特会への一般会計からの加算措置を圧縮する財源となる可能性もある。この場合，実質的に一般会計の国債の発行額が縮小される。第3として，臨時財政対策債の圧縮の可能性がある。2001年度以降，地方交付税の総額を抑制し交付税特会の新規の借入金をなくすため，赤字地方債である臨時財政対策債が発行され続けている。地方法人税分が，臨時財政対策債の圧縮に用いられる可能性を指摘できる。

5．おわりに

　地方法人所得課税については，税源格差という観点からも多くの課題が残されている。事業税（法人）については，外形標準課税の拡大が進められているが，その対象を資本金1億円超に限定したままで良いかという課題がある。もちろん，赤字法人の比率が高い中小企業にとって，外形標準課税の導入は税負担増の可能性が高い。しかし，地方税として課税するのであれば，応益性や負担分任性などの見地からある程度の税負担は不可避である。

　地方法人特別税と地方法人特別譲与税は，本研究で明らかなように，格差是正に効果が大きい。消費税等の税率引き上げ時にさらに縮小もしくは廃止の方向が打ち出されているが，税源格差という観点からは望ましいものではない。もちろん，地方法人特別税と地方法人特別譲与税が国税として恒常的に存在する理論的必然性は見出しにくいものの，国税に限らず何らかの形で残す道を考えるべきだろう。

　道府県民税（法人税割）および市町村民税（法人税割）については，地方税として不適当であり，国税と税源交換すべきである。その際，できるだけ格差の

小さい税目と交換すべきであろう。税源交換ということでは，地方法人税も同様である。税源交換後は，交付税特会への直入をやめ，国税収入は一般会計に一元化すべきである。

参 考 文 献

青木宗明（2006）「地方税制における法人課税の位置と意義―税源移譲と偏在性，法人課税と行財政」（『税』2006 年 8 月号）4-21 ページ。

浅羽隆史（2014）「税源移譲及び定率化が都道府県間税収格差に与えた影響」（『白鷗法学』第 20 巻 2 号）。

浅羽隆史（2015）「税源移譲及び定率化が市町村間税収格差に与えた影響」（『中央大学経済学論纂』第 55 巻第 3・4 号）。

浅利満継（2014）「平成地方税制史（16）法人事業税の改革」（『税』2014 年 9 月号）149-157 ページ。

池上岳彦（2007）「地方税と財政調整制度―「ふるさと納税」論及び「法人二税の分割基準見直し」論をめぐって」（『税』2007 年 9 月号）4-17 ページ。

池上岳彦（2009）「「地方消費税の充実」をめぐって」（『税』2009 年 4 月号）4-21 ページ。

石田和之（2014）「地方税制温故知新（第 36 回）法人事業税における外形標準課税の考え方の変化：付加価値税から外形標準課税へ」（『税』2014 年 6 月号）180-215 ページ。

河原礼修（2014）「市町村税収の地域間格差」（『日本地方財政学会研究叢書』第 22 号）82-106 ページ。

島田晴雄（1998）『法人課税改革』東洋経済新報社。

関口智（2013）「日本における地方法人所得課税のあり方」（『税研』29 巻 4 号）55-67 ページ。

全国知事会（2013）「地方税財政制度研究会」。

全国知事会（2013）「地方税制における税源偏在の是正方策の方向性について」。

高林喜久生（2000）「地方税収の地域間格差と税源配分」（『総合税制研究』第 8 号）95-111 ページ。

滝陽介（2014）「地方法人課税のあり方等に関する検討会のとりまとめについて」（『地方税』第 65 巻第 2 号）54-75 ページ。

地方法人課税のあり方等に関する検討会（2013）「地方法人課税のあり方に関する検討会報告書」。

東京都「東京都税制調査会」提出資料。

飛田博史（2014）「都市と地方の財政力『格差是正』法人事業税・法人住民税のゆくえ」（『とうきょうの自治』92 号）11-18 ページ。

戸谷裕之（1995）「事業税改革と地方消費税構想―二つの付加価値税」橋本徹編著『21 世紀を支える税制の論理 第 7 巻 地方税の理論と課題』税務経理協会，133-154 ページ。

西野万理（1995）「事業税の適正化―外形標準の役割と効果」橋本徹編著『21世紀を支える税制の論理　第7巻　地方税の理論と課題』税務経理協会，103-131ページ。

日本経済団体連合会（2013）「地方法人課税のあり方」。

諸富徹（2014）「地方法人課税改革と都市財源」（『都市とガバナンス』Vol. 21）49-58ページ。

吉川宏延（2009）「日本の付加価値税の現状と課題―事業税，消費税，地方消費税及び外形標準課税が抱える諸問題を中心に」（『税』2009年1月号）64-90ページ。

The Shoup Mission (1949), *Report on Japanese Taxation*, General Headquarters Supreme Commander for the Allied Powers.

第2部　諸外国の税財政における格差問題と対応

第 5 章

アメリカ連邦給与税の受益と負担の関係およびその税負担構造の考察
——ブッシュ政権期・オバマ政権期を中心に——

片 桐 正 俊

1. はじめに

　本章では，2000年代に入ってからのブッシュ政権期およびオバマ政権期を中心に，アメリカの連邦給与税（社会保障税とメディケア税）の受益と負担の関係およびその税負担構造を考察する。

　筆者は，ここ数年2000年代を中心に連邦税が家計（世帯）や企業の租税負担にどのような影響を与え，またどのような所得再分配機能を果たしているのか，といった問題関心から順次研究成果を公表してきている。片桐（2010），片桐（2012a），片桐（2012b），片桐（2012c），片桐（2013），片桐（2015）等がそうである。本章も同じ問題関心から取り組んだ研究の成果である。

　給与税は，社会保障年金給付，メディケア入院保険給付，失業手当，および種々の退職年金の財源となる，賃金・給与に課される租税のことである。社会保障給付とメディケア入院保険給付の財源根拠法は連邦保険拠出金法で，同法は社会保障給与税（以下社会保障税と略す）とメディケア給与税（以下メディケア税と略す）の徴収を命じているので，両税は連邦保険拠出金法の頭文字を取ってFICA税とも呼ばれる。被用者と雇主はともに社会保障税とメディケア税を

支払わねばならない。自営業者の場合は，被用者負担分と雇主負担分の両方を，社会保障税とメディケア税として支払うことが自営業者拠出金法（SECA）によって義務づけられている。

　社会保障プログラムは，退職者，障害者，その家族に対して，また病気の労働者の家族に現金給付を行うものである。このプログラムは，主としては給与税（社会保障税とメディケア税）収入で賄われている。社会保障プログラムの会計は，社会保障法タイトルⅡに基づき，1939年創設の老齢・遺族年金保険（OASI）信託基金と1956年創設の障害年金保険（DI）信託基金の2つにわけて行われている。

　メディケアは，1965年に決定，1966年から実施された連邦医療プログラムで，65歳以上の人を対象としているが，1972年社会保障法改正で一定の障害者にも適用されている。メディケアは発足当初パートAとパートBの2つだけであったが，その後パートCとパートDが加わり，現在はパートA，パートB，パートC，パートDの4つで構成されている。

　パートAは，入院，在宅医療機関，高度看護施設，ホスピスのサービスを行うプログラムで，その支払財源としてメディケア税が充てられ，入院保険（HI）信託基金として独立して会計が行われる。パートBは，医者，外来診察，在宅医療機関，その他のサービスを行うプログラムで，その支払財源として患者の保険料と連邦政府の一般財源が充てられ，補足的医療保険（SMI）信託基金として独立して会計が行われる。パートDもこの補足的医療保険（SMI）信託基金に含まれて会計が行われる。パートDは，2003年に成立したメディケア処方薬改善・近代化法に基づいて設けられたプログラムで，保険料を支払っているすべての給付対象者に処方薬保険へ自由意思で加入しやすくなるように補助をしたり，低所得加入者に保険料や負担金の補助をしたりする。

　パートCは，メディケア・アドバンテージ・プログラムで，もともとは1997年財政均衡法によって創設されたメディケア＋チョイスがその後2003年の処方薬改善・近代化法によって内容が修正され，現在の名称に変更されたものである。このプログラムは，民間の医療保険プランに加入しようとするメデ

ィケア給付対象者の選択肢を拡大したものである。したがって，その財源は給付対象者の保険料であって連邦税ではない。

本研究が対象とする給与税は，社会保障年金給付，メディケア入院保険給付以外に，失業手当や種々の退職年金の財源にも充てられるが，ほとんどが社会保障年金給付とメディケア入院保険給付に充てられるので，ここでは社会保障税とメディケア税を給与税として考察の対象とする。社会保障税もメディケア税も目的税として徴収されており，連邦政府の一般会計とは区別して，連邦老齢・遺族・障害年金保険信託基金と連邦入院保険信託基金で経理される。

ただし，これらの信託基金は，毎年の議会予算過程に含まれるプログラムとは関係ないのでオフバジェットとして扱われる。他方，メディケア入院保険信託基金の場合は，毎年の議会予算過程に含まれるプログラムにかかわるものなのでオンバジェットとして扱われる。ただ，社会保障税もメディケア税も目的税の性格を有するので，その受益と負担の関係が問題となる。

さて，本章の主題とかかわって，どのような先行研究があるのだろうか。社会保障信託基金にかかわるものとしては，片桐（2005），中川（2010），吉田（2010），山本（2012）等がある。メディケア入院保険信託基金に関わるものとしては，中川（2011），小林（2011），石田（2012），徐（2012），石橋（2013）等がある。だがこれらは，社会保障年金やメディケアを中心とした医療の制度的由来や，財政的困難，オバマケアを含めた将来展望の問題について論じたものがほとんどであって，本章が主題とする連邦給与税（社会保障税とメディケア税）の受益と負担の関係および世帯所得階層別の負担構造について，部分的に触れていることがあっても正面からそれを論じているわけではない。給与税そのものに焦点を当てた研究は少なく，赤石（2005），関口（2015）がある。赤石（2005）では，Dilley（2000a），Dilley（2000b），Geier（2002），Geier（2003），Mitrusi and Poterba（2000），Mitrusi and Poterba（2001）等の給与税に関する議論や実証を踏まえて，給与税と所得税の歴史と負担の実態，給与税と所得税の二重課税問題，社会保険税（社会保障税のこと）と所得税の統合問題について論じている。関口（2015）は，社会保障税（給与税）と所得税との関連として，ひとつは社会

保障年金給付時課税の問題を，もうひとつは勤労所得税額控除（EITC）を通じての低所得層の租税負担軽減問題を論じている。

英語文献の先行研究もそれほど多くない。本章の主題にかかわりがあるような論文としては，赤石（2005）が援用している，上述のような研究がある。そのうち，Dilley（2000a），Dilley（2000b），Geier（2002），Geier（2003）は，税法学的議論を行っており，本章で試みようとする給与税負担の実証分析としては，Mitrusi and Poterba（2000），Mitrusi and Poterba（2001）がある。その他の比較的近年の研究としては，Favreault and Mermin（2008），Office of Tax Policy（2011），Hungerford（2013），Kopcke, Zhenyu and Webb（2014）がある。Favreault and Mermin（2008）は，なぜ社会保障が高齢の低賃金労働者やマイノリティを貧困から抜け出させたり，拠出額より多い便益を与えたりすることができていないのかを検討している。また，人種，ジェンダー，所得水準別社会保障の結果について何がわかるのかを検討している。さらに，死亡率，収入，障害，育児，移民，婚姻形態が，いかに人種を跨いで著しく相異なっているのかを描いている。Office of Tax Policy（2011）は，中間層家族に対する2011年給与税減税と2012年へのその延長の効果を州ごとにみたものである。本章の主題と関係して，給与税のあり方を検討している近年の論文は，管見の限りHungerford（2013），Kopcke, Zhenyu and Webb（2014）だけである。Hungerford（2013）は，社会保障最大課税限度額の引き上げを含む4つの政策の租税負担所得階層別分布の変化を検討している。Kopcke, Zhenyu and Webb（2014）は，給与税が課税される賃金・給与収入の割合が，1982～2009年期に相当程度低下してきていることを明らかにしている。それは，同じ世代内で給与税課税上限を超える高所得者の収入が課税上限以下の者の収入より急速に増加して収入格差が拡大しているためだということを実証している。

本章の主題については，先行研究はこのような状況なので十分研究の余地があり，それに正面から取り組むこととする。

2. 連邦給与税（社会保障税とメディケア税）の受益と負担の関係

2-1　社会保障信託基金とメディケア入院保険信託基金の財政

(1)　連邦政府収入における給与税の重大化

まず，本研究がターゲットとする給与税および退職拠出金（2013年度の連邦財政統計で見ると99％[1]が給与税なので以下給与税と略す）が連邦政府収入の中でどのように位置づいて推移してきているのか，表5-1と図5-1でみておこう。給与税は，1950年度時点では，個人所得税，法人所得税，内国消費税の次に来る第4番目の大きさの税目であり，法人税収の半分にも満たなかった。1960年度時点では，給与税は内国消費税の規模を上回って第3番目の基幹税となった。さらに1970年度には，給与税は法人所得税の規模を上回って第2番目の基幹税となった。そして，総収入の対GDP比は2000年度に19.9％とピークに達した後，2000年代にはブッシュ減税の影響もあって低下するが，その中にあって給与税は構成比を高め，2003年度，2009年度，2010年度には40％台に乗せ，第2番目の基幹税ながら，個人所得税とほぼ肩を並べる状態にまでになっている。

給与税はこれほど大きな基幹税になっているので，当然所得税と同様に国民にとっても大きな負担となっており，所得の再分配にも大きな影響を及ぼしているはずであるが，所得税ほどには研究はされていない。また，所得税や法人所得税のような一般財源ではなく，年金や医療（入院）のための財源であるので，事実上目的税だといってもよい。目的税であれば，単に給与税の負担の側面だけではなく，その給付（便益）との関係をも考察せねばならない。既述のように，社会保障（年金）給付のために社会保障税（2013年度で給与税の71％[2]）が徴収され，老齢・遺族年金保険信託基金と障害年金信託基金の形で一般会計とは区別して会計が行われている。またメディケア入院保険給付のために，メ

---

1)　Office of Management and Budget（2014），p. 47 より算出。
2)　Office of Management and Budget（2014），p. 47 より算出。

表 5-1　連邦収入内訳の推移（1950～2014年度）

年度	個人所得税	法人所得税	給与税および退職拠出金 合計	オン・バジェット	オフ・バジェット	内国消費税	遺産税贈与税	その他	総収入
\multicolumn{10}{c}{金額（100万ドル）}
1950	15,755	10,499	4,338	2,232	2,106	7,550	698	653	39,443
1960	40,715	21,494	14,683	4,042	10,641	11,676	1,606	2,317	92,491
1970	90,412	32,829	44,362	10,903	33,459	15,705	3,644	5,855	192,807
1980	244,069	64,600	157,803	44,594	113,209	24,329	6,389	19,922	517,112
1985	334,531	61,331	265,163	78,992	186,171	35,992	6,422	30,598	734,037
1990	466,884	93,507	380,047	98,392	281,656	35,345	11,500	44,674	1,031,957
1995	590,244	157,004	484,473	133,394	351,079	57,484	14,763	47,822	1,351,790
2000	1,004,462	207,289	652,852	172,268	480,584	68,865	29,010	62,713	2,025,191
2001	994,339	151,075	693,967	186,448	507,519	66,232	28,400	57,069	1,991,082
2005	927,222	278,282	794,125	216,649	577,476	73,094	24,764	56,124	2,153,611
2008	1,145,747	304,346	900,155	242,109	658,046	67,334	28,844	77,565	2,523,991
2009	915,308	138,229	890,917	236,908	654,009	62,483	23,482	74,570	2,104,989
2010	898,549	191,437	864,814	233,127	631,687	66,909	18,885	122,112	2,162,706
2011	1,091,473	181,085	818,792	253,004	565,788	72,381	7,399	132,336	2,303,466
2012	1,132,206	242,289	845,314	275,813	569,501	79,061	13,973	137,321	2,450,164
2013	1,316,405	273,506	947,820	274,546	673,274	84,007	18,912	134,453	2,770,103
2014	1,386,068	332,740	1,021,109	288,777	732,332	93,528	15,746	152,530	3,001,721
\multicolumn{10}{c}{対 GDP 比（%）}
1950	5.6	3.7	1.6	0.8	0.8	2.7	0.3	0.2	14.1
1960	7.6	4.0	2.7	0.8	2.0	2.2	0.3	0.4	17.3
1970	8.6	3.1	4.2	1.0	3.2	1.5	0.3	0.6	18.4
1980	8.7	2.3	5.6	1.6	4.0	0.9	0.2	0.7	18.5
1985	7.8	1.4	6.2	1.8	4.4	0.8	0.2	0.7	17.2
1990	7.9	1.6	6.4	1.7	4.8	0.6	0.2	0.8	17.4
1995	7.8	2.1	6.4	1.8	4.6	0.8	0.2	0.6	17.8
2000	9.9	2.0	6.4	1.7	4.7	0.7	0.3	0.6	19.9
2001	9.4	1.4	6.6	1.8	4.8	0.6	0.3	0.5	18.8
2005	7.2	2.2	6.2	1.7	4.5	0.6	0.2	0.4	16.7
2008	7.8	2.1	6.1	1.6	4.5	0.5	0.2	0.5	17.1
2009	6.4	1.0	6.2	1.6	4.5	0.4	0.2	0.5	14.6
2010	6.1	1.3	5.8	1.6	4.3	0.5	0.1	0.8	14.6
2011	7.1	1.2	5.3	1.6	3.7	0.5	0.0	0.9	15.0
2012	7.0	1.5	5.3	1.7	3.5	0.5	0.1	0.9	15.2
2013	7.9	1.6	5.7	1.7	4.1	0.5	0.1	0.8	16.7
1950-2013 平均	7.8	2.6	4.9			1.2	0.2	0.5	17.2
2014 推定	8.0	1.9	5.9	1.7	4.2	0.5	0.1	0.9	19.0

（注）1：給与税および退職拠出金には OASDI, HI, 鉄道退職年金, 雇用保険, 連邦職員退職年金職員負担部分, 一定の非政府職員退職年金等の給与税や拠出金を含んでいる。
　　　2：その他収入の主なものは, ①関税および手数料, ②FRB 収入の繰入れである。
（出所）Office of Management and Budget（2014）, pp. 32-33, pp. 36-37, pp. 48-49; Joint Committee on Taxation（2014）より作成。

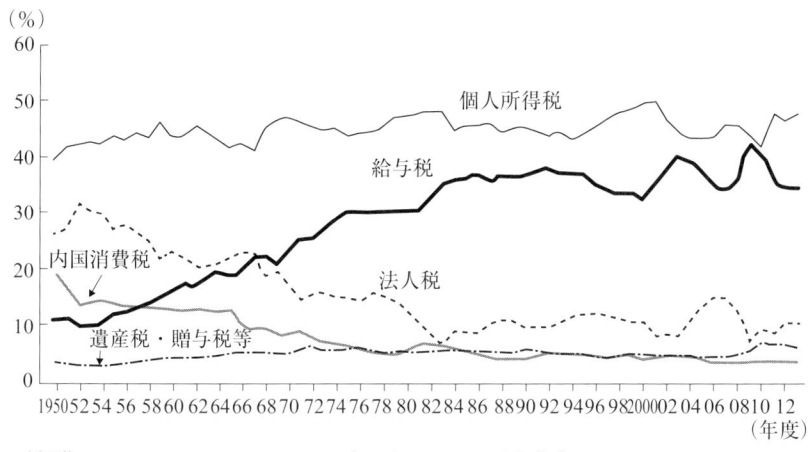

図 5-1 連邦政府歳入構成の推移（1950-2013 年度）

（出所）Office of Management and Budget（2014），pp. 34-35 より作成。

ディケア税（2013 年度で給与税の 22%[3]）が徴収され，メディケア入院保険信託基金の形で一般会計とは区別して会計が行われている。そこで，以下これら基金の財政収支状況を（2），（3）と順に検討する。

(2) 社会保障信託基金の財政悪化の状況

まず社会保障信託基金の財政状況を検討しよう。正確にいうと，社会保障信託基金という単一信託基金はなく，社会保障税を財源とする2つの信託基金（老齢・遺族年金保険（OASI）基金と障害年金保険（DI）基金）を合わせたもの（OASDI）をそのように称する。2013 年 4 月現在 OASDI による社会保障の受給者は 5730 万人で，そのうち約 65％が退職労働者で 16％が障害労働者であった。残りは，遺族すなわち退職労働者や障害労働者の配偶者や子供であった[4]。

表 5-2 は老齢・遺族・障害年金保険（OASDI）の財政収支，資産の推移を示したものである。この表だけだと毎年の収入と支出を示していないので，一見

---

3) Office of Management and Budget（2014），p. 47 より算出。
4) Nuschler（2013），p. 1.

表 5-2　老齢・遺族・障害年金保険（OASDI）の財政収支・資産（1960〜2012 年）

(単位：100 万ドル，％)

年	収入 合計	純給与税拠出	年金給付課税収入	一般会計からの返済	純利子	支出 合計	年金給付支払	管理費	鉄道退職年金への移転	資産 年間純増額	年末残高
\multicolumn{12}{c}{金額（100 万ドル）}
1960	12,445	11,876			569	11,798	11,245	240	314	647	22,613
1966	23,381	22,585		94	702	20,913	20,051	393	469	2,467	22,308
1970	36,993	34,737		465	1,791	33,108	31,884	635	589	3,886	38,068
1980	119,712	116,711		670	2,330	123,550	120,598	1,522	1,430	-3,838	26,453
1984	186,637	175,019	3,025	5,153	3,440	180,429	175,739	2,264	2,426	6,208	31,075
1990	315,443	294,513	4,992	-1,307	17,245	253,135	247,816	2,270	3,049	62,309	225,277
2000	568,433	492,484	12,314	-835	64,471	415,121	407,635	3,788	3,698	153,312	1,049,445
2010	781,128	637,283	23,942	2,405	117,498	712,526	701,609	6,525	4,392	68,602	2,608,950
2011	805,057	564,231	23,792	102,680	114,355	736,083	725,103	6,405	4,574	68,975	2,677,925
2012	840,190	589,508	27,258	114,280	109,143	785,781	774,791	6,338	4,651	54,409	2,732,234
\multicolumn{12}{c}{構成比（％）}
1960	100	95.4			4.6	100	95.3	2.0	2.7		
1966	100	96.6		0.4	3.0	100	95.9	1.9	2.2		
1970	100	93.9		1.3	4.8	100	96.3	1.9	1.8		
1980	100	97.5		0.6	1.9	100	97.6	1.2	1.2		
1984	100	93.8	1.6	2.8	1.8	100	97.4	1.3	1.3		
1990	100	93.4	1.6	-0.4	5.5	100	97.9	0.9	1.2		
2000	100	86.6	2.2	-0.1	11.3	100	98.2	0.9	0.9		
2010	100	81.6	3.1	0.3	15.0	100	98.4	0.9	0.6		
2011	100	70.1	3.0	12.8	14.2	100	98.5	0.9	0.6		
2012	100	70.2	3.2	13.6	13.0	100	98.6	0.8	0.6		

（出所）Social Security Administration（2014），pp. 4. 5-4. 6 より作成。

　1980 年だけ財政収支が赤字になっているかのようにみえるがそうではない。図 5-2 を見れば明らかなように，1973 年から 1983 年までの 10 年間は現金収支で大きな赤字を記録しており，また 2010〜2012 年の 3 年間は大きな赤字を記録しているばかりでなく，2032 年に向けて大きく赤字幅を拡大して行く見通しである。ただしこの図 5-2 の収入は，表 5-1 の収入と違って「純利子」収入は含んでいない。

　1983 年には社会保障信託基金はまもなく枯渇し年金財政の大きな赤字が長く続く見通しとなったので，次の①〜⑥のような大きな改正が行われた[5]。①

---

5) Patashnik（2000），p. 75; Congressional Budget Office（2001），p. 16.

第5章　アメリカ連邦給与税の受益と負担の関係およびその税負担構造の考察　121

図5-2　社会保障信託基金財政収支：年初の支出に対する収入比（1957～2032年）

（注）年次収入には連邦債で保有している積立金の利子は含んでいない。
　　　100％を超える比率はその年のキャッシュ・フロー黒字を示す。
　　　100％未満の比率はキャッシュ・フロー赤字を示す。
（出所）Nuschler, Dawn and Gary Sidor（2013），p. 9.

1980年代後半に予定していた社会保障税の引き上げを繰り上げ実施する。②富裕な家計に対する社会保障給付の一部に課税する。③自営業者の社会保障税の税率を他の労働者と均衡が取れるように引き上げる。④自動物価スライドを6カ月間遅らせることで短期的な支出削減を行う。⑤新たな連邦職員や非営利団体職員をプログラムに加入させる。⑥通常の退職年齢を65歳から67歳に2027年までに徐々に引き上げていく。この改正によって社会保障信託基金の収支は改善し，以後積立金が累積していく。

　この改正の①と②によって給与税率は，表5-3に示されるように，1990年にまで順次引き上げられていく。併せて最大課税所得も引き上げられていく。しかし，1990年以降今日に至るまで，被用者と雇主，自営業者の最大課税上限所得は引き上げられてくるが，給与税率は2011年と2012年の引き下げ（説

表 5-3 給与税率(社会保障税率とメディケア税率)(1937〜2014年)

(単位:ドル,%)

年	最大課税所得(ドル)	被用者と雇主の給与税率(%)			自営業者の給与税率(%)		
		被用者または雇主の給与税率			被用者と雇主の合算税率	社会保障(OASDI)	メディケア(HI)	合計
		社会保障(OASDI)	メディケア(HI)	合計				
1937	3,000	1		1	2			
1940	3,000	1		1	2			
1950	3,000	1.5		1.5	3			
1960	4,800	3		3	6	4.5		4.5
1966	6,600	3.85	0.35	4.2	8.4	5.8	0.35	6.15
1970	7,800	4.2	0.6	4.8	9.6	6.3	0.6	6.9
1980	25,900	5.08	1.05	6.13	12.26	7.05	1.05	8.1
1984	37,800	5.7	1.3	7.0	14.0	11.4	2.6	14.0
1986	42,000	5.7	1.45	7.15	14.3	11.4	2.9	14.3
1988	45,000	6.06	1.45	7.51	15.02	12.12	2.9	15.02
1990	51,300	6.2	1.45	7.65	15.3	12.4	2.9	15.3
2000	76,200	6.2	1.45	7.65	15.3	12.4	2.9	15.3
2005	90,000	6.2	1.45	7.65	15.3	12.4	2.9	15.3
2008	102,000	6.2	1.45	7.65	15.3	12.4	2.9	15.3
2009	106,800	6.2	1.45	7.65	15.3	12.4	2.9	15.3
2010	106,800	6.2	1.45	7.65	15.3	12.4	2.9	15.3
2011	106,800	5.2	1.45	7.65	13.3	10.4	2.9	13.3
2012	110,100	5.2	1.45	7.65	13.3	10.4	2.9	13.3
2013	113,700	6.2	1.45	7.65	15.3	12.4	2.9	15.3
2014	117,000	6.2	1.45	7.65	15.3	12.4	2.9	15.3

(注) 2011年と2012年に,被用者と自営業者の賃金にかかるOASDI給与税率は6.2%から4.2%に減らされた。
(出所) Tax Foundation (2009);Tax Policy Center, Urban Institute and Brooking Institution (2014)より作成。

明後述)以外全く据え置かれたままである。

1983年改正の上記②の内容に関しては,表5-2に示されるように年金給付課税収入は1984年以来増加し,収入構成比も2012年には当初の2倍にもなっている。社会保障給付の課税は,独身申告納税者25,000ドル,夫婦合算申告納税者32,000ドルを超える修正調整総所得(社会保障給付の半分を含む)があれば,社会保障給付の50%に連邦所得税を課すものである。修正調整総所得は,物価上昇や賃金上昇の調整がなく固定されているので,社会保障給付に連邦所得税を課せられる受給者が増えてくる。2005年では,社会保障受給者1,690

万人（全体の 39％）が，社会保障給付に所得税を課せられるようになっていた[6]。

表 5-1 に戻ると，2011 年度と 2012 年度に給与税の金額およびその対 GDP 比が落ち込んでいるのがわかる。表 5-2 においても給与税の金額と構成比が 2010 年と比べて 2011 年と 2012 年に落ち込んでいる。これは，オバマ政権が，2008 年リーマン・ショックによる大不況への景気対策として給与税率を引き下げた結果である[7]。オバマ政権は，2011 年に被用者と自営業者の給与税率を 2％ポイント引き下げた。ただし，雇主に対する給与税率は引き下げなかった。同政権はこの税制措置を 2012 年に延長した。この給与税率引き下げは，表 5-3 に示されている。給与税率を引き下げると当然表 5-1 や表 5-2 に示されるように，給与税収は落ち込むのでその税収ロスを補って社会保障信託基金を守るために，一般会計から資金移転が行われた。それは，表 5-2 に示されているように社会保障信託基金収入の約 12～13％程度の割合を占めたのである。

さて，社会保障信託基金財政の将来見通しはどうであろうか。2014 年の連邦社会保障信託基金理事会年次報告書により，基金の将来見通しをみておこう。同理事会は，75 年間という長期の同基金の財政収支見通しを立てるにあたり，高コスト，中コスト，低コストの 3 つのタイプについて推計している。ここでは中コストの推計結果を紹介するが，その際次のような前提をおいている。合計特殊出生率 2.0（2038 年以降），2013 年から 2088 年までの老齢・性別調整済全体死亡率の年平均減少率 0.79％，2014 年から 2088 年までの年平均純移民数 112 万 5,000 人，2026 年以降の生産性の年平均変化率 1.68％，2025 年から 2088 年までの平均賃金の年平均変化率 3.83％，2020 年以降の消費者物価指数の年平均変化率 2.7％等詳細な前提をおいている。

同理事会の推計結果はこうである[8]。OASDI プログラムの年コストは，

---

6) Nuschler (2013), p. 4.
7) Nuschler and Sidor (2013), pp. 2-3.
8) The Board of Trustees, Federal Old-Age and Survivors Insurance and Federal Disability Insurance Trust Funds (2014), p. 4.

2014年純利子を除く収入を上回り，以後長期にわたって高くなり続ける。OASDI信託基金とDI信託基金を合わせた理論上の予想資産積立金は，2019年まで増えて行き，2020年から減少し始め，2033年には枯渇して予定給付をきちんと満額支払うことができなくなる。積立金が枯渇した時点で，両方の信託基金に引き続き入ってくる収入だけでは予定給付の77%しか払えない。しかしながら，DI信託基金積立金は2016年に枯渇するので，その時点でDI信託基金に入ってくる収入だけではDI給付の81%しか払えない。したがって，できるだけ早くDIプログラムの資金不足に取り組む議会の対応が必要とされている。

同理事会は，OASIとDIの両信託基金が75年の予定期間中に完全な支払能力を保ち続けるには，次の①～③のようなアプローチが必要だと言っている[9]。①給与税を直ちにかつ恒久的に2.83%ポイント引き上げるに匹敵する額だけ収入を増やさねばならない。②予定給付の削減が2014年以降給付資格者に初めてなる人にのみ適用されるのであれば，75年の予定期間中の予定給付は，全ての現在および将来受給者に適用される場合には，直接的・恒久的に17.4%削減するのに匹敵するくらいの金額を，また予定給付の削減が2014年以降給付資格者に初めてなる人にのみ適用される場合には20.8%減らされねばならない。③これらのアプローチをいくつか組み合わせたアプローチが採用されねばならない。

社会保障改革の議論は，1990年代から2000年代にかけて連綿と続いているが，大きな改革は実施されていない。片桐（2005）や中川（2010）等に社会保障改革について議論の詳しい紹介がある[10]。

（3）　メディケア入院保険信託基金の財政悪化の状況

2012年7月現在におけるメディケアパートA（入院保険）の受給者が391万人で，パートB（補足医療保険）のみの受給者が32万人で，パートAとパート

---

9)　*Ibid*., pp. 4-5.
10)　片桐（2005），59-62ページ；中川（2010），50-53ページ。

B両方の受給者が4627万人であった。4627万人のうち65歳以上の高齢者が82％で，残り18％が障害者であった[11]。

表5-4は，メディケア入院保険の財政収支・資産の推移を示したものである。給与税が主財源で給付費を支弁している。同表だけでは，2010年代になってから財政収支が赤字になったようにみえるが，実際にはそうではない。図5-3に示されるように，1990年代にも財政収支が悪化していたのである。

1984年以来，一定水準以上の社会保障給付には連邦所得税が課税されるようになり，その税収は社会保障基金に繰り入れられていることはすでに述べた。1993年一括予算調整法によって独身申告納税者34,000ドル，夫婦合算申告納税者44,000ドルを超える修正調整総所得があれば，社会保障納付の85％まで連邦所得税を課すことになり，1994年から実施されることになったのである。

ところがその税収入は，社会保障信託基金ではなく，財政状態の悪化しているメディケア入院保険信託基金に繰り入れられることになったのである。その推移が表5-4の給付課税収入の欄に示されている[12]。表5-3に示されるように，2011年と2012年には大不況対策としてオバマ政権によって社会保障税の2％ポイントの税率引き下げが行われたが，メディケア税の税率引き下げは行われなかったので，給与課税収入の構成比は表5-4に示されるように高まっている。

さて，メディケア入院保険信託基金財政の将来見通しはどうであろうか。2014年の連邦入院・補足医療保険信託基金理事会報告書により，基金の将来見通しをみておこう[13]。予想される支出をメディケア税でカバーできる割合は，2030年の85％から2045年の75％にまで下って行き，それ以降2088年まではその状態で安定すると想定している。ただし，このメディケア税で予想入

---

11) U.S. Centers for Medicare and Medicaid Services (2015), *Medicare Enrollment Reports*.
12) Nuschler (2013), p. 4.
13) The Board of Trustees, Federal Hospital Trustees, Federal Hospital Insurance and Federal Supplementary Medical Insurance Trust Funds (2014).

126　第2部　諸外国の税財政における格差問題と対応

表5-4　メディケア入院保険信託基金収支内訳（1966～2012年）

（単位：100万ドル，%）

年	収入									支出				年末メディケア信託基金資産残高
	合計	給与税	給付課税収入	鉄道退職勘定からの移転	下記のものための一般収入からの償還金 非保険者	軍人賃金クレジット	任意加入者の保険料	投資利子およびその他収入	合計	給付支払	管理費 金額	対給付支払比	
					金額（100万ドル）									
1966	1,943	1,858		16	26	11		32	999	891	108	12.1	944
1970	5,979	4,881		66	863	11		158	5,281	5,124	157	3.1	3,202
1973	10,821	9,944		99	451	48	2	278	7,289	7,057	232	3.3	6,467
1980	26,097	23,848		244	697	141	18	1,149	25,577	25,064	512	2.0	13,749
1990	80,372	72,013		367	413	−993	122	8,451	66,997	66,239	758	1.1	98,933
1994	109,570	95,280	1,639	413	506	80	907	10,745	104,545	103,282	1,263	1.2	132,844
2000	167,185	144,351	8,787	465	470	2	1,382	11,729	131,095	128,458	2,636	2.1	271,475
2010	215,622	182,032	13,760	535	−142	0	3,310	16,128	247,925	244,463	3,461	1.4	271,918
2011	228,945	195,592	15,143	477	275	0	3,267	14,190	256,673	252,943	3,730	1.5	244,189
2012	243,046	205,730	18,643	511	262	0	3,441	14,459	266,841	262,894	3,947	1.5	220,394
	構成比（%）													
1966	100	95.6		0.8	1.3	0.6		1.6	100	89.2	10.8		
1970	100	81.6		1.1	14.4	0.2		2.6	100	97.0	3.0		
1973	100	91.9		0.9	4.2	0.4	0.02	2.6	100	96.8	3.2		
1980	100	91.4		0.9	2.7	0.5	0.07	4.4	100	98.0	2.0		
1990	100	89.6		0.5	0.5	−1.2	0.2	10.5	100	98.9	1.1		
1994	100	87.0	1.5	0.4	0.5	0.07	0.8	9.8	100	98.8	1.2		
2000	100	86.3	5.3	0.3	0.3	0.001	0.8	7.0	100	98.0	2.0		
2010	100	84.4	6.4	0.2	−0.07		1.5	7.5	100	98.6	1.4		
2011	100	85.4	6.6	0.2	0.10	0	1.4	6.2	100	98.5	1.5		
2012	100	84.6	7.7	0.2	0.1	0	1.4	5.9	100	98.5	1.5		

（出所）Social Security Administration (2014), p. 8.1 より作成。

第 5 章　アメリカ連邦給与税の受益と負担の関係およびその税負担構造の考察　127

図 5-3　メディケア入院保険信託基金財政収支：年初の支出に対する収入比
　　　　（1990～2035 年）

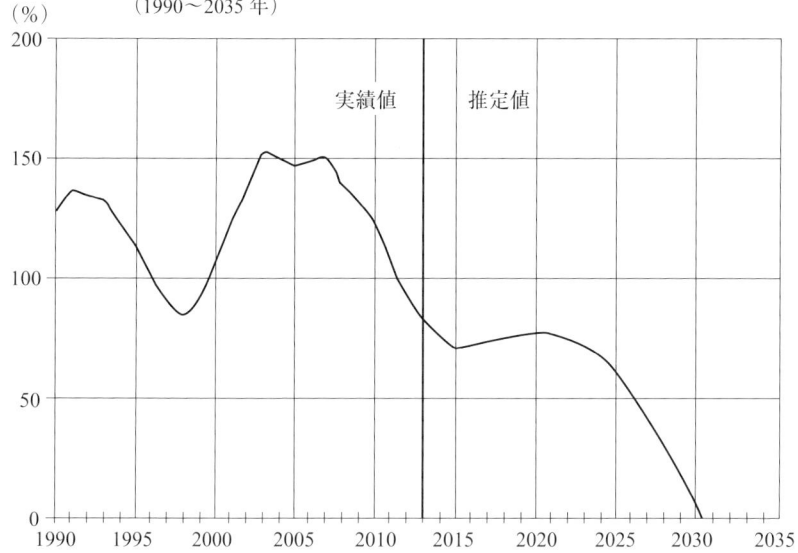

（注）年次収入には連邦債で保有している積立金の利子は含んでいない。
　　　100％を超える比率はその年のキャッシュ・フロー黒字を示す。
　　　100％未満の比率はキャッシュ・フロー赤字を示す。
（出所）Nuschler, Dawn and Gary Sidor（2013），p. 9.

院コストを埋めることができない不足分は，2030 年に至るまでは，信託基金資産として保有している連邦債の利子とその償還費等で埋めることができるので，予想入院コストの 100％をカバーでき，支払い不能にはならない。しかし，2030 年以降は，2029 年に連邦債の償還費でカバーできるのは入院コストの 13％までなので，入院保険赤字を解消する立法措置が講じられない限り，入院保険信託基金は支払い不能に陥ることになる。

同理事会は，2010 年にオバマ政権下で成立した医療適正化法は，コスト・コントロール規定があり，医療費節約が達成可能だと予想している。予算・政策優先研究所は，入院保険信託基金が，医療適正化法が制定される前と比べて制定によって，13 年支払可能期間が延びると予想している。また，医療適正化法制定前に同理事会が入院保険の 75 年間の資金不足が給与税の 3.88％にな

ると推定していたのと比べて，給与税の 0.87％の資金不足になると予想している[14]。

メディケア改革を含めた医療改革の議論は，1990 年代から 2000 年代にかけて連綿と続いているが，片桐 (2005)，片桐 (2015)，中川 (2011)，徐 (2012)) 等に議論の詳しい紹介がある[15]。

2-2 社会保障税とメディケア税の受益と負担の関係

(1) 社会保障年金給付と医療保険給付および両者の所得再分配効果

現在の年金制度の形成過程を振り返ってみよう。1935 年社会保障法タイトルⅡは 65 歳以上の高齢者に年金を支給する老齢年金保険 (OAI) 制度を創設し，さらに 1939 年社会保障法改正で，労働者個人から家族保護に発想を転換し，支給対象を遺族と扶養者にも拡大する老齢・遺族年金保険 (OASI) 制度となった。1956 年にはさらに障害年金保険 (DI) 制度が創設された。他方公的医療保険は，1965 年に 65 歳以上の高齢者を対象にメディケアパート A (入院保険) とパート B (補足医療保険) として創設された。この時併せて貧困者のための医療扶助としてメディケイドも創設されている。

表 5-5 をみると，公的年金保険制度と公的医療保険制度が不完全ながらも一通り揃った 1966 年からの年金および医療の給付総額の伸びは急速で，2010 年までの 45 年間に 57.6 倍にもなっている。個人所得に対する総給付比は同じ期間に，3.5％から 9.8％へと 2.8 倍になっている。そして年金の現金給付と医療の現物給付を比べた場合，医療の現物給付の方が割合を高め，年金の現金給付の割合が落ちてきて，近年前者が 5 割台，後者が 4 割台となっている。

次に年金保険給付と医療保険給付の所得再分配効果について検討することにしよう。まず年金保険給付の所得再分配効果について表 5-6 を使って考察する。表 5-6 は，年金の予定給付と支払可能給付についての退職労働者の当初代

---

14) Van de Water (2014), p. 2.
15) 片桐 (2005)，63-65 ページ，69-75 ページ；片桐 (2015)，272-273 ページ；中川 (2011)，6-8 ページ，22-24 ページ；徐 (2012)，182-185 ページ。

表5-5　給付タイプ別および信託基金別の給付総額とその個人所得比（1937-2012年）

(単位：100万ドル，%)

年	総給付額	現金給付 老齢・遺族年金保険	現金給付 障害年金保険	現物給付 入院保険	現物給付 補足的医療保険	リハビリテーション・サービス 老齢・遺族年金保険	リハビリテーション・サービス 障害保険	個人所得	個人所得に対する総給付比(%)
				金額（100万ドル）					
1937	1	1						74,100	—
1940	35	35						78,400	—
1950	961	961						228,900	0.4
1960	11,245	10,677	568					411,300	2.7
1966	21,070	18,267	1,781	891	128	1	3	603,800	3.5
1970	38,982	28,796	3,067	5,124	1,975	2	18	838,600	4.6
1980	156,298	105,074	15,437	25,064	10,635	8	78	2,301,500	6.8
1990	356,536	222,993	24,803	66,239	42,468		32	4,846,700	7.4
2000	625,060	352,706	54,938	128,458	88,893		63	8,559,400	7.3
2010	1,213,209	577,448	124,191	244,463	267,051	2	54	12,321,900	9.8
2012	1,335,079	637,948	136,878	262,500	297,704	1	48	13,431,100	9.9
				構成比(%)					
1937	100	100							
1940	100	100							
1950	100	100							
1960	100	94.9	5.1						
1966	100	86.7	8.5	4.2	0.6	—	0.01		
1970	100	73.9	7.9	13.1	5.1	0.01	0.05		
1980	100	67.2	9.9	16.0	6.8	0.01	0.05		
1990	100	62.5	7.0	18.6	11.9		0.01		
2000	100	56.4	8.8	20.6	14.2	0.01			
2010	100	47.6	10.2	20.2	22.0	—	0.004		
2012	100	47.8	10.3	19.7	22.3	—	0.004		

（出所）Social Security Administration (2014), pp. 4.7-4.8 より作成。

替率の中央値を出生年代別コホートでどう変化しているのかみたものである。男女を合わせた退職者全員のケースで見てみよう。3点指摘することができる。第1に，全退職労働者でみても，生涯世帯所得のどの分位で見ても，予定給付の当初代替率（中央値）は，出生年代別コホート間ではそう大きな変化がみられないのに，支払可能給付の当初代替率（中央値）は，1970年代生まれコホートで大きく低下し，1980年代生まれコホートから2000年代生まれコホー

表 5-6　年金の予定給付と支払可能給付についての退職労働者の当初代替率の中央値

(単位：%)

出生年代別コホート	全退職労働者 予定給付	全退職労働者 支払可能給付	生涯世帯所得第1分位 予定給付	生涯世帯所得第1分位 支払可能給付	生涯世帯所得第2分位 予定給付	生涯世帯所得第2分位 支払可能給付	生涯世帯所得第3分位 予定給付	生涯世帯所得第3分位 支払可能給付	生涯世帯所得第4分位 予定給付	生涯世帯所得第4分位 支払可能給付	生涯世帯所得第5分位 予定給付	生涯世帯所得第5分位 支払可能給付
全員											
1940年代	46	46	77	77	51	51	45	45	40	40	32	32
1950年代	44	44	70	71	49	49	43	43	38	38	29	29
1960年代	43	41	71	65	49	47	42	40	37	35	27	26
1970年代	45	34	76	57	52	39	43	33	38	28	27	20
1980年代	46	35	74	57	52	40	44	33	38	29	28	22
1990年代	45	33	74	54	51	37	43	31	37	27	26	19
2000年代	45	31	73	51	50	35	43	30	37	26	26	19
男性											
1940年代	41	41	65	65	45	45	40	40	35	35	26	26
1950年代	40	40	63	63	45	45	40	40	34	34	24	24
1960年代	40	38	66	61	45	44	39	38	33	31	22	21
1970年代	42	31	70	53	48	36	41	31	34	26	22	17
1980年代	43	32	69	53	49	37	42	31	36	27	23	18
1990年代	41	30	68	49	48	34	40	29	34	25	21	16
2000年代	42	29	67	47	48	33	40	28	34	24	22	15
女性											
1940年代	54	54	83	83	60	60	52	52	47	47	42	42
1950年代	49	49	78	78	54	54	47	47	42	42	38	38
1960年代	47	45	76	67	53	51	45	43	40	38	35	33
1970年代	50	37	77	58	56	42	47	35	41	31	35	26
1980年代	51	38	77	58	57	43	47	36	41	31	36	27
1990年代	49	36	76	55	55	40	46	33	40	29	35	25
2000年代	49	34	76	53	54	38	46	32	40	28	35	24

(注)　当初代替率とは，労働者の生涯所得の年平均額に対する労働者の当初給付額の比率を示している。代替率は，62歳になったときに退職給付を請求する資格があり，まだ他に何も給付請求をしていないすべての個人について計算されている。すべての労働者は，65歳で給付を請求すると仮定している。給付にかかる所得税を除く全ての金額が社会保障信託基金に預託されている。

(出所)　Congressional Budget Office (2013), Exhibit 9. より作成。

トにかけて，緩やかに低下する傾向にある。これは，社会保障信託基金の財政が次第に悪化していくことを反映したものである。

　第2に，年金の予定給付および支払可能給付のいずれにおいても，生涯世帯所得の分位の低い方が当初代替率（中央値）が高く，また男女を比較すると，

女性の当初代替率の方が男性の当初代替率より生涯世帯所得のいずれの分位においても高い。つまり生涯世帯所得の低い方が高い方よりも当初代替率（中央値）が高いのである。これは，年金給付に所得再分配効果があることを示している。この場合には男性から女性への所得再分配が全体として生じている。

第3に，全体としてみた場合，若年世代から高齢世代への所得再分配が生じている。

これは，年金保険が賦課方式を取っているからである。

では，年金給付の所得再分配機能は，年金制度の中にどのようにビルト・インされているのか[16]。社会保障退職者給付資格を得るためには一般的に最低でも社会保障適用雇用歴が10年あって，すなわち1年に4クレジット，10年で40クレジットの要件を満たし，給与税を支払っていることが必要である。老齢年金の基本給付額（PIA）は，賃金スライド調整済み平均月収額（AIME）（最も高い35年間の平均）に次の公式（2013年現在）を適用し算出する。

PIA = AIMEの最初の791ドルまでの90% + AIMEの791ドル超4,768ドルまでの部分の32% + AIMEの4,768ドル超の部分の15%

たとえば，2013年現在5,000ドルのAIMEの退職者は，この式から計算すると2,019.30ドルの老齢年金の給付を受けることができる。もっとも実際の給付額は，支給開始年齢や家族構成によって異なってくる。現在66歳から老齢年金を受給できるが，66歳以上の配偶者や18歳未満の子供がいる場合には，老齢年金の50%相当が家族年金として加えて支給される。

いずれにせよ，PIAの算出に当たってAIMEの3つのブラケットに3つの累進的代替率（90%，32%，15%）が適用されるので，老齢年金は所得再分配機能を持っているのである。

今度は，医療保険給付の所得再分配効果について考察する。ただし，アメリカにある公的医療保険は，65歳以上の高齢者向けのメディケアと貧困者向けのメディケイドが中心で，現役世代向けの公的医療保険がない。このため，大

---

16) Nuschler (2013), p. 8.

企業等は企業福祉として被用者に民間医療保険を提供している。そこで，ここでは公的医療だけでなく雇主スポンサーの民間医療保険を含めて，それらが世帯の所得再分配にどのように貢献しているのか，表5-7を使って考えてみたい。表5-7は議会予算局が医療保険の所得分配への効果を試算したデータを筆者がまとめたものである。ただし，メディケアの数値は入院保険に限定した数値ではなく，メディケア全体の数値である。

　表5-7の上表で各所得尺度の分位別構成比を見てみよう。1979年と2007年のどちらでもメディケイドとCHIPが平均コストと代替可能価値のいずれでみても，第1分位と第2分位の構成比がその他の分位と比べて高くなっている。貧困者向プログラムなので当然かもしれない。また，メディケアも65歳以上の高齢者向プログラムで，退職して年金生活を送っている人が多いので，低所得層（第1分位や第2分位）の構成比が高くなっている。ただし，1979年と2007年を比較すれば，メディケイドとCHIP，およびメディケアの平均コストと代替可能価値のいずれでみても，第1分位の構成比が2007年に低下しているが，逆に第2分位，第3分位の構成比は2007年の方が高くなっている。雇主スポンサー医療保険は，メディケアやメディケイドと違って中間層（第3分位と第4分位）の構成比が高くなっているが，1997年と2007年で構成比にさほどの相違は認められない。そして，雇主スポンサー医療保険，メディケア，メディケイド，CHIPを合わせて代替可能価値でみてみると，医療保険の所得分配への効果は5つの所得分位にかなり平準化されているものの，相対的には最富裕層の第4分位が有利な分配（1979年：27.3%，2007年：27.2%）を受けている。

　しかし，これだけでは医療保険の再分配効果を正しくみることができない。表5-7の下表は，分位別にみた医療保険の市場所得に対する比率である。1979年と2007年の両方において，雇主スポンサー医療保険（ESI）では第2分位以上に，メディケアでは第1分位と第2分位に，メディケイドとCHPでは第1分位に，そしてESIとメディケア，メディケイド，CHIPを合わせた場合では第1分位と第2分位に高い数値が出ており，医療保険の所得再分配効果を確認

表 5-7　医療保険の所得分配への効果

(単位：%)

	市場所得(医療保険除外)	雇主スポンサー医療保険(ESI)	メディケア 平均コスト	メディケア 代替可能価値	メディケイドとCHIP 平均コスト	メディケイドとCHIP 代替可能価値	ESIプラスメディケア，メディケイド，CHIPの代替可能価値
\multicolumn{8}{c}{各所得尺度の分位別構成比(%)}						
\multicolumn{8}{c}{1979年}						
第1分位	7.7	2.9	57.5	47.7	73.5	56.8	19.0
第2分位	10.9	13.3	16.6	20.3	14.2	23.9	16.0
第3分位	14.8	20.4	9.0	11.0	5.6	9.1	17.0
第4分位	21.1	27.3	7.2	8.8	3.7	5.7	20.7
80-90(百分位)	14.7	17.1	3.6	4.2	1.2	2.3	12.6
90-95(百分位)	9.8	10.0	2.0	2.3	0.6	1.1	7.3
95-99(百分位)	11.6	7.5	2.7	3.4	0.6	1.1	5.9
トップ1%	9.6	1.7	1.3	1.7	0	0	1.6
全分位	100.0	100.0	100.0	100.0	100.0	100.0	100.0
\multicolumn{8}{c}{2007年}						
第1分位	5.7	2.2	46.1	30.1	64.6	31.5	15.5
第2分位	8.6	10.1	20.2	25.1	18.1	33.0	17.8
第3分位	12.7	19.5	13.7	18.1	8.7	17.6	18.8
第4分位	18.6	28.2	9.5	12.7	4.9	10.4	20.7
80-90(百分位)	13.6	18.2	4.4	5.8	2.0	3.7	12.2
90-95(百分位)	9.8	10.6	2.5	3.4	0.9	1.5	7.0
95-99(百分位)	13.0	8.9	2.7	3.6	0.8	1.5	6.2
トップ1%	18.6	2.3	0.9	1.2	0.2	0.5	1.7
全分位	100.0	100.0	100.0	100.0	100.0	100.0	100.0
\multicolumn{8}{c}{分位別にみた医療保険の市場所得に対する比率(%)}						
\multicolumn{8}{c}{1979年}						
第1分位		1.0	10.7	7.1	4.9	2.1	10.1
第2分位		4.1	2.7	2.6	0.8	0.8	7.4
第3分位		4.1	1.0	0.9	0.2	0.2	5.2
第4分位		3.7	0.5	0.5	0.1	0.1	4.3
80-90(百分位)		3.3	0.4	0.3	0	0	3.7
90-95(百分位)		2.9	0.3	0.3	0	0	3.2
95-99(百分位)		1.8	0.3	0.3	0	0	2.2
トップ1%		0.5	0.2	0.2	0	0	0.7
全分位		3.1	1.6	1.3	0.6	0.3	4.7
\multicolumn{8}{c}{2007年}						
第1分位		1.4	29.1	14.1	20.9	3.2	18.6
第2分位		6.3	12.5	11.5	5.8	3.3	21.0
第3分位		6.9	4.8	4.7	1.6	1.0	12.6
第4分位		6.4	2.1	2.1	0.6	0.4	8.8
80-90(百分位)		5.4	1.3	1.3	0.3	0.2	6.9
90-95(百分位)		4.3	1.0	1.0	0.2	0.1	5.4
95-99(百分位)		2.6	0.8	0.8	0.1	0.1	3.5
トップ1%		0.5	0.2	0.2	0	0	0.6
全分位		4.3	4.3	3.2	0.2	0.7	8.1

(注) 1：所得は，世帯人員の平方根で所得を割って，世帯人員の差を調整してある。1世帯の人員は住居を同じくする人であって，姻戚は関係ない。
　　 2：市場所得は，移転前，課税前所得のことである。
　　 3：メディケアの代替可能価値，メディケイドとCHIPの代替可能価値とは，世帯にとって食料や住居のような基本需要を満たす所得を超える所得で，メディケア，メディケイド，CHIPの医療給付の平均コストまでの所得を指す。
　　 4：CHIPとは，児童医療保険のことである。
(出所) Alford, Ruth D. and Rod Reilly eds. (2012), pp. 75-76 より作成。

することができる。しかも，1979年と比べてそれらの数値が2007年の方が高く，医療保険の所得再分配効果が高まっているということができる。さらに，民間の医療保険である雇主スポンサー医療保険は，中高所得層に有利な所得分配効果があるのに対し，メディケア，メディケイドとCHIPといった公的医療保険は低所得層に有利な所得分配効果があることも読み取ることができる。

(2) 社会保障（年金）およびメディケアの受益（給付）と負担（給与税）の関係

まず，社会保障給付と給与税の受益と負担の関係を表5-8で検討してみよう。表5-8は，出生年代別コホート毎に，生涯社会保障給付と給与税の中央値を生涯世帯所得分位別に対比したものである。

2点指摘することができる。第1に，予定給付額と給与税との関係（(A)/(C)）を分位間で見比べると，いずれの出生年代別コホートにおいても，第5分位と第4分位の富裕層では予定給付額が給与税額を下回っており，また(A)/(C)の数値にコホートごとの変動も少ない。逆に第1分位の貧困層では，予定給付額が給与税額を上回っており，(A)/(C)の値は次第に高まっている。これらのことは，老齢年金制度の所得再分配機能が作動していることと，老齢年金財政が悪化していることを示している。第2に，支払可能給付額と給与税との関係（(B)/(C)）を分位間で見比べると，いずれの出生年代別コホートにおいても，第5分位と第4分位の富裕層では支払可能給付額が給与税額を下回っており，また(B)/(C)の数値にコホートごとの変動も少ない。逆に第1分位の貧困層では，支払可能給付額が給与税額を上回っており，(B)/(C)の値は次第に低下してきている。これらのことは，老齢年金制度の現実の給付においても，特に第1分位に所得再分配機能が強く作動しているものの，この貧困層に対する所得再分配効果は次第に弱まっていることを示している。

なお，第2分位と第3分位の世帯では，(A)/(C)の値が1980年代出生コホートから2000年代出生コホートにかけて100を超えて上昇していくが，(B)/(C)の値は出生年代別コホート間では第1分位を除いて100以下の数値でほとんど変わっておらず，特に比較的貧困な第2分位が所得再分配の恩恵に浴して

第 5 章　アメリカ連邦給与税の受益と負担の関係およびその税負担構造の考察　135

表 5-8　生涯社会保障給付と給与税の中央値の生涯世帯所得分位別対比

(単位：1,000 ドル (2013 年ドル)、%)

出生 年代別 コホート	生涯世帯所得 全世帯					生涯世帯所得 第 1 分位					生涯世帯所得 第 2 分位			
	予定 給付額 (A)	支払可能 給付額 (B)	給与税 (C)	給付額の対 給与税割合(%)		予定 給付額 (A)	支払可能 給付額 (B)	給与税 (C)	給付額の対 給与税割合(%)		予定 給付額 (A)	支払可能 給付額 (B)	給与税 (C)	給付額の対 給与税割合(%)	
				(A)/(C)	(B)/(C)				(A)/(C)	(B)/(C)				(A)/(C)	(B)/(C)
1940 年代	189	186	205	92	91	85	84	56	150	149	181	178	200	91	89
1950 年代	211	196	233	91	84	101	96	70	145	138	199	186	224	89	83
1960 年代	241	199	245	98	81	124	103	79	157	131	216	178	223	97	80
1970 年代	269	205	242	111	85	137	105	85	162	124	235	178	219	107	81
1980 年代	312	230	256	122	90	166	123	99	166	123	272	202	237	115	85
1990 年代	382	271	304	125	89	201	143	115	174	125	338	239	289	117	83
2000 年代	451	311	352	128	88	244	168	134	182	125	400	275	335	119	82

出生 年代別 コホート	生涯世帯所得 第 3 分位					生涯世帯所得 第 4 分位					生涯世帯所得 第 5 分位			
	予定 給付額 (A)	支払可能 給付額 (B)	給与税 (C)	給付額の対 給与税割合(%)		予定 給付額 (A)	支払可能 給付額 (B)	給与税 (C)	給付額の対 給与税割合(%)		予定 給付額 (A)	支払可能 給付額 (B)	給与税 (C)	給付額の対 給与税割合(%)	
				(A)/(C)	(B)/(C)				(A)/(C)	(B)/(C)				(A)/(C)	(B)/(C)
1940 年代	237	232	296	80	79	286	281	397	72	71	340	334	525	65	64
1950 年代	262	239	336	78	71	316	290	461	69	63	374	338	642	58	53
1960 年代	288	234	343	84	68	362	289	483	75	60	433	345	711	61	49
1970 年代	318	241	340	93	71	404	305	503	80	61	503	380	765	66	50
1980 年代	362	268	359	101	75	461	338	530	87	64	576	424	811	71	52
1990 年代	443	313	445	100	70	561	401	652	86	61	691	491	983	70	50
2000 年代	529	361	512	103	70	660	462	748	88	62	809	562	1,127	72	50

(注) 1：生涯所得稼得者の分布には、少なくとも 45 歳までは生きる人だけを含んでいる。
　　 2：給与税は、雇主負担分と被用者負担分を合わせたものである。
　　 3：現在価値を出すために、金額はインフレ調整をしてあり、また 62 歳まで割り引いてある。
(出所) Congressional Budget Office (2013), Exhibit 8., Exhibit 9. より作成。

いないことは注目に値する。

　次に，退職年齢を65歳として，その時までにいくら社会保障税とメディケア税を支払い，その時にいくら給付として取り戻すことができるのか，それを65歳になる年のコホートごとにみたのが表5-9である。社会保障およびメディケアの給付額はあくまで期待値であって，実現値ではない。65歳時点での年金給付・医療給付と社会保障税・メディケア税とを比較して退職者の損得を考えようとすれば，正確にはそれらの生涯給付の割引現在価値と生涯支払税の割引現在価値を対比せねばならない。表5-9はその値を示したものであるが，実質2％の利率で生涯の社会保障給付およびメディケア給付と生涯の社会保障税とメディケア税の現在価値が算出されている。なお，生涯の社会保障給付およびメディケア給付と生涯の社会保障税とメディケア税を比較するといっても，その世帯が独身者なのか夫婦なのか，また生涯の稼ぎがどのくらいなのかによって退職者の損得の有様が随分と違ってくる。そのため，表5-9ではケースを6つに分けて検証している。

　以上のことを前提に表5-9を見てみよう。第1に，生涯社会保障給付（A）と生涯社会保障税（D）の差を6つのケースについて見比べてみると，平均賃金（44,600ドル）を稼ぐ片稼ぎ夫婦の場合と，平均賃金と低い賃金（44,600ドルと20,000ドル）を稼ぐ共稼ぎ夫婦の場合には，いずれのコホートにおいても生涯社会保障給付額が生涯社会保障税額を上回っている。ただし，コホートが後になるほど上回る金額が減少している。また，平均賃金（44,600ドル）を稼ぐ独身男性の場合，平均賃金（44,600ドル）を稼ぐ独身女性の場合，平均賃金（44,600ドル）を稼ぐ共稼ぎ夫婦の場合，高い賃金と平均賃金（71,400ドルと44,600ドル）を稼ぐ共稼ぎ夫婦の場合には，2010年コホートまでは大体生涯社会保障給付額が生涯社会保障税額を上回っているが，それ以降のコホートになると，逆に生涯社会保障税額が生涯社会保障給付額を上回って，しかも後のコホート程その傾向が強くなっている。

　第2に，生涯メディケア給付（B）と生涯メディケア税（E）の差を6つのケースについて見比べてみると，社会保障の場合と違って，いずれのケースでも

表 5-9　65 歳時の社会保障およびメディケアの期待給付額

(単位：ドル (2012 年ドル))

65歳になる年のコホート	年間社会保障給付	生涯社会保障給付(A)	生涯メディケア給付(B)	合計生涯給付(C)	生涯社会保障税(D)	生涯メディケア税(E)	合計生涯税(F)	(A)-(D)	(B)-(E)	(C)-(F)
\multicolumn{11}{c}{平均賃金 (2012 年ドルで 44,600 ドル) を稼ぐ独身男性の場合}
1960	9,500	115,000	16,000	131,000	18,000	0	18,000	97,000	16,000	113,000
1980	15,400	207,000	64,000	271,000	98,000	9,000	107,000	109,000	55,000	164,000
2010	17,900	277,000	180,000	457,000	300,000	61,000	361,000	-23,000	119,000	96,000
2020	18,900	304,000	232,000	536,000	350,000	77,000	427,000	-46,000	155,000	109,000
2030	20,600	339,000	311,000	650,000	404,000	90,000	494,000	-65,000	221,000	156,000
\multicolumn{11}{c}{平均賃金 (2012 年ドルで 44,600 ドル) を稼ぐ独身女性の場合}
1960	9,600	149,000	26,000	175,000	18,000	0	18,000	131,000	26,000	157,000
1980	15,400	254,000	87,000	341,000	98,000	9,000	107,000	156,000	78,000	234,000
2010	17,900	302,000	207,000	509,000	300,000	61,000	361,000	2,000	146,000	148,000
2020	18,900	328,000	267,000	595,000	350,000	77,000	427,000	-22,000	190,000	168,000
2030	20,600	364,000	353,000	717,000	404,000	90,000	494,000	-40,000	263,000	223,000
\multicolumn{11}{c}{平均賃金 (2012 年ドルで 44,600 ドル) を稼ぐ片稼ぎ夫婦の場合}
1960	14,200	214,000	41,000	255,000	18,000	0	18,000	196,000	41,000	237,000
1980	23,100	377,000	151,000	528,000	98,000	9,000	107,000	279,000	142,000	421,000
2010	26,900	467,000	387,000	854,000	300,000	61,000	361,000	167,000	326,000	493,000
2020	28,400	508,000	499,000	1,007,000	350,000	77,000	427,000	158,000	422,000	580,000
2030	30,800	564,000	664,000	1,228,000	404,000	90,000	494,000	160,000	574,000	734,000
\multicolumn{11}{c}{平均賃金と低い賃金 (2012 年ドルで 44,600 ドルと 20,000 ドル) を稼ぐ共稼ぎ夫婦の場合}
1960	16,000	228,000	41,000	269,000	26,000	0	26,000	202,000	41,000	243,000
1980	25,000	394,000	151,000	545,000	142,000	13,000	155,000	252,000	138,000	390,000
2010	31,000	490,000	387,000	877,000	435,000	88,000	523,000	55,000	299,000	354,000
2020	33,000	534,000	449,000	1,033,000	507,000	111,000	618,000	27,000	388,000	415,000
2030	38,000	593,000	664,000	1,257,000	585,000	131,000	716,000	8,000	533,000	541,000
\multicolumn{11}{c}{平均賃金 (2012 年ドルで各自 44,600 ドル) を稼ぐ共稼ぎ夫婦の場合}
1960	19,000	264,000	41,000	305,000	36,000	0	36,000	228,000	41,000	269,000
1980	30,800	461,000	151,000	612,000	196,000	17,000	213,000	265,000	134,000	399,000
2010	35,800	579,000	387,000	966,000	600,000	122,000	722,000	-21,000	265,000	244,000
2020	37,800	632,000	499,000	1,131,000	700,000	153,000	853,000	-68,000	346,000	278,000
2030	41,200	703,000	664,000	1,367,000	808,000	180,000	988,000	-105,000	484,000	379,000
\multicolumn{11}{c}{高い賃金と平均賃金 (2012 年ドルで 71,400 ドルと 44,600 ドル) を稼ぐ共稼ぎ夫婦の場合}
1960	20,000	278,000	41,000	319,000	42,000	0	42,000	236,000	41,000	277,000
1980	35,000	534,000	151,000	685,000	230,000	21,000	251,000	304,000	130,000	434,000
2010	45,000	693,000	387,000	1,080,000	765,000	156,000	921,000	-72,000	231,000	159,000
2020	48,000	756,000	499,000	1,255,000	909,000	199,000	1,108,000	-153,000	309,000	147,000
2030	55,000	840,000	664,000	1,504,000	1,050,000	234,000	1,284,000	-210,000	430,000	220,000

(注)　すべての金額は 2012 年恒常ドルで示してあり，実質利子率 2% を使って 65 歳での現在価値になるように調整してある。各計算は，65 歳まで生存すると想定し，それ以降は死の可能性について調整してある。また，法律で予定されている給付は，信託基金が枯渇したとしても支払われることを想定している。労働者は 22 歳から通常の退職年齢まで毎年働くものと想定している。平均的な賃金労働者は，社会保障庁の毎年の平均賃金指標 (AWI)，2012 年では推定 44,600 ドルを稼ぐ。高賃金労働者は平均賃金の 160% を稼ぐが，低賃金労働者は平均賃金の 45% を稼ぐ。最大課税労働者は毎年 OASI 最大課税賃金 (2012 年で 110,100 ドル) を稼ぐ。メディケアの数値は，パート A，パート B，パート D を含んでおり，何人かの高所得者に対する新しい保険料以外の保険料は除いてある。

(出所)　Steuerle, C. Eugene and Caleb Quakenbush (2012) より作成．

生涯メディケア給付額が生涯メディケア税額を上回っている。しかも，6つのいずれのケースにおいても，コホートが後になる程生涯メディケア給付額が生涯メディケア税額を上回る金額が増えている。

第3に，社会保障給付およびメディケア給付の合計生涯給付額と社会保障税およびメディケア税の合計生涯税額を見比べた場合，合計生涯給付額が合計生涯税額をすべてのコホートで上回っている。

3. 連邦給与税（社会保障税とメディケア税）の負担構造

3-1 すべての世帯にとっての主要連邦税なかんづく給与税の負担の実態

（1）すべての世帯の市場所得，政府移転，連邦諸税，所得源泉の推移

議会予算局は，平均世帯所得，政府移転，連邦諸税，所得源泉を推計しており，それを時系列的にポイントとなる年について整理したのが表5-10である。平均世帯所得は，労働所得，事業所得，資本所得（キャピタル・ゲインを含む），退職所得からなる包括的な所得尺度である。2011年で80,600ドルである。政府移転は，社会保障，メディケア，失業保険といったプログラムからの給付を含んでおり，2011年に世帯当たり約13,000ドルである。これら2つの金額の合計額は課税前所得であるが，平均約94,000ドルになる。議会予算局は，世帯にかかる連邦税として，個人所得税，給与税，法人税，内国消費税を推計している。これらの税を合計すると，世帯当たり平均約17,000ドルとなる。かくして，税引後の平均世帯所得は約77,000ドルで，平均連邦税率は7.6％になる[17]。

表5-10の「平均金額」の欄と「市場所得を100とした比率」の欄をみると，いずれの年でも第1分位と第2分位の低所得者にとっては，政府移転の数値の方が連邦諸税の数値より大きい。また，いずれの年でも第4分位（中間上層）と第5分位（富裕層）では，連邦諸税の数値の方が政府移転の数値より大きくなっている。低所得者に給付を厚くした政府移転と，高所得者に負担を重くし

---

17) Congressional Budget Office (2014b), p. 1.

第5章 アメリカ連邦給与税の受益と負担の関係およびその税負担構造の考察　139

表5-10　移転後税引前所得の分位ごとにみたすべての世帯の所得源泉（1980～2011年）

(単位：1,000ドル，％)

年	世帯数(百万世帯)	平均金額(1,000ドル，2011年)				市場所得を100とした比率(％)			市場所得の源泉構成比(％)						
		市場所得	政府移転	連邦諸税	移転後税引後所得	市場所得	政府移転	連邦諸税	移転後税引後所得	全ての労働所得	資本所得	資本負担の法人税	キャピタル・ゲイン	事業所得	その他所得	合計
---	---	---	---	---	---	---	---	---	---	---	---	---	---	---	---	---
\multicolumn{17}{c}{全世帯}															
1980	82.6	55.1	5.8	13.4	47.5	100	10.5	24.3	86.2	77.5	8.8	2.3	3.7	4.1	3.6	100
1990	94.6	64.7	7.0	15.2	56.5	100	10.8	23.5	87.3	75.0	9.7	1.8	2.8	5.6	5.2	100
2000	108.3	85.2	8.5	21.2	72.5	100	10.0	24.9	85.1	70.6	6.3	2.0	8.6	5.9	6.7	100
2001	109.4	80.1	9.5	18.8	70.8	100	11.9	23.5	88.4	74.7	6.1	1.4	4.6	6.2	7.0	100
2008	117.3	85.8	11.4	17.5	79.6	100	13.2	20.4	92.8	73.1	6.4	1.6	4.9	6.6	7.5	100
2010	118.7	81.2	13.2	17.0	77.3	100	16.3	20.9	95.2	73.7	5.2	1.8	3.9	7.1	8.3	100
2011	121.2	80.6	13.3	16.6	77.3	100	16.5	20.6	95.9	73.8	4.9	1.7	3.9	7.4	8.3	100
\multicolumn{17}{c}{第1分位}															
1980	18.2	8.8	8.3	1.3	15.8	100	94.3	14.8	179.5	81.9	6.5	1.3	0.7	2.6	7.1	100
1990	18.6	10.5	8.4	1.6	17.3	100	80.0	15.2	164.8	82.7	5.4	0.7	-0.1	5.0	6.2	100
2000	21.4	14.3	7.4	1.5	20.2	100	51.7	10.5	141.2	83.7	2.6	0.5	0.7	7.1	5.4	100
2001	21.5	14.5	7.9	1.3	21.1	100	54.5	9.0	166.2	86.7	2.4	0.7	0.2	6.6	3.8	100
2008	23.4	16.2	8.2	0.4	24.1	100	50.6	2.5	148.1	87.2	2.2	0.3	0.1	6.5	3.6	100
2010	23.3	15.8	8.8	0.4	24.2	100	55.7	2.5	153.2	86.2	1.6	0.4	-0.1	8.5	3.4	100
2011	24.4	15.5	9.1	0.5	24.1	100	53.0	10.8	142.2	85.8	1.7	0.4	0.4	8.0	3.4	100
\multicolumn{17}{c}{第2分位}															
1980	16.1	27.0	7.6	4.9	29.7	100	28.1	18.1	110.0	84.5	5.1	1.0	0.5	3.4	5.6	100
1990	19.1	27.6	8.9	5.1	31.3	100	32.2	18.5	113.7	82.3	5.5	0.7	0.1	4.1	7.4	100
2000	21.5	31.5	11.0	5.3	37.2	100	34.9	16.8	118.1	83.9	2.9	0.5	0.8	3.7	8.2	100
2001	21.8	31.1	12.2	4.7	38.6	100	20.7	18.1	102.6	85.1	2.8	0.7	0.3	3.5	8.0	100
2008	23.5	31.8	13.7	3.3	42.2	100	24.8	14.5	110.3	86.7	2.2	0.3	0.0	3.3	7.4	100
2010	23.9	29.9	15.4	3.2	42.0	100	51.5	10.7	140.8	85.9	1.7	0.5	-0.1	4.2	8.0	100
2011	24.2	29.6	15.7	3.2	42.1	100	53.0	10.8	142.2	85.9	1.7	0.3	0.1	4.1	7.8	100
\multicolumn{17}{c}{第3分位}															
1980	15.2	47.0	5.0	9.8	42.2	100	10.6	20.9	89.7	86.1	5.2	1.0	0.6	2.8	4.3	100
1990	18.4	48.2	7.3	9.8	45.7	100	15.1	20.3	94.8	82.1	6.3	0.8	0.3	3.0	7.6	100
2000	21.7	53.4	10.0	10.4	53.0	100	18.7	19.5	99.2	80.9	4.2	0.8	1.2	2.6	10.4	100
2001	21.5	53.7	11.1	9.7	55.1	100	20.8	18.0	89.7	82.8	3.8	0.9	0.3	2.7	10.1	100
2008	23.3	54.4	13.5	7.9	60.1	100	13.6	17.7	95.9	83.3	3.0	0.4	0.2	2.5	10.7	100
2010	23.8	50.8	16.2	7.7	59.3	100	31.9	15.2	116.7	82.9	2.4	0.4	0.0	2.7	11.7	100
2011	24.2	49.8	16.5	7.4	59.0	100	16.9	17.8	99.1	82.6	2.3	0.4	0.3	0.0	11.6	100
\multicolumn{17}{c}{第4分位}															
1980	15.7	66.8	3.9	15.4	55.3	100	5.8	23.0	82.8	86.2	5.5	1.1	0.8	2.7	3.6	100
1990	18.7	72.7	5.5	16.1	62.0	100	7.6	22.2	85.4	83.1	6.4	0.8	0.4	2.7	6.5	100
2000	21.1	86.8	6.9	19.3	74.4	100	7.9	22.2	85.7	83.3	3.6	0.7	1.6	2.6	8.2	100
2001	21.8	84.0	8.8	17.5	75.3	100	10.5	20.8	89.7	82.5	4.0	0.6	0.6	2.6	9.7	100
2008	23.0	87.5	11.8	15.5	83.8	100	13.5	17.7	95.8	82.2	3.4	0.5	0.3	2.3	11.2	100
2010	23.4	83.5	14.3	15.2	82.5	100	17.1	18.2	98.9	81.2	2.6	0.5	0.2	2.8	12.7	100
2011	23.9	83.3	14.1	14.8	82.6	100	16.9	17.8	99.1	81.1	2.6	0.5	0.3	2.7	12.8	100
\multicolumn{17}{c}{第5分位}															
1980	17.0	130.2	3.7	36.1	97.8	100	2.8	27.7	75.1	68.1	12.2	3.5	6.9	6.1	3.1	100
1990	19.5	164.5	5.0	42.3	127.2	100	3.0	25.7	77.3	66.4	12.5	2.6	5.0	8.5	4.9	100
2000	22.3	238.4	7.3	68.1	177.5	100	3.1	28.6	74.5	60.6	8.1	2.9	13.8	8.5	6.1	100
2001	22.4	216.6	7.4	59.4	164.6	100	3.4	27.4	76.0	66.3	7.9	2.2	7.8	9.5	6.3	100
2008	23.5	246.3	9.7	60.5	195.4	100	3.9	24.6	79.3	63.0	8.5	2.4	8.1	11.0	7.1	100
2010	23.7	233.6	11.3	58.7	186.2	100	4.8	25.1	79.7	64.3	7.0	2.8	6.5	10.9	8.5	100
2011	24.0	234.7	11.0	57.5	188.2	100	4.7	24.5	80.2	64.7	6.6	2.6	6.4	11.1	8.6	100
\multicolumn{17}{c}{91-95（百分位）}															
1980	4.3	110.9	3.5	29.2	85.2	100	3.2	26.3	76.9	79.0	8.8	2.0	2.5	4.4	3.3	100
1990	4.9	130.9	4.8	32.6	103.2	100	3.7	24.9	78.8	77.5	9.1	1.4	1.5	4.8	5.6	100
2000	5.6	168.1	6.9	44.3	130.7	100	4.1	26.4	77.7	75.2	6.2	1.5	4.3	4.9	7.9	100
2001	5.7	163.1	7.2	41.5	128.7	100	4.4	25.4	79.0	79.1	5.7	0.9	1.7	4.9	7.6	100
2008	6.0	178.2	9.4	40.4	147.1	100	5.2	22.8	82.4	78.2	5.3	0.9	1.3	5.1	9.2	100
2010	6.0	174.6	11.3	40.1	145.8	100	6.5	23.0	83.5	77.4	4.2	0.9	1.0	4.9	11.5	100
2011	6.1	176.4	10.3	39.4	147.3	100	5.8	22.3	83.5	77.7	4.0	0.9	1.2	5.1	11.2	100
\multicolumn{17}{c}{96-99（百分位）}															
1980	3.5	158.9	4.0	44.6	118.3	100	2.5	28.1	74.4	64.3	14.4	3.7	5.5	8.6	3.5	100
1990	4.0	197.6	6.0	51.3	152.3	100	3.0	26.0	77.0	65.8	13.8	2.5	8.4	9.4	5.0	100
2000	4.6	276.1	8.1	79.3	204.9	100	2.9	28.7	74.2	62.8	9.0	2.5	8.7	10.0	7.0	100
2001	4.5	260.8	7.7	71.6	196.9	100	3.0	27.5	75.5	68.3	8.2	1.7	4.5	10.5	6.8	100
2008	4.8	292.5	10.4	74.4	227.2	100	3.1	25.4	77.7	68.4	8.2	1.7	3.3	11.3	7.2	100

（出所）Congressional Budget Office（2014b）より作成。

た連邦累進税制の特徴がよく出ている。この政府移転と累進税制の結果として，「市場所得を100とした比率」の欄をみると，市場所得を100とした場合に，移転後・税引後所得は，第1分位と第2分位はいずれの年も100を超えており，特に第1分位においてはそれが顕著である。他方，第3分位から第5分位まではいずれの年も100を下回っているが，特に第5分位においてはそれが顕著である。

　ここで，政府移転と租税によって世帯間の所得差が縮まっているのかどうか簡単な試算をしてみよう。政府移転も連邦税課税もない市場所得は，1980年には平均で第1分位8,800ドル，第5分位130,200ドルで，両分位間で14.8倍の差があった。それが移転後税引後所得でみると，1980年には平均で第1分位15,800ドル，第5分位97,800ドルで，両分位間で6.2倍の差となり，政府移転と連邦税課税によって両分位間の移転後税引後所得格差は市場所得格差より縮小している。最近ではどうか。市場所得は，2011年には平均で第1分位15,500ドル，第5分位234,700ドルで，両分位間で15.1倍の差がある。市場所得の格差は1980年時より拡大している。移転後税引後所得で見ると，2011年には平均で第1分位24,100ドル，第5分位188,200ドルで7.8倍の差となっている。2011年においても，政府移転と連邦税課税によって両分位間の移転後税引後所得格差は市場所得格差より縮小している。しかし問題なのは，市場所得格差が1980年と2011年を比べた場合0.3ポイント拡大しているばかりでなく，移転後税引後所得格差がそれ以上に1.6ポイント拡大していることである。

　(2)　世帯にとって最も逆進的な給与税

　次に，連邦税を課税する場合に，どの税が各分位の世帯にとって，どのように負担になっているのか，表5-11で考えてみよう。2004年の数値であるが，連邦税制全体は累進課税になっているので，分位が第1分位から第5分位へと移るごとに連邦税の負担額が上昇していくのは当然であるが，各分位においてどの税目が一番負担になっているのかと言えば，第1分位から第4分位までは給与税で，第5分位において初めて所得税となっている。第1分位から第4分

表 5-11　1世帯当たりの連邦税種類別負担（2004 年）

(単位：ドル，%)

	第1分位		第2分位		第3分位		第4分位		第5分位	
	金額	割合	金額	割合	金額	割合	金額	割合	金額	割合
連邦税合計	1,684	100	6,644	100	13,028	100	22,719	100	57,512	100
所得税	171	10.2	1,431	21.5	3,720	28.6	7,973	35.1	29,257	50.9
給与税	917	54.5	3,656	55.0	6,788	52.1	10,737	47.3	18,470	32.1
法人税	271	16.1	999	15.0	1,734	13.3	2,894	12.7	6,597	11.5
ガソリン税	69	4.1	138	2.1	202	1.6	286	1.3	493	0.9
酒税	34	2.0	52	0.8	75	0.6	102	0.4	141	0.2
たばこ税	51	3.0	67	1.0	73	0.6	68	0.3	59	0.1
ディーゼル燃料税	10	0.6	38	0.6	65	0.5	109	0.5	248	0.4
航空輸送税	22	1.3	51	0.8	81	0.6	147	0.6	312	0.5
その他内国消費税	43	2.6	66	1.0	89	0.7	124	0.5	177	0.3
関税	96	5.7	147	2.2	200	1.5	279	1.2	396	0.7
遺産税・贈与税	0	0	0	0	0	0	0	0	1,362	2.4

（出所）Prante, Gerald and Andrew Chamberlin（2007），p. 43 より作成。

位までにおいて，給与税は連邦税負担の5割前後を担っているのである。所得税の分位が上がるごとに世帯負担が増す累進構造とは違って，給与税は労働所得に課税され，人的控除，項目別控除，標準控除，税額控除がなく，また利子・配当などの資本所得に課税されず，かつ課税限度額が設けられているため，逆進的な構造となっているのである。

(3)　ブッシュ政権・オバマ政権期の主な税制改正

以下では，多くの表を使って2000年代に入って以降今日までに重点をおいて，給与税を中心に世帯の租税負担分析を行うが，数値の背後にある税制の大きな変更点について議会予算局の解説を参考に予め説明しておきたい[18]。

ブッシュ政権期には，所謂ブッシュ減税として知られる大型減税が2001年経済成長・租税負担軽減調整法（EGTRRA）と2003年雇用・成長租税負担軽減調整法（JCTRRA）を制定することで実施された。内容的には，所得税率を従来の15％〜39％から10％〜35％に段階的に引き下げること，配当所得や長期

---

18)　Congressional Budget Office（2014b），pp. 14-15.

キャピタル・ゲインに対する税率を引き下げること，児童税額控除の拡大，企業に対する初年度割増減価償却の強化等を柱としていた[19]。

EGTRRA や JCTRRA において定められたこれらの減税事項は，時限立法で 2010 年末に終了予定であったが，オバマ政権下にあって大不況への対応から，2010 年租税負担軽減・失業保険再認可・雇用創出法によって 2012 年まで延長された。この 2010 年税法はまた 2009 年アメリカ復興・再投資法（ARRA）に定めた税額控除のほとんどを 2 年間延長した。ただし，ARRA の目玉であった Make Work Pay という名称の給付付き税額控除は終了が認められ，2011 年には効力がなくなった。さらに，2010 年税法は，2011 年に社会保障給与税の被用者負担税率を 6.2％から 4.2％に 1 年間引き下げ，後続立法でさらにそれが 2012 年まで延長された。加えて 2010 年税法は，代替ミニマム税の免税額を 2010 年と 2011 年に引き上げた。

2013 年 1 月に 2012 年アメリカ納税者負担軽減法が制定され，EGTRRA と JCTRRA の主要既定のほとんどが恒久化されたが，オバマ政権は富裕者増税の方針から高所得者に対する顕著な例外規定を設けた。独身申告の場合は 40 万ドル，夫婦合算申告の場合は 45 万ドルを超える所得のある納税者に対して，もともと 2001 年 EGTRRA に定められていた軽減税率は予定通り終了させ，39.6％の最高税率が再導入されることになった。また高所得納税者に対して，長期キャピタル・ゲインと配当に対する税率が 15％から 20％に引き上げられ，独身申告納税者は 25 万ドル，夫婦合算申告納税者は 30 万ドルを超える調整総所得がある場合には，人的控除と項目別控除の利用に制限が再び加えられることになった。さらに同法は，代替ミニマム税の範囲を恒久的に制限し，2012 年から実施されている ARRA 税額控除を 2017 年まで延長した。

2013 年からは，2010 年医療適正化法で定められた高所得者に対する新しい 2 つの税が実施されることになった。個人申告納税者は 20 万ドル，夫婦合算申告納税者は 25 万ドル以上を稼いでいる場合には，メディケア給与税が 0.9％

19）　片桐（2012），391 ページ。

ポイント引き上げられることになった。さらに，利子，配当，実現キャピタル・ゲイン，一定の受動的事業活動からの納税者の投資所得と，個人申告納税者で20万ドル，夫婦合算申告納税者で25万ドルの枠を超える全所得とを比べて，少ない方の所得に3.8％の付加税が課せられることになった。

(4) 分位別にみた全世帯の主要連邦税（給与税，所得税）の負担配分と平均税率

さて表5-12で，税引前所得分位で見た全世帯の主要連邦税負担の分位別構成比をみてみよう。全連邦税負担の分位別構成比をみると，近年全連邦税負担の大部分（7割弱）を第5分位の富裕層が担い，かつ最富裕層のトップ1％で全連邦税負担の約4分の1を担っている。所得税の累進課税がそれに大きく貢献していることはいうまでもない。表5-12をみてあきらかなように，所得税の負担構造と給与税の負担構造とは対照的である。所得税の負担配分を見ると，特に2000年代後半から第5分位の富裕層が9割前後の負担を担い，トップ1％層だけで約4割の負担をするようになっている。反面第1分位や第2分位の貧困層では，負担を負わず給付を受けるような事態となっている。2008年の金融危機以降それが顕著になっている。大不況に対抗するためのブッシュ減税の延長やオバマ政権の景気対策減税によって，低所得者層は給付付き税額控除等の恩恵に浴したことが影響しているものと思われる。しかし，高所得層もブッシュ減税の延長で税負担の配分が減ってもよいはずなのに，かえって税負担の大半を担わざるをえなくなっているのはなぜか。それは減税の恩恵が高所得層や超高所得層の市場所得の増大に貢献し，市場所得の増大が所得税収入の増加となって跳ね返ってきたからである。

給与税の負担配分は，所得税ほど所得分位間で開きが大きくない。給与税が，既述のように，課税ベースが労働所得で，利子，配当，キャピタル・ゲインのような資本所得を含まず，しかも所得税のように各種の所得控除，税額控除もなく，税率はフラット（表5-3）で，その上課税上限枠があるため，所得分位間での租税負担の開きが所得税ほどには大きくないのである。

今度は表5-13で，税引前所得分位別にみた全世帯の主要連邦税の平均税率

表 5-12　税引前所得分位でみた全世帯の主要連邦税負担の分位別構成比（1980～2011 年）

(単位：%)

年	第1分位	第2分位	第3分位	第4分位	第5分位	全分位	81-90 (百分位)	91-95 (百分位)	96-99 (百分位)	トップ 1%
\multicolumn{11}{c}{全連邦税負担の分位別構成比(%)}
1980	2.1	7.1	13.5	21.8	55.4	100	16.5	11.4	14.2	13.3
1985	2.4	7.2	13.3	21.5	55.5	100	16.5	11.2	13.5	14.2
1990	2.0	6.8	12.6	21.0	57.5	100	16.3	11.2	14.3	15.7
1995	1.6	5.8	11.5	19.6	61.2	100	15.5	11.2	15.1	19.4
2000	1.4	4.9	9.8	17.7	66.0	100	14.6	10.8	15.7	24.9
2001	1.3	5.0	10.1	18.6	64.8	100	15.5	11.5	15.8	22.0
2005	1.3	4.5	9.4	17.1	67.6	100	14.2	10.8	16.3	26.3
2008	0.4	3.8	8.9	17.4	69.2	100	15.1	11.8	17.3	25.0
2009	0.3	3.8	9.4	18.3	68.0	100	16.0	12.3	17.4	22.0
2010	0.4	3.8	9.1	17.6	68.8	100	15.5	11.9	17.2	24.2
2011	0.6	3.8	8.9	17.6	68.7	100	15.4	11.9	17.4	24.0
\multicolumn{11}{c}{所得税負担の分位別構成比(%)}
1980	0.1	4.1	10.7	20.3	64.7	100	17.0	12.7	17.6	17.4
1985	0.3	4.0	9.9	19.0	66.9	100	16.4	12.3	17.0	21.2
1990	-0.4	3.3	8.9	17.8	70.3	100	16.0	12.2	18.3	23.8
1995	-1.9	2.0	7.7	16.2	76.0	100	15.3	11.4	19.4	29.1
2000	-1.6	1.2	5.7	13.5	81.2	100	13.6	11.4	19.7	36.6
2001	-2.3	0.5	5.2	14.2	82.4	100	14.7	12.5	20.8	34.4
2005	-3.0	-0.5	4.4	12.9	86.2	100	13.5	11.9	21.9	39.0
2008	-5.8	-3.0	2.2	12.1	94.6	100	14.5	13.5	24.8	41.8
2009	-6.6	-3.5	2.7	13.4	94.1	100	15.9	14.4	25.2	38.7
2010	-6.2	-2.9	2.9	13.3	92.9	100	15.4	13.8	24.6	39.0
2011	-4.7	-1.5	4.0	14.2	88.0	100	15.4	13.6	23.6	35.4
\multicolumn{11}{c}{給与税負担の分位別構成比(%)}
1980	4.4	12.0	19.4	27.3	37.0	100	17.6	10.1	7.8	1.4
1985	4.2	11.0	18.1	26.4	40.1	100	18.4	10.8	8.9	2.0
1990	4.3	10.8	17.5	26.6	40.6	100	18.2	10.9	9.3	2.3
1995	4.7	10.0	16.6	25.8	42.7	100	17.8	11.2	10.3	3.5
2000	4.7	9.9	16.1	25.7	43.4	100	17.8	11.0	10.4	4.3
2001	4.9	9.9	16.1	25.0	43.9	100	17.9	11.3	10.6	4.1
2005	5.3	10.1	16.0	24.7	43.7	100	17.8	11.4	10.6	4.0
2008	5.5	10.0	15.8	24.3	44.1	100	17.6	11.4	11.0	4.2
2009	5.3	9.6	15.4	24.0	45.4	100	17.8	11.7	11.7	4.2
2010	5.6	9.8	15.4	23.9	45.1	100	17.8	11.5	11.5	4.2
2011	5.6	9.7	15.1	23.9	45.5	100	17.7	11.7	11.6	4.5
\multicolumn{11}{c}{法人税負担の分位別構成比(%)}
1980	2.4	5.7	9.6	14.8	67.1	100	12.1	9.8	17.6	27.6
1985	2.0	5.1	9.2	14.8	68.1	100	10.9	8.9	16.5	31.8
1990	1.8	4.8	8.6	13.7	70.0	100	10.7	8.9	16.7	33.6
1995	1.9	4.2	8.1	12.7	72.2	100	10.4	8.8	16.3	36.6
2000	1.6	3.6	7.1	11.1	75.6	100	9.8	8.4	16.1	41.6
2001	1.7	3.7	7.0	11.7	75.1	100	9.4	8.0	15.3	42.3
2005	1.6	3.1	5.7	9.8	79.1	100	8.5	7.5	15.7	47.4
2008	1.7	3.2	5.7	9.9	78.0	100	8.5	7.3	14.4	47.8
2009	1.8	3.2	5.8	10.1	77.2	100	8.7	7.3	14.0	47.1
2010	1.7	3.1	5.5	9.5	78.8	100	8.4	7.1	13.7	49.5
2011	1.7	3.1	5.5	9.5	78.6	100	8.5	7.2	14.1	48.7

（注）前表と同じ。
（出所）Congressional Budget Office（2014b）より作成。

表 5-13　税引前所得分位別にみた全世帯の主要連邦税の平均税率（1980～2011年）

(単位：%)

年	第1分位	第2分位	第3分位	第4分位	第5分位	全分位	81-90 (百分位)	91-95 (百分位)	96-99 (百分位)	トップ 1%
					全連邦税平均税率(%)					
1980	7.4	14.1	18.9	21.8	26.9	22.0	23.9	25.5	27.4	33.1
1985	9.2	14.5	18.0	20.4	23.8	20.7	22.5	23.4	23.7	26.1
1990	8.4	14.1	17.7	20.6	24.9	21.2	22.9	24.0	25.2	28.1
1995	6.7	12.7	17.1	20.6	27.5	22.1	23.1	25.0	27.2	35.3
2000	6.8	12.4	16.5	20.6	27.7	22.7	23.5	25.3	27.9	32.4
2001	5.7	10.9	15.0	18.9	26.5	21.0	22.3	24.4	26.7	32.1
2005	5.4	9.9	13.8	17.6	25.4	20.1	20.6	22.7	25.8	30.4
2008	1.5	7.3	11.6	15.6	23.6	18.0	19.1	21.7	24.7	26.1
2009	1.0	6.7	11.1	15.0	23.2	17.3	18.7	21.1	24.2	28.9
2010	1.5	7.2	11.5	15.6	24.0	18.1	19.3	21.6	24.9	29.4
2011	1.9	7.0	11.2	15.2	23.4	17.6	18.6	21.1	24.3	29.0
					個人所得税平均税率(%)					
1980	0.2	4.4	7.9	10.7	16.7	11.6	13.1	15.1	17.9	23.0
1985	0.6	3.9	6.6	8.8	14.1	10.0	10.9	12.5	14.6	19.1
1990	-0.7	3.3	5.9	8.3	14.5	10.0	10.7	12.4	15.3	20.1
1995	-3.6	2.0	5.2	7.8	15.6	10.1	10.4	12.4	15.9	24.2
2000	-4.0	1.5	4.9	8.1	17.6	11.7	11.2	13.7	18.0	24.5
2001	-4.9	0.5	3.8	7.0	16.4	10.2	10.3	12.9	17.0	24.5
2005	-5.7	-0.5	2.8	5.8	14.2	8.8	8.5	10.9	15.2	19.7
2008	-9.1	-2.5	1.2	4.7	14.0	7.8	7.9	10.8	15.4	20.4
2009	-9.3	-2.6	1.3	4.6	13.4	7.2	7.7	10.3	14.6	21.0
2010	-9.2	-2.3	1.6	5.0	13.6	7.7	8.1	10.7	15.1	20.1
2011	-7.5	-1.3	2.4	5.8	14.2	8.4	8.8	11.4	15.6	20.3
					給与税平均税率(%)					
1980	4.9	7.4	8.4	8.5	5.6	6.9	8.0	7.1	4.7	1.1
1985	6.2	8.4	9.4	9.5	6.6	7.9	9.5	8.6	6.0	1.4
1990	6.9	8.8	9.7	10.3	6.9	8.3	10.1	9.1	6.4	1.6
1995	7.5	8.3	9.3	10.2	7.2	8.3	10.0	9.4	7.0	2.4
2000	8.1	8.7	9.3	10.3	6.3	7.8	9.8	8.9	6.4	1.9
2001	8.1	8.5	9.4	10.0	7.1	8.3	10.2	9.5	7.0	2.4
2005	8.4	8.2	8.8	9.4	6.5	7.5	9.5	8.8	6.2	1.7
2008	8.6	8.3	8.9	9.4	6.5	7.8	9.6	9.1	6.8	2.0
2009	8.3	7.9	8.4	9.1	7.1	8.0	9.6	9.3	7.5	2.5
2010	8.4	7.8	8.3	9.0	6.7	7.7	9.4	8.9	7.1	2.2
2011	7.1	6.7	7.2	7.8	5.9	6.7	8.1	7.8	6.1	2.1
					法人税平均税率(%)					
1980	1.1	1.4	1.7	1.8	4.1	2.8	2.2	2.7	4.2	8.6
1985	0.7	0.9	1.1	1.2	2.6	1.8	1.3	1.6	2.6	5.2
1990	0.8	1.0	1.2	1.4	3.1	2.1	1.5	1.9	3.0	6.1
1995	1.0	1.1	1.5	1.7	4.1	2.8	2.0	2.5	3.7	8.4
2000	0.8	1.0	1.3	1.4	3.4	2.4	1.7	2.1	3.0	5.7
2001	0.6	0.7	0.8	1.0	2.5	1.7	1.1	1.4	2.1	5.1
2005	1.1	1.1	1.3	1.6	4.7	3.2	2.0	2.5	4.0	8.7
2008	0.6	0.6	0.8	0.9	2.7	1.8	1.1	1.4	2.1	5.5
2009	0.5	0.5	0.6	0.7	2.2	1.5	0.9	1.1	1.7	5.2
2010	0.7	0.7	0.6	1.0	3.1	2.1	1.2	1.5	2.3	6.9
2011	0.6	0.6	0.6	0.9	2.9	1.9	1.1	1.4	2.1	6.4

(注) 1：税引前所得とは，市場所得プラス政府移転のことである。政府移転には社会保障の現金給付だけでなく，メディケア，メディケイドのような現物給付も含んでいる。
　　2：連邦税平均税率は租税負担額を課税前所得で割った値である。勤労所得税額控除や児童税額控除のような還付付き税額控除額がある所得グループの世帯の個人所得税負担額を超える時は，そのグループの個人所得税平均税率は負の値を取る。
　　3：所得グループはすべての人々を世帯規模で調整した所得でランキングして決めている。世帯規模で調整した所得とは，世帯の所得を世帯人員の平方根で割った値である。1世帯の人員は，居住を同じくする人であって，姻戚は関係ない。ある世帯がマイナスの所得があるとするならば，すなわち事業損失や投資損失が他の所得より大きいならば，それは最も低い所得分位からは除かれているが，全分位の中には含まれている。

(出所) Congressional Budget Office (2014b) より作成。

を検討してみよう。2001年以降ブッシュ減税とその延長やオバマ政権の大不況に対する追加的減税によって，個人所得税平均税率は全ての分位でかなり大幅に，法人税平均税率もほぼすべての分位で緩やかに低下している。また，個人所得税平均税率は分位間で格差が大きく，特に2000年代に第1分位と第2分位において，勤労所得税額控除（EITC）等の給付付き税額控除の拡充によって，実際に負の値を拡大しているのが注目される。

ところが給与税平均税率は，分位間の差がわずかで，第5分位の方が第1分位から第4分位までよりも低く，かつ最富裕層のトップ1％で大変低くなっている。トップ1％の給与税平均税率が低いのは，この層の世帯の所得の多くが社会保障給与税に服する最大制限所得額を超えているからであり，またこの層の世帯の稼得所得の占める割合が相対的に小さいためである[20]。言い換えれば，給与税は大変逆進的な税となっている。給与税の逆進性について，3-2でもう少し詳しく検討する。

3-2　給与税の逆進性のケース・スタディ

（1）　給与税が所得税を上回っている世帯の割合

給与税の方が所得税よりも中・低所得層にとって負担になっていることは，表5-11や表5-12によって説明したところである。では，給与税が所得税を上回っている世帯がどの程度あるのかを知りたいが，それを示したのが表5-14である。

同表をみると，「給与税か所得税を支払っている世帯」と「給与税を支払っている世帯」のいずれにおいても，「給与税の雇主負担と被用者負担の両方を含めた場合」では，1990年以降全分位で給与税が所得税を上回っている世帯が70％以上であり，特に第1分位から第4分位まではその傾向が強く，第1分位，第2分位では大体90％を超えている。他方，第5分位の割合は低く30％台の年が多く，2005年だけは40％台を記録している。なお2011年はオバ

20）　Congressional Budget Office（2014b），p. 10.

表5-14　世帯所得分位別にみた給与税が所得税を上回っている世帯の割合（1980～2005年）

(単位：％)

所得分位	1980	1985	1990	1995	2000	2005	2011
\multicolumn{8}{l}{給与税か所得税を支払っている世帯}
\multicolumn{8}{l}{給与税の雇主負担と被用者負担の両方を含めた場合}
第1分位	96.7	95.7	97.3	97.9	97.7	98.8	98.3
第2分位	87.8	89.1	90.7	92.6	91.8	94.6	94.8
第3分位	56.6	78.3	79.1	81.4	78.3	85.2	83.4
第4分位	24.8	59.8	72.0	75.1	73.5	76.8	68.7
第5分位	6.6	25.9	31.9	34.3	26.3	41.9	30.8
全分位	49.2	66.2	71.3	73.5	70.6	77.4	73.3
\multicolumn{8}{l}{給与税の被用者負担だけを含めた場合}
第1分位	90.7	92.6	95.4	96.6	96.1	98.4	96.2
第2分位	41.1	54.3	67.6	73.7	74.2	88.2	80.9
第3分位	12.4	22.0	28.4	34.4	41.4	63.5	51.4
第4分位	4.1	8.8	11.2	13.9	17.0	34.6	19.8
第5分位	1.9	4.1	3.2	3.1	2.8	8.0	3.6
全分位	24.6	30.8	35.7	38.8	41.3	54.6	47.3
\multicolumn{8}{l}{給与税を支払っている世帯}
\multicolumn{8}{l}{給与税の雇主負担と被用者負担の両方を含めた場合}
第1分位	99.0	98.5	99.2	99.4	99.3	99.7	99.5
第2分位	92.9	95.1	96.2	96.5	96.8	98.4	88.0
第3分位	62.5	89.3	90.8	92.4	90.9	94.3	93.1
第4分位	27.3	67.3	81.2	83.9	80.8	86.5	78.9
第5分位	7.4	28.6	35.2	37.9	29.3	46.5	34.0
全分位	53.4	72.6	78.2	79.9	77.2	83.7	79.3
\multicolumn{8}{l}{給与税の被用者負担だけを含めた場合}
第1分位	92.7	95.3	97.2	98.1	97.6	99.2	97.3
第2分位	43.4	57.9	71.6	76.8	78.2	91.7	83.5
第3分位	13.7	25.0	32.5	39.1	48.0	70.4	57.2
第4分位	4.5	9.9	12.6	15.6	18.7	38.9	22.6
第5分位	2.1	4.5	3.5	3.4	3.1	8.9	4.0
全分位	26.6	33.7	39.1	42.2	45.2	58.9	51.0

(注) 1：世帯というのは，構成員の関係にかかわらず，1つの住居に住んでいる人々を指す。2：所得の尺度としては，課税前現金所得プラスその他源泉からの所得を含んだ，包括的な世帯所得を使っている。3：課税前所得は，以下の諸所得を合計したものである。すなわち，賃金，給与，自営業所得，家賃，課税および非課税利子，配当，実現キャピタル・ゲイン，現金移転支払い，退職金プラス企業の支払った税（法人税，社会保障，メディケア・失業保険の給与税の雇主負担）と401(k)退職年金への被用者負担を合計したものである。4：その他源泉からの所得には，すべての現物給付が含まれている。すべての現物給付とは，メディケア，メディケイド，雇主支払医療保険料，食糧切符，学校給食，住宅扶助，エネルギー扶助のことである。5：所得カテゴリーは，世帯人員で調整した（つまり世帯人員の平方根で割った）包括的世帯所得によってすべての人々をランク付けすることで決められる。5つの各分位には同じ数の人々を含んでいる。負の所得（他の所得よりも事業や投資の損失の方が大きい）世帯は，第1分位所得層から除かれているが，全体の中には含まれている。6：個人所得税は，直接それらの税を支払う世帯に配分されている。社会保険税すなわち給与税は，それらの税を直接的に支払う世帯にあるいはそれらの税を間接的に雇主を通して支払う世帯に配分されている。

(出所) Tax Policy Center, Urban Institute and Brookings Institution (2009), pp. 1-3; Congressional Budget Office (2014b), Table 8 より作成。

マ政権下で給与税率が引き下げられたので、給与税が所得税を上回る世帯の割合ももう少し下がっている。

次に、「給与税か所得税を支払っている世帯」と「給与税を支払っている世帯」のいずれにおいても、「給与税の被用者負担だけを含めた場合では、全分位で1980年代から給与税が所得税を上回る割合が次第に上昇し、2005年には50％台となっている。ただし、2011年の給与税率引下げの影響でその割合はもう少し低下している。第1分位ではその割合が1980年から一貫して90％台であるが、第2分位ではその割合は1980年が40％であったが、2005年には90％前後まで上昇している。第4分位と第5分位においてもその割合は1980年以来上昇傾向にあるが、2005年で前者はせいぜい30％台である。第5分位の割合はきわめて低く、一番高い割合を示している2005年でもせいぜい8％台となっている。

以上のように、給与税が所得税を上回っている世帯の割合は全分位で高まる傾向にあるが、それだけではなく、近年第1分位と第2分位ではきわめて高く、第5分位では相対的にかなり低くなっており、ここに給与税の逆進性の強さを改めて感じるのである。

(2) 相対的に同じ経済状態にある4人家族についての被用者にかかる給与税と所得税の合計負担

表5-10に戻ると、給与税と所得税の課税対象となる市場所得の構成が示されている。労働所得はいずれの分位でも首座にあるが、第1分位から第4分位（低・中上所得層）までは8割台を占め、第5分位（高所得層）では6割台に下がる。第5分位では資本所得の比重が他の分位より相対的に高くなっている。

このような市場所得の構成状態の所に、給与税と所得税が課せられると、両税を合わせた税負担は同じ家族構成の世帯にとってどのような負担差となるのだろうか。給与税の課税ベースは労働所得だけであり、各種の所得控除や税額控除がなく、課税所得に上限があり、税率は比例税なので、全体として逆進的であることは何度も述べている。所得税の課税ベースも表5-10を見ればあきらかなように、労働所得が大きなウェイトを持つが、資本所得も高所得層では

表 5-15 所得分布で相対的に同じ状態にある4人家族についての被用者にかかる給与税（社会保障税＋メディケア税）の税率（1955～2013年）

(単位：ドル，%)

年	中央値の所得の半分の所得			中央値の所得			中央値の所得の2倍の所得		
	所得	平均給与税率	限界給与税率	所得	平均給与税率	限界給与税率	所得	平均給与税率	限界給与税率
1955	2,460	2.00	2.00	4,919	1.71	0.00	9,838	0.85	0.00
1960	3,148	3.00	3.00	6,295	2.29	0.00	12,590	1.14	0.00
1965	3,900	3.63	3.63	7,800	2.23	0.00	15,600	1.12	0.00
1970	5,583	4.80	4.80	11,165	3.35	0.00	22,330	1.68	0.00
1975	7,924	5.85	5.85	15,848	5.20	0.00	31.696	2.60	0.00
1980	12,166	6.13	6.13	24,332	6.13	6.13	48,664	3.26	0.00
1985	16,389	7.05	7.05	32,777	7.05	7.05	65,554	4.28	0.00
1990	20,726	7.65	7.65	41,451	7.65	7.65	82,902	4.73	0.00
1995	24,844	7.65	7.65	49,687	7.65	7.65	99,374	5.27	1.45
2000	31,335	7.65	7.65	62,670	7.65	7.65	125,340	5.22	1.45
2002	31,186	7.65	7.65	62,372	7.65	7.65	124,744	5.67	1.45
2004	33,056	7.65	7.65	66,111	7.65	7.65	132,222	5.57	1.45
2006	36,708	7.65	7.65	73,415	7.65	7.65	146,830	5.43	1.45
2008	38,235	7.65	7.65	76,470	7.65	7.65	152,940	5.58	1.45
2009	37,203	7.65	7.65	74,406	7.65	7.65	148,812	5.9	1.45
2010	37,375	7.65	7.65	74,750	7.65	7.65	149,500	5.88	1.45
2011	37,785	5.65	5.65	75,570	5.65	5.65	151,140	4.42	1.45
2012	38,314	7.65	5.65	76,628	5.65	5.65	153,256	4.46	1.45
2013	37,482	7.65	7.65	74.964	7.65	7.65	149,928	6.15	1.45

(注) 中央値の所得は4人家族についてである。すべての所得は配偶者の一方が稼いでいると想定している。項目別控除は1986年までは所得の23%になると想定していたが，それ以降は所得の18%になると想定している。

(出所) Tax Policy Center, Urban Institute and Brookings Institution (2013) より作成。

無視できないばかりでなく，各種控除があり税率も超過累進税率を取っているので，全体として累進的である。

このような特徴のある両税を合わせたとき，世帯の負担はどうなるのかを考える前に，所得税は考慮に入れず，相対的に同じ状態にある4人家族についての被用者にかかる給与税（社会保障税＋メディケア税）の税率を表5-15で見ておこう。「中央値の所得」世帯と「中央値の所得の半分」世帯では，平均給与税率と限界給与税率は基本的に同じであるが，「中央値の所得の2倍の所得」世帯では，平均給与税率が前二者より低くなっている。これは，表5-13に示された給与税の平均税率が第5分位（富裕層）で低くなっているのと平仄が合う。

また限界給与税率1.45％と表示されているが，これはメディケア税の税率（表5-3参照）を示している。

さて，この上に所得税が課せられた場合，相対的に同じ経済状態にある4人家族について給与税と所得税を合せた負担はどのようになるのか，それを示したのが表5-16の上表である。2000年代に入って以降，ブッシュ減税とオバマ減税の影響もあって，「中央値の所得の半分の所得」世帯と「中央値の所得」世帯と「中央値の所得の2倍の所得」世帯のいずれでも平均合算税率は低下しており，またこの3つの世帯間の平均合算税率は緩やかに累進的になっている。ところが限界合算税率でみると，「中央値の所得の半分の所得」世帯が一番高く，次いで「中央値の所得の2倍の所得」世帯が高く，「中央値の所得」世帯が一番低くなっている。限界合算税率は，後二者だけなら累進的といえるが，「中央値の所得の半分の所得」世帯つまり低所得世帯の方が後二者の世帯より高いので，全体的には逆進的だといえる。

表5-16の下表では，給与税が被用者だけでなく雇主にかかり，その上に所得税が課せられた場合に，両税の負担がどうなるのかを示している。被用者にだけ給与税がかかる場合と比べた場合に，「中央値の所得の半分の所得」世帯と「中央値の所得」世帯と「中央値の所得の2倍の所得」世帯のいずれにおいても，ブッシュ減税とオバマ減税の効果で平均合算税率が低下しているものの，低下の程度は緩やかである。逆に，限界合算税率は，被用者だけ給与税がかかる場合と比べて，3つの世帯の序列は変わらないものの，3つの世帯のいずれにおいても負担が重くなっている。2013年の限界合算税率を「中央値の所得の半分の所得」世帯と「中央値の所得の2倍の所得」世帯とで比較すると，被用者にだけ給与税がかかる場合には両者の差が7.26％ポイント差なのに対し，雇主と被用者に給与税がかかる場合には両者の差が13.46％ポイントとなる。明らかに雇主と被用者に給与税がかかる場合の方が，給与税と所得税の限界合算税率は逆進的になるといえる。

(3) 貧困水準にある世帯にかかる給付税の逆進性を緩和する所得税

逆進的な給付税において負担が重くなる低所得者，とりわけ貧困水準にある

表 5-16 所得分布で相対的に同じ状態にある4人家族についての連邦所得税と給与税（社会保障税＋メディケア税）の合算税率（1955〜2013年）

(単位：ドル，％)

年	中央値の所得の半分の所得			中央値の所得			中央値の所得の2倍の所得		
	所得	平均合算税率	限界合算税率	所得	平均合算税率	限界合算税率	所得	平均合算税率	限界合算税率
連邦所得税と被用者にかかる給与税の合算税率										
1955	2,460	2.00	2.00	4,919	7.35	20.00	9,838	11.61	22.00
1960	3,148	3.15	23.00	6,295	10.06	20.00	12,590	13.25	22.00
1965	3,900	5.79	17.63	7,800	9.32	17.00	15,600	12.24	22.00
1970	5,583	9.45	19.83	11,165	12.70	19.48	22,330	15.15	25.62
1975	7,924	9.97	32.85	15,848	14.82	22.00	31,696	17.46	32.00
1980	12,166	12.15	24.13	24,332	17.55	30.13	48,664	21.51	43.00
1985	16,389	13.61	21.05	32,777	17.39	29.05	65,554	21.04	38.00
1990	20,726	12.77	22.65	41,451	16.98	22.65	82,902	19.83	28.00
1995	24,844	11.17	42.87	49,687	16.93	22.65	99,374	20.31	29.45
2000	31,335	10.58	22.65	62,670	15.67	22.65	125,340	20.90	34.45
2002	31,186	5.42	28.71	62,372	14.18	22.65	124,744	19.83	33.45
2004	33,056	3.38	38.71	66,111	13.03	22.65	132,222	18.08	31.45
2006	36,708	4.86	38.71	73,415	13.50	22.65	146,830	18.85	31.45
2008	38,235	-0.68	38.71	76,470	11.19	22.65	152,940	17.93	31.45
2009	37,203	-1.45	38.71	74,406	12.12	22.65	148,812	18.25	31.45
2010	37,375	-1.30	38.71	74,750	12.15	22.65	149,500	18.24	31.45
2011	37,785	-1.23	36.71	75,570	11.24	20.65	151,140	17.34	26.45
2012	38,314	-1.51	36.71	76,628	11.23	20.65	153,256	17.30	26.45
2013	37,482	-1.22	38.71	74,964	12.97	22.65	149,928	18.58	31.45
連邦所得税と雇主および被用者にかかる給与税の合算税率										
1955	2,460	4.00	4.00	4,919	9.06	20.00	9,838	12.47	22.00
1960	3,148	6.15	26.00	6,295	12.35	20.00	12,590	14.40	22.00
1965	3,900	9.41	21.25	7,800	11.55	17.00	15,600	13.35	22.00
1970	5,583	14.25	24.60	11,165	16.06	19.48	22,330	16.82	25.62
1975	7,924	15.82	38.70	15,848	20.03	22.00	31,696	20.06	32.00
1980	12,166	18.28	30.26	24,332	23.68	36.26	48,664	24.78	43.00
1985	16,389	20.66	28.10	32,777	24.44	36.10	65,554	25.30	38.00
1990	20,726	20.42	30.30	41,451	24.63	30.30	82,902	24.57	28.00
1995	24,844	18.82	50.52	49,687	24.58	30.30	99,374	25.58	30.90
2000	31,335	18.23	30.30	62,670	23.32	30.30	125,340	26.12	35.90
2002	31,186	13.07	36.36	62,372	21.83	30.30	124,744	25.50	34.90
2004	33,056	11.03	46.36	66,111	20.68	30.30	132,222	23.65	32.90
2006	36,708	12.51	46.36	73,415	21.15	30.30	146,830	24.28	32.90
2008	38,235	6.97	46.36	76,470	18.84	30.30	152,940	23.52	32.90
2009	37,203	6.20	46.36	74,406	19.77	30.30	148,812	24.15	32.90
2010	37,375	6.35	46.36	74,750	19.80	30.30	149,500	24.12	32.90
2011	37,785	6.42	44.36	75,570	18.89	28.30	151,140	24.99	34.10
2012	38,314	6.14	44.36	76,628	18.88	28.30	153,256	24.95	34.10
2013	37,482	6.43	46.36	74,964	20.62	30.30	149,928	24.74	32.90

(注) 中央値の所得は4人家族についてである。すべての計算は夫婦についてであり，所得は配偶者の一方が稼いでいると想定している。項目別控除は1986年までは所得の23％になると想定していたが，それ以降は所得の18％になると想定している。

(出所) Tax Policy Center, Urban Institute and Brookings Institution (2013) より作成。

152 第2部 諸外国の税財政における格差問題と対応

表 5-17 子供の数ごとにみた貧困水準にある夫婦の所得，給与税，所得税（1970〜2011 年）

(単位：ドル，％)

年	貧困水準の所得					貧困水準の被用者給与税					貧困水準の所得税					貧困水準の所得税と給与税の合算			
	子供の数				子供の数				子供の数				子供の数			
	1	2	3	4	1	2	3	4	1	2	3	4	1	2	3	4
					金額（ドル）										
1970	2,596	3,121	3,932	5,182	125	150	189	249	153	131	146	128	278	281	335	377
1980	5,514	6,628	8,351	11,004	441	530	668	881	16	-390	-73	225	457	140	595	1,106
1985	7,199	8,654	10,903	14,365	508	610	769	1,013	174	-67	351	533	682	543	1,120	1,546
1990	8,752	10,520	13,254	17,484	670	805	1,014	1,336	0	-953	-701	-280	670	-148	313	1,056
1995	10,205	12,267	15,455	20,364	781	938	1,182	1,558	0	-1,938	-2,268	-1,276	781	-1,000	-1,086	282
2000	11,531	13,861	17,463	23,009	882	1,060	1,336	1,760	0	-2,166	-2,883	-1,760	882	-1,106	-1,547	0
2002	12,047	14,480	18,244	24,038	922	1,108	1,396	1,839	-1	-2,919	-4,145	-3,504	921	-1,811	-2,749	-1,665
2004	12,649	15,205	19,157	25,241	968	1,163	1,466	1,931	0	-2,941	-4,137	-3,464	968	-1,778	-2,672	-1,534
2006	13,500	16,227	20,444	26,938	1,033	1,241	1,564	2,061	-47	-3,486	-5,142	-4,749	985	-2,245	-3,578	-2,688
2008	14,417	17,330	21,834	28,769	1,103	1,326	1,670	2,201	-712	-4,817	-7,372	-7,729	391	-3,491	-5,702	5528
2009	14,366	17,268	21,756	28,666	1,099	1,321	1,664	2,193	-1,112	-4,843	-7,757	-8,780	-13	-3,522	-6,093	-6,587
2010	14,602	17,552	22,113	29,137	1,117	1,343	1,692	2,229	-1,096	-4,850	-7,698	-8,769	21	-3,507	-6,007	-6,540
2011	15,504	18,106	22,811	30,056	876	1,023	1,289	1,698	-248	-4,094	-6,893	-8,006	628	-3,071	-5,604	-6,308
					対賃金比（％）										
1970	100	100	100	100	4.8	4.8	4.8	4.8	5.9	4.2	3.7	2.5	10.7	9.0	8.5	7.3
1980	100	100	100	100	8.0	8.0	8.0	8.0	0.3	-5.9	-0.9	2.0	8.3	2.1	7.1	10.0
1985	100	100	100	100	7.1	7.1	7.1	7.1	2.4	-0.8	3.2	3.7	9.5	6.3	10.3	10.8
1990	100	100	100	100	7.7	7.7	7.7	7.7	0.0	-9.1	-5.3	-1.6	7.7	-1.4	2.4	6.0
1995	100	100	100	100	7.7	7.7	7.7	7.7	0.0	-15.8	-14.7	-6.3	7.7	-8.1	-7.0	1.4
2000	100	100	100	100	7.7	7.7	7.7	7.7	0.0	-15.6	-16.5	-7.6	7.6	-8.0	-8.9	0.0
2002	100	100	100	100	7.7	7.7	7.7	7.7	0.0	-20.2	-22.7	-14.6	7.7	-12.5	-15.1	-6.9
2004	100	100	100	100	7.7	7.7	7.7	7.7	0.0	-19.3	-21.6	-13.7	7.7	-11.7	-13.9	-6.1
2006	100	100	100	100	7.7	7.7	7.7	7.7	-0.4	-21.5	-25.2	-17.6	7.3	-13.8	-17.5	-10.0
2008	100	100	100	100	7.7	7.7	7.7	7.7	-4.9	-27.8	-33.8	-26.9	2.7	-20.1	-26.1	-19.2
2009	100	100	100	100	7.7	7.7	7.7	7.7	-7.7	-28.0	-35.7	-30.6	-0.1	-20.4	-28.0	-23.0
2010	100	100	100	100	7.7	7.7	7.7	7.7	-7.5	-27.6	-34.8	-30.1	0.1	-20.0	-27.2	-22.4
2011	100	100	100	100	5.7	5.7	5.7	5.6	-1.6	-22.6	-30.2	-26.6	4.1	-17.0	-24.6	-21.0

（注）この表の数値は，次の①〜⑤の仮定に基づいている。①すべての子供は，扶養控除，児童税額控除の資格がある。②家計は，（扶養税額控除，養子税額控除，教育控除）のようなその他の税額控除を要求しない。③項目別控除は調整総所得（AGI）の 2.1％と仮定する。それは 2004 年には項目控除者の平均的な比率である。④すべての所得は賃金から得られると仮定する。⑤世帯構成者は 65 歳以下で，合算申告している夫婦である。

（出所）Tax Policy Center, Urban Institute and Brookings Institution (2012) より作成。

世帯に所得税がかかってきた場合に，貧困水準にある世帯の両税合わせての負担がどうなるのか考えてみよう。

表5-17は子供の数ごとにみた貧困水準にある夫婦の所得と給与税，所得税，および両税の対賃金比をみたものである。貧困水準にある被用者にかかる給与税の負担は，被用者の子供の数が違っても，2011年の給与税率引き下げによる低下を除けば，対賃金比で同じである。しかし，貧困水準にある被用者にかかる所得税の負担は，特に2000年代に入って以降子供の数2人以上において大幅に軽減され，対賃金比はマイナスの高い数値を示している。低所得者に給付付き税額控除等が適用されている。

貧困水準にある被用者に対して，子供の数にかかわらず一律の負担が求められる給与税と，2人以上子供がいれば大幅に負担軽減される所得税の合算した税負担は，子供の数2人以上で所得税の影響が強く出て大幅に軽減され，給付が行われる状態となっている。

4．お わ り に

筆者は近年アメリカ連邦税制の負担分析を研究課題としてきたが，本研究において基幹税のひとつである連邦給与税（社会保障税とメディケア税）に焦点を当てた。ところが，所得税や法人税のような連邦税は一般財源として一般会計（General Fund）の収入になるのに対し，給与税は社会保障（年金保険）とメディケア（高齢者医療・入院保険）の特定財源として社会保障信託基金とメディケア入院保険信託基金の収入になる目的税的性格の税であるので，世帯にとっての税負担分析を行う前に，目的に照らして両信託基金の財政状態と両信託基金における受益と負担の関係を検討する必要があった。

第1節においてこの課題に取り組んだが，結論を要約すれば次の4点となる。

第1に，社会保障信託基金とメディケア入院信託基金の財政状態は近年とみに悪化し，前者は2033年以降，後者は2030年以降，予定給付額を満額支払えない状態に陥るおそれがある。

第2に，社会保障年金給付（現金給付）とメディケア医療給付（現物給付）を比べた場合に，1960年代には規模で前者が後者を圧倒していたものの，現在前者（約6割），後者（約4割）となっているが，両者とも所得再分配機能を有し，低所得者に給付が厚くなっている。ただし，社会保障年金給付の所得再分配機能は弱まる傾向にあるが，メディケアの所得再分配機能は強まっている。

　第3に，老齢年金制度の現実の給付において，特に第1分位（貧困層）に所得再分配機能が強く作動しているものの，この貧困層に対する所得再分配効果は次第に弱まってきている。

　第4に，生涯社会保障給付と生涯社会保障税を対比し，また生涯メディケア給付とメディケア税を対比した場合に，世帯が独身者か夫婦かまた稼ぎ手が片稼ぎか共稼ぎかによって，前者の場合には，65歳になる年のコホートが2010年以降，生涯社会保障給付より生涯社会保障税が上回るケースも出てくるが，後者の場合は生涯メディケア給付が常に世帯事情に関係なく生涯メディケア税を上回っている。

　第2節においては，連邦給与税（社会保障税とメディケア税）の負担構造について検討を行った。その結論を要約すれば5点になる。

　第1に，1980年代以降市場所得の世帯間格差は拡大していくが，特に2000年代において富裕層に有利なブッシュ大型減税が行われ，また2008年リーマン・ショックを契機とする大不況対応のためのオバマ政権による，2009年アメリカ復興・再投資法や2010年租税負担軽減・失業保険再認可・雇用創出法によるブッシュ減税の延長下で，政府移転と連邦諸税が世帯の所得再分配にどのような効果を持ったのかというと，移転後税引後所得の変化をみればあきらかなように，第1分位層への所得再分配効果が特に弱まっている。結果として，移転後税引後所得においても格差は拡大している。

　第2に，連邦税の中で第1分位から第4分位までの世帯で所得税より給与税が一番負担の重い税（連邦税負担の5割前後）となっている。給与税は労働所得に課税され，所得税に認められているような各種の所得控除や税額控除がなく，利子配当などの資本所得には課税されず，比例税率でかつ課税限度額が設

けられているので，逆進的な税となっている。

　第3に，所得税と給与税の負担構造は対照的である。所得税では，2000年代後半から第5分位の富裕層が9割以上の負担を担い，トップ1%層だけで約4割の負担を負うようになっている。反面貧困層では，負担を受けずに給付を受ける事態となっている。給与税の負担配分は所得税ほど分位間で開きが大きくない。

　第4に，ブッシュ減税やオバマ政権の大不況に対する追加的減税によって，所得税平均税率はすべての分位でかなり大幅に低下しているが，給与税の平均税率は分位間の差がわずかで，かつ第5分位の方が第1分位から第4分位までより低く，最富裕層のトップ1%で大変低くなっている。給与税は大変逆進的な税となっている。

　第5に，給与税の逆進性のケース・スタディを行ったが，次の点があきらかになった。

① 給与税が所得税を上回っている世帯の割合は近年第1分位と第2分位ではきわめて高く，第5分位では非常に低くなっており，ここに給与税の逆進性の強さを改めて感じる。

② 相対的に同じ経済状態にある4人家族についての被用者にかかる給与税と所得税の合計負担は，低所得世帯，中所得世帯，高所得世帯に世帯を分けてみた場合，平均合算税率は3つの世帯間で累進的になっている。限界合算税率では，低所得世帯が一番高く，高所得世帯より数%ポイント高く，逆進的になっている。さらに，雇主と被用者に給与税がかかる場合と，被用者にだけ給与税がかかる場合を比べると，前者の場合の方が限界合算税率はより逆進的になる。

③ 貧困水準にある被用者に対して，子供の数にかかわらず一律の負担が求められる給与税と，子供がいれば大幅に負担軽減される所得税を合算した税負担は，子供の数2人以上で所得税の影響が強く出て大幅に軽減され，給付が行われている。

社会保障信託基金は2033年に，メディケア入院保険信託基金は2030年に基

金資産が枯渇して予定給付ができなくなると，両信託基金理事会は警告している。しかし，両信託基金の財政収支は，図5-2と図5-3のようにすでにキャッシュ・フロー赤字となっている。両信託基金のこのような財政悪化の背景には，ベビーブーマー（1946～1959年生まれ）の世代が次々と退職年齢に入り，高齢者層が膨らみ，給付支出額が拡大してきている事情がある。

しかし，社会保障税は年金に，メディケア税は入院保険に充てられる目的税として，位置づけられるにしても，たとえば年金受給者の給付額は，所得にリンクして決定されるのであって，支払った給付税にリンクしているわけではない。このように，年金や入院費の支出が拡大しつつも，それに合わせて給付税が増徴されるわけではない。

社会保障年金改革に関しては，1990年代以降クリントン政権やブッシュ政権において，積立金の市場運用論や任意の個人勘定による公的年金の一部民営化論が提案されたが実現をみていない。医療改革に関しては，クリントン政権下のパートC創設，ブッシュ政権下のパートD創設，オバマ政権下の医療適正化法制定による国民皆医療保険化が行われている。このように，社会保障年金保険の抜本改革は全く行われておらず，むしろ医療保険の方でかなり抜本改革がなされているという違いがあるものの，医療保険改革によってメディケア入院保険の財政破綻のおそれが消えたわけではなく，それを2017年から2029年まで遅らせるという見通しになっただけである。

いずれにしても，社会保障年金保険もメディケア入院保険も長期財政収支を安定化させ，それを持続可能なものにする抜本改革の見通しが立っていない。結局のところ，給付を抑制し，財源を強化するしか方法がないのかもしれない。給付抑制の方法としては，退職年齢の引き上げ，生計費調整の切り下げ，給付算式の変更等がある。財源強化の方法としては，給与税率の引き上げや課税上限所得の引き上げ等が考えられる[21]。

本研究が関心の対象としているのは連邦給与税なので，年金保険と入院保険

---

21) Rosen and Gayer (2014), pp. 243-245.

の財源強化の方向として,連邦給与税（社会保障税とメディケア税）強化について考えておこう。給与税を財源として強化するといっても,ただ税率を引き上げれば済むわけではない。本文中で何度も検証したように,給与税は非常に逆進性の強い税である。しかも,アメリカでは市場所得の世帯間格差が拡大している。

そこで,社会保障税に関してではあるが,次のような提案が出されている[22]。ひとつはカバーされる所得の90％が課税されるように,社会保障税の課税ベースを広げるという案である。これだと,高所得勤労者が支払う社会保障税を増やし,現在の社会保障最大課税上限以下の勤労所得には影響を与えない。もうひとつは,社会保障税の課税ベースを引き上げ,税率を引き下げるという案である。これだと高所得勤労者が支払う税は増え,中・低所得勤労者が支払う税を減らすことになる。この提案では,社会保障のための財源を増やすか,あるいは税収中立となる。その他にも,最大課税上限を廃止し,新たに課税される所得を給付の計算に入れるという提案もある[23]。これらの提案について,Hungerford（2013）,Congressional Budget Office（2014）等で試算が行われている。

メディケア税に関しては,課税所得の上限がなく,2010年医療適正化法成立によって2013年から20万ドル以上の独身申告納税者と25万ドル以上の夫婦合算申告納税者は,0.9％の税率が追加され,これまでの1.45％から2.35％で課税されることになった。また,これらの高所得者の投資所得に3.8％の付加税を課すことになった。しかし,この付加税は給与税として源泉徴収されるものでもなく,また入院保険信託基金に留保されるものでもない。

財源面での対策として,社会保障税とメディケア税を高所得者課税負担強化,低所得者課税負担軽減に向けていくだけでは不十分だとすれば,年金の最低給付制度を強化するなり,高所得者の年金給付を減らしたりする方法もあ

---

22) Hungerford（2013）, Summary; Congressional Budget Office（2014b）.
23) Congressional Budget Office（2014b）, pp. 4-6.

る[24]。

　いずれにせよ，社会保障とメディケアの給付における累進性と，給与税（社会保険税とメディケア税）の逆進性，さらに所得税の累進性と給与税（社会保険税とメディケア税）の逆進性という関係性を世帯間の所得格差の拡大とベビーブーマーの大量退職という時代環境の中で，いかにバランスを取りながら社会保障信託基金とメディケア入院保険信託基金の財政的持続可能性を高めて行くのかが，今アメリカ国民に問われている。

付記：本論文は，2014 年度中央大学特定課題研究費による研究の成果である。記して謝意を表する。

参 考 文 献

赤石孝次（2005），「直接税の変革―個人所得税と社会保険料負担の調整」伊東弘文編『現代財政の変革』ミネルヴァ書房。

石田道彦（2012），「アメリカの医療保障における財源確保―メディケア，メディケイドの展開」『海外社会保障研究』No. 179。

石橋未来（2013），「米国の医療保険制度について：国民皆保険制度の導入と民間保険会社を活用した医療費抑制の試み」『大和総研経済社会研究班レポート』No. 17，12 月 16 日。

片桐正俊（2005），「連邦政府の財政改革と社会保障・メディケア両信託基金」『アメリカ財政の構造転換―連邦・州・地方財政の再編―』東洋経済新報社。

片桐正俊（2010），「グローバル化下のアメリカの法人税負担―2000 年代ブッシュ政権期を中心に―」片桐正俊・御船洋・横山彰編著『グローバル化財政の新展開』（中央大学経済研究所研究叢書 48）中央大学出版部，3 月。

片桐正俊（2012a），「アメリカの所得分配の不平等化と税財政による所得再分配機能及び租税負担配分の実態―2000 年代ブッシュ政権期を中心に―」『経済学論纂（中央大学）』第 52 巻第 3 号，3 月 15 日。

片桐正俊（2012b），「アメリカの租税支出の実態と改革の方向―2000 年代ブッシュ政権期を中心に―」『経済学論纂(中央大学)』第 52 巻第 4 号，3 月 22 日。

片桐正俊（2012c）「米国における税制の今―ブッシュ減税政策から抜け出せるのか」『新聞研究』No. 737，12 月号。

片桐正俊（2013），「アメリカの遺産税・贈与税改革―2000 年代ブッシュ政権期を中心に―」『経済学論纂（中央大学）』第 53 巻第 5・6 合併号，3 月 20 日。

片桐正俊（2015），「オバマ政権の経済・財政政策の成果と課題」『経済学論纂（中央大学）』第 55 巻第 5・6 合併号，3 月。

24）　Gleckman（2011）．

小林篤（2011），「米国における 2010 年ヘルスケア改革後の健康保険の新動向」損保ジャパン総合研究所．

徐林卉（2012），「アメリカ高齢者医療の現状およびオバマ医療改革の取り組み」『社会システム研究』第 25 号．

関口智（2015），『現代アメリカ連邦税制　付加価値税なき国家の租税構造』東京大学出版部，第 2 章第 6 節「社会保障税の動向」．

中川秀空（2010），「アメリカの年金財政の展望と課題」『レファレンス』2 月号．

中川秀空（2011），「アメリカの高齢者医療制度の現状と課題」『レファレンス』2 月号．

長谷川千春（2010），『アメリカの医療保障―グローバル化と医療保障のゆくえ―』昭和堂．

山本克也（2012），「支給開始年齢からみたアメリカの年金制度」『海外社会保障研究』No. 181．

吉田健三（2010），「アメリカの年金システム」『海外社会保障研究』No. 171．

Alford, Ruth D. and Rod Reilly (2012), *Income Inequality: An Alarming U.S. Trend*, Nova Science Publishers, Inc.

Center on Budget and Policy Priorities (2012), *Policy Basics: Top Ten Facts about Social Security*, November 6.

Center on Budget and Policy Priorities (2014), *Policy Basics: Federal Payroll Taxes*, March 31.

Congressional Budget Office (2001), *Social Security: A Primer*.

Congressional Budget Office (2011), *Trends in the Distribution of Household Income Between 1997 and 2007*, October 1.

Congressional Budget Office (2013), *The 2013 Long-Term Projection for Social Security: Additional Information*, December.

Congressional Budget Office (2014a), *Answers to Questions From Senator Hatch About Various Options for Payroll Taxes and Social Security*, July.

Congressional Budget Office (2014b), *The Distribution of Household Income and Federal Taxes, 2011, Supplement*, November.

Congressional Budget Office (2014c), *The 2014 Long-Term Projection for Social Security: Additional Information*, December.

Congressional Budget Office (2015), *The Budget and Economic Outlook: 2015 to 2025*, January.

Dilley, P. E. (2000a), " Taking Public Rights Private : The Rhetoric and Reality of Social Security Privatization," *Boston College Law Review*, Vol. XLI, No. 5.

Dilley, P. E. (2000b), " Breaking the Glass Slipper-Reflection on the Self-Employment Tax," *The Tax Lawyer*, Vol.54, No.1.

Favreault, Melissa and Gordon B. T. Mermin (2008), *Are There Opportunities to Increase Social Security Progressivity despite Underfunding ?*, Discussion Paper No. 30, Tax Policy Center, Urban Institute and Brookings Institution, November.

Geier, Deborah A. (2002), " Integrating the Tax Burden of the Federal and Payroll Taxes

on Labor or Income," *Virginia Tax Review*, Vol. 22, No. 1.
Geier, Deborah A. (2003), " Integrating the Tax Burdens on Labor Income," *Tax Notes*, Vol. 98, No. 4.
Gleckman, Howard (2011), "Fixing Social Security Isn't Hard," *Tax Box*, Tax Policy Center, Urban Institute and Brookings Institution, June 21.
Gokhale, Jagadeesh (2010), *Social Security: A Fresh Look at Policy Alternatives*, The University of Chicago Press.
Gokhale, Jagadeesh (2014), "Social Security Financial Outlook and Reforms: An Independent Evaluation,"in Diamond, John W. and George R. Zodrow eds., *Pathway to Fiscal Reform in The United States*, The MIT Press.
Hungerford, Thomas L. (2013), "Increasing the Social Security Payroll Tax Base: Options and Effects on Tax Burdens," *CRS Report for Congress* RL 3393, February 5.
Johnson, Rachel M. and Jeffrey Rohaly (2009), *The Distribution of Federal Taxes, 2009-12*, Tax Policy Center, Urban Institute and Brookings Institution, August.
Joint Committee on Taxation (2014), *Overview of The Federal Tax System As In Effect for 2014*, JCX-25-14, March 28.
Kopcke, Richard, Li Zhenyu, and Anthony Webb (2014), *The Effect of Increasing Earnings Dispersion on Social Security Payroll Tax Receipts*, The Center for Retirement Research at Boston College, May.
Marr, Chuck (2010), *Change in Medicare Tax on High-Income People Represent Sound Additions to Health Reform*.
Marr, Chuck and Chyne-Ching Huang (2012), *Misconceptions and Realities about Who Pays Taxes*, Center on Budget and Policy Priorities, September.
Mitrusi, Andrew and James Poterba (2000), " The Distribution of Payroll and Income Tax Burdens, 1979-1999," *National Tax Journal*, Vol. LⅢ,No. 3, Part 2, September.
Mitrusi, Andrew and James Poterba (2001), " The Changing Importance of Income and Payroll Taxes on U.S. Families," in Poterba, James ed., *Tax Policy and the Economy*, Vol.15, The MIT Press.
Nuschler, Dawn (2013), "Social Security Primer,"*CRS Report for Congress* R42035, June 17.
Nushler, Dawn and Gary Sidor (2013), "Social Security: The Trust Fund,"*CRS Report for Congress* RL 33028, June 4.
Office of Management and Budget (2014), *Historical Tables, Budget of the United States Government, Fiscal Year 2015*, GPO.
Office of Tax Policy, United States Department Treasury (2011), *A State-by-State Look at the President's Payroll Tax Cuts for Middle-Class Families*, November.
Patashnik, E.M. (2000), *Putting Trust in the US Budget: Federal Trusts Funds and the Politics of Commitment*, Cambridge University Press.
Piketty, Thomas and Emmanual Saez (2007), "How Progressive is the U.S. Federal Tax System? A Historical and International Perspective,"*Journal of Economic Perspective*, Vol. 21, No. 1.

第5章 アメリカ連邦給与税の受益と負担の関係およびその税負担構造の考察 161

Prante, Gerald and Andrew Chamberlin (2007), "Who pays Taxes and Who Receives Government Spending? An Analysis of Federal, State and Local Tax and Spending Distribution, 1994-2004, *Tax Foundation Working Paper*, No. 1, March.
Rohaly, Jeffrey (2011), *The Distribution of Federal Taxes, 2008-11*, Tax Policy Center, Urban Institute and Brookings Institution.
Roth, Martin G. (2010), *Social Security Solvency : Issues and Projections*, Nova Science Publishers, Inc.
Rosen, Harvey S. and Ted Gayer (2014), *Public Finance*, Tenth Edition, McGraw-Hill/ Irwin.
Scott, Christine (2011), "Social Security: Calculation and History of Taxing Benefits," CRS Report for Congress RL 32552, August 4.
Smith, Karen E. and Eric Toder (2014), *Adding Employer Contributions to Health Insurance to Social Security's Earnings and Tax Base*, Working Paper 2014-3, Center for Retirement Research at Boston College.
Social Security Administration (2014), *Annual Statistical Supplement to the Social Security Bulletin, 2013*, February.
Steuerle, C. Eugene (2013), *Statement of C. Eugene Steuerle on Reforming Social Security Benefits*, House Ways and Means Committee Subcommittee on Social Security, May 23.
Steuerle, C. Eugene (2014), *What Every Worker Needs to Know About an Unreformed Social Security System*, Statement before the Subcommittee on Social Security Committee on Ways and Means United States House of Representatives, July 29.
Steuerle, C. Eugene and Caleb Quakenbush (2012), *Social Security and Medicare Taxes and Benefits over a Lifetime*, Urban Institute, October.
Tax Foundation (2009), *Social Security and Medicare Tax Rates, Calender Years, 1937-2009*, May 5.
Tax Policy Center, Urban Institute and Brookings Institution (2012), *Income, Payroll Taxes, and Income Taxes for Married Couples at the Poverty Threshold by Number of Children, 1970-2011*, April 16.
Tax Policy Center, Urban Institute and Brookings Institution (2013), *Average and Marginal Combined Federal Income and Social Security and Medicare (FICA) Employee Tax Rates for Four-Person Families at the Same Relative Positions in the Income Distribution, 1955-2013*.
Tax Policy Center, Urban Institute and Brookings Institution (2014), *Historical Social Security Rates*, April 28.
The Board of Trustees, Federal Old-Age and Survivors Insurance and Federal Disability Insurance Trust Funds (2014), *2014 Annual Report of the Board of Trustees of the Federal Old-Age and Survivors Insurance and Federal Disability Insurance Trust Funds*.
The Board of Trustees, Federal Hospital Trustees, Federal Hospital Insurance and Federal Supplementary Medical Insurance Trust Funds (2014), *2014 Annual Report of the*

Boards of Trustees of the Federal Hospital Insurance and Federal Supplementary Medical Insurance Trust Funds.

U. S. Governmental Accounting Office (2001), *Federal Taxes Information on Payroll Taxes and Earned Income Tax Credit Noncompliance*.

Van de Water, Paul N. (2014), *Medicare Is Not "Bankrupt": Health Reform Has Improved Program's Financing*, Center on Budget and Policy Priorities, August 14.

第6章

カナダの普遍主義とアメリカの選別主義
――所得税・社会保障負担構造および福祉国家財政の比較――

広 瀬 義 朗

1. はじめに

　本章の目的は，カナダ福祉国家財政の再編過程，とりわけアメリカとの所得税および社会保障負担，福祉国家財政の比較を通じて，カナダの普遍主義を明らかにすることである。オイルショック後の経済の低成長および少子高齢化は，先進諸国にさまざまな課題を提起した。先進諸国は，これまでの高成長期のように富の分配ではなく低成長期には負担の分配をしなければならない。格差社会が顕在化するのもこの時期である。

　カナダとアメリカは，20世紀に所得税制を創設し，租税体系は所得税を中心に構築されてきた。また双方の国は，隣国ゆえに似たような租税構造を持つ。二度のオイルショック後には，経済の活性化を目指し同時期に税制改革が行われた。その内容も似通った面があるものの，異なる面もある。本章では，とりわけ所得税の負担に着目する。また負担については，租税に限らず社会保障負担も考慮しなければならない。それら2つの負担分析を通じて，カナダの普遍主義とは何かを探る。また双方の税制改革後の所得格差，経済格差はどのように解消されたのかを検証する。

　構成は，以下のとおりである。第2節では，まず双方の国の基幹税たる所得

税の負担分析を行う。次に，社会保障負担について考察する。第3節では，1960年から1980年代にかけての租税・社会保障負担の推移を見極め，カナダと負担構造の似た隣国アメリカとの比較分析を通じてカナダの普遍主義とアメリカの選別主義とは何かを述べる。

2. 所得税および社会保障の負担分析

2-1 先行研究

福祉国家研究として代表的なのは，エスピン゠アンデルセン（2001）である。カナダの福祉国家研究ではBanting（1987），カナダの福祉国家財政研究では持田（2004）等がある。

エスピン゠アンデルセン（2001）によってカナダおよびアメリカは自由主義モデルの福祉国家に分類されるが，同じ自由主義レジームの中でもカナダとアメリカでは，普遍性に対する考え方が異なるのではないか。カナダはアメリカと違って普遍主義的な国民皆医療保険制度を採用してきており，欧州の社会民主主義の影響もあって，福祉国家およびその財政構造はアメリカとは違っているはずでもあり，しかしまたアメリカの隣国ゆえに影響も受けて類似性もあるはずなので，カナダの普遍主義とアメリカの選別主義を比較検討する意義は大いにあると考える。

ところで，1970年代のオイルショックを契機とする先進諸国の福祉国家財政再編として，社会保障制度のあり方が見直されるのは当然であるが，もうひとつは税制も大きく見直される。個人所得税，法人税等の所得課税における税率のフラット化と課税ベースの拡大による，公平性，効率性の回復の動きと，福祉国家の財源としてのEU型付加価値税の採用や税率引き上げの動きが大きな潮流となったのである。特にカナダの1987年税制改革は，包括的所得税理論の代表的報告書であるカーター委員会報告の勧告の流れと，アメリカの1986年税制改革の影響と，先進福祉国家で発達するEU型付加価値税普及の3つの潮流が合流する大変注目すべき税制改革である。

カナダの税制改革の研究にはPerry（1989）等があるが，これらは負担構造の

分析というわけではない。

2-2 所得税負担分析

カナダでは，1987年と2000年に主要な税制改革が行われたため，この期間を本論の分析対象の中心とする。しかし，統計データに制約があり，2-2での分析期間は1990年代後半から2000年代とする。また所得税負担の実態をより詳しくみるために，まず所得階層別に分ける。次に，単身者および一人親家庭と家族にわけて所得税の負担分析を行う。さらに平均所得（average earnings）を中心に，片稼ぎおよび共稼ぎにわける。なお共稼ぎの場合には，夫（または妻）の所得を100%（平均所得）とし，配偶者の所得を3分の1程度，3分の2程度加えて分析する。

表6-1および表6-2は，1997年度から2010年度にかけてカナダおよびアメリカの単身者および一人親家庭，家族の所得階層別の所得税負担を表したものである。表中の所得とは，勤労者全体の平均所得を示す。表6-1は，単身者および一人親家庭の所得階層別所得税（taxes on income and profits）負担率を示し，表6-2は片稼ぎおよび夫婦共稼ぎのそれを示す。表6-2の100-0%というのは，夫（または妻）の片稼ぎの平均所得を表し，100-33%というのは，夫（また

表6-1 単身者および一人親家庭の所得階層別所得税負担率の比較，1997～2010年度
(単位：%)

		子供なし			子供2人
		所得の67%	所得の100%	所得の167%	所得の67%
カナダ	1997	17.7	22.1	29.5	▲1.0
	2000	16.2	20.7	27.3	9.7
	2005	13.1	16.6	22.5	5.1
	2010	11.4	14.9	21.5	0.7
アメリカ	1997	16.1	18.2	24.2	▲2.2
	2000	15.9	17.9	24.1	▲6.0
	2005	13.0	15.7	20.8	▲17.1
	2010	12.1	15.3	21.8	▲10.2

(注) 表中の所得の100%とは，平均的な賃金を獲得している人を100とした場合の勤労者の所得税負担率を推計した。単身者および一人親家庭の場合，所得の67%とは，平均よりも低い所得（平均所得の3分の2）を示し，所得の167%とは，平均よりも高い所得（平均所得の5分の3）を示す。

(出所) OECD (1998), p. 33；(2002), p. 82；(2006)；p. 47, (2011), p. 92より作成。

表 6-2　家族の所得階層別所得税負担率の比較，1997〜2010 年度

(単位：%)

		子供2人			子供なし
		片稼ぎ	共稼ぎ		
		所得の 100-0%	所得の 100-33%	所得の 100-67%	所得の 100-33%
カ ナ ダ	1997	12.6	16.4	19.1	19.1
	2000	16.4	17.7	18.9	17.7
	2005	12.3	13.9	15.2	13.9
	2010	8.0	10.7	12.6	11.9
アメリカ	1997	10.7	14.0	15.6	16.7
	2000	7.6	11.3	13.4	16.5
	2005	▲2.8	5.3	8.5	13.0
	2010	0.6	6.7	9.7	12.7

(出所) 表6-1 に同じ。

は妻）の所得100%に対して配偶者の所得を3分の1程度加えたものである。100-67%というのは，夫（または妻）の所得100%に対して配偶者の所得を3分の2程度加えたことを表している。

　2つの表を通して，カナダおよびアメリカの所得税負担率は，全体として低下している。次に家族の場合をみると，単身者および一人親家庭ほどではないものの，双方の国でその負担率は低下した。アメリカの場合，カナダに比べ所得税負担率は低く，とりわけ家族において所得税負担率の低下は顕著である。アメリカの負担率にマイナスがみられるが，これは児童税額控除や勤労所得税額控除の影響である。

　カナダの所得税負担率の低下は，上で述べた1987年のウィルソンの税制改革，2000年の税制改革の影響である。とりわけ1987年のウィルソンの税制改革では，所得税減税，法人税増税，GST（Goods and Services Tax：財・サービス課税）導入の3つが実行された。所得税改革について述べると，ブラケットの削減（10→3段階）および個人所得税の限界税率の引き下げ，所得控除から税額控除への転換，租税特別措置の廃止・縮小による課税ベースの拡大，課税最低限の引き上げ[1]等が行われた。これらが実施されたため，所得税負担率の低下

---

1)　広瀬（2009），20ページ。

となって表れたのである。

　2000年改革では，経済の好調さも相俟って大幅な所得税の減税を行った。カナダでは，福祉国家財政再編の序幕として所得税を減税することにより経済の活性化を目指したのである。

　次に表6-2の家族，子供2人，共稼ぎの所得の100-33%（夫（または妻）の所得を100とした場合，配偶者のそれは3分の1程度）と所得の100-67%（夫（または妻）の所得を100とした場合，配偶者のそれは3分の2程度）の所得税負担率の差を比較すると，アメリカの所得税負担率の差は最も拡大している（1997年度14.0%→15.6%，1.6ポイントの上昇から2010年度6.7%→9.7%，3.0ポイントの上昇）。これは，妻（または夫）の所得が増えると同時に所得税負担も増えるという累進的な所得税構造であることがわかる。ただしアメリカの場合，もともと負担率が相対的に低いことから，たとえ累進的な構造であっても所得再分配効果は限定的なのである。カナダの子供2人片稼ぎ，所得の100%（平均所得）と子供2人共稼ぎの所得の100-33%（夫（または妻）の所得を100とした場合，配偶者のそれは3分の1程度）の所得税負担率の差が大きい（2005年度12.3%→13.9%，1.6ポイントの上昇から2010年度8.0%→10.7%，2.7ポイントの上昇）。この税負担を軽減するために，カナダではGST税額控除を所得税制に組み込み，低・中間所得層に対してGSTの負担軽減を行っている。カナダの税制には，格差是正装置が組み込まれているのである。

　以上，所得税負担率に関して以下の点が明らかにされた。第1に，1997年度から2010年度にかけてカナダおよびアメリカでは，1997年度以降全体的に所得税負担率の低下がみられた。第2に，所得税負担の軽減がみられたアメリカでは，家族とりわけ子供のいる世帯に対しては，所得税負担を多く求めていない。第3に，カナダでは家族形態により所得税負担は異なる。とりわけ子供のいる世帯に対して所得税負担を緩和するためにGST税額控除が設計されているのである。

　ここで勤労世帯の不平等と所得再分配の状況を確認しよう。それには，

Pontusson (2005) の論文が参考になる。Pontusson (2005) は，1990年代末の欧米14カ国を①北欧社会市場経済諸国，②大陸社会市場経済諸国，③自由社会市場経済諸国の3つに分けて所得格差是正の効果を検証している。自由社会市場経済諸国には，オーストラリア，カナダ，イギリス，アメリカが含まれる。この論文から明らかなことは，第1に，市場所得のジニ係数の変化率は4カ国平均で41.8である。カナダは平均を下回る39.0であるのに対して，アメリカの場合は43.6と4カ国中最も高い。第2に，可処分所得のジニ係数の変化率は4カ国平均で32.4である。カナダは平均を下回る29.8であるのに対して，アメリカの場合には36.3と市場所得のジニ係数の変化率と同様に最も高い。第3に，所得再分配後のジニ係数の4カ国平均は22.6である。カナダは，それを上回る23.6であるのに対して，アメリカは最下位の16.7に過ぎない[2]。また関野 (2010) は，自由社会市場経済諸国において所得移転と並んで税制も再分配に一定の役割を演じていることを指摘している。特に，アメリカの税制の場合がそうである[3]。

上で述べた市場所得のジニ係数の変化率，可処分所得のジニ係数の変化率の分析から，カナダではアメリカよりも不平等の度合いが低い。またカナダの場合，アメリカより所得再分配の効果が大きく，税制の影響も少なくないことが明らかとなった。

2-3 社会保障負担分析

2-2では所得税負担について考察し，その結果，カナダおよびアメリカでは所得税負担は軽減されたことを明らかにした。所得税負担が軽減されたならば，福祉国家の財源を賄うためには他の税に負担を求めなければならない。各種租税負担に次いで税収割合の大きいのは，社会保障負担である。以下では，社会保障の負担について検討する。

---

2) Pontusson (2005), p. 143.
3) 関野 (2010), 160-161ページ。

表6-3および表6-4は1997年度から2010年度にかけてカナダおよびアメリカの単身者および一人親家庭，家族の従業員の所得階層別社会保障負担の負担率を表す。2つの表から，カナダおよびアメリカの共通点は，社会保障の負担率が10％を超えない低負担の国ということである。その中で，この間アメリカの負担率はほとんど変化していないのに対して，カナダは一貫して負担増となっている。

カナダの場合には，医療および基礎年金の財源を租税に求めているため，必

表6-3　単身者および一人親家庭の所得階層別社会保障負担率（従業員）の比較，1997～2010年度

（単位：％）

		子供なし			子供2人
		所得の67％	所得の100％	所得の167％	所得の67％
カナダ	1997	5.4	5.6	3.7	5.4
	2000	5.7	5.9	3.8	5.7
	2005	6.8	7.0	4.3	6.8
	2010	7.1	7.3	5.0	7.1
アメリカ	1997	7.7	7.7	7.7	7.7
	2000	7.7	7.7	7.7	7.7
	2005	7.9	7.8	7.8	7.9
	2010	7.7	7.7	7.7	7.7

（注）表中の社会保障負担率は，社会保障負担（social security contributions）および社会保障税（taxes on payroll and workforce）双方を含む。
（出所）OECD（1998），p. 34；（2002），p. 83；（2006），p. 48；（2011），p. 94より作成。

表6-4　家族の所得階層別社会保障負担率（従業員）の比較，1997～2010年度

（単位：％）

		子供2人			子供なし
		片稼ぎ	共稼ぎ		
		所得の100-0％	所得の100-33％	所得の100-67％	所得の100-33％
カナダ	1997	5.6	5.4	5.5	5.4
	2000	5.9	5.7	5.8	5.7
	2005	7.0	6.6	6.9	6.6
	2010	7.3	6.8	7.2	6.8
アメリカ	1997	7.7	7.7	7.7	7.7
	2000	7.7	7.7	7.7	7.7
	2005	7.8	7.9	7.9	7.9
	2010	7.7	7.7	7.7	7.7

（出所）表6-3に同じ。

然的に社会保障負担の数値は低く出がちである。しかし近年,社会保障税[4] (taxes on payroll and workforce) に注目が集まっている。Lin, Picot and Beach (1996a),(1996b) は,カナダの社会保障税の税率および税収全体に占める割合の低さを指摘している[5]。しかし,彼らは,社会保障負担(social security contributions)と社会保障税を合わせて分析しているため,両者を分離して考察する必要がある。筆者が OECD (2013) の分類に基づいて分析すると,社会保障税を課す国の中で対 GDP 比の高い国は,スウェーデン(10.0％),オーストラリア(5.2％),フランス(3.1％)の順であり,カナダ(2.1％)はこの 4 カ国中最下位である。そのため,カナダでは福祉国家財政の財源として社会保障税が注目されつつある。

　ここでは,カナダの年金制度について概観する。カナダの年金は 3 層構造であり,1 層目が租税を財源とした基礎年金部分の老齢所得保障制度(Old Age Security：OAS)[6]と,2 層目は社会保険料収入を財源とした所得比例部分のカナダ年金制度(Canada Pension Plan：CPP/Quebec Pension Plan：QPP),3 層目は個人部

---

4) 1993 年度カナダの社会保障税の内訳は,失業保険(雇用保険)税 44.4％,カナダ／ケベック年金制度税 28.0％,労働者補償税 13.3％,州医療・高等教育税 14.3％である。州医療・高等教育税制度は,ケベック,マニトバ,オンタリオ,ニューファンドランドの 4 州にみられる。Lin, Garnett and Beach(1996a), pp. 8, 14. なお,失業保険は,1995 年度から雇用保険の一部に含まれるようになった。

5) Lin, Picot and Beach(1996b)の研究によると,1993 年度カナダの社会保障税を含めた社会保障負担の対 GDP 比は,G7 中最下位である。Lin, Picot and Beach(1996b), p.1069.

　また Lin, Picot and Beach(1996a)は,OECD 加盟国と比較したうえでカナダの低位を示している。Lin, Picot and Beach(1996a), pp. 19-20.

　さらに Lin(2000)によると,1980 年代から 1990 年代にかけてカナダの社会保障税を含めた社会保障負担に関する収入は,急激に増えた。しかし,その増加額は主要先進国と比較すると決して多くないという。1996 年度には対 GDP 比 6.0％となったが,これはアメリカよりも低く,G7 では未だに最低のうえ,OECD 加盟国 29 カ国中 9 番目に低いことを指摘している。Lin(2000), p. 605.

6) 老齢所得保障制度は,基本的に 65 歳以上の全高齢者に支給される。老齢所得保障制度の他,低所得者に対して補足所得保障(Guaranteed Income Security：GIS)および配偶者手当(Spouse's Allowance：SPA)が追加支給される。岩﨑(2008),137 ページ。

分の登録退職貯蓄年金制度（Registered Retirement Saving Plan：RRSP）および法人部分の登録企業年金制度（Registered Pension Plan：RPP）である。とりわけ2層目および3層目の社会保険料の負担の増加が，ここでは社会保障負担の増加率となって表れるのである。その理由は，高齢化の進展によるものである。Rosenberg（1995）によると，1991年時点でのカナダの人口はおよそ3,000万人であった。その中で高齢者の割合は総人口の13.7％を占めていたが，2036年にはほぼ2倍の25.7％に達する見込であることを述べている[7]。

一方，1997年度から2010年度にかけてアメリカの社会保障負担率（家計の雇用者所得の受け取り／家計の社会保障基金の支払い）は10％を超えず，アメリカは負担の軽い国である。数値に大きな変化はみられず，社会保障の負担率は単身者および一人親家庭，家族ともに微増に留まっている。

次に，単身者および一人親家庭で平均所得を基準に所得の167％（平均所得の5/3程度）と比較すると，アメリカはほとんど同じ負担率なのに対して，カナダは負担増となっている（表6-3）。この社会保障負担の逆進性を緩和するために，カナダにはGST税額控除が設けられている。この制度の目的は，税制に限らずに社会保障の負担軽減も含まれるのである。

以上，これらの比較を通じて以下のことが明らかにされた。第1に，1997年度以降のカナダは負担率を高めたものの，カナダの医療制度の財源方式は社会保険料方式でなく税方式であるため，その割合は10％に満たないうえ，所得の低い層よりもむしろ高い層において負担が軽課されていること，第2に，アメリカでは大きな変化はないものの，若干の負担増になっていること，である。第3に，所得税と社会保障の負担分析を比較すると，所得税では，扶養控除等で所得や子供の有無によって負担に明らかな違いが生じたが，社会保障では所得税ほどの大きな負担の変化はみられないことである。第4に，カナダでは社会保障負担に含まれる社会保障税の税率を引き上げ，社会保険料率を引き上げる[8]ことで，福祉国家財政の財源調達を可能にしたのである。

---

7) Rosenberg（1995），p. 166.
8) 広瀬（2014）参照。

上の分析結果から，カナダとアメリカでは，所得税の負担率は次第に低下した。一方，カナダの社会保障負担率は徐々に高まっているのに対して，アメリカのそれは大きく変化していない。所得税では，双方の国で負担率の低下という共通点を持ったのに対して，社会保障負担率では双方の国で異なる動きがみられた。以下では，カナダと隣り合うアメリカの税制等の類似点および相違点や医療・年金等の動向を明らかにする。

3. カナダ普遍主義の特徴──アメリカとの比較から──

本節では，これまでの負担分析を通じてカナダ普遍主義の特徴を明らかにするために，隣国アメリカとの税財政の比較分析を行う。

3-1 二国間の税収割合の比較

双方の国の税収割合は，どのように推移したのかを以下で確認しよう。図6-1 は，1965 年度から 2010 年度にかけてのカナダおよびアメリカの GDP に占める税収割合を表している。この間カナダでは，主要な税制改革が 3 つ実行された。1971 年に行われたベンソンの税制改革，先に述べたウィルソンの税制改革，2000 年の税制改革がそうである。ベンソンの税制改革では，毎年 10 億ドル程度の増収を見込んだ増税および低所得層から高所得層への租税負担の移行が行われた[9]。ウィルソンの税制改革では，所得税減税，法人税増税，GST 導入の 3 つが実行され，2000 年改革では，経済の好調さも相俟って大幅な所得税の減税を行った。これらが実施された結果と税収の変化を比較すると，1970 年代は，オイルショックによる税収の変化というよりも，むしろその影響は小さく，税制改革による税収の変化と考えるのが適切であろう。1980〜90

---

9) Asper (1970) は，「カナダおよびアメリカの税制改革の大きな差異のひとつには，カナダの計画では毎年 10 億ドル以上の増加を見込んだ政府の収入を増やすことにある」という。また，「アメリカの計画では，連邦の税を 150 億ドルまで減らすことにある。カナダの計画では，租税負担を低所得者から高所得者へ移し，アメリカの場合にはほとんど全ての人の税を引き下げる」と述べる。Asper (1970), p. 25.

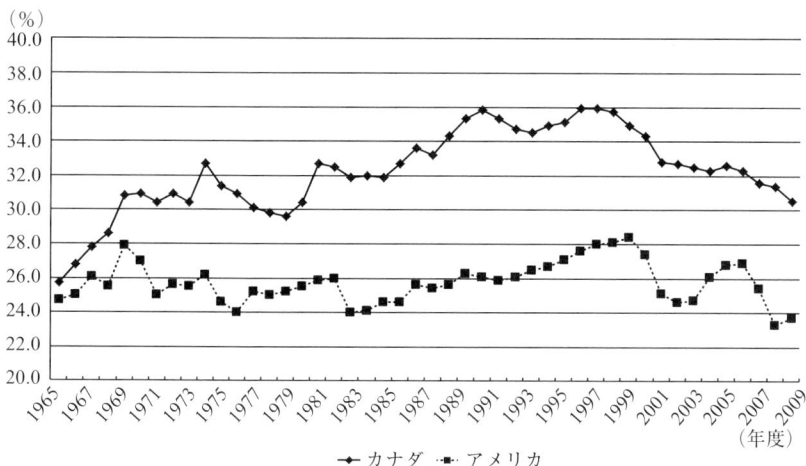

図 6-1 カナダおよびアメリカの税収割合の推移（対 GDP 比），1965～2010 年度

(注) 連邦と州・地方の税収を含む。
(出所) OECD (2009b), pp. 76-78 より作成。

年代の税収の伸びは，経済の回復と GST 導入によるもの，2000 年以降の低下は，2000 年税制改革の所得税減税によるものと考えられる。

アメリカでは，1980 年代には 1981 年および 1986 年税制改正，1990 年代には所得税の最高税率の引き上げおよびガソリン税の引き上げ，2000 年代には 01 年と 03 年にブッシュ（子）大統領による大幅な減税が行われた。1990 年代の景気回復および税制改正による税収上昇トレンドを示し，2000 年代の税収低下のトレンドは，税制改正の結果である[10]。

3-2　二国間の税制比較

上の二国間の税収比較では，明らかにカナダの方がアメリカを上回った。ここではカナダおよびアメリカの税収構造を比較検討する。

表 6-5 は，2008 年度のカナダおよびアメリカの対 GDP 比および税収割合を比較したものである。対 GDP 比および税収構造をみると，双方の国とも所得

---

10)　諏訪園 (2011), 260 ページ。

174　第2部　諸外国の税財政における格差問題と対応

表6-5　カナダおよびアメリカの税収比較，2008年度

(単位：%)

GDP に占める税収割合

	所得課税	社会保障負担	資産課税	財・サービス課税	その他の税	対 GDP 比
カナダ	15.9	5.4	3.3	7.5	0.1	32.2
アメリカ	12.6	6.6	3.1	4.6	0.1	27.0

税収構造

	所得課税	社会保障負担	資産課税	財・サービス課税	その他	税収割合
カナダ	49.5	16.5	10.2	23.4	0.3	100.0
アメリカ	46.8	24.5	11.7	17.0	-	100.0

（注）社会保障負担には，ペイロール・タックスを含んでいる。
（出所）OECD（2009b），p.110 より作成。

課税中心であることがわかる。資産課税においても非常に似た数値を示している。異なるのは，表上段にある社会保障負担である。表上段をみると，社会保障負担を除けばカナダはアメリカの数値を上回っている。次に，表下段をみると，二国間で大きく数値が異なるのは，社会保障負担および財・サービス課税である。先に述べたように，アメリカには連邦の財・サービス課税がないため，社会保障に負担を求める傾向がある。先に検討したように，エスピン＝アンデルセン（2001）によれば，カナダとアメリカは同じ自由主義モデルに含まれる。しかし対 GDP 比を考慮すると，アメリカは「小さな政府」に違いないが，カナダはそうとも限らない。カナダは，北欧諸国の社会民主主義モデルのように「大きな政府」ともいえないが，少なくとも自由主義モデルの中では「中くらいの政府」と考えるのが適切であろう。

　Cataldo and Savage（2001）は，カナダとアメリカの課税原則について次のように述べる。アメリカには『諸国民の富』の中で述べられたアダム・スミスの4つの租税原則，すなわち①明確性，②公平性，③簡便性，④経済性（最小徴税費）が当てはまり，少ない所得に対しては，Strayer（1939）を取り上げ，①収入の安定性，②公正または公平性，③政策および納税意識，④行政の簡便性，の4点を挙げている。一方，カナダの現代的税制の展望としては，Bird, Chen and Jacobs（1994-95）の述べる次の9点，①公平性および公正性，②中立性，③適切性，④弾力性，⑤柔軟性，⑥簡便性および税務行政の容易性，

⑦確実性，⑧分野間の課税のバランス，⑨国際競争力，を挙げる[11]。

また所得税が導入された時期をみると，カナダは1917年に導入しており，1913年に導入したアメリカと同様に第一次世界大戦前後である。資産課税にも，両国の共通性が見出される。たとえばアメリカでは，1916年にまず遺産税（estate tax）が制定される。贈与税（gift tax）は1924年に導入され，1926年にいったん廃止されるが1932年になると再び導入される。一方のカナダでは1941年に遺産税（the Canadian estate tax）が導入され，1959年には遺産税法が制定される。さらに時を遡れば，Perryの記述が最も両国の類似性を端的に示している。「1892年のオンタリオ（州）法——この起源は明らかにアメリカにある[12]。」

3-3 カナダおよびアメリカ税制等の共通性と相違性

カナダとアメリカ税制の共通性には，次のようなものが考えられる[13]。たとえば，所得税の理論についてである。カナダおよびアメリカでは，包括的所得税理論を支持している。また類似性としては社会保障税という社会保障に関する共通の目的税を持つこと，カナダに先駆けて行われたアメリカの1986年税制改革では，個人所得税および法人税の累進性を緩和したこと，カナダの1987年税制改革はそれに追随したこと，さらにカナダには所得税に勤労所得租税給付（Working Income Tax Benefit：WITB）が存在し，アメリカでは勤労所得税額控除（Earned Income Tax Credit：EITC）が認められること，カナダのMT（Minimum Tax）とアメリカのAMT（Alternative Minimum Tax）があること，等々である。

課税単位は，カナダで個人単位を採用し，アメリカでは所得の夫婦合算を認

---

11) Cataldo and Savage (2001), pp. 28-32.
12) Ibid., pp. 148-149.
13) Cataldo and Savage (2001) は，カナダとアメリカの税制について「アメリカおよびカナダの個人所得税の進展に多くの類似性が存在する」という。さらに「例えば，歴史的にみれば，特に結局は第二次世界大戦ということになるが，カナダの租税政策はアメリカに似ており，これはアメリカに追随したことの表れである」。Ibid., p. 4.

め双方の制度は異なる。1971年度から1997年度まで両国でばらつきがあったものの，カナダで税制改革が行われた1987年以降の両国の税制は一部分できわめて似ており，また税制と家族形態の変化に対する相関関係は高いと考えられる。両国の離婚率（結婚件数／離婚件数）には，類似性もある[14]。さらにキャピタル・ゲインでは，かつての宗主国イギリスで分離課税を適用しているのに対し，カナダはアメリカと同様に総合課税を採用している。Arnold and Edogar（1995）によると，アメリカおよびカナダは中小企業に対してキャピタル・ゲイン控除を認めており，その類似性を指摘している[15]。間接税では，カナダおよびアメリカ双方とも連邦制国家であるために，州独自に小売売上税を課している。また，双方の国で1980年代後半に行われた税制改革は，皮肉にも財政赤字を拡大させてしまった共通点を持つ。また税務や社会保険，年金等にかかわる社会保障番号や社会保険番号は，アメリカで1962年に，カナダでは1967年にそれぞれ導入された[16]。

ここで社会保障に関する共通性を考えると，双方の国とも高齢化が進展しており，年金に対する支出が年々高まっている。カナダの年金の対GDP比は，1960年に3％程度，1970年に4％未満，1985年には5％以上となったのに対して，アメリカのそれは，1960年に4％程度から1970年に6％以上，1985年には7％以上を記録した[17]。

次に相違性をみると，カナダでは1987年の税制改革によって連邦にGSTが税率7％で導入された。現在は，5％の税率で存在するが，アメリカでは連邦の付加価値税を持たず，カナダでは1971年の税制改革で連邦の遺産税および贈与税を廃止したが，アメリカには連邦に遺産税および贈与税が現存する。カナダおよびアメリカは，所得税の総合課税主義を採る点において共通しているが，カナダでは1987年税制改革の際キャピタル・ゲインの4分の3（現行3分

---

14) *Ibid.,* pp. 80-81.
15) Arnold and Edogar（1995），S. 66.
16) 住澤（2014），321ページ。
17) Kinsella and Gist（1995），p. 54.

の2)を課税所得としたのに対して,アメリカの場合にはキャピタル・ゲインの全額課税が行われており,この点において異なっている。

　Tanzi and Schuknecht(2000)は,1980年代半ばにおけるカナダおよびアメリカの租税・所得移転による所得分配の改善度はそれぞれ1.7％,2.4％であり,相対的に低いことを指摘している[18]。この時期は,二度のオイルショックを経験した後であり,1980年代にまさに格差社会が顕在化したのである。

　また,ここで社会保障に関する相違性を考える。年金給付額を比較すると,1980年代のカナダの年平均インフレ率は,6.3％とアメリカの5.6％を上回った。同時期の年金給付額の伸び率をみると,カナダは年平均8.5％であったのに対して,アメリカはそれを上回る9.3％であった[19]。1980年代のアメリカは,年金給付額を増大したのに対して,カナダの場合には福祉国家財政再編の一環としてマルルーニ政権時に年金給付額を削減したのである。

　とはいえ,OECD(2010b)では,1990年代半ばに比べて2010年前後に市場所得の不平等の割合は,税制および移転システムを通じて相殺されていることが示されている。カナダの税引き後,移転後所得は決して望ましい水準といえないものの,カナダの相対的貧困率の割合が急激に低下したのは,生活するうえでの基礎的なニーズが十分満たされているからである,という[20]。

　またOECD(2014)に次のような指摘もある。「可処分所得の不平等は,1995年以降相対的に拡大しており,カナダはOECD加盟国の中で12番目に高い水準となった。しかし,この不平等の拡大は1990年代後半に起こっており,市場所得の不平等の拡大とともにそのシェアの低さが幸いし,税制および移転システムを通じて相殺された。1990年代後半の所得移転の役割低下(大部分はミーンズ・テストによる)は,経済状況の好転で変わった。似通った年のビジネスサイクルを比較すれば,カナダの税制および移転システムは30年以上大きく変更されず既存のままなのである[21]」。

---

18)　Tanzi and Schuknecht(2000), p. 97.
19)　*Ibid.*, p. 70.
20)　OECD(2012), p. 23.

3-4 政府支出の拡大要因——医療・年金・福祉——

カナダの連邦支出の拡大要因として考えられるのは、高齢化による医療、年金、福祉の分野である。上の3つのうち、連邦の支出に占める対 GDP 比が、2000 年代に 10%を超えるのは医療であるため、まずそれから検討する。

図 6-2 は、1960 年度から 2010 年度にかけてのカナダおよびアメリカの国民医療費の推移（対 GDP 比）を表す。図から、カナダの医療費は、拡大し 1990 年代前半にピークを迎えることになる。その動向は、Scherer and Devaux（2010）の分析によると、医療支出の比率は、1992 年の深刻な景気後退を境に対 GDP 比 10%前後に低下した、という。その理由として、連邦政府は 1984 年のカナダ医療法（Canada Health Act）の下、州に対する移転を急激に削減したこと、その後 4 年以上にわたって順番に州の医療支出を削減したこと、の 2 点を挙げている[22]。これは、まさに上で述べたマルルーニ政権時の福祉国家財

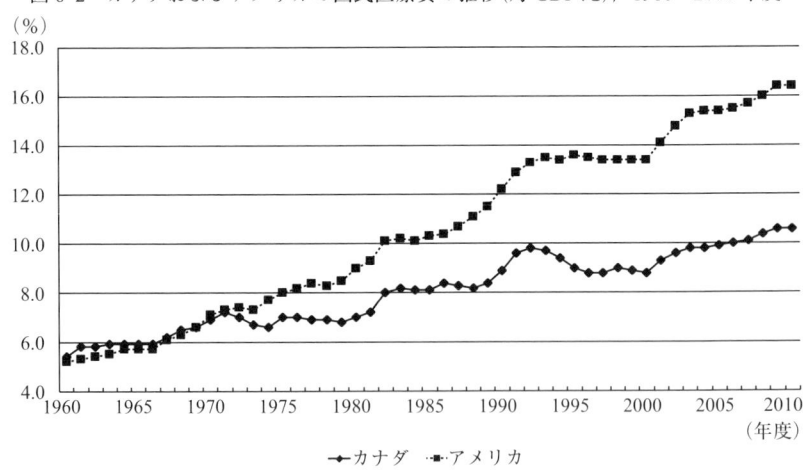

図 6-2 カナダおよびアメリカの国民医療費の推移(対 GDP 比)、1960〜2010 年度

(出所) http://stats.oecd.org/index.aspx?DataSetCode = HEALTH_STAT より作成。

---

21) OECD（2014), pp. 25-26.
22) Scherer and Devaux（2010), pp. 20-21.

政再編，要するに社会保障削減の時期と重なるのである。

　一方，アメリカの医療費の増大は，後に述べるように 2005 年の税制改革やオバマ民主党政権の政策によるものである。また Scherer and Devaux（2010）の分析では，アメリカの医療費は過去 40 年にわたって大きく増加した。ベルギーやポルトガルを除いた他の OECD 加盟国よりも速く増大していること，近年の景気後退はさらなる医療支出率の上昇に結びつき，その率は GDP の 16% を占めており，これはすでに OECD 加盟国より高いこと，たとえ医療支出が 2009 年度および 2010 年度に削減されたとしても，対 GDP 比は 17% に上昇すること，等を指摘している[23]。

　最後に，双方の国の国民医療費を比較すると，1960 年度時点ではアメリカよりもカナダにおいて医療費の対 GDP 比が高いことがわかる。しかし，1970 年度に入れ替わり，それ以降は一貫してアメリカがカナダを上回る状況である。さらに OECD（2009a）によると，カナダの場合には，医療費の対 GDP 比が増大すると相対的貧困率も同時に低下したが，医療費の対 GDP 比が増大したからといって，必ずしも相対的貧困率が低下するとは限らない。アメリカの場合がそうである[24]。

　また全国民向けの公的医療サービスを租税負担ゆえ患者負担無料で展開し，1990 年代以降のカナダは対 GDP 比 10% 程度にとどめているのに対し，全国民向けの公的医療サーヴィスを持たないアメリカでは 2000 年以降も上昇した。双方の国の医療制度の相違，すなわち普遍主義と選別主義の相克は，相対的貧困率や医療費の動向に大きな影響を与えたのである。次に，1 人当たりの国民医療費について分析を行う。

　図 6-3 は，1970 年度から 2010 年度にかけての 1 人当たりの国民医療費を表す。図より 1970 年度時点では，カナダはアメリカを上回っている。グラフには資料の制約から示されていないが，1960 年度から 1965 年度にはカナダおよ

23）　*Ibid.*, pp. 16-17.
24）　http://stats.oecd.org/index.aspx?DataSetCode=POVERTY 参照。

180 第2部 諸外国の税財政における格差問題と対応

図 6-3 カナダおよびアメリカの1人当たり国民医療費の推移，1970～2010 年度
（アメリカドル）

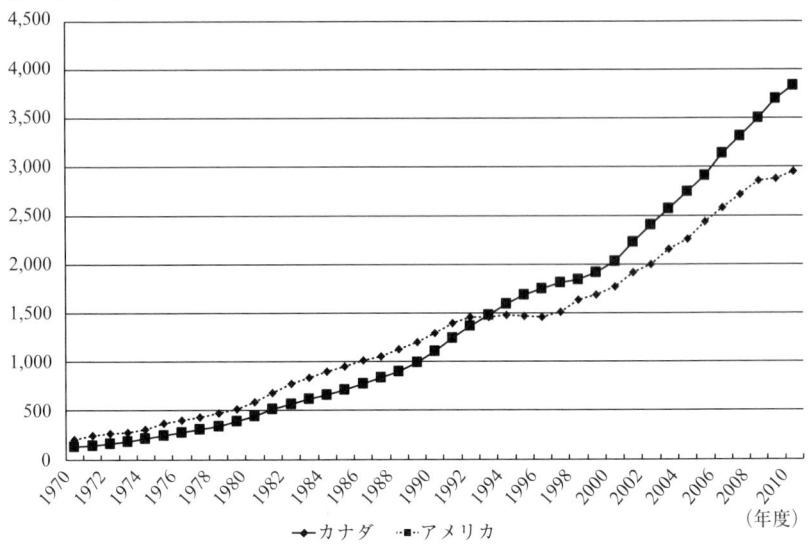

(出所) 図 6-2 に同じ。

びアメリカの数値はそれぞれ 53 → 92 ドル，34 → 47 ドルと増加し，1965 年度には両国において2倍の開きがあった。その後両国の差は縮まり，1993 年度になるとついにアメリカはカナダを上回り，以後一貫してアメリカの1人当たりの国民医療費はカナダを上回ることになる。アメリカは，小さな政府指向で医療費の拡大を好まない。しかしながら，医療サービス対象者を限定し，選別主義を選択したはずのアメリカは，全国民を対象とし，普遍主義を採るカナダより過度の負担を強いられてしまった。

また，ここで国民医療費に占める公費割合を確認すると，1960 年度ではカナダで 42.6％，アメリカで 23.1％と，ともに 50％を下回っていたが，1965 年度にはカナダで 50％を上回り，以後 70％前後を推移している。他方のアメリカでは，1960 年代初頭の 20％台前半から 1960 年代後半には 30％を超え，以後 40％台を推移する。アメリカの公費割合は，依然として 50％以下である。

次に，年金について検討する。1995 年のカナダの公的年金支出の対 GDP 比

は，5.2％である[25]。カナダの場合，公的年金は社会サービスという項目に含まれるため，まず社会サービスを考察する。

社会サービスにかかわる支出は，連邦のプログラム支出[26]の最大項目に挙げられ，2007-08年の連邦支出全体のおよそ37％である[27]。社会サービスとは，①雇用保険プログラム，②所得保障プログラム，③社会福祉，④カナダ年金制度（CPP），⑤その他に分けられる。まず，①の雇用保険プログラムから考察する。雇用保険プログラムには，雇用保険が含まれる。②の所得保障プログラムには，老齢所得保障（OAS），補足所得保障（GIS），60歳から64歳までのOAS受給者および寡夫・寡婦に対する配偶者手当（SA），児童給付（CTB）がある。カナダの年金は制度上，先述のごとく3層構造を持つ。老齢所得保障および補足所得保障は第1層目の基礎年金に相当し，公費負担で賄うため無拠出の年金である。第2，第3層目は，後に述べる。

1950年ごろのアメリカ人およびカナダ人の平均寿命は，男性66歳とほぼ同じであり，女性の場合にはアメリカ人71.7歳に対してカナダ人70.9歳とアメリカ人女性の方が若干長寿であった。しかし1995年になると，カナダ人は男女ともに平均寿命を伸長した[28]。

次に，カナダの児童給付について検討する。児童給付は，18歳以下の低―中所得者向けの家族に対する制度である。児童に対する所得支援として，1997年度に再設計されたのが，上で述べた児童給付である。この制度の狙いは，子を持つ親を財政的に支えることにある。この制度を変更すると，連邦の支出は増えることになる。一方で，州の支出における子持ち世帯に対する社会扶助は減少した[29]。

③の社会福祉は，医療移転（CHT）と社会移転（CST）の2つに分けられる。

---

25) 丸山（1999），128ページ。
26) プログラム支出とは，政策支出のことである。
27) Canadian Tax Foundation（2009），Chapter 8, p. 1.
28) Kinsella and Gist（1995），p. 7.
29) *Ibid.*, p. 8.

1977年度以前まで，これらは費用分担プログラムという特定補助金であったが，同年4月にブロック補助金化（Block grant, Established Programs Financing:EPF）された。その後1996年度にブロック補助金は，カナダ扶助制度（CAP）と一本化されカナダ医療社会移転（CHST）となった。さらに，2004年度に医療社会移転は現在の医療移転と社会移転の2つに再分割された。また福祉制度改革として，連邦は2007年度に勤労所得租税給付を創設した。これは，低所得者の福祉依存体質を脱却し，勤労意欲を高めることを目的とする制度のひとつである。これらの政策は，クレティエン政権下の福祉国家財政の再編過程の終幕，すなわち福祉関連支出削減を念頭において実行されたものである。カナダの普遍主義が揺らいだ時期でもある。

④のカナダ年金制度（CPP）は，第1層目の老齢所得保障や補足所得保障と異なり公費負担ではない。カナダの年金制度上の3層構造のうち，カナダ年金制度は第2層目に相当し，その財源方式は社会保険方式を採る。被保険者は，報酬に比例した年金額を受け取れる。カナダ年金制度の財政方式は，賦課方式を採用している。

カナダの年金3層構造の中で，残りの第3層目は個人および企業年金である。これは，私的年金であり，税制上の優遇措置を受けられるものの，連邦の社会サービスの項目に含まれていない。

先に述べたように，カナダ人は，アメリカ人に比べ男女ともに長寿の傾向にある。これは，カナダの全国民を対象とする公的医療の制度設計の充実や健康に対する高い意識等からくるものであろう[30]。カナダの普遍主義は，アメリカの選別主義を超越した結果ともいえる。

ここで，カナダが1980年代に顕在化した格差社会を是正した結果を取り上げる。橘木・浦川（2006）によれば，1994年の社会保障給付による貧困削減の全体的な効果[31]をみると，アメリカが18.7％であるのに対して，カナダのそ

---

30) OECD（2010b）によると，OECD加盟国のうち，全人口に占める太りすぎ（肥満）の割合が最も高いのはアメリカであり，カナダは6番目に高い。健康志向の高いカナダであっても，近年の肥満率の上昇傾向は注意を要する。

れは 2 倍以上の 45.6％であった。全体的な効果を示す内訳は，主に①社会保険，②公的扶助，③特定できない効果の 3 つであるが，これらをみてもカナダの数値（① 20.9％，② 11.3％，③ 5.5％）はアメリカのそれ（① 9.9％，② 4.0％，③ 1.5％）をかなり上回っている。カナダでは，福祉国家財政再編過程の中で社会保障給付の削減はみられたものの，できる限り社会保障給付を通じて格差社会を大きくしないように努めたのである。

　カナダは，アメリカのように小さな政府指向でなく，上の医療，年金，福祉に加え，政府支出の中で人件費の割合も決して少なくない。公的部門の支出増大から政府支出の動向を探ってみよう。政府支出の大半は，人件費である。政府支出の拡大要因は，第 1 に人件費である。OECD（1993）の次の記述が参考になるため，以下で紹介しよう。

　「(1980 年代後半には賃金の上昇がみられたが) オーストラリアやカナダでは，他の国々と異なり早い段階で賃金上昇の相違点があり（オーストラリア：1985 年以前，カナダ：1986 年），民間部門以上に公的部門においてより大きな影響がみられる[32]」。「オーストラリアやデンマークでは，1988 年に実質賃金の減少がみられる。これは，カナダやドイツにも当てはまる。(中略) カナダでは，実質賃金の減少は緩やかであった。これは，1980 年代初頭の失業の急な増加の後，85 年から 86 年にかけて始まった。政府は，経済への関与を減らす目的で 84 年に多くの構造改革，とりわけ大胆な規制緩和と民営化を行った。インフレ阻止（anti-inflation）および価格安定化政策の結果，公的部門の賃金の上昇は 88 年まで抑えられたが，この傾向は 90 年に逆になり，91 年に政府は再び名目賃金上昇率を 2％以下に制限した[33]」。

　次に，カナダの公共部門を詳しく分析するために，雇用および賃金・給与を

31）橘木・浦川（2006）のいう貧困削減効果とは，社会保障給付によって相対的貧困から免れる世帯の割合を示す。相対的貧困とは，所得中位値の 50％以下のことを指す。橘木・浦川（2006），144 ページ。

32）OECD（1993），p. 27.

33）*Ibid.*, p. 30.

表6-6 カナダの公共部門の雇用の推移，1988〜1993年度

(単位：％)

	1988	1989	1990	1991	1992	1993
政府全体	84.3	85.3	86.0	86.8	87.3	87.6
連邦	16.2	16.5	16.6	15.8	15.9	15.4
州および準州	39.8	40.0	40.3	41.1	41.1	41.4
州および準州政府一般	13.6	13.6	13.7	14.0	13.9	13.8
単科および総合大学	8.3	8.4	8.4	8.5	8.6	8.7
医療および社会サービス	17.9	18.0	18.2	18.6	18.6	18.9
地方	28.3	28.8	29.1	29.9	30.3	30.8
地方政府一般	10.5	10.7	10.9	11.1	11.3	11.5
学校区	17.8	18.1	18.2	18.8	19.0	19.3
公営企業	15.6	14.7	14.0	13.3	12.7	12.4
連邦	7.0	6.1	5.5	5.0	4.6	4.6
州および準州	6.5	6.4	6.4	6.2	6.0	5.8
地方	2.1	2.2	2.1	2.1	2.1	2.0
合計	100.0	100.0	100.0	100.0	100.0	100.0

(出所) Statistics Canada (2000), p. 40.

連邦および州（準州を含む）・地方に分けて考察する。表6-6は，1988年度から1993年度にかけての公共部門の雇用の推移を表す。この表から，第1に次第に政府全体の雇用の割合が高まったのに対して，連邦の割合は低下したのが分かる。第2に，連邦および州・地方の3つのうち州および準州の割合は4割程度と最大である。第3に，州の中で最大なのが医療および社会サービス部門であり，しかもその割合は上昇している。

また公共部門の人口千人当たりの雇用者数をみると，世界的な流れの中で1988年度には110人から93年度には106人へと減少し，98年度には92人まで減少している。さらに労働者1人当たりの公共部門の賃金および給与の前年度比平均は，公共部門全体で1989年度（5.8倍），91年度（5.0倍），93年度（1.8倍）となり，その中で連邦の場合には89年度（7.7倍），91年度（1.8倍），93年度（0.2倍）と徐々に低い伸びにとどまっている。要するに，3つの政府の中で州では医療および社会サービスに雇用の多くが割り当てられ，その割合も高まっていること，一方の連邦では雇用数および給与平均で前年度より減少または低い増加であること，が明らかとなった。

3-5 政府収入

政府収入の確保は，次のように考えられた。第1に，1987年税制改革の第1段階の法人税の増税である。法人税改革では，税率の引き下げによる減収となるが，その分租税優遇措置の廃止や縮減により増収が期待され，差し引き税収増（1988〜1989年：5億3,000万ドル，1989〜1990年：6億2,500万ドル，1990〜1991年：11億6,500万ドル，1991〜1992年：15億2,500万ドル）となる見込みであった[34]。

第2に，1991年のGSTの導入である。中央政府による付加価値税の導入は，カナダに限らず他の先進諸国でも同時期にみられる。ニュージーランド（1986年）や日本（1989年），オーストラリア（2000年）等である。またEU諸国では，付加価値税の税率を継続的に引き上げることで収入を確保している。

3-6 カナダ福祉国家財政構造の変化

累積する財政赤字に対する懸念，1986年アメリカ税制改革の個人所得税減税実施の余波等々，支出および収入のあり方に関心が集まり，1980年代後半にはカナダにおいても税制改革の気運が高まっていた。そのような中，実施されたカナダの1987年税制改革では，1980年代半ばから1990年代初頭にかけて財政規律に対する圧力から租税支出の廃止や見直しが検討されたが，近年，予算上の継続的な黒字を計上していることなどから，支出（spending）および租税支出（tax expenditure）を増やす動きが出ている[35]。租税支出については，以下の表で2000年代の動向を探る。

表6-7および表6-8は，カナダおよびアメリカの租税支出の対GDP比を表す。カナダの租税支出は，所得税関連，GST関連，その他（memorandum items）の3つに分けられる。カナダの2001年度から2009年度にかけての伸びをみると，所得税関連の租税支出が最も高く，中でも割合を高めているのは，年金

---

34) Department of Finance Canada (1987), pp. 74-75.
35) OECD (2010a), p. 79.

表 6-7 カナダ及びアメリカの租税支出（対 GDP 比），2001〜2009 年度

(単位：％)

	カナダ 2001	カナダ 2005	カナダ 2009	アメリカ 2002	アメリカ 2005	アメリカ 2009
所得税関連						
税の軽減一般	0.16	0.14	0.23	0.21	0.34	0.19
低所得未就労関連	0.02	0.02	0.02	0.14	0.12	0.11
年金	0.65	1.87	2.03	1.47	1.04	1.06
就労関連	0.12	0.11	0.12	0.12	0.07	0.07
教育	0.12	0.11	0.12	0.12	0.14	0.13
医療	0.24	0.25	0.27	1.04	1.08	1.15
住宅	0.08	0.25	0.27	0.91	1.21	1.02
企業インセンティブ一般	1.00	0.97	1.10	1.51	0.94	0.60
R＆D	0.22	0.25	0.33	0.08	0.08	0.08
特定産業保護	0.21	0.02	0.07	0.25	0.24	0.26
政府間関係	1.63	1.56	1.60	0.91	0.67	0.57
寄付	0.20	0.20	0.20	0.38	0.30	0.38
その他	0.02	0.02	0.03	0.04	0.04	0.10
make work pay	0.00	0.01	0.16	0.07	0.07	0.07
小計	4.67	5.78	6.55	7.25	6.34	5.79
GST 関連	1.11	1.17	0.90			
その他	3.94	3.50	3.42			
総合計	9.72	10.45	10.87	7.25	6.34	5.79

(出所) OECD (2010a), pp. 172-173, 210-211 より作成。

表 6-8 カナダおよびアメリカのタイプ別所得税支出（GDP 比），2001〜2009 年度

(単位：％)

	カナダ 2001	カナダ 2005	カナダ 2009	アメリカ 2002	アメリカ 2005	アメリカ 2009
控除	1.21	1.20	1.59	0.54	0.62	0.50
免税	2.52	2.65	2.85	5.35	5.01	4.77
繰り延べ	0.47	1.71	1.83	0.77	0.46	0.34
税率引き下げ	0.47	0.20	0.27	0.60	0.25	0.19
小計	4.67	5.76	6.54	7.26	6.34	5.80

(出所) OECD (2010a), p. 173, 211 より作成。

(retirement) である。さらに表 6-8 のタイプ別の所得税の租税支出（表 6-7 の所得税関連の小計の内訳）について注目すべきは，控除 (credit)，免税 (deductions, exemptions & exclusions)，繰り延べ (deferrals)，税率の引き下げ (reduced rates) の 4 つのうち免税は 2％を超え常に高い割合であるが，繰り延べの割合が急速に

高まっている点である。他方，アメリカではカナダと同様に免税の割合が最も高いものの，カナダと異なるのは次第にその割合を低くしている点である。それは，繰り延べや税率引き下げにも当てはまる。

最後に，カナダとアメリカで最も異なるのは，前者が次第に租税支出の対 GDP 比を高めているのに対して，後者では全く逆のトレンドを示している点である。この理由は，先に述べたようにカナダでは近年経済が好調なことから租税支出を増やしているのに対し，他方のアメリカでは，1986 年税制改革により租税支出の削減が検討され，実施された。その後多くの租税支出が廃止され，また所得税限界税率の引き下げの影響から，さらに向こう 10 年間の大規模な税率引き下げによる減税から対 GDP 比を低下させている[36]。

以上，ここまでは対 GDP 比を検討してきたが，以下では租税支出に関する連邦政府の税収割合についてみていこう。

表 6-9 は，2001 年度から 2009 年度にかけてカナダおよびアメリカの連邦政府の税収割合を表している。この表からみてとれるのは，第 1 に双方の総合計に注目すると，カナダでは次第にその割合を高め 2009 年度には 4 割を超えたのに対し，アメリカではこの間 4 割前後であまり大きく変化していない点である。第 2 に，カナダでは 2001 年度に政府間関係，企業インセンティブ，年金の順に割合が高かったが，2009 年度にはそれぞれ数値も高まり，とりわけ年金の割合が最大となった点である。第 3 に，アメリカでは企業インセンティブ，年金，医療，住宅，政府間関係の順であったが，2009 年度には医療，年金，住宅，企業インセンティブ，政府間関係の順に大きく入れ替わった点である。

その理由は，次のように考えられる。カナダの場合には，カナダ年金制度（CPP）の社会保障計画税をはじめとした年金収入の確保は，高齢化社会を支えるうえで最重要課題のひとつであるからである。また政府間関係について，連

---

36) OECD（2010a），pp. 138-140.

表 6-9 カナダおよびアメリカの租税支出に関する連邦政府税収割合，
2001〜2009 年度

(単位：%)

	カナダ			アメリカ		
	2001	2005	2009	2002	2005	2009
所得税関連						
税の軽減一般	0.93	0.89	1.51	1.20	1.94	1.26
低所得未就労関連	0.14	0.12	0.13	0.76	0.69	0.73
年金	3.77	11.96	13.64	8.24	5.89	7.01
就労関連	0.68	0.73	0.78	0.69	0.40	0.47
教育	0.67	0.69	0.78	0.68	0.77	0.88
医療	1.39	1.61	1.81	5.84	6.14	7.57
住宅	0.46	1.59	1.79	5.12	6.88	6.75
企業インセンティブ一般	5.79	6.24	7.37	8.46	5.36	3.95
R＆D	1.26	1.62	2.20	0.46	0.43	0.55
特定産業保護	1.21	0.13	0.47	1.39	1.37	1.71
政府間関係	9.39	9.98	10.77	5.10	3.80	3.79
寄付	1.15	1.26	1.37	2.13	1.71	2.49
その他	0.11	0.12	0.22	0.20	0.25	0.67
make work pay	0.03	0.04	1.06	0.41	0.38	0.47
小計	26.98	36.97	43.90	40.68	36.01	38.30
GST 関連	6.43	7.48	6.02	0	0	0
その他	22.76	22.46	22.94	0	0	0
総合計	56.17	66.92	72.86	40.68	36.01	38.30

(出所) OECD (2010a), p.176, 214 より作成。

邦制国家を採るカナダでは政府間財政関係は無視できない項目であり，常に連邦政府税収割合の 10％前後を占めていることからも重要視されている，と考えられる。他方のアメリカの場合では，2005 年の税制改革で連邦の包括的な税制論議が行われ，租税支出が検討されたためであり，2008 年度及び 2009 年度ではオバマ大統領が民間医療保険の租税支出の主要な変更を提案している[37]。

アメリカに比べカナダの所得税関連は割合を高めており，かつアメリカには所得税関連しか別途項目がないため，以下では所得税関連をタイプ別に分け詳細に論じる。

---

37) OECD (2010a), p.136.

表6-10 カナダおよびアメリカのタイプ別所得税支出（連邦政府税収割合），2001～2009年度

(単位：％)

	カナダ				アメリカ		
	2001	2005	2009		2002	2005	2009
控除	7.01	7.70	10.65		3.05	3.54	3.28
免税	14.56	16.98	19.14		29.96	28.44	31.51
繰り延べ	2.69	10.98	12.30		4.32	2.62	2.25
税率引き下げ	2.72	1.31	1.81		3.35	1.41	1.27
小計	26.98	36.97	43.90	小計（総合計）	40.68	36.01	38.31

(出所) OECD (2010a), p.176, 215 より作成。

表6-10は，カナダおよびアメリカのタイプ別所得税支出（連邦政府税収割合）を表す。カナダの場合はGST関連，その他があるためここでは所得税関連の小計を示し，アメリカの場合には所得税関連の小計自体が総合計となる。アメリカは，免税中心でそれ以外の項目は大きく変化していないかあるいは低下しているのに対して，カナダではアメリカと同様に免税中心であるが，税率引き下げ以外は2001年度から2009年度にかけてそれぞれの割合が高まっているところに違いがある。

4. おわりに

本章の目的は，カナダ福祉国家財政の再編過程，とりわけ租税・社会保障負担の構造をアメリカと比較しながら負担分析したうえで，カナダ普遍主義の特徴を明らかにすることであった。本章で明らかにされたのは，以下の点である。

第1に，1990年代後半に双方の国で所得税負担の低下がみられたことである。

第2に，カナダの所得税および社会保障の負担分析では，前者では扶養控除等の影響から所得や子供の有無で負担に違いがみられたのに対して，後者では制度に加え，うえのような違いは明確に出ないことである。

第3に，似たような負担構造を持つカナダおよびアメリカを比較した結果，税制及び財政において相違性があり，延いては年金，医療，福祉や租税支出の

動向で異なっていることを解明した。双方の国で高齢化が進展しているにもかかわらず，福祉国家財政の再編過程の一環として，普遍主義を是とするカナダでさえマルルーニおよびクレティエン政権では社会保障給付の削減が行われたのである。

　第4に，カナダ福祉国家財政の再編過程において社会保障給付の削減が行われたものの，カナダの税制および所得移転の再分配効果は，30年以上大きく失われず，格差社会の縮小に寄与したのである。

　本章で明らかにしたように，カナダ福祉国家財政の再編とは，個人所得税及び法人所得税への課税からGSTおよび社会保障税へと新たに課税対象を拡大し，前者への福祉国家財政の依存を減らす一方で，後者の依存度を増やす方向に移ったことなのである。また1980年代の財政赤字削減計画から，年金，医療，福祉に関する支出の削減，租税支出の縮減や廃止が行われたが，1990年代後半に財政が黒字に転換すると，カナダは普遍主義の立場から租税支出の拡大が求められたのである。

　カナダとアメリカは，エスピン＝アンデルセン（2001）のいう同じ自由主義モデルでありながら，普遍主義と選別主義の対極に位置する国である。2カ国の租税構造は似通っており，共通性が多くみられた。しかし，社会保障関連に目を転じれば，とりわけ医療では制度面から大きく異なる。カナダは，福祉国家財政の再編過程においてアメリカの選別主義に近づくも，普遍主義の理念を一応堅持している。一方のアメリカは，選別主義に違いないものの，オバマ政権下では医療制度改革によって医療サービス受給者を拡大した。アメリカは選別主義からの決別とはいわないまでも，医療対象者を全国民とするカナダのような普遍主義に接近したことに変わりはない。カナダの普遍主義とアメリカの選別主義は，カナダがアメリカの選別主義に近づきつつも，離れ，他方のアメリカはカナダの普遍主義に近づきつつある。本章では，双方の国の遠心力が互いに引き合うがごとく福祉国家財政の再編過程を明らかにした。

　今後の課題は，カナダおよびアメリカの間接税負担構造を解明することである。これにより，2つの国の福祉国家財政の特色が一層明確になるであろう。

参 考 文 献

池上岳彦（2006）「カナダにおける社会保障財政の政府間関係―医療財政を中心に―」（『フィナンシャル・レビュー』財務省財務総合政策研究所）31-57 ページ。

岩﨑利彦（2008）『カナダの社会保障―医療・年金・介護―』財形福祉協会。

片桐正俊（2005）『アメリカ財政の構造転換―連邦・州・地方財政関係の再編』東洋経済新報社。

片山信子（2008）「社会保障財政の国際比較―給付水準と財源構造―」（『レファレンス』第 693 号）。

城戸喜子（1999）「財政の規模と構造―社会保障との関連を中心に―」城戸喜子・塩野谷祐一編『先進諸国の社会保障 3　カナダ』東京大学出版会，15-47 ページ。

社会保障研究所編（1994）『社会保障の財源政策』東京大学出版会。

住澤整（2014）『図説　日本の税制（平成 26 年度版）』財経詳報社。

諏訪園健司（2011）『図説　日本の税制（平成 23 年度版）』財経詳報社。

関野満夫（2010）「現代日本の格差・貧困と財政システム」（『経済学論纂（中央大学）』第 50 巻第 1・2 合併号）143-165 ページ。

橘木俊詔・浦川邦夫（2006）『日本の貧困研究』東京大学出版会。

富永健一（2003）「福祉国家の分解と日本の国際的位置」（社会保障研究所『海外社会保障研究』第 142 号）4-16 ページ。

畑農鋭矢・中東雅樹・北野祐一郎（2003）「租税構造の国際比較」財務省財務総合政策研究所研究部。

林健久・加藤榮一編（1992）『福祉国家財政の国際比較』東京大学出版会。

広瀬義朗（2009）「カナダの所得税改革― 1980 年代の改革後の租税負担構造の変化―」（『カナダ研究年報』第 29 号）17-32 ページ。

広瀬義朗（2012）「カナダの連邦売上税改革による GST の導入と導入後の GST 負担構造の分析」（『中央大学経済研究所年報』第 43 号）83-122 ページ。

広瀬義朗（2014）「カナダの租税及び社会保障の負担構造―再分配効果の検討―」国際公共経済学会第 29 回研究大会報告論文。

丸山桂（1999）「年金制度」城戸喜子・塩野谷祐一編『先進諸国の社会保障 3　カナダ』東京大学出版会，113-130 ページ。

持田信樹（2004）「蘇る再分配国家」林健久・加藤榮一他『グローバル化と福祉国家財政の再編』東京大学出版会，129-145 ページ。

Arnold, Brian J., Tim Edogar（1995）, "Selected Aspects of Capital Gains Taxation in Australia, New Zealand, the United Kingdom and the United States", *Canadian Public Policy* XXI, pp. 58-76.

Asper, I.H.（1970）, *The Benson Iceberg-A Critical Analysis of White Paper on Reform in Canada*, Clarke, Irwin & Company Limited.

Banting, Keith G.（1987）, *The Welfare State and Canadian Federalism*（Second Edition）, McGill-Queen's University Press.

Canadian Tax Foundation（2009）, *Finances of the Nation 2008*.

Cataldo II, Anthony J. and Arline A. Savage (2001), *U.S. Individual Federal Income Taxation: Historical, Contemporary, and Prospective Policy Issues*, An Imprint of Elsevier Science.

Department of Finance Canada (1987), *The White Paper Tax Reform 1987*.

Esping-Andersen, G. (1990), *The Three Worlds of Welfare Capitalism* Polity Press（岡沢憲芙・宮本太郎監訳（2001）『福祉資本主義の三つの世界：比較福祉国家の理論と動態』ミネルヴァ書房）.

Eve, Susan Brown , Betty Havens, and Stanley R.Ingman (1995), *The Canadian Health Care System:Lessons for the United States*, University Press of America.

Kinsella, Kevin and Yvonne J. Gist (1995), *Older Workers, Retirement, and Pensions-A Comparative International Chatbook*, U. S. Department of Commerce.

Lin, Zhengxi, Garnett , Picot and Charles Beach (1996a), "The Evolution of Payroll Taxes in Canada：1961-1993", *Statistics Canada, Reserch Paper Series* No. 90, pp. 1-27.

Lin, Zhengxi, Garnett , Picot and Charles Beach (1996b), "What Has Happened to Payroll Taxes in Canada over the Last Three Decades?", *Canadian Tax Journal*, Vol. 44, No. 4, pp. 1052-1077.

Lin, Zhengxi (2000), "Payroll Taxes in Canada Revisited: Structure, Statutory Parameters, and Recent Trends", *Canadian Tax Journal*, Vol. 48, No.3, pp. 577-625.

OECD (1993), *The Tax / Benefit Position of Production Workers 1987-1992*.

OECD (1998), *The Tax / Benefit Position of Employees*.

OECD (2001), *Tax and the Economy A Comparative Assessment of OECD Countries*.

OECD (2002), *The Taxing Wages 2000-2001*.

OECD (2006), *The Taxing Wages 2004-2005*.

OECD (2009a), *OECD Health Data 2009*.

OECD (2009b), *Revenue Statistics 1965-2008*.

OECD (2009c), *Society at a Glance 2009*.

OECD (2009d), *The Taxing Wages 2007-2008*.

OECD (2010a), *Tax Expenditures in OECD Countries*.

OECD (2010b), *OECD Economic Survey Canada*.

OECD (2011), *The Taxing Wages 2009-2010*.

OECD (2012), *OECD Economic Survey Canada*.

OECD (2013), *The Taxing Wages 2011-2012*.

OECD (2014), *OECD Economic Survey Canada*.

Pechman, Joseph A. (1988), *World Tax Reform-A Progress Report*, The Brooking Institution.

Perry, J.Harvey (1989), *A Fiscal History of Canada：The Postwar Years*, Canadian Tax Paper No. 85, Canadian Tax Foundation.

Pontusson, Jonas (2005), *Inequality and Prosperity: Social Europe vs. Liberal America*, Cornell University Press.

Rosenberg, Mark W.(1995), "Aging and Policy for Canada in the Year 2000" in Eve, Susan Brown, Betty Havens, and Stanley R.Ingman, ed., *The Canadian Health Care System:*

Lessons for the United States, University Press of America.
Scherer, Peter and Marion Devaux (2010), "The Challenge of Financing Health Care in the Current Crisis", *OECD Health Working Papers* No. 49.
Statistics Canada (2000), *Public Sector Statistics*.
Tanzi, Vito and Schuknecht, Ludger (2000), *Public Spending in the 20th Century*, Cambridge University Press.

第 7 章

資産格差と資産課税
――ニュージーランドの議論――

篠 原 正 博

1. はじめに

　個人間の経済格差は所得格差および資産格差の形で現れるが，先進国において両者を比較すると所得格差よりも資産格差の方が大きく，また，1970年代以降資産格差が拡大している[1]。さらに，2000年以降に注目し，発展途上国も含めた46カ国を対象とした研究によると，2008年のリーマン・ショック以前は，資産格差が拡大したのは12カ国，縮小したのが34カ国であったが，それ以降は，資産格差が拡大したのは35カ国，縮小したのが11カ国と，逆に多くの国において資産格差が拡大している[2]。

　本章は，経済格差のうち資産格差に注目し，資産格差是正の観点から資産課税のあり方を考察するためのひとつの事例としてニュージーランド（以下 NZ）の議論に注目する。現在 NZ には，資産再分配に関連した資産課税は存在しない。経常純資産税（富裕税）を導入した経験はなく，相続・贈与税は廃止されている。また，一時導入されていた土地税も現在は存在しない。さらに，キャ

---

1) OECD (2008), Fredriksen (2012), IMF (2013) 参照。
2) Stierli et al. (2014), p. 32 参照。

ピタル・ゲインに対する課税は限定的である。このような税制は他の先進国に例をみない。一体なぜそのような事態になったのか，NZ における資産格差の状況はどのようになっており，資産格差是正の視点から資産課税のあり方を巡っていかなる議論が行われているのか，これらの点に注目する。以上のような視角から NZ の資産課税を考察した先行研究は，わが国には見当たらない。なお，資産課税の概念を広義に捉えると，資産譲渡に関連するキャピタル・ゲイン課税も含まれるが，以下では OECD の歳入統計（Revenue Statistics）の分類に従い，資産課税の中にはキャピタル・ゲインに課税は含まないものとする。

本章の構成は以下のとおりである。まず，NZ における家計資産の構造と資産格差の状況を眺める（第2節）。次に，NZ の資産課税の特徴を明らかにする（3節）。さらに，資産課税のうち資産再分配に関連する税に注目し，それらが廃止された経緯を概説する（第4節）。そして，資産課税のあり方を巡る議論に注目し，NZ における資産課税の意義について考察する（第5節および第6節）。

2. ニュージーランドの家計資産構造と資産格差

2-1 家計資産の構造

Shorrocks et al. (2014) は，世界 18 カ国における家計総資産の構成および資産分布状況を明らかにしている。それによると 2009 年の NZ における家計総資産の構成は，非金融資産 73.0%，金融資産 27.0% となっている（表 7-1）。金融資産の内訳は，流動資産（株式を除く）13.0%，株式 2.8%，その他 11.2% となっている。他の主要先進諸国と比較すると，相対的に非金融資産の割合が高く，また株式の割合が低いのが特徴である。Shorrocks et al. (2014) では，非金融資産の中身が示されていない。そこで，2001 年に実施された家計貯蓄調査（Household Savings Survey: Statistics New Zealand 2002）[3]に注目すると（表 7-1），家計資産のうち非金融資産が全体の 7 割を占め，その中でも「持ち家」が 36% と

---

3) NZ で初めて実施された全国レベルのクロスセクション調査である（サンプル数 5,374，回答率は 74%）。同調査に関しては，Skilling and Waldegrave（2004）も参照。

表 7-1 主要先進国における家計総資産の構造（2013 年）

(単位：%)

	非金融資産	金融資産			
		流動資産（除株式）	株式	その他	小計
アメリカ	29.8	10.4	29.4	30.4	70.2
イギリス	50.4	14.3	5.6	29.7	49.6
ドイツ	56.5	22.9	7.7	12.9	43.5
フランス	64.5	10.6	8.2	16.7	35.5
日本	39.5	32.5	5.3	22.7	60.5
カナダ	46.4	13.4	19.6	20.6	53.6
オーストラリア	59.9	8.9	6.9	24.2	40.1
ニュージーランド*	73.0	13.0	2.8	11.2	27.0

ニュージーランドの家計総資産（2001 年：%）

非金融資産	70	金融資産	22	その他	8
持ち家	36	銀行預金	6	信託	6
その他不動産	10	年金	6	マオリ族の資産	2
農園	9	株式	3		
事業用資産	9	合同運用ファンド	3		
自動車	4	生命保険	2		
収集品	2	その他金融資産	2		

＊ニュージーランドは 2009 年の数値。
(出所) Shorrocks et al.（2014），pp. 131-134, Statistics New Zealand（2002），p. 60 より筆者作成。

最も割合が高い。次いで「その他不動産（別荘，賃貸住宅等）」10％，「農園」9％,「事業用資産」9％,「自動車」4％,「収集品」2％となっている。なお，その他には「信託」および先住民族である「マオリ族の資産（Māori assets）」が含まれるが，これらは非金融資産および金融資産の両方から構成される。

家計資産構造の長期的推移を捉えるために，NZ の中央銀行であるニュージーランド準備銀行が公表している推計『家計の金融資産と負債』（Household financial assets & liabilities）に注目しよう。同推計では，1979 年以降 2013 年までにおける家計の金融資産および負債，住宅資産に関するデータが掲載されている。もっとも，上記推計では捕捉されていない何種類かの資産[4]を含めた改訂版の推計『家計の貸借対照表』（Household balance sheet）が 2015 年 3 月に公表されており，1998 年 12 月以降四半期ごとのデータが入手可能である。しかしな

---

4) この点に関しては，Briggs（2012）および Littlewood（2013）参照。

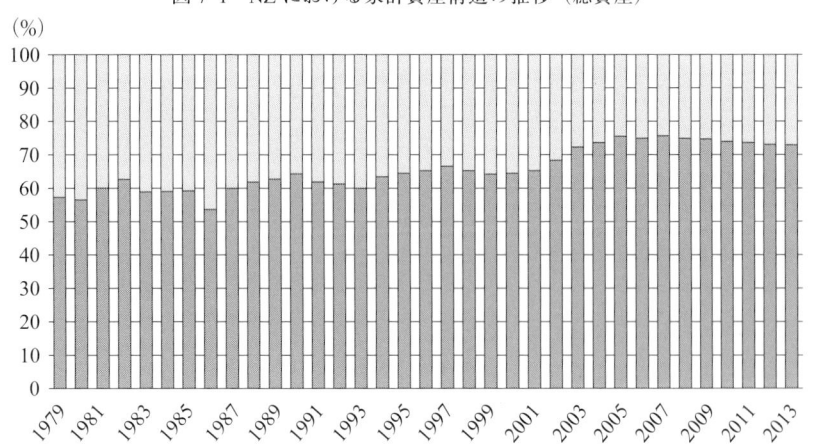

198 第 2 部 諸外国の税財政における格差問題と対応

図 7-1 NZ における家計資産構造の推移（総資産）

(出所) Reserve Bank of New Zealand, Household financial assets & liabilities (annual)(http://www.rbnz.govt.nz/statistics/discontinued/).

がら，以下ではより長期的な動向を把握するために，『家計の金融資産と負債』に基づき考察することとする。

　家計総資産の動向を眺めると（図 7-1），1979 年には住宅資産 57.3％，金融資産 42.7％であったが，2013 年には住宅資産 72.9％，金融資産 27.1％に変化している。住宅資産の割合の上昇は，特に 1990 年代以降 2007 年までにおいて顕著であり，2008 年以降は若干低下傾向にある。このような現象は，金融純資産（金融総資産 − 負債）および住宅資産から構成される家計純資産の推移においてより著しい。図 7-2 で示されるように，1979 年には家計純資産に占める住宅資産の割合は 66.8％（金融資産 33.1％）であったが，その後次第に上昇し，2013 年には 93.9％（金融資産 6.6％）となっている[5]。

　以上のような住宅資産の割合の上昇は，① 1970 年代および 80 年代のインフ

---

5) 『家計の貸借対照表』では，2013 年 12 月における家計純資産に占める金融資産の割合は 44.9％，住宅資産は 55.1％となっている（http://www.rbnz.govt.nz/statistics/tables/c22/)。

図 7-2　NZ における家計資産構造の推移（純資産）

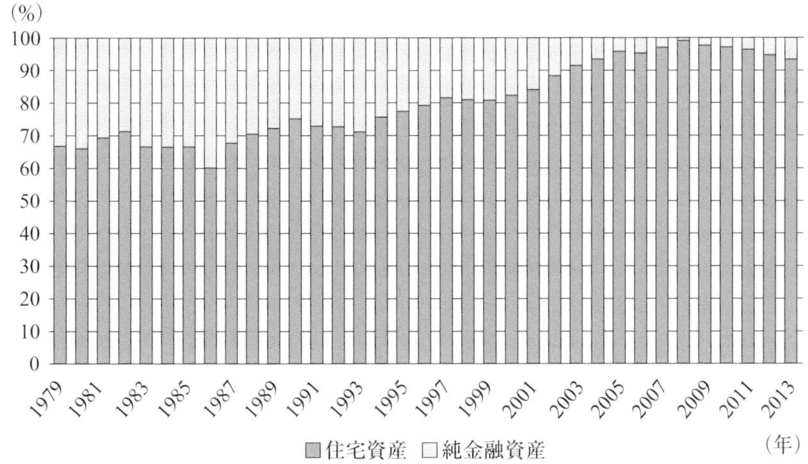

(出所）図 7-1 と同様。

レ，②1980 年代後半以降の金融規制緩和および低金利，③住宅価格の高騰，などに起因する[6]。1970 年代および 80 年代の平均物価上昇率は，それぞれ 12％および 11％であり[7]，金融資産の実質収益率はマイナスとなることもあった。これにより，NZ 国民は金融資産がインフレに弱いことを学んだ。したがって，80 年代後半になり金融機関に対する貸付規制が緩和されると，住宅ローン需要が増加した。加えて，90 年代以降における NZ への移住者の増加が住宅需要を一層増加させ，住宅価格は上昇した[8]。特に 2002 年以降における住宅価格の高騰は，家計のキャピタル・ゲインに対する期待を増大させ，低金利と相まって借入れによる住宅購入をより促進した。このようにして，住宅資産の割合は上昇し，また，家計の住宅ローンの増加は金融純資産の減少を導いた。

図 7-3 は，住宅価格の推移に関して，1987 年第 4 四半期を 100 として 1979

---

6)　以下は，OECD (2011), Thorp and Ung (2000; 2001) による。
7)　NZ 中央銀行のホームページ Inflation（http://www.rbnz.govt.nz/statistics/key_graphs/inflation/）参照。
8)　移民と住宅価格との関係は，OECD (2011), p. 26, Figure 1. 4. Panel A 参照。

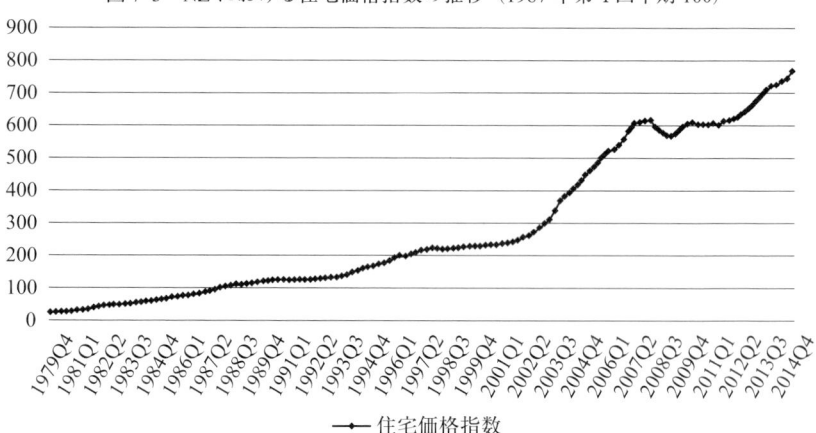

図 7-3　NZ における住宅価格指数の推移（1987 年第 4 四半期 100）

（出所）Reserve Bank of New Zealand, House price data spreadsheet（http://www.rbnz.govt.nz/statistics/key_graphs/house_prices_values/）.

年第 4 四半期以降の住宅価格指数を示したものである。80 年代以降，住宅価格は上昇している。住宅価格指数は，1980 年第 1 四半期 25，1990 年第 1 四半期 123，2000 年第 1 四半期 229 であるが，2002 年第 1 四半期 255，2008 年第 1 四半期 616 と，2002 年からリーマン・ショック以前までにおいて特に上昇が顕著である。2002 年以降における住宅価格指数は，他の OECD 主要国よりも高い[9]。

家計金融資産の構造の推移は図 7-4 で示される。2013 年の内訳は，預金 48.4％，年金 15.8％，合同運用ファンド 13.1％，株式 11.8％，生命保険 3％，その他 7.9％となっている。1979 年以降の動向を眺めると，1987 年のブラックマンデーを境にして，預金と株式の状況が大きく変化している。ブラックマンデー以前は，預金の割合が減少し株式の割合が上昇しているのに対し，ブラックマンデー以降は，逆に株式の割合は低下し，預金の割合がかなり上昇している。合同運用ファンドは上昇傾向，生命保険は低下傾向にある。年金は 1988

9）　OECD（2011），pp. 62-63 参照。

図 7-4　NZ における家計金融資産の構造（総資産, %）

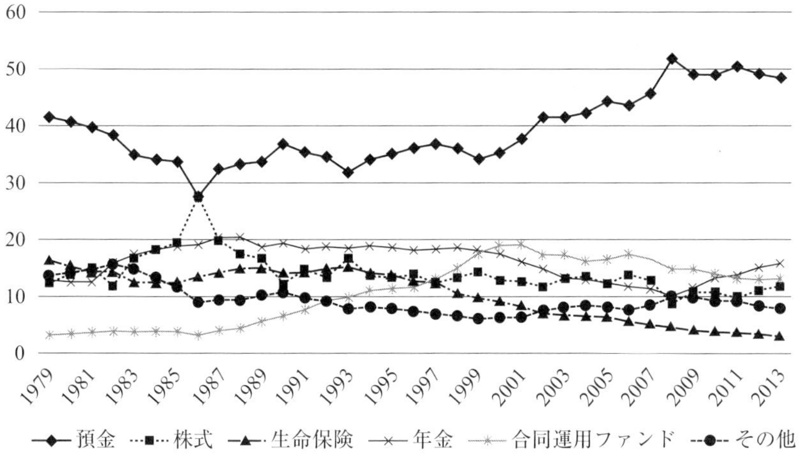

（出所）図 7-1 と同様。

年まで上昇，その後 2008 年まで低下し，2009 年以降は再び上昇傾向が見られる。

2-2　資産格差の状況

Shorrocks et al.（2014）および Stierli et al.（2014）は，ジニ係数との相関関係が高いとの理由から最高十分位（上位 10%）の保有する資産割合に注目して[10]，資産格差の状況に関する国際比較を行っている。表 7-2 はその状況を示したものである。2014 年における NZ の最高十分位の資産保有割合は 57.0% であり，「中程度」の資産格差のグループに分類されている。

他のいくつかの主要先進国の状況を眺めると，2014 年におけるアメリカの資産格差は非常に大きい。アメリカほどではないが，ドイツの資産格差も大きい。イギリスおよびフランスの資産格差は中程度であり，日本の資産格差の程度は小さい。

NZ における資産分布の状況に関するジニ係数の値を時系列に得ることは困

---

10)　Stierli et al.（2014），p. 32 参照。

表 7-2　主要国における資産格差の状況（2014 年）

資産格差	国
非常に大きい （最高十分位のシェア＞70％）	香港，スイス，アメリカ
大きい （最高十分位のシェア＞60％）	オーストリア，デンマーク，ドイツ，イスラエル，ノルウェー，スウェーデン
中程度 （最高十分位のシェア＞50％）	オーストラリア，カナダ，フィンランド，フランス，ギリシャ，アイルランド，イタリア，オランダ，ニュージーランド，ポルトガル，シンガポール，スペイン，イギリス
小さい （最高十分位のシェア＜50％）	ベルギー，日本

（出所）Stierli et al.（2014），p. 30.

難である。Perry（2014）によれば，2003～04 年における純資産分布の値は 0.69 で，所得分布のそれは 0.32 であることが示されている[11]。

3．ニュージーランドの資産課税

　OECD の歳入統計の分類に従い，租税体系を課税ベースにより「所得課税（所得・利潤およびキャピタル・ゲイン課税，社会保険料，給与税（Taxes on payroll and workforce））」，「消費課税（個別消費税，一般消費税）」，「資産課税（経常不動産課税，経常純資産税，相続・贈与税，金融資本取引課税）」，「その他」に分類し NZ の租税体系の動向を示すと図 7-5 のようになる。NZ の租税体系は，2012 年において，所得課税 55.5％，消費課税 38.3％，資産課税 6.2％，その他 0.0％となっている。1965 年以降の動向を眺めると，1980 年代前半までは所得課税の割合が上昇し，逆に消費課税および資産課税の割合は低下している。しかしながら，労働党政権下の税制改革において 1986 年に「財・サービス税」（GST：

11）　Perry（2014），p.109 参照。この値は，2003 年から 2004 年にかけて実施された「家族・所得・雇用調査」（Survey of Family, Income and Employment）に基づき，個人単位で測定された値である。同調査の結果に関しては Gibson and Stillman（2010）および Statistics New Zealand（2008）参照。また，資産格差のより詳細な状況については，Cheung（2007）参照。

図 7-5 NZ の租税体系

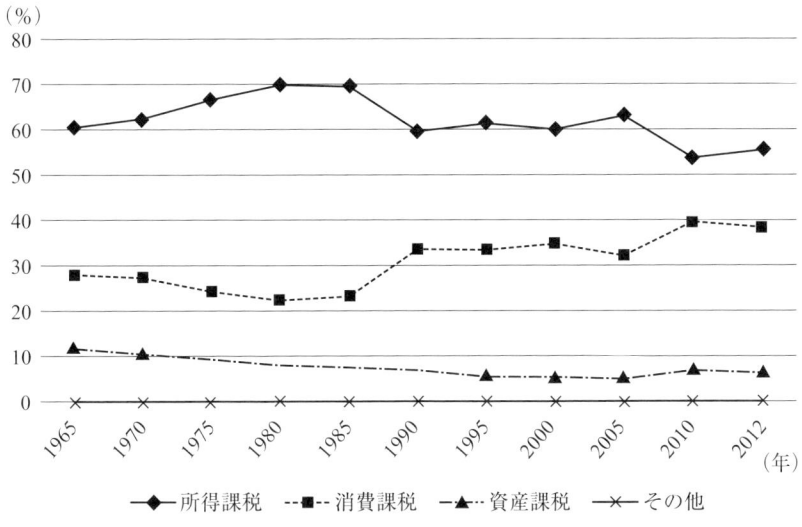

(出所) OECD (2000; 2010; 2012).

Goods and Services Tax) が導入された結果，消費課税の割合は 23.1%（1985 年）から 33.6%（1990 年）へ大きく上昇し，逆に所得課税の割合は，69.4%（1985 年）から 59.6%（1990 年）へと低下した。さらに，2010 年税制改革により，所得課税減税とセットで GST の税率が引き上げられたことにより，所得課税の割合は 53.7%（2010 年）へ低下し，消費課税の割合は 39.5%（2010 年）へと上昇した[12]。

資産課税が GDP および租税総額に占める割合は（以下表 7-5 参照），2012 年において 2.1% および 6.2% であり，この値は OECD 平均値（1.8% および 5.5%）を上回っている。また，主要先進諸国と比較すると，ドイツやスウェーデンを上回るが，アメリカ，イギリス，フランス，日本，カナダ，オーストラリアを下回っている。

資産課税の 1965 年以降の動向を眺めると，表 7-3 のようになる。2012 年に

---

[12] NZ の 2010 年税制改革に関しては，篠原（2012b）参照。

表 7-3　NZ における資産課税の動向

(単位：%)

	1965年	1970年	1975年	1980年	1985年	1990年	1995年	2000年	2005年	2010年	2012年
経常不動産課税	77.1	74.2	75.2	85.5	86.3	91.6	88.2	97.0	97.0	97.9	98.0
経常純資産税	-	-	-	-	-	-	-	-	-	-	?
相続・贈与税	21.1	17.8	16.9	6.5	2.5	4.3	0.2	0.1	0.1	0.1	-
金融・資本取引課税	1.8	8.0	7.9	8.0	11.2	4.1	11.6	2.9	2.9	2.0	2.0
総計	100.0	100.0	100.0	100.0	100.0	100.0	100.0	100.0	100.0	100.0	100.0

(注) －は課税が行われていないことを示す。
(出所) OECD (2000; 2010; 2012)。

おける資産課税の構造は，経常不動産課税 98.0%，金融・資本取引課税 2.0% となっている。他の OECD 諸国と比較すると，経常不動産課税の割合が異常に高いことが特徴である[13]。NZ の経常不動産課税は，レイト (Rate：地方税)[14] と土地税 (Land Tax：国税) から構成される。土地税は，1891 年に導入され 1991 年に廃止された。また，NZ では経常純資産税 (富裕税) を導入した経験がなく，相続・贈与税に関しては，相続税が 1992 年に[15]，贈与税が 2011 年に[16] 廃止された。1965 年以降において，経常不動産課税の割合は上昇傾向にあり，相続・贈与税の割合は低下している。金融・資本取引課税には印紙税や小切手税等が含まれるが，印紙税は 1999 年に廃止された。同課税は，1980 年代まで上昇傾向がみられたが，90 年代以降は低下している。1995 年に割合が上昇しているのは，土地税および相続税の廃止の影響が大きい。

---

13) Salmond (2011), chap. 7 参照。
14) レイトに関しては，篠原 (2012a) 参照。
15) 1993 年の遺産税廃止法案 (Estate Duty Abolition Act 1993) において，1992 年 12 月 17 日以降に死亡した者の遺産に関しては遺産税が課税されないこととされた (Littlewood (2012), p. 99 参照)。
16) 2011 年 10 月 1 日以降の贈与に対して課税されないこととされた (New Zealand Inland Revenue (2011), p. 2)。

資産再分配に関連する資産課税として，土地税および相続・贈与税が該当すると考えると，NZ における資産課税の資産再分配機能は 1965 年以降低下し，2012 年には消滅している（表 7-4）。2012 年の状況を主要先進諸国と比較すると（表 7-5），経常純資産税および相続・贈与税が課税されていないスウェーデン，オーストラリアが NZ と同様の状況にある。これに対して，フランスと日

表 7-4　NZ における租税総額に占める資産再分配に関連する課税の動向

（単位：％）

	1965 年	1970 年	1975 年	1980 年	1985 年	1990 年	1995 年	2000 年	2005 年	2010 年	2012 年
土地税	0.3 (2.8)	0.2 (1.8)	0.1 (0.9)	0.2 (2.0)	0.4 (4.9)	0.6 (9.2)	-	-	-	-	-
相続税	2.1 (19.3)	1.8 (17.2)	1.5 (16.0)	0.5 (6.2)	0.2 (2.2)	0.3 (3.9)	-	-	-	-	-
贈与税	0.2 (1.8)	0.1 (1.2)	0.1 (1.3)	0.03 (0.3)	0.02 (0.3)	0.02 (0.3)	0.003 (0.1)	0.005 (0.1)	0.005 (0.1)	0.003 (0.0)	-
総計	2.6 (23.9)	2.1 (20.2)	1.7 (18.2)	0.7 (8.5)	0.6 (7.4)	0.9 (13.4)	0.0 (0.1)	0.0 (0.1)	0.0 (0.1)	0.0 (0.0)	-

（注）・カッコ内は資産課税全体に占める割合を示す。
　　　・－は課税が行われていないことを示す。
（出所）OECD (2000; 2010; 2012).

表 7-5　主要先進諸国における資産再分配に関連する課税の現状（2012 年）

（単位：％）

	アメリカ	イギリス	ドイツ	フランス	日本	カナダ	スウェーデン	オーストラリア	ニュージーランド
経常純資産税	-	-	0.1	0.5	-	0.1	-	-	-
相続税	0.5	0.6	0.4	0.9	1.1	-	-0.0	-	-
贈与税			0.1	0.2	-	-	-	-	-
その他	-	-	-	-	-	-	-	-	-
租税総額に占める割合	0.5 (71.6)	0.6 (4.8)	0.6 (20.4)	1.6 (18.6)	1.1 (11.8)	0.1 (1.2)	-0.0 (-0.0)	0 (0)	0 (0)
資産課税／GDP	2.9	3.9	0.9	3.8	2.7	3.3	1.0	2.4	2.1
資産課税／租税総額	11.8	11.9	2.4	8.5	9.1	6.3	10.6	8.6	6.2

（注）・－は課税が行われていないことを示す。
　　　・マイナスの値は還付が行われたことを示す。
　　　・カッコ内は資産課税に占める割合を示す。
（出所）OECD (2012).

本は資産再分配に関連する資産課税の割合が相対的に高い。

4. 資産再分配関連の資産課税廃止の経緯

4-1 土地税

土地税は，特に南島（South Island）における富（土地）の集中排除および税収確保を目的として，1891年に国税として導入された。同税は，土地の所有者に対して，住宅ローンを控除した土地の純資産価値を課税標準として課税された。基礎控除が高く設定されたため小規模土地は課税対象から除外され，さらに，主たる住居の土地および農地も非課税とされた。したがって，土地税は実質的に課税対象が不動産投資家や企業（生命保険・金融・商工業）の保有する都会の大規模土地に限定される富裕税としての性格を有していた。税収の動向を眺めると，特に1980年代において税収が増加した。表7-4から明らかなように，租税収入総額に占める土地税の割合は，1980年の0.2％から1990年には0.6％に上昇している。この背景には地価上昇があると推察される。地価の動向は住宅価格に反映されると考えられるから，住宅価格指数の動向を見ると，図7-3で示されるように，同指数は，1980年第1四半期には25であったが，廃止前の1990年第4四半期には126に上昇している。

土地税に関しては，1967年の租税検討委員会報告書（Ross et al. 1967）や1983年の税制改革特別委員会報告書（McCaw et al. 1982）においても廃止が勧告されている。税収規模が小さく富の集中排除機能を期待できないこと，地方税のレイト（土地および建物に課税）と税源が競合すること，資産により提供される担税力の指標として土地のみに注目することは望ましくないこと，などがその理由である。

さらに，Reece（1993）は土地税の廃止された要因として政治的要素を考慮し，以下の事柄を指摘している。

第1に，土地税は納税者に不人気であった。課税対象がもっぱら都会の企業用大規模土地に限定されたからである。

第2に，1980年代は労働党政権の下でGST導入を柱とする税制改革が実現

されたが，土地税の課税対象が限定されたことは中立性および公平性の観点から問題があるとして，改革推進派の政治家に不評であった。

第3に，土地税の廃止は地方公共団体からも支持された。1989年予算法は，土地税の税率を引き下げると同時に，基礎控除を廃止したが，これにより地方公共団体の所有する土地も課税対象とされることになった。したがって，土地税の廃止は地方公共団体の負担軽減を意味した。さらに，土地は地方公共団体の課税するレイトの課税対象にもなっており，国と地方公共団体とで税源が競合していた。土地税を廃止すれば，地方公共団体にとって税収拡大の可能性につながった。

第4に，経済発展の初期段階では土地税の課税は正当化されるが，成熟社会における租税体系は課税ベースの広い一般消費税に依存することが望ましいと考えられた。

4-2 相 続 税

NZに相続税が導入されたのは1866年である。当時は，植民地政府とマオリ族との間で土地所有を巡る争いが起きており，政府は戦費調達のための財源確保を主たる目的として印紙税法を制定した。この法律の中に相続税の規定も含まれていた[17]。

相続税廃止の引き金となったのは，1979年の遺産・贈与税修正法（Estate and gift duties amendment act）である。同法に基づき，基礎控除の大幅な引き上げおよび税率構造の簡素化が実施された。基礎控除に関しては，以前の2.5万NZドルから1979年以降段階的に引き上げられ，1982年には25万NZドルとされた。また，税率はそれまでの累進税率から40％の比例税率とされた。

同法制定の背景には，地価高騰により増加した農家の相続税負担を軽減する狙いがあった[18]。当時の地価動向を眺めると，1970年を100とすると，1979

---

17) NZの相続・贈与税の沿革に関しては，McKay（1978）およびLittlewood（2012）参照。
18) 以下は，Green and McKay（1980），pp. 240-242およびLittlewood（2012），p. 96参照。

年の住宅価格指数は 287 へ，農園価格指数は 364 に上昇していた[19]。そのため，特に若い農業経営者にとって，相続税を支払うために借金をするか，場合によっては農園を売却する必要性が生じ，これにより，農業経営への悪影響や農業の継続が困難となることが懸念された。しかしながら，1979 年法の実施により相続税の対象となる遺産の割合は，それまでの約 3 分の 1 から約 1.7%に減少したと推測され，相続税は実質的に廃止される状況になった。

その後，1983 年には基礎控除が 25 万 NZ ドルから 45 万 NZ ドルへ引き上げられた。さらに，1990 年の総選挙キャンペーンにおいて，当時野党であった国民党（National Party）は，相続税廃止を選挙公約とした。廃止の理由として挙げられたのは[20]，第 1 に，相続税は家族信託を利用して租税回避が容易なことである。NZ の相続税は遺産税タイプであるため，家族信託に財産を譲渡することにより，相続税負担を軽減できる。第 2 に，租税収入全体に占める相続税の割合はきわめて小さいことである。表 7-4 で示されるように，1990 年には 0.3% でしかない。第 3 に，相続税は裕福な退職者が海外へ移住する可能性を提供することである。特にオーストラリアのクイーンズランド州は気候が温暖でしかも 1977 年に相続税が廃止されていたため[21]，同州への移住が懸念された。第 4 に，当時，海外（e.g. アメリカ）でも相続税を廃止する動きがみられたことである。

これに対して与党の労働党は，相続税を負担しているのは一部の裕福な上流階級の人々であり，彼らの負担を軽減する必要はないことを主張したが，総選挙では国民党が勝利し，結局，公約どおり相続税は廃止された。

4-3 贈 与 税

贈与税は，相続税を補完（生前贈与による租税回避の抑制）するために 1885 年

---

19) 以下は，Green and McKay (1980), pp. 240-242 および Littlewood (2012), p. 96 参照。
20) 以下は，Littlewood (2012), p. 98 参照。
21) オーストラリアにおける相続税廃止の経緯に関しては，篠原 (2009)，第 4 章参照。

に導入されたが[22]，相続税が廃止された1992年以降は，所得税の租税回避防止，債権者保護，社会扶助（social assistance）の不正受給防止を課税目的とした。

贈与税廃止の直接のきっかけとなったのは，NZ歳入庁の政策勧告部局が2010年に公表した報告書（New Zealand Inland Revenue 2010）であるが，同税の廃止は，2001年の税制検討報告書（McLeod 2001a, b）においてすでに勧告されていた。税制検討報告書において贈与税を廃止すべき理由として挙げられたのは，以下の3点である[23]。

第1に，贈与税の税収規模は小さいのに対して，納税者の納税協力費用が大きい。基礎控除額が高く設定されており（2.7万NZドル），表7-4で示されるように，租税総額に占める贈与税の割合は，2000年において0.005％でしかなかった。しかしながら，受贈額が1.2万NZドルを超える場合は，納税者による贈与の告知が義務づけられていた。

第2に，相続税が1992年に廃止され，同税を補完する贈与税の機能はその役目を終えたと考えられる。

第3に，贈与計画（gift program）により租税回避が行われ，所得税の租税回避防止等の贈与税の機能は減殺される。

結局2001年の勧告は実現に至らず，2010年の報告書により再び贈与税の廃止が勧告された。そこでも2001年の税制検討報告書と同様の事柄が指摘されている[24]。

第1に，贈与税の税収規模が小さい。表7-4から明らかなように，租税総額に占める贈与税の割合は，2010年には0.003％であった。

第2に，贈与税は家族信託（family trust）を利用した贈与計画により租税回避が容易である。NZでは，個人資産の保護を目的として家族信託を設立することが認められている。贈与計画では，財産譲渡人（資産を有しそれを家族信託に

---

22) 贈与税の沿革は，Littlewood（2012）参照。
23) McLeod（2001a），pp. 48-49 参照。
24) New Zealand Inland Revenue（2010），pp. 4-6 および pp. 10-19 参照。

入れようとする者）は，家族信託に資産を売却するがその代金を受け取らず，家族信託が財産譲渡人から無利子の負債を負う。その代わり，財産譲渡人は家族信託に売却金額に相当する分だけ資産を贈与でき，しかもその金額が年間 2.7 万 NZ ドルを超えない限り贈与税は非課税とされる。したがって，贈与額の総額が売却代金に達するまで，財産譲渡人は負債資産（debt asset）を所有することになる。

第 3 に，徴税コスト（税務行政費用および納税協力費用）が大きい。税務当局はハードコピーの形で贈与データを保管しており，その管理に大きな負担を強いられていた。たとえば，2009 年の贈与税収額は約 162 万 NZ ドルであったのに対し，税務行政費用は年約 43 万 NZ ドルであった。また，受贈者は，贈与税の課税対象とならない場合（受贈額が 1.2 万 NZ ドル超 2.7 万 NZ ドル未満の場合）においても税務当局への贈与の申告義務（gift statement）が課され，さらに，家族信託を利用して贈与税を回避するためには，専門家（弁護士，公認会計士など）を雇用する必要があった。これらに伴う納税協力費用は年約 70 万 NZ ドルと予測された。

第 4 に，贈与税に期待される所得税の租税回避防止等の機能は限定的である。まず所得税の租税回避防止の背景には，所得税の最高税率（38％）と信託に発生する所得（受託所得）に適用される税率（33％）が異なっていたため，高所得者は金融資産を家族信託に移すことにより資産所得に係る所得税負担を軽減できた。このような金融資産移転による所得税の租税回避を抑制するために贈与税の役割が期待されたが，実際は贈与計画を利用することにより贈与税を回避することが可能である。また，2010 年の税制改革により所得税の最高税率と信託に適用される税率が同一の水準（33％）に設定されたため，節税効果の除去が予想された。また，家族信託は財産譲渡人からの贈与額相当分だけ負債を返済したとみなされ，贈与額相当分に対して所得税は課税されない。これにより，高所得の財産譲渡人である親は，家族信託を通して低所得の受益者（beneficiary）である子供に，所得税を課税されることなく所得を移転できる。このような所得を移転する行為は，贈与税により抑制されない。

次に，債権者保護機能は，債務者が債権者への債務の返済を回避するために資産を贈与することを贈与税が抑制するという機能である。これは，債務を履行しない債務者は，贈与税を支払うかもしくは贈与計画を実行することなしには資産を移転することができないことになっているからである。贈与計画を実施する場合，財産譲渡人が家族信託の負債分だけの資産（負債資産）を保有するが，財産譲渡人に貸し付けを行う債権者は，財産譲渡人が破産した場合この負債資産により債権回収が可能になると考えられた。しかしながら，現実の状況を見ると，2001年7月1日から2010年5月28日の間で，破産した財産譲渡人は全体の0.003％弱であり，しかも債権回収の多くは負債資産の回収とは別の形で行われた。したがって，贈与税の債権者保護機能は小さい。

贈与税の社会扶助不正受給防止機能は，所得・資産調査の際に所得や資産が少なければ社会扶助給付の対象となるため，故意に資産を贈与して給付資格を得ることを抑制する機能である。これに関して報告書では，社会的発育給付（social development benefit），在宅看護補助金（residential care subsidy），勤労家族税額控除および児童手当，国営住宅，法律扶助（legal aid），育児給付等について検討しているが，いずれのケースにおいても現行法体系の中で不正受給の防止は可能であり，贈与税の機能は小さいと指摘している。

ところで，報告書では，廃止以外の選択肢（贈与税の適用範囲制限，基礎控除引き上げ，贈与税の適用されない場合の贈与申告義務の廃止，電子システムの導入）に関しても検討を行っている[25]。これらが選択されなかった理由は，以下のとおりである。

贈与税の適用範囲制限とは，税法で免除の対象とならないすべての贈与を課税対象とするのではなく，贈与の一般的なケース（e.g. 個人と家族信託間）に対象を限定することである。しかし，このようにしても徴税コストが大きく低下するわけではない。

基礎控除（2.7万NZドル）は1984年以降見直されていない。基礎控除を引き

---

25) New Zealand Inland Revenue（2010），pp. 6-9参照。

上げることにより，徴税コストは低下し，また，廃止に比べて税収への影響は少ない。しかし，これにより家族信託を利用した租税回避が促進されるだろう。さらに，所得税の租税回避防止等の機能の向上にはつながらないと考えられる。

　贈与税が適用されない場合における申告義務の廃止，贈与税の支払い手段としての電子マネーの利用促進，贈与申告データの電子化により徴税コストの低下が見込まれるが，これらは贈与税の抱える問題点を根本的に解決しない。

5. 資産課税の見直しを巡る議論

5-1　相　続　税

　前述のように，相続税廃止のきっかけとなったのは1979年の遺産・贈与税修正法であり，同法により相続税は実質的に廃止の状態に追い込まれた。これに対してGreen and McKay（1980）は，地価高騰による相続税負担上昇により大きな影響を受けるのはごく一部の農家であると推測され，基礎控除の大幅な引き上げおよび比例税率化ではなく，延納や分納等の措置により対応できたのでないかと指摘している。

　総資産に占める相続財産の割合が高く，しかも相続財産の存在が資産格差の拡大をもたらすならば，相続税の課税を検討する必要がある。前者に関しては，相続財産が総資産に占める割合は国によりまた時代により異なるが，これまでの研究で資産形成に占める相続の重要性は認められている。OECD諸国における家計資産の30％〜50％は相続によるとの指摘もある[26]。しかしながら，この指摘がNZにおいても当てはまるかどうかは検討が必要である。後者に関しては，相続財産は必ずしも資産格差の拡大をもたらすわけではない[27]。たとえば，貧しい子供への親からの遺贈は，むしろ資産分布の不平等度を低下させる効果を有する。NZにおいて相続財産が資産分布へ与える影響を検討する

26）　Shorrocks et al.（2012），p. 126。また，Arcus and Nana（2005），p. 11 も参照。
27）　Shorrocks et al.（2012），pp. 124-125 参照。

際に注目すべき事柄は，NZ国民は持家志向が強く，家計資産のうち持ち家の占める割合が高いこと（表7-1）である。海外の研究では，相続を受けた者の持ち家率は高い傾向にあることが示されている[28]。もしNZにおいてもこの事柄が当てはまるならば，2002年以降の急激な住宅価格上昇により，住宅の新規購入は困難となる一方で，相続により住宅を取得した者は思いがけない利益（windfall gain）を得たことになる。したがって，持ち家の相続の有無により資産分布の不平等度がどのように変化したかを検討する必要があろう。

相続税廃止後の議論を眺めると，相続税の再導入には消極的である。2001年の税制検討報告書は相続税の復活に反対している。その理由として挙げられているのは[29]，第1に，遺産は所得税課税後の所得が蓄積されたものであるから，遺産に対して相続税を課税すると貯蓄に対する二重課税になることである。第2に，過去の課税の経験から，相続税は租税回避が容易なことである。第3に，相続税は，相続税のないオーストラリアなどのような国への移住を促進すると考えられることである。さらに，2010年税制改革での議論においても，有能かつ熟練した人々の隣国オーストラリアへの移住を促進すること，貯蓄に対する二重課税を発生させることの2つの理由により，相続税に否定的である[30]。

5-2 土　地　税

2010年の税制改革は，税収中立の観点から実施された。所得課税減税の財源としてGSTの税率引き上げ以外にもさまざまな選択肢が検討されたが[31]，

---

28) Arcus and Nana (2005), p. 12 参照。
29) McLeod (2001a), pp. 43-44 参照。
30) Victoria University of Wellington Tax Working Group (2010), p. 6 参照。Policy Advice Division of the Inland Revenue Department and by the New Zealand Treasury (2009a) は，相続税を復活させるとした場合の望ましい制度設計について検討している。
31) 包括的キャピタル・ゲイン課税の実施，実物資産に対する帰属所得課税，建物に対する減価償却ルールの見直し，過小資本税制の見直しなどである（Victoria University of Wellington Tax Working Group (2010), p. 45 参照）。

その中のひとつに土地税があった[32]。

1991年に廃止された旧土地税と異なり，新たに提案された土地税は，土地の所有者に対して土地の総価値を課税標準として課税されるものであった。土地税は，超過負担を発生させず中立的なこと，仮にすべての土地を課税対象とするならば低い税率で多額の税収を確保できること，地方税であるレイトの課税標準のうち敷地価値を利用でき[33]，税務行政コストを軽減できること，などの長所を有するとされた。

反面，地価下落（課税により将来の税額の資本還元額分だけ地価が下落する）によって土地所有者や投資家が損失を被ること，資産のうち土地のみに課税されるので同額の資産を所有するがそれを土地の形で所有する者とそうでない者との間で水平的不公平をもたらすこと，一部の納税者（e.g. 退職者）に流動性の問題（資産はあるが所得が低いため納税が困難となる現象）が発生すること，などの問題点が指摘された。

土地税の再分配効果に関しては，所得の上昇に比例して所有する土地の地価も上昇するから，比例税率での課税を前提とすると，ほぼ比例的であるとされた[34]。

結局，2010年の税制改革論議においては，「税制改革ワーキング・グループの多くが，税率を引き下げる代替財源として，さらに租税体系の効率性を改善する手段として低税率の土地税の導入を支持したが，政治的持続可能性（political sustainability）に対する懸念があった」[35]ことから，結局，同税の導入は見送られた。政治的持続可能性に対する懸念の背景には，土地所有者および投資家からの反対が予想されたことに加えて，旧土地税でも問題とされたように，

---

[32] 以下は，Policy Advice Division of the Inland Revenue Department and by the New Zealand Treasury (2009a, b), Victoria University of Wellington Tax Working Group (2010), pp. 50-51 参照。

[33] レイトの課税標準には，資本価値，賃貸価値，敷地価値の3種類がある（篠原 (2012a) 参照）。

[34] 税額／所得＝（地価／所得）×（税額／地価）で計算される。

[35] Victoria University of Wellington Tax Working Group (2010), p. 67 参照。

主たる住居の土地や農地の扱い，地方公共団体との税源競合などの問題の存在があったと予想される。

5-3 富 裕 税

富裕税に関するこれまでの議論をいくつかみよう。まず，1967年の租税検討委員会報告書では[36]，富裕税は，所得税の補完（所得税では全く捕捉されないか，捕捉されても十分でない支払い能力の捕捉），富の集中排除，リスクテイキング促進による資源の有効利用の実現，所得税の租税回避抑制，税務行政の効率性促進（所得税の課税データとのクロス・チェックによる租税回避抑制効果）の機能を有するとしながらも，NZでの導入に否定的である。

その理由として挙げられているのは，第1に，以上のような富裕税の機能は他の税によってすでに実現されているし，また実現可能だと考えられることである。すなわち，相続税は富の集中排除機能を有しており，さらに，リスクテイキング促進による資源の有効利用の実現，所得税の租税回避の抑制などは所得税率引き下げにより実現可能である。第2に，富裕税の実施に必要な税務行政費用が高いことである。このことは，資産隠蔽の困難な不動産の所有者と，隠蔽が比較的容易な預金，・株式・宝石等の所有者との間での課税の公平性確保が容易でないことによる。第3に，富裕税には流動性の問題が伴い，資産の売却を強いられる可能性が存在することである。第4に，資産によっては評価が困難なことである。非上場株式や売却事例の少ない資産などがその例である。

サンドフォード[37]は，もしNZにおいて富裕税を導入するとしたら，所得税を補完して水平的公平の実現を目的とした低率の富裕税が望ましいとする。しかしながら，金融自由化等の影響により資産格差が拡大すると予想されるから，NZにとっては富裕税を導入するよりも相続税と贈与税を完全統合した遺

---

36) 以下は，Ross (1967), pp. 382-385 参照。
37) Sandford (1987), chap. 6 参照。

産取得型の継承税（Accession tax）を実現することの方が緊要の課題であるとしている。

2001年の税制検討報告書も富裕税に否定的である。富裕税は，貯蓄に対する課税後収益率を低下させる点でその経済効果は所得税と同じであり，資産が所得税課税後の所得から形成される限り，富裕税を課税すると貯蓄に対する二重課税が発生する。その結果，実効税率が上昇し，しかも通常資産間で実効税率が異なるから，資産選択の中立性を阻害する。したがって，富裕税の課税は望ましくないとしている[38]。

6. おわりに

本章で明らかにされたことは以下の事柄である。

① NZにおける家計総資産の構造は，他の先進国と比較して非金融資産の割合が高いことが特徴である。非金融資産の中でも特に住宅の割合が高い。家計総資産の動向を眺めると，1980年代以降住宅資産の割合が上昇している。

② 金融資産の中身を見ると，ブラックマンデー以降，株式や生命保険の割合が低下する一方，預金や合同運用ファンドの割合が上昇している。

③ 最高十分位の保有する資産割合に注目して，2014年におけるNZの資産格差の状況を他の主要国と比較すると，資産分布の不平等度は「中程度」である。

④ GDPもしくは租税総額に占める資産課税の割合は，2012年においてOECD平均値を若干上回る程度で，アメリカ，イギリス，フランス，日本，カナダ，オーストラリアの諸国よりも低い。資産課税の構成を見ると，経常不動産課税の割合が他のOECD諸国と比較して異常に高い。また，現在NZには，資産再分配に関連すると考えられる資産課税は存在しない。

⑤ 資産再分配機能を有する租税として，NZでは過去に土地税および相続・贈与税が課税されていた。土地税は，富の集中排除および税収確保を目的とし

---

[38] McLeod (2001a), pp. 43-44 および McLeod (2001b), p. 32 参照。

て，1891年に国税として導入された。住宅ローンを控除した土地の純資産価値を課税標準として課税されたが，基礎控除が高く設定されたため，実態は不動産投資家や企業の保有する大規模土地に課税を限定した富裕税であった。税収規模が小さく富の集中排除の機能を期待できないこと，政治的に不人気なこと，等の理由により1991年に廃止された。

⑥相続税は，戦費調達のための財源確保を主たる目的として1866年に導入されたが，1970年代の地価高騰による農家の相続税負担の軽減を目的として，1979年の遺産・贈与税修正により基礎控除が大幅に引き上げられ，実質的に廃止の状況に追い込まれた。そして，結局1992年に，租税回避が容易であること，税収規模が小さいこと，有能で熟練した人々の海外への移住を促進する可能性が高いこと，等の理由により廃止された。

⑦贈与税は相続税廃止後も存続したが，同税に期待される機能は，相続税の補完から，所得税の租税回避防止，債権者保護，社会扶助の不正受給防止へと変化した。これらの機能は間接的かつ非効率かつ限定的であるにもかかわらず，税収規模が小さく，租税回避が容易であり，さらに徴税コストが高いため，結局，2010年に廃止された。

⑧資産課税の見直しを巡る議論を眺めると，相続税の復活，富裕税の導入は難しそうである。また，2010年の税制改革論議では，土地の総資産価値を課税標準とする土地税の導入が検討されたが，政治的持続可能性の観点から見送られた。

これまでの議論をみる限り，NZは資産再分配関連の資産課税の実施に消極的である。この状況を説明する鍵はグローバル化にある。NZは経済のグローバル化が進んでおり，労働移動性と資本移動性がともに高い[39]。したがって，資産課税は労働および資本の海外への移動を一層促すと考えられる。このような環境下で，NZにとって影響力の大きいのはオーストラリアの税制の動向である。オーストラリアでは相続・贈与税が課税されていないため，NZでの相

---

39) 篠原（2012b）参照。

続税の存続はオーストラリアへの移住を促進し、それは有能な人材および技術の喪失と同時に税収(所得税、GST)の減少を意味した。相続税の存続が困難である以上、相続税の補完税としての贈与税の存在意義は薄れる。所得税の租税回避防止等の残された機能から得られるメリットよりも贈与税を存続するコストの方が大きいと判断され、結局、贈与税も廃止されるに至ったのである。

資産格差に関する国際比較研究では、NZの資産不平等度は「中程度」であり、他の先進国に比べてそれほど大きくない。(表7-2)。この点だけに注目すれば、NZにおける資産再分配の緊要度はそれほど高くないように思えるが、そもそもNZ国民は経済格差に関してどのように感じているのであろうか。18歳以上のNZ国民1,000人を対象として2013年に実施されたアンケート調査(UMR Research (2013)) では、全体の72%がNZは貧富格差の小さい平等社会ではないと回答し、しかも71%が貧富格差は拡大していると回答している。また、どのようなNZ社会が望ましいかとの問いに対して、「富の格差が小さい社会」と回答した者の割合は、1994年8月には21%であったのに対し、2013年8月には31%に増加している。さらに、どのような税制が望ましいかとの問いに対して、累進税が73%、比例税が27%となっている。

このようなNZ国民の感情に配慮するならば、経済格差を縮小させるために、租税体系の累進度を高めることが必要となろう。その視点からは、キャピタル・ゲイン課税の強化が注目される。資本所得課税の強化は、間接的に資産格差是正効果を有するからである。キャピタル・ゲインに対する包括的課税は2010年の税制改革において選択肢のひとつとして議論され、また2014年の総選挙において労働党が選挙公約のひとつとして掲げ争点のひとつとなった[40]。したがって、資産格差是正の観点からはキャピタル・ゲイン課税の議論に関しても考察する必要があるが、この点は今後の課題としたい。

---

40) NZ労働党ホームページ (http://campaign.labour.org.nz/capital_gains_tax) 参照。

参 考 文 献

篠原正博（2009）『住宅税制論』，中央大学出版部．
篠原正博（2012a）「ニュージーランドの固定資産税―地方政府レイト調査委員会の議論―」（『資産評価情報』第 187 号，（財）資産評価システム研究センター）2-11 ページ．
篠原正博（2012b）「ニュージーランドの資本所得課税改革― 2010 年度税制改革をめぐる議論の考察―」証券税制研究会編『証券税制改革の論点』（財）日本証券経済研究所，131-183 ページ．
Arcus, M. and Nana, G.(2005), *Intergenerational and interfamilial transfers of wealth and housing*, Centre for housing Research, Aotearoa New Zealand.
Briggs, P.(2012), "Financial accounts and flow of funds", *Reserve Bank of New Zealand: Bulletin*, Vol. 75, No. 4, pp. 26-35.
Cheung, J.(2007), *Wealth Disparities in New Zealand*, Statistics New Zealand.
Fredriksen, K. B. (2012), "Less Income Inequality and More Growth—Are they Compatible? Part 6. The Distribution of Wealth", *OECD Economic Department Working Papers*, No. 923, OECD Publishing.
Gibson, T. J. and Stillman, S.(2010), "Household Wealth and Saving in New Zealand Evidence from the Longitudinal Survey of Family, Income and Employment", *Motu Working Paper*, 10-06, Motu Economic and Public Research.
Green, R. A. and McKay, L.(1980), "The Estate and Gift Duties Amendment Act 1979: the demise of wealth transfer taxation", *Victoria University Wellington Law Review*, Vol. 10, pp. 227-257.
IMF（2013）, *Fiscal Monitor: Taxing Times*.
IMF staff（2014）, "Fiscal policy and income inequality", *IMF Policy Paper*, IMF.
Littlewood, M.(2012), "The History of Death Duties and Gift duty in New Zealand", *New Zealand Journal of Taxation Law and Policy*, Vol.18, pp. 66-103.
Littlewood, M. (2013), "New evidence on household wealth from the Reserve Bank", *Pensionbriefing*, No. 2, pp. 1-5, Retirement Policy and Research Centre, The University of Auckland Business School.
McCaw, P. M., Schmitt, G. J., Kean, J.K., Phillips, R.T., Thompson, E.G., Titter, H.M., Taylor, B.H.C., Vautier, K.M., and Wright, S.A.(1982), *Report of the Task Force on Tax Reform*.
Mckay, L.(1978), "Historical Aspects of the Estate Tax", *New Zealand Universities Law Review*, Vol. 8, pp. 1-32.
McLeod, R., Patterson, D., Jones, S., Chatterjiee, S., and Sieper, E.(2001a), *Tax review 2001 Issue paper*.
McLeod, R., Patterson, D., Jones, S. Chatterjiee, S., and Sieper, E.(2001b), *Tax review 2001 Final report*.
New Zealand Inland Revenue（2010）, "Gift Duty Repeal", *A special report from the Policy Advice Division of Inland Revenue*.
New Zealand Inland Revenue（2011）, "Gift Duty Abolition", *Regulatory Impact Statement*.

OECD (2008), *Growing Unequal? Income Distribution and Poverty in OECD Countries, 2008*（小島克久・金子能宏訳（2010）『格差は拡大しているか── OECD 加盟国における所得分布と貧困』明石書店）.

OECD (2011), *Economic Surveys New Zealand 2011*.

OECD (2000; 2010; 2014), *Revenue Statistics*.

Perry, B.(2014), *Household incomes in New Zealand: Trends in indicators of inequality and hardship 1982 to 2013*, Ministry of Social Development.

Policy Advice Division of the Inland Revenue Department and by the New Zealand Treasury (2009a), *Other base broadening and revenue raising ideas Background paper for Session3 of the Victoria University of Wellington Tax Working Group*.

Policy Advice Division of the Inland Revenue Department and by the New Zealand Treasury (2009b), *Land tax Background paper for Session3 of the Victoria University of Wellington Tax Working Group*.

Reece, B. F.(1993), "The Abolition of Land Tax in New Zealand: Searching For Causes and Policy Lessons", *Australian Tax Forum: a journal of taxation policy, law and reform*, Vol.10, No. 2, pp. 223-244.

Ross, L. N., Blyth, C. A., Fippard, N.B., Papps, L.M., and Stark, R.G.(1967), *Taxation in New Zealand: Report of the Taxation Review Committee*, Wellington, New Zealand.

Salmond, R.(2011), *The New Zealand Tax System*, Institute of Policy Studies.

Sandford, C.(1987), *Taxing Wealth in New Zealand*, Institute of Policy Studies.

Shorrocks, A., Davies, J.B., and Lluberas, R.(2012), *Global Wealth Databook 2012*, Credit Suisse Research Institute.

Shorrocks, A., Davies, J.B., and Lluberas, R.(2014), *Global Wealth Databook 2014*, Credit Suisse Research Institute.

Skilling, D., and Waldegrave, A. M. (2004), "The Wealth of a nation: The level & distribution of wealth in New Zealand", *Discussion paper*, 2004/ 1, The New Zealand Institute.

Statistics New Zealand.(2002), *The Net Worth of New Zealand: A Report on their assets and debts*.

Statistics New Zealand.(2008), *Family Net Worth in New Zealand*.

Stierli, M., Shorrocks, A., Davies, J.B., Lluberas, R., and Koutsoukis, A.(2014), *Global Wealth Report 2014*, Credit Suisse Research Institute.

Thorp, C., and Ung, B.(2000), "Trends in household assets and liabilities since 1978", *Reserve Bank of New Zealand Bulletin*, Vol. 63, No. 2, pp. 17-37.

Thorp, C., and Ung, B.(2001), "Recent trends in household financial assets and liabilities", *Reserve Bank of New Zealand Bulletin*, Vol. 64, No. 2, pp. 14-24.

UMR Research(2013), *Inequality in New Zealand*.

Victoria University of Wellington Tax Working Group (2010), *A Tax System for New Zealand's Future*.

第 8 章

中国の年金制度における所得格差と
年金制度持続性についての分析[1]

李　　森

1. はじめに

　2011年3月に中国の全人代で決定された「第12次5カ年計画」は，教育，就業，所得分配，社会保障，生態環境および公共サービス等各分野で，国民生活水準の向上を目指す5年計画であった。政府は，国民生活の保障と改善のための諸施策を打ち出し，その中で，社会保障制度の改革を加速する方針を明確にした。特に，政府機関・事業部門と企業就業員の年金格差の問題を，計画経済体制からとり残された歴史の後遺症として，改革の過程で権力部門と市場部門の改革が切り離され，改革が全般的に進められなかったことを認識し，抜本的に改革する方針を決めた。その後，社会保障制度改革が急速に進展し，2015年1月14日には『機関・事業単位職員の年金制度改革に関する国務院の決定』（国発［2015］2号）が公布され，政府部門の年金制度改革が本格的に軌道に乗ることになった。

　その間，社会保障分野での改革措置をみると，2011年7月に人的資源と社会保障部[2]から『人的資源と社会保障事業発展「第12次5カ年計画」綱領を

---

1)　本章でいう年金制度は，中国の社会養老保険制度を指す。以下同様。

発行することに関する通知』(人社部発［2011］71 号)，2012 年 7 月に国務院から『社会保障「第 12 次 5 カ年計画」綱領を承認することに関する国務院通知』(国発［2012］17 号）が公布され，『人的資源と社会保障事業発展「第 12 次 5 カ年計画」綱領』および『社会保障「第 12 次 5 カ年計画」綱領』が法的拘束力を持って実施されることになった。

　本章では，中国の現行年金制度における所得格差問題に焦点をおき，その根源を探ると同時に，年金制度持続性について分析する。

2. 中国現行年金制度の所得格差

2-1　3 つに分類された中国の年金制度の背景

　2010 年 10 月に公布された『社会保険法』では，中国の国民皆年金制度樹立への方向性が明示された。たとえば，社会保険法第 10 条で，「就業員は年金制度に加入すべきであり，保険料は雇用単位と就業員が共同で負担する。被雇用者がいない個人工商業者，パートタイム就業者およびその他の自由業者は，年金制度への加入が可能であり，保険料は個人が納付する。公務員および公務員法により管理される職人の年金方法は，国務院が規定する」とし，また，同第 20 条では，「国は新型農村社会保険制度を樹立・充実する」と規定し，第 22 条では，「国は都市部居住者の社会保険制度を樹立・充実する」と規定した。

　これでみると，中国政府は政府機関の公務員と事業単位の職員を除く，保険料の支払能力があるすべての勤労者を都市部基本年金制度の適用対象者にし，農村部の低所得者を新型農村社会保険制度，都市部の無所得者を都市部居住者の社会保険制度によりカバーしようとする。この 3 つの保険制度と公務員・事業部門職員の退職制度によって，すべての国民にそれぞれの年金制度が適用されることになる。

　上記の各制度のうち，都市部就業員年金制度が比較的成熟しており，2010

---

　2)　人的資源と社会保障部は，中国の「人力資源和社会保障部」を指し，日本の厚生労働省にあたる。以下同様。

年末まで2.57億人，新型農村年金制度は1.03億人をカバーし，年金制度への全加入者は3.6億人に達した。それを「第12次5カ年計画」期間中（2015年まで）に都市部就業員年金制度の加入者を2010年より1億人増の3.57億人に，新型農村年金制度の加入者を2010年より3.47億人増の4.50億人に，年金制度全加入者を2010年より4.47億人増の8.07億人に増やす目標を掲げた[3]。

『新型農村社会保険制度』（国発［2009］32号文献による）と『新型都市部居住者の社会保険制度』（国発［2011］18号文献による）は，それぞれ2009年と2011年から実験的に実施されたが，2014年2月7日に『統一した都市・農村居住民基本養老保険制度を樹立することに関する国務院の意見』（国発［2014］8号）が公布されることにより，両制度は統合する方向へと改革が進められている。また，同時期に，発展改革委員会，財政部，人的資源と社会保障部が共同で公布した『所得分配制度の改革を進化することに関する若干意見』では，「第12次5カ年計画」の期間中に「基礎年金の全国プール化を実現すること，事業単位年金制度改革を部門別に推進すること，公務員年金制度改革を検討すること及び農民の年金制度加入率を高めることと都市住民と新農村年金制度を健全化する」目標を掲げたが，新中国成立以来60数年間ずっと未改革であった政府機関公務員・事業部門退職制度が，2015年1月14日の『機関・事業単位職員の年金制度改革に関する国務院の決定』（国発［2015］2号）の公布により，ようやく改革に乗り出した。

　これによって，現行の中国年金制度は，都市部就業員年金制度，都市・農村居住民年金制度，機関・事業単位職員の年金制度の3つに分けられている。

　都市部就業員年金制度改革は[4]，20世紀90年代に本格的に行われたが，その背景には，当時の国有企業改革等経済情勢のきわめて大きな変化があり，それが年金制度改革のきっかけとなった。1990年代市場経済体制への移行により，国有企業改革を順調に進め，安定の中で経済の持続的な発展を成し遂げる

---

3) 数字は『社会保障「第12次5カ年計画」綱領』による。
4) 都市部就業員年金制度改革については，李森（2001，2011，2012，2015）を参照。

ためには，政府にとって年金制度の改革が不可欠であった。

年金制度の格差問題[5]を分析するにあたって，年金制度が形成される歴史的変遷を考察しながら年金制度のあり方を規定する経済システムの変化を明らかにし，社会経済状況の変化に応じて，年金制度がどう改正され，かつ社会的にみて公平で効率的な制度であるかどうかを捉える必要がある。経済状況の変化を考察することによって，将来の給付を目的とした年金財源の確保と国民負担の議論および年金制度の所得格差解消のための抜本的な改革の議論が，現実的な意味を持つことになる。

2-2 中国の年金制度変遷の考察——二元的経済構造下での年金制度の特徴

1978年末の改革開放政策を実施するまでの30年余りの間，中国の経済システムは高度集権的な計画経済システムであり，以下のような特徴があった。ひとつは，都市部と農村部を厳格に区分した二元的社会構造を形成したことであり，もうひとつは，都市部において全民所有制企業（以下国有企業とする）主導の経済運営を実施したことである。国有企業主導の経済運営をみると，国有企業は中央政府と各層の地方政府の横割体制により直接コントロールされ，同時に，産業・部門別といった縦割体制によってもコントロールされていた。したがって経済運営に関する自主権がほとんどなく，政府の統制下におかれていた。経済改革は，まさに従来の政府統制の経済運営から市場中心の民間部門主導の経済運営への方向転換であった。

このような二元的社会構造では，社会保障制度は近代的な意味でいう制度ではない。社会保障制度は社会弱者に対する救済措置であるが，中国では長い間，限られた「単位」[6]内部の主な制度として福祉機能を発揮してきた。改革

---

5) 年金制度格差について，制度間格差，地域間格差または世代間格差を分析する必要があるが，ここでは，史的視点から格差形成の原因を分析するため，世代間格差には言及しない。

6) 「単位」は，政府・事業部門および国有所有企業制と集団所有制の企業の場合に使った言葉であるが，「単位」では病院や食堂や学校や幼稚園等福祉サービスも提供した。

開放政策実施以来，1990年代末までは，このような「単位」保障制度を継続する一方で，新しい社会保障制度樹立への改革が進められてきた。

また，従来の二元的経済構造の下では，厳しい戸籍制度の実施により，農村と都市間の労働力の流動はありえなかった。都市部の就業員は職員（幹部）と労働者の2つの階層に分けられ，1953年の労働保障制度のスタート時点で，就業および特殊な身分（すなわち職員，労働者と農民）による制度上の区分がはっきりと存在した。政府機関・事業「単位」の職員（幹部）と国有，集団企業の労働者に対し，それぞれ別の退職制度が実施された。政府機関・事業「単位」の職員の退職金は一般予算から支給され，国有企業労働者の退職金は企業ごとに給付された。年金制度を含む労働保険制度の利点を享受できる対象は全労働者の4分の1に過ぎず，その大半は政府・事業「単位」の職員や国有企業，集団企業等全民所有制企業の就業員であった。このような労働保障年金制度（または企業保障年金制度）は，以下のような特徴があった。

第1に，年金制度は「単位」ごとに運営された。「単位」では，政府の退職制度の関連規定により退職者の年金を給付し，退職者の生活の面倒をみた。

第2に，年金財政方式は「企業内賦課方式」で行われた。年金給付は，「単位」の営業外支出項目から支払われ，就業員個人の保険料負担はなかった。

第3に，国有企業と財政との関係は，企業の利潤は全額を国に収め，必要な経費は全額を国から支払われる，いわば「統一徴収，統一支出」関係であり，この計画管理体制の下での「単位」による年金給付は，最終的には国の負担となる。

第4に，このような伝統的な計画経済下での年金制度が，都市部集団企業にも適用されることになり，したがって，実際には都市部すべての賃金所得者をカバーするものであった。

第5に，退職者への年金給付額は，勤務年数と退職前の賃金水準により異なり，退職前の低賃金の補償として，年金代替率は一般的に高く設定された。

第6に，農民と農村集団企業については明文化した規定がなく，国有企業の関連規定を参考に，それぞれの地域の状況に応じて集団契約を結ぶ，という自

由裁量に任せていたことである。

このように，二元的経済構造では，都市と農村間の経済格差がそのまま引退後所得格差として存在した。ただし，都市部においては「統一徴収，統一支出」の財政体制の下で，政府部門職員と企業部門就業員の経済格差および年金格差はほとんどなかった。

2-3 二元的経済構造の後遺症

経済改革の深化に伴い市場経済化がかなり進んでいるが，社会保障制度，とりわけ年金制度改革は明確なビジョンが未だみえない。歴史変遷を踏襲した現行年金制度は，大きく都市と農村に分けて，さらに，①農村，②都市部の政府機関・事業部門および国有企業等公有制体制内，③都市部の民営企業，外資企業，株式企業等公有制体制外，④都市部の無職の住民等4つに分類して考察すると，都市と農村の年金制度に大きな格差があるだけではなく，都市部の体制内，体制外および住民の年金水準もかなり異なることがわかる。体制内の政府機関と事業部門の職員は，基本的に従来の「単位」で受けた高福祉待遇を享受しており，国有企業，独占業種は高い年金水準が確保されているほか，企業年金給付および退職金等の受給も加えて高水準の年金を得ている。体制外の年金制度は，従業員，企業，政府が共同で出資し運営することになっているが，実際，企業負担が就業員に転嫁しうることを考えると，就業員に高い負担を強いている。また，企業負担分は地域別の社会プールで運営しているため，流動性の高い労働者にとって自分の年金書類を地方所管の年金機構に移すにはかなりの手間がかかり，年金管理が十分とはいえない。

年金制度の格差をなくすためには，体制内福祉制度の市場化改革が不可欠であることから，政府は2009年から一部の地域で事業単位の年金制度の改革を実験的に行ったが，各方面の利益集団からの抵抗が強く，また政府機関の公務員が改革の対象になっていなかったことから社会に大きな波紋を引き起こした。それで考えると，今回の『機関・事業単位職員の年金制度改革に関する国務院の決定』は，やっと改革の軌道に乗って動き出したと感じると同時に，政

府機関の公務員と事業部門職員も含め全面的に改革する政府の強い意志がみられる。

中国の年金制度を上述のように，①体制内と体制外（政府部門と民間部門），②働くところの有無（正規労働者と非正規または無職），③都市と農村に分けてみると，年金制度間格差の問題点がはっきりと浮かび上がる。たとえば，年金制度改革を実施する前の1990年の企業就業員，事業部門職員，政府機関公務員の年平均退職給付費はそれぞれ1,664元，1,889元，2,006元と大きな差がなかったが，都市部就業員の年金制度が成熟した2005年度でみるとそれぞれ8,803元，1万6,425元，1万8,410元と，企業就業員の年金と事業部門職員および政府機関公務員退職給付費に2倍以上の格差が生じた[7]。また，北京市の農村部基礎年金月280元（年間3,360元）を考えると，各制度間の格差がさらに拡大していることがわかる[8]。

農村部と都市の収入格差が大体1：1.33であるが，年金でみられるように社会保障の再分配を入れると都市と農村の格差がさらに拡大している。

そのうえ，体制内の人はさまざまな資源を自分に有利な方に利用する権力を持っており，さらに，高質・高水準の社会保障の待遇を受けている。たとえば，年金，医療の他に住宅福祉，住宅積立金，公営住宅等で自分たちに有利な再分配政策をとっていた。

年金制度を所得再分配の機能が働く公平な制度にするためには，その根幹にある権力構造を打破し，体制内の改革を進め，一元化の年金制度を樹立すべきであろう。

しかし，年金制度の抜本的な改革には，体制内，体制外を問わず抵抗が大きい。たとえば，体制内の改革にはさまざまな利益集団，特に政策制定者と執行

---

7) 尤玉其（2012）『公務員養老保険制度国際比較研究』社会科学文献出版社，235ページ。
8) 農村部の年金制度は全国で統一されておらず，ここでは，2005年『北京市農村年金制度建設の指導意見』を参考にした。北京の農村基礎年金給付水準は平均水準より5倍ほど高いと推定される。

者の権力集団から来る抵抗が強く，改革には難関が多い。また，体制外からの抵抗も大きい。年金水準を引き上げることに対しては国民的な合意が得やすいが，現在の財源分担の方法では，企業の負担増になることから企業，特に製造業の反発が大きい。社会保険への加入は，企業コストの増加をもたらし，特に労働集約型の企業ではその負担増が企業経営に大きな影響をもたらす。さらに，地方政府も年金制度改革に消極的である。現在，地方経済発展は主に投資によるところが大きく，地方政府は資本誘致に非常に精力的に取り組んでいる。その際，投資環境として安価で質の高い労働力の存在が，重要な要素のひとつとなるが，年金水準（社会保障水準）の引き上げは労働コストを引き上げることになり，資本誘致に不利に働くこともありうることから，地方政府は当然年金（社会保障）水準の引き上げには積極的になれない。その他，個人でみると，就業員だけではなく，特に農村の出稼ぎ労働者の年金保険加入への意欲が高まらない。中国の社会構成員の中で，年金制度を最も必要とする階層が，今まで戸籍制度により差別化されてきた農民であるはずが，出稼ぎ農民が年金制度への加入を躊躇する。その理由は，保険料納付義務は果たされるが，将来，本当に年金受給権を得て年金をもらえるかどうかは，かなり懐疑的になっているからである。また，現行の制度では，自分の負担分だけではなく，企業負担分も背負うことになり，農民たちの年金制度加入へのインセンティブが見当たらない。

　都市住民は一般的に低い水準の年金待遇を受ける。都市住民の年金は地方政府の責任で賄われ，地方財力の差異により受給待遇も異なる。東部の発達地域では地域コミュニティーで福祉を行うが，そのような地域は，一般的に集団経済が発達し，また土地の賃貸収入もある豊かな地域である。ただし，中国のほとんどの農村部の経済発展が立ち遅れている状況で，住民が年金制度に参加しようとしても保険料を納付するお金がなく，地方政府にもその力がない。

　歴史的に残された負の遺産の影響で，地域別，体制内外別，都市と農村別，地域内部あるいは体制内部別等それぞれ分割した状況で，全国で統一した年金制度を樹立するのはかなり難しい課題ではあるが，これから中国社会が進む方

向性を決めるうえで改革しなければならない重大な課題であることを認識すべきであろう。

3. 所得分配の公平性視点での問題点

従来の年金制度の改革と新しい年金制度の樹立について考える際，従来の経済システムの下で国民所得がどのように分配され，そして従来年金制度の給付原資がどのように形成されたかを明らかにする必要がある。

上述の分析からみられるように，中国の伝統的な経済構造は農村部と都市部を厳格な戸籍制度により区分した二元的経済構造であった。したがって，二元的経済構造における国の統制システムおよび改革の過程で生じた社会経済状況の変化，特に国民経済における所得分配格差の形成プロセス等の分析は，年金制度改革の議論の原点がどこにあり，またどのような年金制度が最適な制度であるかを議論するうえで，欠かせないことになる。

3-1 二元的経済構造下での所得分配

ここでは，まず，二元的経済構造下で政府による農村経済への統制システムを概観し，そして国有企業の利潤形成および財政収入形成のプロセスをみることにする。

高度集権的な計画経済の下，農村地域で実施された政府の経済統制は，主に国による農産物の買い取り政策と販売価格の規制であった[9]。農民が生産した農産物を国が一律に買い上げ，それを国の計画に基づいて再配分し，政府の生産・供給のノルマを達成した後の農民の手元に残るわずかな余剰農産物を，国有商業部門が買取し都市部の生活者に供給する，いわば「配給制度」を実施していた。農産物の市場は存在せず，自由な取引による収入の獲得は不可能であった。政府はこのような農産物の買い取り政策と国有商業部門による買収価格

---

9) 1953年に中国政府は「食料の政府による統一買収，計画的配分を実施することに関する命令」を公布した。この命令によって国の農村地域における「経済統制」を実施し始めることになった。

規制によって，農村住民の家計所得をほぼコントロールし，さらに農産物を低価格で都市住民に供給することも可能となり，都市就業員の賃金を低く設定することができた。

次に，都市部においては，1956年に政府は，「国営企業，事業と機関単位の賃金の等級制度」を公布し，都市就業員の賃金基準を統括し，賃金給付の統制政策を実施した。賃金給付の規制により，国は都市住民の家計所得（賃金以外の収入は存在しなかった）を完全にコントロールすることができ，また低賃金制度の実施によって工業部門の労働コストを低い水準に抑えることもできた。同時に，工業製品の販売価格を国の政策意図によって高く設定し，工業部門で高額な利潤を創出することに成功した。さらに，政府は「統一収入，統一支出」の財政管理体制を実施し，国有企業の利潤をすべて国の財政に吸い上げ，政府の財政収入を形成した。

3-2 改革に伴う所得格差の拡大

しかし，改革開放政策の実施に伴う市場経済化の中で，従来型の所得形成のプロセスが順次崩壊し始めた。具体的にみると，1970年代末から始まった農村改革は，農業生産請負制度の導入と政府の農産物に対する価格コントロールの段階的な撤廃から着手された。国有商業部門が引き取る余剰農産物価格の引き上げと政府による農産物の統一買収制度の廃止及び市場での自由販売の許可等々，政府は農村経済体制改革を順次進めた。この「放権」（権限の放棄）改革政策の実施により農民の家計収入は，市場への農産物の供給量と市場価格に大きく依存することになり，政府は従来どおりに農民の家計所得を完全に掌握し，また農産物を低価格で都市住民に提供することが不可能になる。農産物の市場での販売は，都市住民の生活費用の上昇をもたらし，さらに工業製品のコストの増加も避けられず，国有部門における従来型の高額利潤の創出と政府財政収入の確保が不可能となった。

市場経済原理の導入により農民の生活状況が著しく改善され，その農村での改革の成功を踏まえ，1980年代に入ってから政府は都市部における経済改革

を始めた。国有企業の改革も農村改革と同様「放権」政策からスタートした。企業経営自主権の拡大と利潤留保の政策措置により，企業に対する金銭的なインセンティブを与え，企業の経営効率の向上を促進した。その結果，企業側も従業員の賃金，制度外のボーナス，諸名目の手当てを増やすことによって就業員の福利と生産性の向上を目指し，それによって，就業員賃金制度は効率的にリンクする賃金制度に変わってきた。同時に，このような企業側の行動と連動して事業，機関等政府と党の部門も賃金，ボーナスを引き上げ，従来の賃金等級制度は実質上，「有名無実」となってきた[10]。経済システムの改革によって企業の生産活動が，従来の単なる政府の経済計画の実行から，市場のニーズに応じた柔軟な経営活動に変わり，経済運営の主体も従来の全民所有制企業の主導から外資系企業，私営企業，個人企業等多様な経営主体に変わってきた。そして，農民と就業員の所得も，従来の政府統制下で「平等」に分配された所得から，多様な源泉による所得に変わり，また，このような状況の下で政府は経済運営の市場効率性を優先し，所得格差の拡大を是正するような新しい所得再分配の有効な政策を打ち出せず，あえて各企業，各部門，各地域が予算外資金を保有し[11]，制度内資金を流用することを容認した。改革によって，市場経済の貢献原則に基づく所得分配は，経済の高成長をもたらす一方で，反面，「政治資源」を有する権力部門と権力者たちの権限乱用による不正な財の蓄積と腐敗現象も蔓延させ，あらゆる面で所得格差を拡大させた。

中国の所得格差の実態を，経済の所得再分配の様子を要約して評価するジニ係数でみると，中国農村部住民のジニ係数は，1978年の0.29から1984年は0.

---

10) 全民所有制単位の就業者の給与は基本給とボーナス・諸手当等からなるが，建国直後の給料総額の9割以上を占めていた基本給のシェアが，改革開放政策実施後は5割を割った。これは，市場経済化の過程で生じるインフレ対処策として，「単位」から社会救済的に諸手当や国からの補助金が増額されているためであるが，個人賃金をベースとして計算する年金基金確保には大きな影響を与える。

11) 予算外資金は中国財政の特有なものであり，国家財政予算編成には組み入れていないが，各地方，各部門，各「単位」が保有している資金である。その規模が予算内資金規模に匹敵するほど大きかった。

26に縮小したが，1995年には0.34に拡大し，都市部住民のジニ係数は1978年の0.16から1995年には0.29に，15年の間にともに13ポイント上昇した。全国平均では1978年の0.33から1995年には0.445，2000年にはさらに0.458に上昇し，その後ずっと4%を超える水準をキープしている。また，都市部と農村部の所得格差，都市部と農村部のいずれについても，地域所得格差が大きく，業種別の格差も大きい。

3-3 再分配の逆効果

所得格差は，税または社会保障の再分配の政策により是正される。しかし，中国の現行年金制度では，所得格差が是正されるどころか，かえって拡大させる逆効果がみられる。

(1) 都市部と農村部の年金格差

現行の新型農村年金制度による基礎年金は毎月55元で，その上，政府の補助金がプラスされるが，全体としてかなり低い水準にある。2011年の農村の年金受給者数は8,525万人で，支給総額は588億元であった。すなわち，平均すると1人当たり年金は年間で690元に過ぎない。反面，都市部平均年金支給額は1万8,701元で，さらに，1人当たり政府の財政補助金が3,328元である。農村の年金は都市部の4%にも達しておらず，政府の補助金は都市部の20%しかない。

(2) 都市部の就業員と公務員の2本（双軌道制）年金制度

20世紀90年代の年金制度改革では国有企業改革の背景もあって，都市部就業員に対する年金制度改革が先行し，公務員の年金制度は従来の退職制度をそのまま残した。これにより，都市部でも退職前の身分により，それぞれの年金制度が適用されることとなった。就業員年金に比べ，公務員の年金給付ははるかに高い水準にあり，その格差が広がりつつある。

(3) 地域別年金水準の格差

都市部年金制度改革においては，地域ごとの経済状況の相違を考慮し，地域主体で改革を行うことを勧めた。社会プール化は省レベルまで実現している

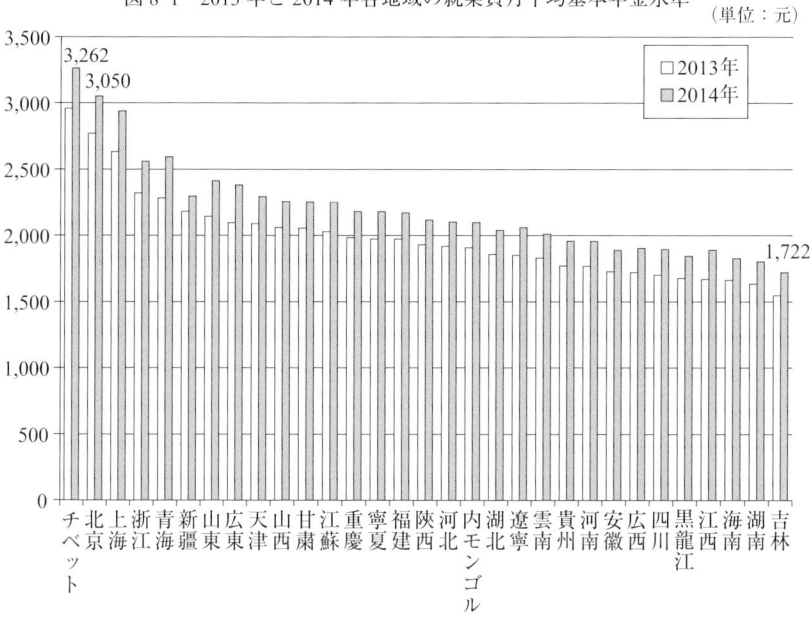

図 8-1　2013 年と 2014 年各地域の就業員月平均基本年金水準

(単位：元)

(出所) http://www.360doc.com/content/14/0627/11/15972068_390221817.shtml をもとに、筆者作成。

が，各地域の扶養比，賃金水準および財政状況等経済状況にかなりの差があり，これが，年金給付にも反映され地域ごとの平均年金給付額に大きな格差が生じた。2014 年の都市部就業員年金水準でみると就業員の月平均基本年金は，北京市は 3,050 元，吉林省では 1,722 元で，吉林省の都市部就業員年金水準は北京市の 6 割にも達しない。

(4)　低所得者への再分配

現行の各年金制度にはいずれも所得再分配政策は反映されていないため，低所得者は年金制度の恩恵を受けられない。都市部就業員年金制度においては低所得者に対する減免措置も低保険料率での納付措置も取られていない。年金保険料は，上納した分だけ可処分所得を減らすことになるので低所得者の中には保険料納付を避けるために年金制度に加入しないというケースも生じている。

(5) 年金給付水準引き上げの問題点

近年，都市部就業員と公務員の年金格差を縮小するために財政支出を増やし就業員の年金給付水準を引き上げる措置がとられているが，一般の税源で年金収支赤字を埋めることは，制度内と制度外の再分配を引き起こす。すなわち，制度外の人から徴収した税により制度内給付を行う，逆再分配を生じさせる。

(6) 流動人口の年金の不公平さ

新型農村年金制度と都市部住民の年金制度への加入条件は地方政府が決定するが，一般的に地域戸籍の住民に限定する。したがって，自分が生まれ育った地であっても，当地域の戸籍がなければ年金を受けることができない。

都市部年金制度も原則的には戸籍の制限が排除され，年金記録等資料も地域間で移行することが認められてはいるが，実際には，流動人口の年金制度への加入はほぼ不可能である。なぜなら，流動人口の流出する地域では残された住民への年金負担が過重になり，流動人口のほとんどは経済の発達地域に集中するため，将来，高齢者人口増加による負担増が想定される。このため，流動人口の年金書類の手続きはそんなに簡単には行われない。さらに，行政管理費用の増加も考えるともっと難しくなる。年金給付を受ける際，一部の人は年金受給条件を満たせず，戸籍のある故郷に戻って低い年金を受けざるを得ない。

4. 年金制度改革論の原点

上述のように，中国の年金制度格差は社会経済状況の変化によって生じたものと，従来の経済体制とりわけ従来の年金制度の後遺症によるものが多々ある。従来の年金制度改革と新しい年金制度樹立の過程で，従来制度が残した問題が何かどう解決すべきかに真剣に取り組み，そのうえ，新しい制度樹立の改革に着手するのが年金制度所得格差の解消の根本的な解決策になると考えられる。

従来の二元的社会構造の下では農村部においては年金制度が存在しなかった。したがって従来の年金制度の問題を処理する際，当然ながら農村部を考慮する必要がないと一般的に思われる。しかし，第2節でみられるように従来の

二元的経済構造の下で，集権的計画経済運営は農産物の強制的な低価格買収政策によって実行されており，それは，従来の企業あるいは政府の年金財源たる利潤または財政収入の中に，農民の利益を犠牲にして不公平に行われた部分があることを意味する。したがって，従来の年金制度問題の処理において，この問題も一緒に考える必要がある。

また，都市部においては企業と政府機関・事業部門および国有企業と集団企業別に，それぞれの退職金制度が創られ運営された。いままでの年金制度改革の議論は，主に都市部就業員の退職制度に関するものであり，政府機関・事業等の退職金制度は従来どおりに実施されていた。すなわち，従来の年金制度の問題処理とは，国有企業と集団企業退職金制度の処理に限られていた。

給付面に関して政府は，退職者の生活水準を維持するためあるいは経済改革の中で生じうる社会リスクをできるだけ避けるために，具体的な政策を出している。しかし，給付の原資をどう調達するかについては，明確な方法が示されておらず実験の段階にある。新制度の設計による解決を図ったが（社会プール化によって集めて資金で退職者への給付が十分賄えるだろうとみた），実際には，新たに隠れ債務の問題を引き起こした。

この隠れ債務と年金財源不足に関して，国有資産の売却，新たな国債発行等により解決すべきであるという主張がある。その際根拠とするのが，国有企業の退職者は従来の計画経済の下で働き，政府による就業保障，単位保障が確保され実質上退職後に備えた生活保障を政府に頼っていたというようなものである。したがって，経済改革によって従来の国有企業の性質がどのように変化しているにせよ，現在の国有資産の中には退職後の生活に必要な基金が内包されていることは当然だと考えている[12]。

しかし，このような議論には2つの問題がある。ひとつは，国有企業の低賃金政策は，政府の農産物に対する政策（買い取り政策と価格規制政策）を前提と

---

12) 鄧子基（2002年）「社会保障体系建設に関するいくつかの問題について」『社会保障制度』中国人民大学出版社，18-22ページ。

しており，農民の利益を侵害することによって実現したこと，したがって，国有企業の資産売却によって退職者への給付財源問題を解決しようとすると，農民が被った損失の部分をどう処理すべきかについて合わせて考えなければ非常に不公平な政策になりかねない。もうひとつは，国有企業の資産の中には退職者たちの貢献部分が，当然含まれている。しかし，当時の企業利潤の上納政策，すなわち財政の「統一収入，統一支出」の財政管理体制からみるかぎり，退職者たちの資産への貢献は，さらに政府資産にも含まれているという問題である。したがって，国有企業資産売却の問題だけではなく，政府資産の個人所有化した部分も含めて，総合的に考えるべきである。

いずれにしても国民所得がどのように形成され，それがどのように分配，再分配されてきたかの議論を十分踏まえたうえで，公平かつ効率的な政策措置を講じなければならない。

その他，年金保険料の徴収ベースを賃金総額で考えて議論されているが，上述の分析でもわかるように，当面中国の賃金総額の正確な把握が非常に困難であり，よって，年金保険金の徴収漏れがかなり大きく年金制度の本来の機能が十分発揮できなくなる，という問題も生じている。

5. 年金制度改革論と持続可能性

年金制度の改革に関するいままでの議論は，一般的に国有企業の改革に伴う従来の退職金制度の改革に集中しており，改革の根拠として人口構造と高齢化の問題が挙げられている。すでに説明したように，従来の退職制度は都市部における国有企業就業員と政府部門職員を対象とした制度であり，従来制度の改革の問題と新しい年金制度の樹立の問題は，性質が異なる別の問題である。

従来制度の改革の問題は，企業ごとに運営した年金制度を社会化する問題とそれに関連して生じる従来制度の年金債務をどう解決すべきかの問題および政府部門等国の予算で給付する年金制度をどう処理すべきかの問題である。それとは別に，新しい年金制度の樹立の問題は，改革に伴う社会状況の変化で新しく生まれた現役世代の将来の年金をどうすべきかの問題であろう。しかし，今

までの改革の措置をみる限り，2つの問題を混同しており，したがって改革当初の予想とは程遠い結果を招いている。

社会経済状況の変化からみると，年金制度の抜本的な改革は不可欠な課題であり，さらに，従来制度における国有企業退職者への退職金給付は政府の公約であることから，企業の経営難あるいは破産といったことによって中止されてはならない。

1990年代年金制度改革の一連の措置をみると，以下の点で致命的な過ちを犯していると思う。

ひとつは，従来の年金制度に対する正確な評価と問題処理の方法についてである。従来の年金制度では被用者の保険料拠出義務がなく，退職後の受給権利だけが企業（または政府）によって保障されていたことは，すでに説明したとおりである。このような企業退職制度に対し，市場経済における年金分析の理論をもって賦課方式の年金制度であったと結論づけるには，正確な評価を欠いている。なぜならば，賦課方式とは現役世代が拠出した保険料を現在の退職者へ給付する世代間扶養（社会全体での助け合い）を目的とする制度であり，公平性の原則が強く反映された制度である。従来の制度が年金議論の際の賦課方式制度であったとすると企業内部（さらには国有企業全体の中）で，負担と給付の調整で問題解決を図るべきであり，それを社会化する必要はないだろう。従来の農民の利益を犠牲にして実施してきた「単位」ごとの年金制度は，市場経済でいう年金制度とは理念上根本的に異なるものであり，中国独特の「企業内部賦課方式制度」であったといえる。したがって，従来制度下での退職者への退職金給付問題を新しい制度の設計により給付財源を賄おうとした改革措置にはそれなりの根拠が乏しい。

もうひとつの議論の過ちは，非国有部門等の従事者を適用範囲とする新年金制度の議論についてである。非国有部門の急速な発展は，改革開放政策の実施によりもたらされた結果であり，したがって，いわば年金制度改革の範疇のものではなく，いかに新しい制度を設計するかの範疇に属する。この部分を旧制度の改革と一括して考えて対処すると問題を複雑化するだけである。1997年

からの統一年金制度実施後の実績をみると，制度への未加入，拠出回避等の現象がかなり存在するが，これは制度に対する不信感がかなり根強いからである。新しい年金制度樹立の問題は，今後の高齢化ピーク期の到来に備えて，従来の年金制度の清算とは別に考えるべきである。

年金制度の持続可能性を分析する際，人口高齢化の影響はあくまで外部要因であり，年金制度が維持可能かどうかは，あくまで年金財政収支バランスの持続性により決められる。

6. おわりに

これから先は，過去 30 数年間高度経済成長を支えてきた諸要素が大きく変化する。潜在的経済成長率が低下し，成長牽引力と経済構造が大きく変化する。工業化，都市化の発展と人口構造の変化を迎え，労働年齢人口が減少し始める。したがって，伝統的な人口ボーナスが消えてゆき，豊富な農村余剰労働力の安価な供給状況が終焉し，労働力コストが上昇する。人口高齢化が加速され，経済の成熟期を迎えるまえに高齢化社会に入る。さらに，人々の観念，社会構造，組織構造が大きく変化し，都市化率の上昇する中で中間所得層の割合が増え，農村と都市部の「二元構造」または農村部内部，都市部内部の問題が顕在化する。人々が物質・精神面での豊かさを享受すると同時に，思想面での多元化，公民権利意識の向上，安全，参加，公平，公正，正義に対する人々の欲求が増え，伝統的な社会組織の有効性が薄くなり，新しい組織構造が形成される。

このような社会経済状況の変化の中で，現役引退による所得減少のリスクをコントロールし，すべての国民の生活を保護するか，年金制度改革の真意が問われる。

参 考 文 献

李森（2001）「中国　企業保障から社会保障への改革―養老保険制度の改革をめぐって―」（『中央大学大学院研究年報経済学研究科篇』第 30 号）53-62 ページ。
李森（2011）「中国年金制度改革の行方―制度内の問題点をめぐって―」（『福山大

学経済学論集』第 36 巻第 1 号）91-115 ページ。

李森（2012）「中国年金制度の問題点—年金数理における年金財政の持続性の分析—」（『財政研究』第 8 巻）199-215 ページ。

李森（2015）「年金数理モデルによる中国の年金制度の分析」（『福山大学経済学論集』第 39 巻第 1・2 合併号）107-1120 ページ。

鄧子基（2002 年 6 期）「社会保障体系建設に関するいくつかの問題について」『社会保障制度』中国人民大学出版社，18-22 ページ。

尤玉其（2012）『公務員养老保険制度国際比較研究』社会科学文献出版社，235 ページ。

第 9 章

OECD 諸国の社会的リスクへの対応と所得格差について

飯 島 大 邦

1. はじめに

　第二次世界大戦終了から 1970 年代の半ばまで，先進資本主義国は，力強い経済成長力を原動力のひとつとして，福祉国家の建設に努めた。この福祉国家の「形成期」は，「福祉資本主義の黄金の時代 (the golden age of welfare capitalism)」と呼ばれる。その後，1970 年代における 2 回の石油危機，さらには 1980 年代における新自由主義的政策思想の興隆により，福祉政策の見直しがなされ，福祉国家は「削減期」を迎える。そして現在，福祉国家は，新たなる社会経済的変化への対応を目指して，「再編期」の中にある。その新たなる社会経済的変化は，「脱工業化社会」と呼ばれる時代の到来とともに，主として労働市場や家族において生じている。

　ところで，福祉国家の役割は，各個人をそれぞれが直面するリスクから保護することにある。福祉資本主義の黄金の時代におけるリスクに関して，Esping-Andersen (1990) は，何らかの理由により失職したときに，社会保障政策によって生計が維持される程度である「脱商品化」の程度により，福祉国家のリスクへの対応の類型化を試み，「福祉レジーム論」を展開した[1]。さらに，Esping-Andersen (1999) は，各個人それぞれが脱工業化社会において直面する

リスクを考慮して，脱商品化および階層化という概念に加えて，「脱家族主義化」という概念を新たに提示し，再編期にある福祉国家の各個人のリスクへの対応の類型化を試みた。脱家族主義化の程度とは，個人が，その家族の責任ではなく，国家や市場からケアなどに必要な資源を入手できる程度である。一方，Bonoli（2005, 2007）は，福祉国家の形成期における各個人のリスクと削減期または再編期における各個人のリスクの内容に注目し，前者のリスクを「伝統的社会的リスク（Old social risks）」，後者のリスクを「新しい社会的リスク（New social risks）」として類型化している。

　このような福祉レジーム論または社会的リスクに関する多くの先行研究では，福祉政策の各支出項目に関するデータを，直接的に分析対象としている。福祉政策の各支出項目に関するデータを直接的に扱うメリットは，社会的リスクの内容およびそれへの福祉国家の対応をきめ細かく設定できることである。しかし，そのようにきめ細かく設定できることによって，分析における恣意性を強める可能性も生じる。そこで本章の分析においては，福祉政策の各支出項目に関するデータに基づくが，福祉政策の特徴を大括り化して捉える方法を提示する。そして，福祉政策の特徴を大括り化したものと福祉レジーム論または社会的リスクに関する議論を結びつけ，それぞれの福祉国家の社会的リスクへの対応を特徴づける。さらに，それぞれの福祉国家の社会的リスクへの対応と所得格差との関係についても検討する。

　本章ではこのような問題を検討するにあたり，以下のように分析を進める。第2節では，本章で用いる「OECD 社会支出」（OECD Social Expenditure，以下 SOCX と呼ぶ）のデータの定義，社会的リスクの定義，および両者の関係を説明する。第3節では，第2節で説明された SOCX のデータを用いて主成分分析を行い，福祉政策の特徴を大括り化した主成分を，社会的リスクの定義を考慮して検討する。さらに，主成分分析から導出された主成分得点を用いて，そ

---

1) Esping-Andersen（1990）において，社会保障政策に関して，脱商品化のほかに，社会階層を形成し，さらにそれを維持する機能の程度である「階層化」の程度も考慮されている。

れぞれの福祉国家の社会的リスクへの対応の時系列的推移について検討する。第4節では，第2節の主成分分析から導出された主成分得点に対して階層的クラスター分析を用いて，それぞれの福祉国家の社会的リスクへの対応の類型化を試みる。そしてその類型の特徴づけを，主成分得点を用いて検討する。またその結果と Esping-Andersen（1990）の福祉レジーム論との関係，さらには所得分配との関係も検討する。第5節では，結論づける。

2. SOCX と社会的リスク

まず，SOCX の概略について説明する[2]。SOCX が対象とする支出は，次のように定義される。

> 厚生の低下をもたらすような状況に直面している家計および個人に対して，彼らを支援することを目的とした財政的拠出に基づく公的および私的給付である。ただし，給付や拠出は，特定の財やサービスに対する直接的な支払いおよび個人間の契約や移転を含まない。

このような定義を満たす支出は，OECD 社会支出では，管理運用に関する観点から，「公的社会支出（Public social expenditure）」，「義務的私的社会支出（Voluntary private social expenditure）」および「任意私的社会支出（Mandatory private social expenditure）」に区分される。「公的」と「私的」の区別は，資金の管理者による。つまり公的とは，一般政府が資金を管理しているケースである。一方非政府機関によって資金が管理されているケースが，私的である。さらに私的社会支出のうち，義務的私的社会支出は，非政府機関によって資金が管理されている社会支出のうち，政府による法的奨励を受け，または強制を伴うケースであり，任意私的社会支出は，非政府機関によって資金が管理されている社会支出

---

[2] OECD 社会支出データに関する説明として，Adema, W., Fron P. and M. Ladaique（2011），国立社会保障・人口問題研究所編（2014）および西村周三・京極高宣・金子能宏編著（2014）などを参照せよ。

のうち，強制を伴わないケースである。本章では，上記の3つの支出区分のうち，公的社会支出および義務的私的社会支出を分析対象とする。

またSOCXは，9つの政策分野別に分類されている。具体的には，「高齢（Old age）」，「遺族（Survivors）」，「障害・業務災害・傷病（Incapacity-related benefits）」，「保健（Health）」，「家族（Family）」，「積極的労働市場政策（Active labour market policies）」，「失業（Unemployment）」，「住宅（Housing）」，「その他の社会政策分野（Other social policy areas）」である。

さらにそれぞれの政策分野の給付は，「現金（Cash benefits）」または「現物（Benefits in kind）」のいずれか一方，または両者から構成される。たとえば，高齢の現金給付は，労働市場から引退した人々，および標準的な年金支給開始年齢に達している人々に対する年金などからなり，高齢の現物給付はデイケア，リハビリテーション，在宅サービス，施設介護などの高齢者に対するサービスなどからなる。遺族の現金給付は，遺族年金などからなり，遺族の現物給付は埋葬費などからなる。障害・業務災害・傷病の現金給付は，障害年金，業務災害に関する有給休暇中の給与およびさまざまな特別手当，傷病によって一時的に働けない期間の所得を保障する現金給付などからなり，障害・業務災害・傷病の現物給付はデイケア，リハビリテーション，在宅サービスなどからなる。保健は，現物給付からなり，すべての公的医療支出を含む。家族の現金給付は，家族手当，出産休暇や育児休暇に関係する支出などからなり，家族の現物給付は，デイケア，在宅サービスなどからなる。積極的労働市場政策は，公的な職業紹介，職業訓練，学校を卒業して初めての職に就こうとしている若者向けの特別なプログラム，（若者と障害者を除く）失業者などの就職を促進するプログラム，および障害者に対する特別なプログラムなどからなる。失業は，失業による所得の減少を補償するすべての現金給付からなる。住宅は，現物給付のみからなり，住宅費の負担を軽減するための個人に対する家賃補助などからなる。その他の社会政策分野は，上記のいずれのプログラムにも含まれない現金給付および現物給付からなる。なお公的扶助はこれに分類される。

ところで，本節の冒頭で述べたSOCXの定義から明らかなように，SOCX

が対象とする支出は，さまざまな社会的リスクに直面する家計または個人に対するものである。そこで次に，Bonoli（2005, 2007）に従い，社会的リスクの概念について整理する。第1節で述べたように，社会的リスクの概念は，第二次世界大戦後の社会経済状況の変化に応じて，伝統的社会的リスクと新しい社会的リスクという2つの類型に区分される。

　伝統的社会的リスクは，福祉国家の形成期における社会経済状況における社会的リスクである。福祉国家の形成期において，マクロ的な経済状況としては高い経済成長が前提とされ，家族においては，夫は稼ぎ手であり，妻は専業主婦として家事をするという，性別による役割分担が前提とされた。このような社会経済状況の下では，稼ぎ手である夫が直面する社会的リスクに対処すれば，結果的にその家族全員が直面する社会的リスクにも対処できると考えられた。したがって伝統的社会的リスクは，稼ぎ手である夫についての障害，労働災害，傷病，失業，退職後の所得保障および死亡後の遺族の所得保障などからなる。

　しかし，福祉国家の形成期の下における社会経済状況は1970年代半ば以降変化し，脱工業化社会とよばれる社会経済状況が生じ，福祉国家は削減期および再編期を迎える。脱工業化社会と呼ばれる社会経済状況の変化は，主として労働市場および家族において生じている。労働市場における変化は，第3次産業就業者比率の高まり，女性の労働力化，雇用の流動化などがある。このような変化により，人々は低水準の技能しか持つことができず，それにより低所得者になるリスクは大きくなったと考えることができる。また家族における変化は，女性の労働力化に伴う共働き家庭の増大，離婚率の上昇に伴うひとり親家庭の増大などがある。このような変化により，専業主婦がかつて担っていた育児や家族の虚弱な老齢者または障害者の世話などが重要なリスクであるとみなされるようになっている。さらにひとり親家庭の増大は，低所得者になるリスクが大きくなることにもつながると考えられる。このような労働市場および家族における変化によって生じた社会的リスクが，新しい社会的リスクと呼ばれるものである。

次に，上記の SOCX データおよび社会的リスクの整理に基づき，両者の対応について検討する。Bonoli（2007, p. 507）の議論を参考にすると，伝統的社会的リスクに関する政策は，老齢に対する現金給付，遺族に対する現金給付，就労不能に対する現金給付，および失業に対する現金給付である。SOCX データは，9つの政策分野別に分類されていたが，このような伝統的社会的リスクに対応するものとしては，高齢の現金給付（以下，「高齢・現金」と呼ぶ），遺族の現金給付（以後，「遺族・現金」と呼ぶ），障害・業務災害・傷病の現金給付（以後，「障害・現金」と呼ぶ），失業の現金給付（以後，「失業・現金」と呼ぶ）である。一方，新しい社会的リスクに関する政策は，老齢に対する現物給付，家族に対する現金給付，家族に対する現物給付，積極的労働市場政策，社会扶助としての現金給付，社会扶助としての現物給付である。これらに対応する SOCX データの政策分野別支出は，高齢の現物給付（以後，「高齢・現物」と呼ぶ），積極的労働市場政策（以後，「積極的労働市場」と呼ぶ），家族の現金給付（以後，「家族・現金」と呼ぶ）および家族の現物給付（以後，「家族・現物」と呼ぶ）である。なお，Bonoli（2007, p. 507）の議論には，就労不能に対する現物給付が新しい社会的リスクに含まれていないが，上記の新しい社会的リスクの概念を踏まえて，本章の分析では，障害・業務災害・傷病の現物給付（以後，「障害・現物」と呼ぶ）を新しい社会的リスクに含まれるものとする。また社会扶助は，SOCX においてはその他の社会政策分野に含まれるものであるが，上手にデータを抽出することができなかったので，本章では分析対象とせず今後の課題とする。

したがって，本章では，伝統的社会的リスクまたは新しい社会的リスクに関連づけて，9つの政策分野（高齢・現金，高齢・現物，遺族・現金，障害・現金，障害・現物，家族・現金，家族・現物，積極的労働市場，失業・現金）を分析する。

第3節においては，本節で検討した社会的リスクと SOCX データとの関係を考慮して主成分分析を行い，OECD 諸国の社会的リスクへの対応の時系列的推移について検討する。

3. OECD 諸国の社会的リスクへの対応の時系列的推移

本節では，第 2 節において 2 つの社会的リスクに対応するとみなされた SOCX データ，すなわち，高齢・現金，高齢・現物，遺族・現金，障害・現金，障害・現物，家族・現金，家族・現物，積極的労働市場，失業・現金の 9 項目に対して，主成分分析を行う。

まず，本節の分析で用いるデータを説明する。分析対象国は，オーストラリア，オーストリア，ベルギー，カナダ，デンマーク，フィンランド，フランス，ドイツ，ギリシャ，アイルランド，イタリア，日本，オランダ，ニュージーランド，ノルウェー，ポルトガル，スペイン，スウェーデン，スイス，イギリスおよびアメリカの 21 カ国である[3]。なお本章の分析では，OECD 加盟国すべてを分析対象としていないが，Esping-Andersen（1990）における 3 つの福祉レジームおよびその後の研究で展開された南欧・地中海モデルに属する国々すべてを分析対象としている[4]。

分析対象とする変数は，SOCX データのうち，高齢・現金，高齢・現物，遺族・現金，障害・現金，障害・現物，家族・現金，家族・現物，積極的労働市場，失業・現金の 9 項目に関して，それぞれの支出の対 GDP 比である。また

---

[3] 以下の分析では，必要に応じて，以下のように 21 カ国それぞれをアルファベット 3 文字で表す。
　aus：オーストラリア, aut：オーストリア, bel：ベルギー, can：カナダ, dnk：デンマーク, fin：フィンランド, fra：フランス, deu：ドイツ, grc：ギリシャ, irl：アイルランド, ita：イタリア, jpn：日本, nld：オランダ, nzl：ニュージーランド, nor：ノルウェー, prt：ポルトガル, esp：スペイン, swe：スウェーデン, che：スイス, gbr：イギリス, usa：アメリカ

[4] 本章で分析対象とする 21 カ国と南欧・地中海モデルとの関係は，次のようになる。
　自由主義レジーム：オーストラリア，カナダ，アイルランド，ニュージーランド，イギリス，アメリカ
　保守主義レジーム：フィンランド，フランス，ドイツ，イタリア，日本，スイス
　社会民主主義レジーム：オーストリア，ベルギー，デンマーク，オランダ，ノルウェー，スウェーデン
　南欧・地中海モデル：イタリア，スペイン，ギリシャ，ポルトガル

表 9-1 社会支出項目別対 GDP 比の記述統計

	最小値	最大値	平均値	変動係数
高齢・現金	2.30	13.20	6.89	0.37
高齢・現物	0.00	2.70	0.55	1.29
遺族・現金	0.00	2.70	1.07	0.75
障害・現金	0.70	6.80	2.57	0.48
障害・現物	0.00	2.00	0.39	1.10
家族・現金	0.10	3.00	1.33	0.54
家族・現物	0.00	2.40	0.73	0.78
積極的労働市場	0.10	2.80	0.77	0.66
失業・現金	0.11	5.30	1.40	0.73

(出所) SOCX データに基づいて筆者作成 (9 章図表すべて)。

分析期間は，1990 年から（世界金融危機ごろまでの）2008 年までの 19 年間である。

分析対象とする SOCX の項目別対 GDP 比の記述統計は，表 9-1 にまとめられている。サンプル・サイズは，21（国）× 19（年）= 399 である。SOCX の項目別対 GDP 比の平均値について，高齢・現金は際だって大きく 6.89％であり，それに次いで障害・現金は 2.57％であり，それら以外はいずれも 2％を大きく下回る。また変動係数により，相対的に大きなばらつきを示す項目は，高齢・現物（1.29）と障害・現物（1.10）である。なお高齢・現物の対 GDP 比の平均値は 0.55％，障害・現物の対 GDP 比の平均値は 0.39％であり，変動係数が大きい項目は，現物給付であり対 GDP 比の平均値がきわめて小さいという特徴を持つ。

表 9-2 には，SOCX の項目別対 GDP 比のピアソンの積率相関係数が示されている。SOCX の項目別対 GDP 比の相関係数が 0.7 以上で高い正の相関が認められるのは，障害・現物と高齢・現物（0.74），家族・現物と高齢・現物（0.74），家族・現物と障害・現物（0.70）であり，すべて現物給付同士の関係である。また，SOCX の項目別対 GDP 比の相関係数の絶対値が 0.4 以上 0.7 未満であり，正の相関関係が認められるものは，遺族・現金と高齢・現金（0.63），障害・現金と高齢・現物（0.52），積極的労働市場と高齢・現物（0.53），障害・現金と障害・現物（0.49），家族・現金と障害・現金（0.41），家族・現物と障害・

第 9 章　OECD 諸国の社会的リスクへの対応と所得格差について

表 9-2　社会支出項目間の相関係数

	高齢・現金	高齢・現物	遺族・現金	障害・現金	障害・現物	家族・現金	家族・現物	積極的労働市場政策	失業・現金
高齢・現金	1	-0.21	0.63**	0.01	0.06	-0.14**	0.00	-0.03	-0.06
高齢・現物	-0.21	1	-0.43**	0.52**	0.74**	0.32**	0.74**	0.53**	0.23**
遺族・現金	0.63**	-0.43**	1	-0.10	-0.11**	-0.07	-0.22**	0.00	0.04
障害・現金	0.01	0.52**	-0.10	1	0.49**	0.41**	0.41**	0.53**	0.27**
障害・現物	0.06	0.74**	-0.11**	0.49**	1	0.36**	0.70**	0.59**	0.30**
家族・現金	-0.14**	0.32**	-0.07	0.41**	0.36**	1	0.34**	0.36**	0.28**
家族・現物	0.00	0.74**	-0.22**	0.41**	0.70**	0.34**	1	0.65**	0.34**
積極的労働市場	-0.03	0.53**	0.00	0.53**	0.59**	0.36**	0.65**	1	0.63**
失業・現金	-0.06	0.23**	0.04	0.27**	0.30**	0.28**	0.34**	0.63**	1

(注)　***は，1％水準で有意であることを示す．

現金（0.41），積極的労働市場と障害・現金（0.53），積極的労働市場と障害・現物（0.59），積極的労働市場と家族・現物（0.65），積極的労働市場と失業・現金（0.63）である。一方 SOCX の項目別対 GDP 比の相関係数の絶対値が 0.4 以上 0.7 未満であり，負の相関関係が認められるものは，遺族・現金と高齢・現物（-0.43）のみである。このように，SOCX の項目別対 GDP 比の相関係数の絶対値が 0.4 以上であり，ある程度以上の相関関係が認められるものについて，負の相関関係が認められるのはきわめて限られる。

ところで，Bonoli（2007, p. 507）にしたがうと伝統的社会的リスクに属する障害・現金の対 GDP 比の相関係数は，顕著な特徴を持っていることがわかる。障害・現金以外の伝統的社会的リスクに属する項目の対 GDP 比の（絶対値が 0.4 以上の）相関係数をみると，他の伝統的社会的リスクに属する項目の対 GDP 比との間に正の相関関係が成立するか，または新しい社会的リスクに属する項目の対 GDP 比との間に負の相関関係が成立する。しかし，障害・現金について，（絶対値が 0.4 以上の）相関係数をみると，伝統的社会的リスクに属する項目の対 GDP 比との間に相関関係は成立せず，すべての新しい社会的リスクに属する項目の対 GDP 比との間に正の相関関係が成立する。このことから，障害・現金は新しい社会的リスクに属するのではないかという示唆を得ることができる。実際，脱工業化社会において，家族成員の誰かが障害・業務災害・傷病という政策分野の対象となり現金給付を受けるような状態になった場合，その家族成員の世話を他の家族成員がしなければならない。そのように考えると，障害・現金は，新しい社会的リスクに属するものとみなすことが適切であるので，以下の分析においては，障害・現金を新しい社会的リスクに属するものとみなすことにする。

次に，主成分分析の手順を説明する。先に述べたように，本章の分析において用いるデータは，21 カ国の 19 年間にわたるデータである。このように，繰り返しのあるデータに対する主成分分析としては，サンプルを合併する方法または変数を合併する方法，さらに合併したデータ全体を一括して分析する方法またはデータ全体をいくつかに分けて分析する方法などがある[5]。しかし本章

では，OECD諸国における社会的リスクの対応の時系列的変化を検討するにあたり，合併したデータ全体を一括して分析する方法をとることにする。具体的には，19年間にわたる上記21カ国の9項目の変数に主成分分析を行い，9項目の変数から，固有値の大きさおよび累積寄与率を基準にして，少数の合成変数（主成分）をつくる。さらに主成分負荷量を考慮して，それぞれの主成分の意味づけを行い，9項目の変数の関係を探る。

表 9-3 には，9項目からなる SOCX の項目別対 GDP 比に対する主成分分析の結果が示されている。なお，Kaiser-Meyer-Olkin の標本妥当性の測度の値が 0.741 であり，Bartlett の球面性検定の結果は $p < 0.01$ であるので，主成分分析を行うことは妥当であると結論づけることができる。

主成分の数の決定にあたっては，固有値の値が1以上となる主成分まで採用した。すなわち，第1主成分の固有値が 3.92，第2主成分の固有値が 1.70，第3主成分の固有値が 1.01 であるので，3つの主成分を採用した。なお寄与率より，第1主成分のみで全体の情報の 43.55% を説明することができる。以下，全体の情報のうち，第2主成分のみで 18.86%，第3主成分のみで 11.17%，そ

表 9-3　主成分分析の結果（固有値，寄与率，累積寄与率，主成分負荷量）

変数	第1主成分	第2主成分	第3主成分
高齢・現物	**0.84**	−0.25	0.33
家族・現物	**0.83**	0.04	0.25
障害・現物	**0.82**	0.13	0.32
積極的労働市場	**0.81**	0.25	−0.25
障害・現金	**0.69**	0.12	0.02
家族・現金	**0.55**	0.02	−0.32
遺族・現金	−0.28	**0.88**	−0.06
高齢・現金	−0.15	**0.84**	0.37
失業・現金	0.54	0.26	**−0.65**
固有値	3.92	1.70	1.01
寄与率	43.55	18.86	11.17
累積寄与率	43.55	62.41	73.58

---

5) 繰り返しのあるデータに対する主成分分析については，内田（2013）を参照せよ。

れぞれ説明することができる。また累積寄与率より，3つの主成分で，全体の情報の73.58％を説明することができる。

表9-3には，主成分負荷量も示されているが，その絶対値が0.5以上のものを太字で示している。この主成分負荷量に基づいて，3つの主成分の解釈をする。第1主成分に関する主成分負荷量について，高齢・現物は0.84，家族・現物は0.83，障害・現物は0.82，積極的労働市場は0.81，障害・現金は0.69および家族・現金は0.55である。第1主成分について大きな主成分負荷量を示すこれらの変数は，すべて新しい社会的リスクに属するものであり，なおかつ新しい社会的リスクに属する変数は，第1主成分のみに大きな主成分負荷量を示す。したがって，第1主成分を，「新しい社会的リスクへの対応度」と解釈することにする。

第2主成分に関する主成分負荷量について，遺族・現金は0.88，高齢・現金は0.84である。第2主成分について大きな主成分負荷量を示すこれらの変数は，それぞれ，遺族に対する年金，退職者に対する年金を主たる構成要素とする。したがって，第2主成分を，「年金の重視度」と解釈することにする。

第3主成分に関する主成分負荷量について，失業・現金は-0.65である。第3主成分について大きな絶対値を示す主成分負荷量は，失業者に対する所得保障に関するものであり，かつ符号はマイナスである。したがって，第3主成分を，「失業者への所得保障の軽視度」と解釈することにする。

以上における3つの主成分の解釈の結果を整理すると次のようになる。第1に，第1主成分である新しい社会的リスクへの対応度は文字通り新しい社会的リスクに関するものであるのに対して，第2主成分である年金の重視度および第3主成分である失業者への所得保障の軽視度は，伝統的社会的リスクに関するものである。第2に，第1主成分である新しい社会的リスクへの対応度は，現金給付のみだけではなく，主成分負荷量が大きい現物給付にも関係するものであるのに対して，第2主成分である年金の重視度および第3主成分である失業者への所得保障の軽視度は，現金給付のみに関係するものである。

このような3つの主成分について，分析対象である21カ国の主成分得点の

第 9 章　OECD 諸国の社会的リスクへの対応と所得格差について　253

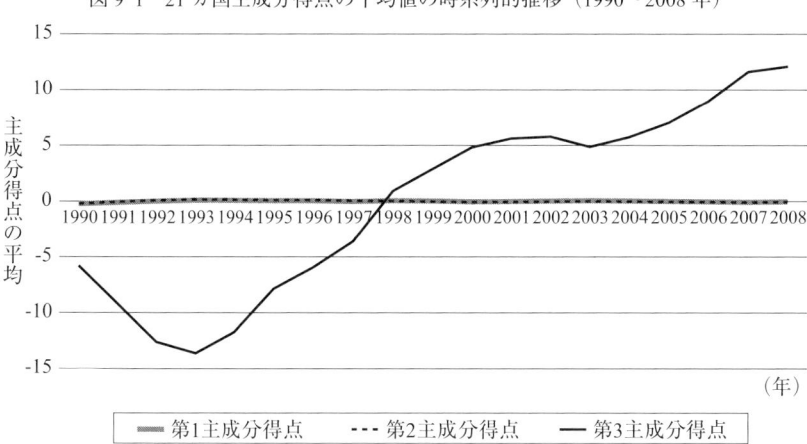

図 9-1　21 カ国主成分得点の平均値の時系列的推移（1990〜2008 年）

凡例：　第1主成分得点　---第2主成分得点　——第3主成分得点

平均値について検討する。図 9-1 には，3 つの主成分について，1990 年から 2008 年までの 21 カ国の主成分得点の平均値の時系列的推移が示されている。第 1 主成分である新しい社会的リスクへの対応度および第 2 主成分である年金の重視度の主成分得点の平均値は，ほぼゼロのあたりで安定的に推移しているが，第 3 主成分である失業者への所得保障の軽視度は，大きく変動している。なぜならば，第 1 主成分である新しい社会的リスクへの対応度および第 2 主成分である年金の重視度は，短期間では変化しないような社会経済的要因の影響を受けていると考えられるのに対して，第 3 主成分である失業者への所得保障の軽視度は，短期的に変動するマクロ経済の状況の影響を受けていると考えられるからである。

次に，3 つの主成分それぞれについて，主成分負荷量が大きい，つまり影響を与える社会支出の対 GDP 比の平均値の時系列的推移について検討する。図 9-2 には，第 1 主成分である新しい社会的リスクへの対応度に影響を与える，高齢・現物，家族・現物，障害・現物，積極的労働市場，障害・現金，家族・現金それぞれについて，分析対象である 21 カ国の平均値の時系列的推移が示されている。障害・現金の平均値は減少傾向，家族・現物の平均値は増加傾向を示しているが，それ以外は傾向的な変化はみられない。つまり，第 1 主成分

254 第2部 諸外国の税財政における格差問題と対応

図9-2 第1主成分に影響を与える社会支出の対GDP比の平均値の時系列的推移（1990〜2008年）

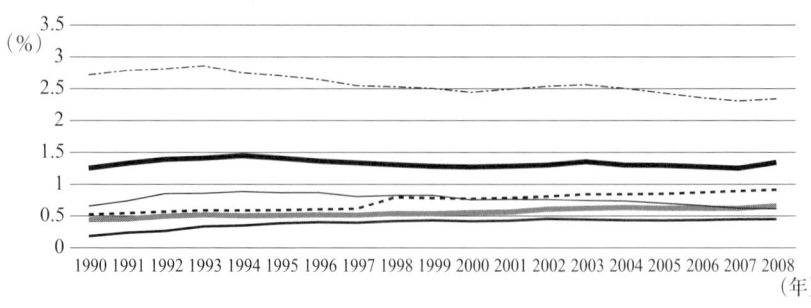

——— 高齢・現物　--- 家族・現物　━━ 障害・現物　——— 積極的労働市場政策　-･- 障害・現金　━━ 家族・現金

図9-3 第2主成分に影響を与える社会支出の対GDP比の平均値の時系列的推移（1990〜2008年）

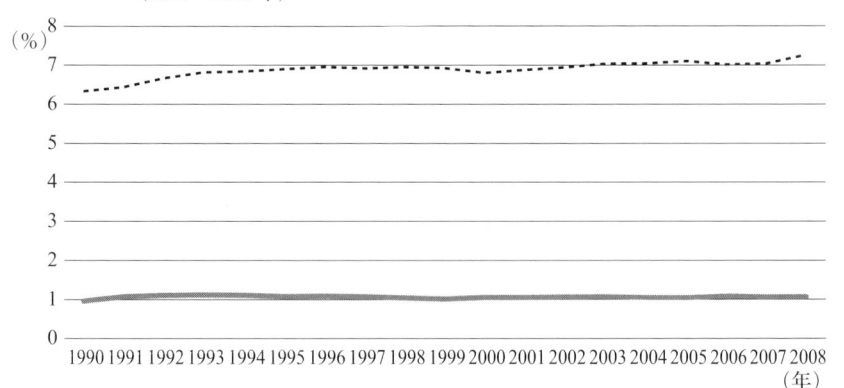

▬▬ 遺族・現金　--- 高齢・現金

は安定的に推移しているが，それに影響を与えている SOCX の一部の項目には傾向的な変化がみられる。

図9-3 には，安定的に推移している第2主成分である年金の重視度に影響を与える，高齢・現金および遺族・現金それぞれについて，分析対象である21カ国の平均値の時系列的推移が示されている。遺族・現金の平均値は安定的に推移しているが，高齢・現金の平均値は増加傾向がみられる。

図9-4 には，第3主成分である失業者への所得保障の軽視度に影響を与える

図 9-4 第 3 主成分に影響を与える社会支出の対 GDP 比の平均値の時系列的推移
（1990～2008 年）

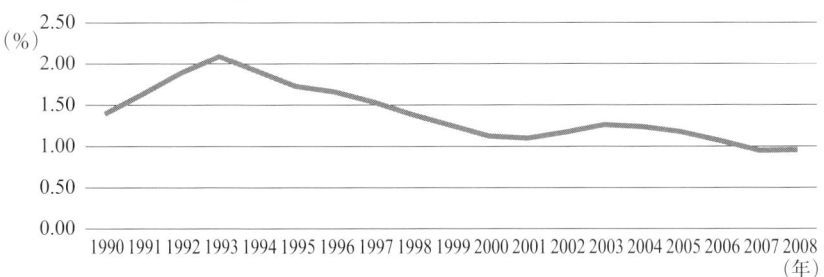

―― 失業・現金

失業・現金について，分析対象である 21 カ国の平均値の時系列的推移が示されている。失業・現金の平均値は，その主成分負荷量の符号がマイナスなので，図 9-1 に示された第 3 主成分の 21 カ国の主成分得点の平均値と連動して，一方が増加しているとき，もう一方は減少している。

上記の図 9-2 と図 9-3 における第 1 主成分および第 2 主成分に関する考察より，それぞれの主成分について，分析対象である 21 カ国の主成分得点の平均値において大きな変化がみられなくても，それに影響を与えている分析対象である 21 カ国の SOCX の項目の平均値は変化している可能性があることに留意する必要がある。

さらに図 9-5 から図 9-7 を用いて，3 つの主成分それぞれについて，分析対象国 21 カ国それぞれの主成分得点の時系列的推移について検討する。図 9-5 には，第 1 主成分である新しい社会的リスクへの対応度について，各国の主成分得点の時系列的推移が示されている。スウェーデン，デンマーク，ノルウェーおよびフィンランドの北欧諸国は，主成分得点が一貫して際立って高い。一方，イタリア，ギリシャ，日本，カナダおよびアメリカは，主成分得点が一貫して低い。したがって，福祉国家レジーム論との対応を考えると，社会民主主義レジームに属する諸国全体というよりも，それに属する北欧諸国は，新しい社会的リスクへの対応の高さが際立っていることがわかる。一方，新しい社会的リスクへの対応が低い国々は，社会民主主義レジーム以外に属する国々から

256 第2部 諸外国の税財政における格差問題と対応

図 9-5 各国の第 1 主成分得点の時系列的推移（1990～2008 年）

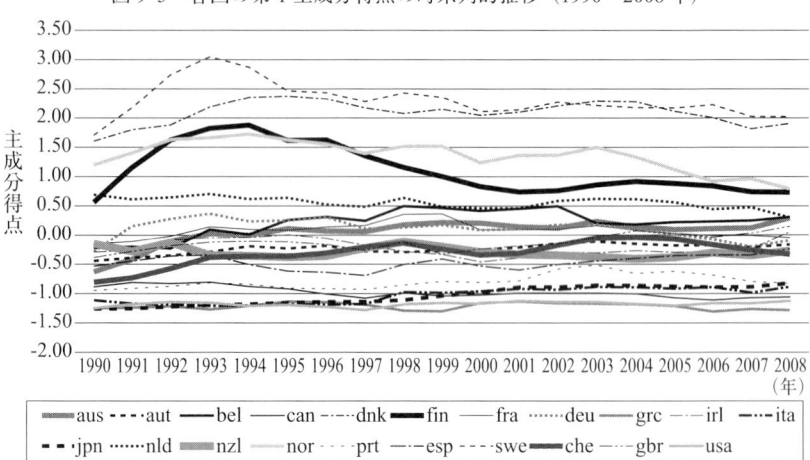

図 9-6 各国の第 2 主成分得点の時系列的推移（1990～2008 年）

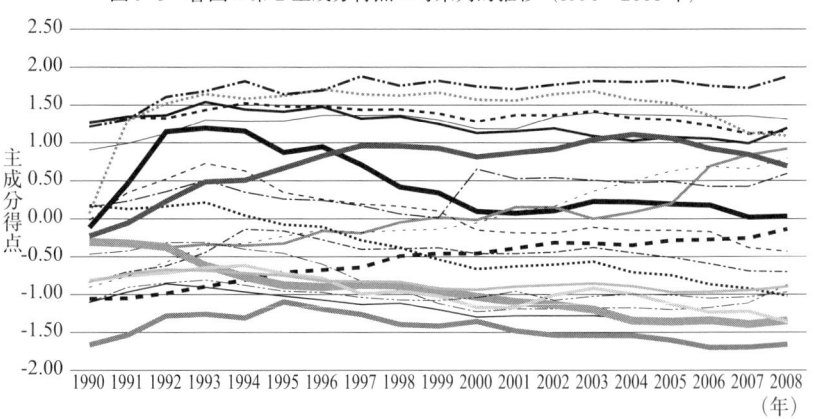

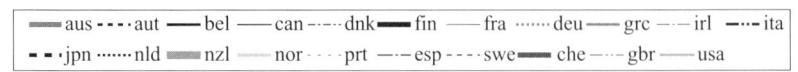

なることがわかる。

　図 9-6 には，第 2 主成分である年金の重視度について，各国の主成分得点の時系列的推移が示されている。イタリア，ドイツ，フランス，ベルギーおよびオーストリアは，主成分得点が比較的高い。一方，オーストラリア，カナダ，アメリカ，イギリスおよびノルウェーは，主成分得点が比較的低い。したがっ

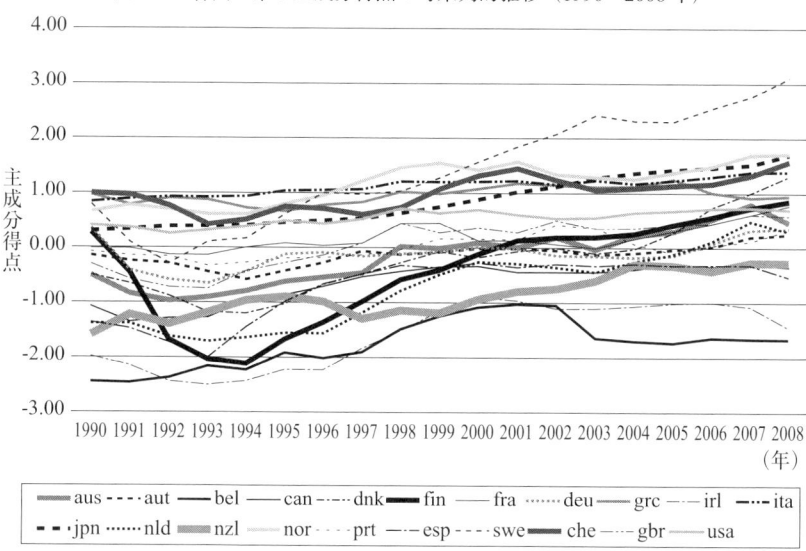

図9-7 各国の第3主成分得点の時系列的推移（1990〜2008年）

凡例：aus, aut, bel, can, dnk, fin, fra, deu, grc, irl, ita, jpn, nld, nzl, nor, prt, esp, swe, che, gbr, usa

て，福祉国家レジーム論との対応を考えると，年金重視度が比較的高い国々は，保守主義レジームまたは社会民主主義レジームに属することがわかる。一方，年金重視度が低い国々は，自由主義レジームに属する国が多いことがわかる。

図9-7には，第3主成分「失業者への所得保障の軽視度」について，各国の主成分得点の時系列的推移が示されている。ベルギーとアイルランドは主成分得点が一貫して低く，またスウェーデンの主成分得点は急激に高くなり，きわめて高い水準に達している。しかし第3主成分について，福祉国家レジーム論との対応を考えることは難しい。

本節の最後において，3つの主成分について，各国の主成分得点の時系列的推移と福祉国家レジーム論との関係の考察を試みたが，きわめて困難であるといわざるを得ない。そこで第4節において，各国の主成分得点に対して階層的クラスター分析を適用して，分析対象国の類型化を独自に試みる。

4. 社会的リスクへの対応による OECD 諸国の類型化

本節では，第 3 節において行われた主成分分析から導出された分析対象国 21 カ国の主成分得点に対して階層的クラスター分析を適用して，分析対象国をグループ分けし，独自の類型化を試みる[6]。

まず，階層的クラスター分析の手順について説明する。分析対象国をグループ分けして時系列的推移をみることができるように，1990 年，1995 年，2000 年および 2005 年それぞれのデータに対して，階層的クラスター分析を行った。具体的には，各年において，それぞれの主成分ごとに主成分得点データを標準化した。また，各国間の距離の測定には，平方ユークリッド距離を用い，さらにクラスター間の距離の測定には，ウォード（Ward）法を用いた。

図 9-8 から図 9-11 に，1990 年，1995 年，2000 年および 2005 年それぞれのデータを用いたデンドログラムが示されている。デンドログラムからクラスター数を決定する客観的基準は存在しないが，本章の分析では 3 つを目安にした。

表 9-4 には，図 9-8 から図 9-11 のデンドログラムから得ることができたクラスターに基づいて，分析対象国のグループ分けの結果が示されている。なお，国名の右側の数字は，その国が所属するグループ番号である。また，濃い網かけの国々は自由主義レジームに属する国々，薄い網かけの国々は保守主義レジームに属する国々，斜線の国々は社会民主主義レジームに属する国々，白色の国々は地中海・南欧モデルに属する国々を示す。なお，Esping-Andersen (1990) では，フィンランドは，保守主義レジームに一応分類されているが，急速に社会民主主義レジームに近づいていることが指摘され，さらに日本は，

---

[6] 本節の分析では，（平均値の時系列的推移が安定していた）第 1 主成分と第 2 主成分の主成分得点を用いた。なお，3 つの主成分の主成分得点を用いて分析対象国のグループ分けした場合，階層的クラスター分析によるグループ分けの時系列的安定性は，2 つの主成分のみを用いた時よりも落ちる。しかし，階層的クラスター分析によるグループ分けの時系列的推移に基づいて，後述する本節と同様な判断に基づいて最終的な分析対象国のグループ分けをした場合，2 つの主成分を用いた場合のグループ分けと 3 つの主成分を用いた場合のグループ分けは，ほぼ同じになることを確認した。

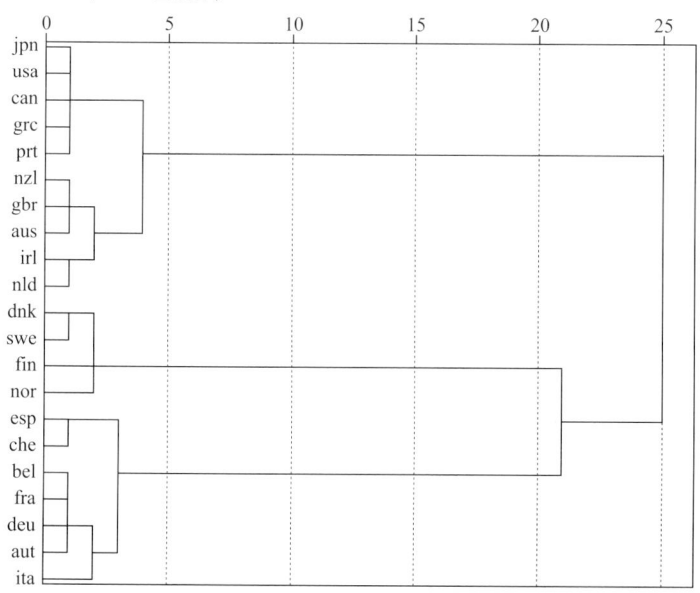

図 9-8 社会的リスクに関する主成分得点（1990 年）を用いたデンドログラム（2 つの主成分）

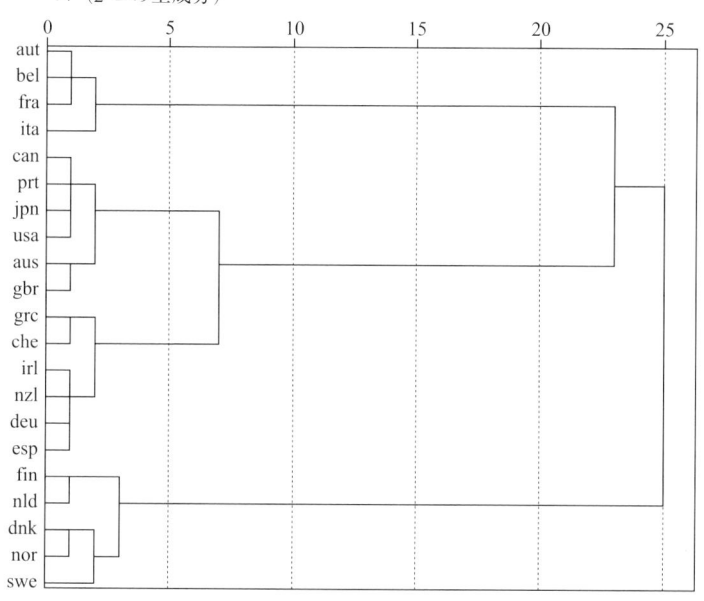

図 9-9 社会的リスクに関する主成分得点（1995 年）を用いたデンドログラム（2 つの主成分）

260 第2部 諸外国の税財政における格差問題と対応

図9-10 社会的リスクに関する主成分得点（2000年）を用いたデンドログラム（2つの主成分）

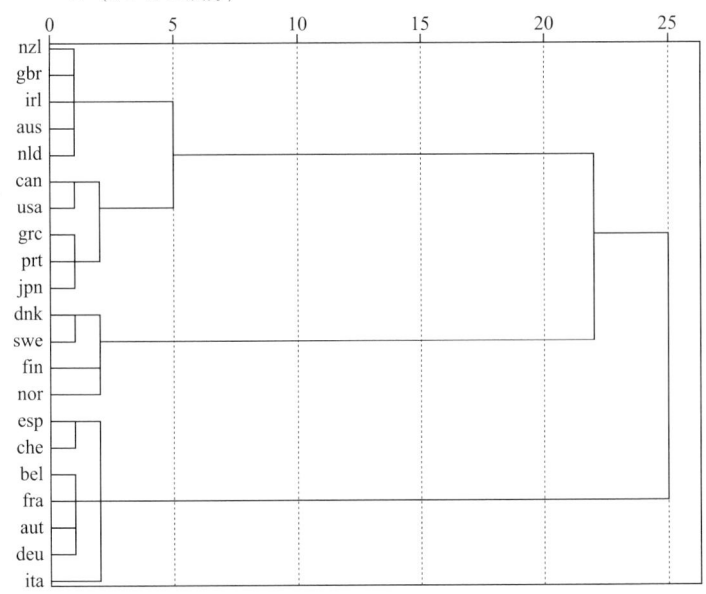

図9-11 社会的リスクに関する主成分得点（2005年）を用いたデンドログラム（2つの主成分）

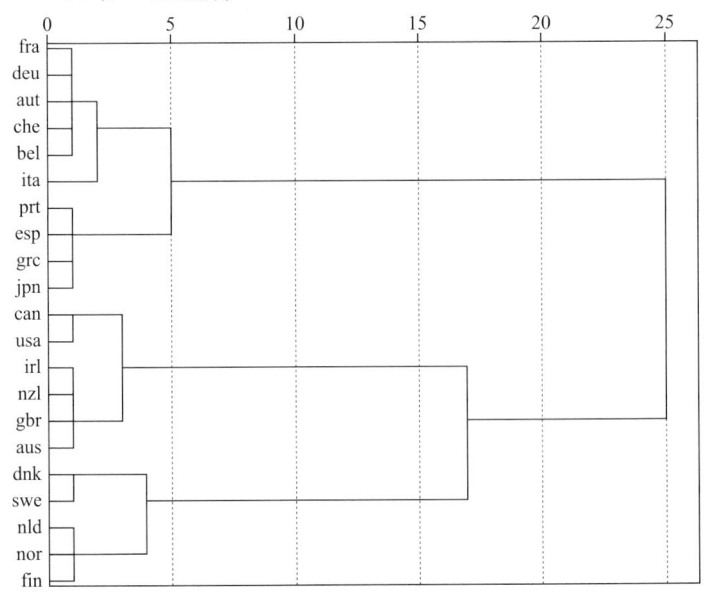

第9章 OECD諸国の社会的リスクへの対応と所得格差について　261

表9-4　2つの主成分によるグループ分け

1990		1995		2000		2005	
aus	1	*aus*	1	*aus*	1	*aus*	1
gbr	1	*gbr*	1	*gbr*	1	*gbr*	1
can	1	nzl	1	*irl*	1	*irl*	1
jpn	1	*irl*	1	nld	1	nzl	1
prt	1	nld	1	nzl	1	*can*	1
usa	1	*can*	1	*can*	1	*usa*	1
grc	1	grc	1	*usa*	1	*aut*	2
che	1	jpn	1	grc	1	*bel*	2
deu	1	prt	1	jpn	1	che	2
esp	1	*usa*	1	prt	1	*fra*	2
irl	1	che	2	*aut*	2	deu	2
nzl	1	esp	2	*bel*	2	esp	2
aut	2	*aut*	2	*fra*	2	grc	2
bel	2	*bel*	2	deu	2	jpn	2
fra	2	*fra*	2	ita	2	prt	2
ita	2	deu	2	che	2	*ita*	2
dnk	3	ita	2	esp	2	*dnk*	3
nor	3	*dnk*	3	*dnk*	3	*swe*	3
fin	3	*swe*	3	*swe*	3	fin	3
nld	3	fin	3	fin	3	nld	3
swe	3	*nor*	3	*nor*	3	*nor*	3

保守主義レジームに一応分類されているが，自由主義レジーム的な要素も持っていることが指摘されている。

　4つの時点におけるデンドログラムから導いたグループ分けをみると，時点ごとに変化しているが，概ね，第1グループには自由主義レジーム，第2グループには保守主義レジームおよび北欧諸国以外の社会民主主義レジームに属する国々が集まり，第3グループには北欧諸国が集まっていることがわかる。

　4つの時点におけるデンドログラムから導いたグループ分けの結果を総合的に判断して，最終的なグループ分けを決定するために，まず4時点すべてにおいて同一のグループに所属する国々は次のようになる。第1グループは，オー

ストラリア，イギリス，アイルランド，ニュージーランド，カナダおよびアメリカであり，すべて自由主義レジームに属する国々である。第2グループは，オーストリア，ベルギー，フランスおよびイタリアであり，保守主義レジームおよび北欧諸国以外の社会民主主義レジームに属する国々である。第3グループは，デンマーク，スウェーデン，ノルウェーおよびフィンランドであり，すべて北欧諸国からなる。ただし，フィンランドは社会民主主義レジームに近い国であることを考慮すると，第3グループは，社会民主主義レジームに属する国々のみからなると判断することができる。

上記のグループ分けでは，いずれのグループにも所属しない国々が7カ国ある。そこで，若干グループ分けの基準を緩和して，3時点において同一のグループに所属していれば，そのグループに所属しているものと判断することにする。このようなグループ分けの基準の緩和により，新たに，第1グループに日本，ギリシャ，ポルトガルが，第2グループにドイツが，それぞれ所属すると判断することにする。

以上より，21カ国のうちスペイン，スイスおよびオランダの3カ国を除く18カ国を，以下のようにグループ分けする。

第1グループ：オーストラリア，イギリス，アイルランド，ニュージーランド，カナダ，アメリカ，日本，ギリシャ，ポルトガル
第2グループ：オーストリア，ベルギー，フランス，イタリア，ドイツ
第3グループ：デンマーク，スウェーデン，ノルウェー，フィンランド

これらの3つのグループについて，主成分に注目して，1990年，1995年，2000年および2005年時点で，それぞれのグループの特徴づけをする。図9-12，図9-14，図9-16および図9-18には，横軸方向に第1主成分得点，縦軸方向に第2主成分得点が測られて，4時点における各国の主成分得点の散布図が示されている。また，図9-13，図9-15，図9-17および図9-19には，横軸方向に第1主成分得点，縦軸方向に第3主成分得点が測られて，4時点にお

ける各国の主成分得点の散布図が示されている。なお，それぞれの図において，第1グループに属する国名を四角，第2グループに属する国名を三角，第3グループに属する国名を円で，それぞれ囲んである[7]。

図9-12，図9-14，図9-16および図9-18より，第1主成分および第2主成分に関して，4時点に共通する各グループの特徴を，次のようにまとめることができる。第1に，第3グループに属する国々は，新しい社会的リスクへの対応度および年金の重視度において一定の範囲で違いがみられるが，他のグループに属する国々と比較して，新しい社会的リスクへの対応度が著しく高いという特徴を持つ。第2に，第1グループおよび第2グループに関して，新しい社会的リスクへの対応度について，それぞれのグループ内で一定の範囲で違いがみられるが，それぞれのグループの分布の範囲はほぼ同じである。さらに，両グループに属する国々の新しい社会的リスクへの対応度は，第3グループに属する国々のそれよりもかなり低い。第3に，第2グループに属する国々は，第1グループに属する国々よりも常に上方に位置している。つまり，第2グループに属する国々は，第1グループに属する国々よりも，年金重視度が高い。

次に，図9-13，図9-15，図9-17および図9-19より，第1主成分および第3主成分に関して，4時点に共通する各グループの特徴を，次のようにまとめることができる。第1に，第3グループに属する国々は，他のグループに属する国々とは一定以上離れたところに位置している。これは，第3グループに属する国々の新しい社会的リスクへの対応度が著しく高いためである。一方，失業者への所得保障の軽視度については，第3グループは，他のいずれのグループとも違いはみられない。第2に，第1グループに属する国々に関して，アメリカ，日本およびギリシャは，他の国々よりも，失業者への所得保障の軽視度が高い。第3に，第3グループに属する国々に関して，ベルギーは，他の国々よりも，失業者への所得保障の軽視度が著しく低い。

以上の考察を踏まえて，それぞれの主成分について，次の点を指摘すること

---

7) 図9-14から図9-27まで，図中の国名を，同様に囲む。

264　第2部　諸外国の税財政における格差問題と対応

図9-12　第1および第2主成分得点の散布図（1990年）

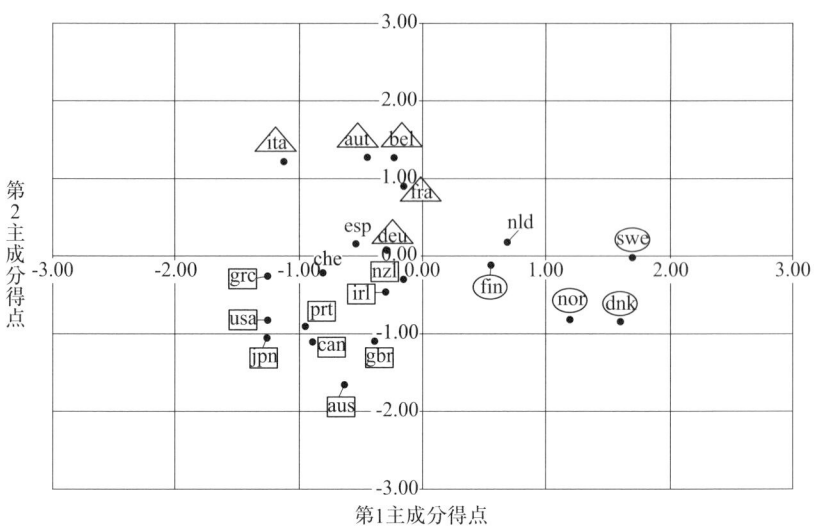

図9-13　第1および第3主成分得点の散布図（1990年）

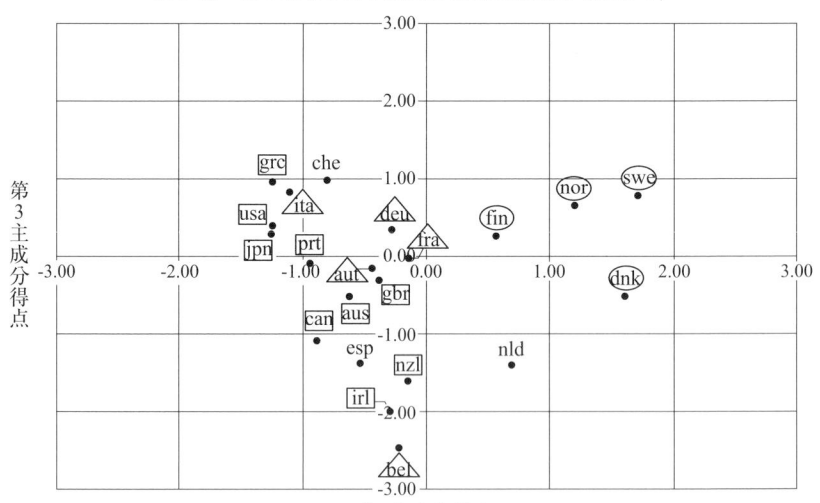

ができる。第1に，新しい社会的リスクへの対応度および年金の重視度については，グループ間の違いが認められる。第2に，失業者への所得保障の軽視度については，グループ間の違いは認められない。しかし，グループ内において

第 9 章　OECD 諸国の社会的リスクへの対応と所得格差について　265

図 9-14　第 1 および第 2 主成分得点の散布図（1995 年）

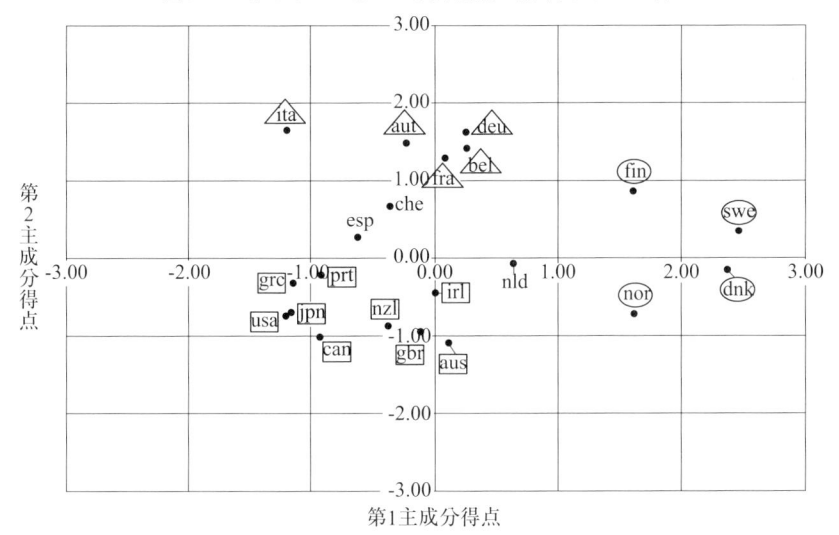

図 9-15　第 1 および第 3 主成分得点の散布図（1995 年）

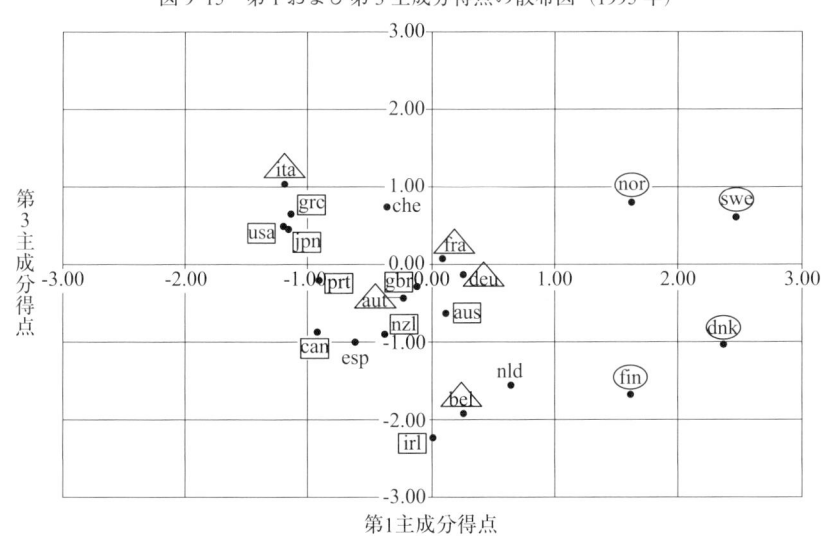

は，失業者への所得保障の軽視度について，若干の違いが認められる[8]。

---

8) この結果は，主成分分析の寄与率の結果とも整合的である。

266 第2部 諸外国の税財政における格差問題と対応

図9-16 第1および第2主成分得点の散布図（2000年）

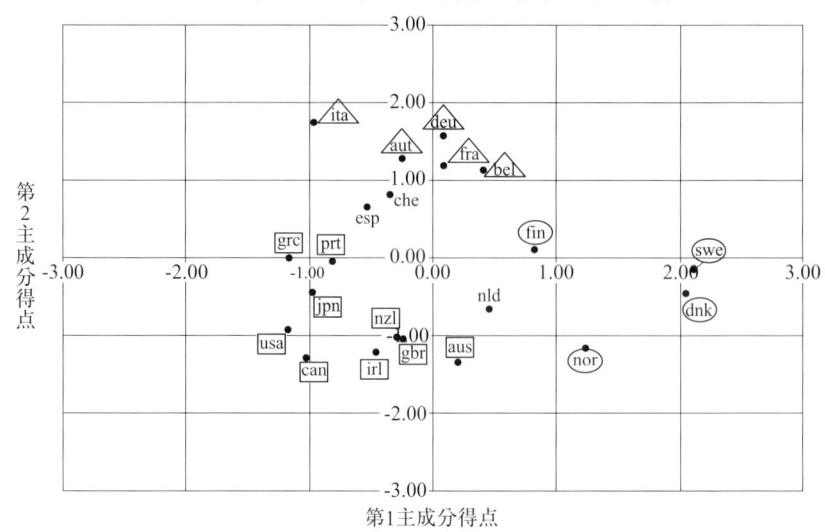

図9-17 第1および第3主成分得点の散布図（2000年）

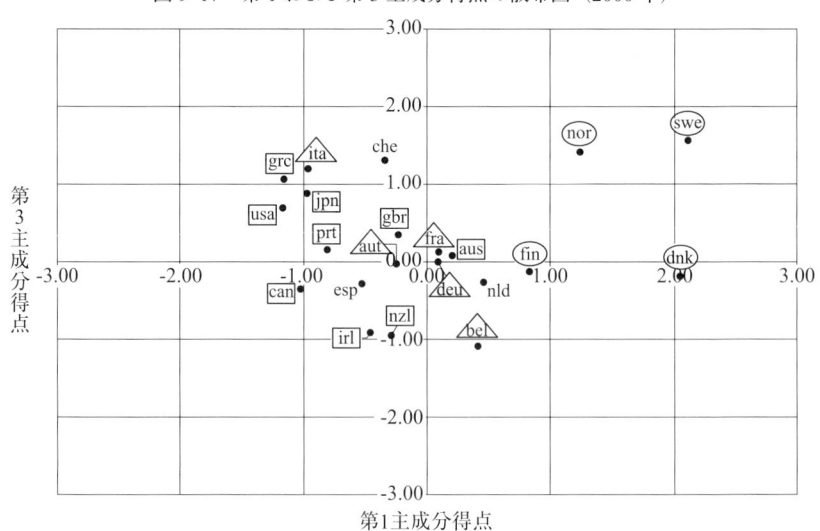

これまで3つの主成分に注目して，3つのグループの特徴づけを試みたが，それに続き，3つのグループに関して，3つの主成分それぞれと所得格差の関係について検討する。なお，本章の分析では，所得格差の指標として，総人

第 9 章　OECD 諸国の社会的リスクへの対応と所得格差について　267

図 9-18　第 1 および第 2 主成分得点の散布図（2005 年）

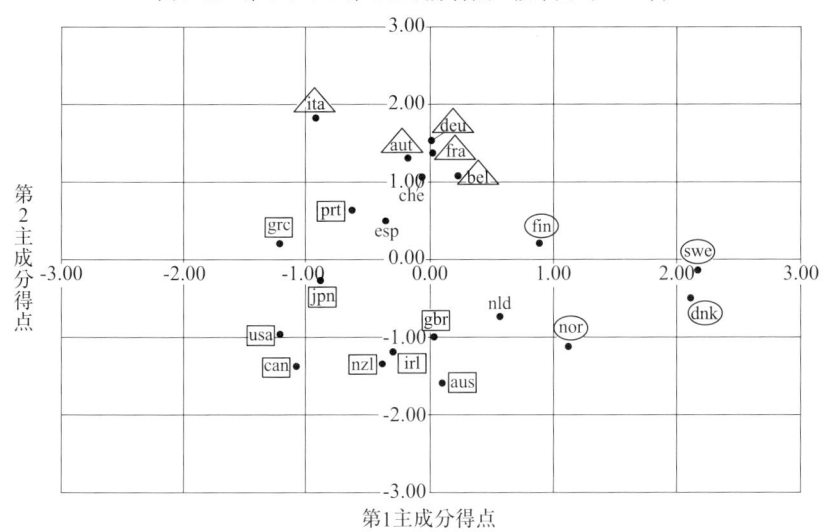

図 9-19　第 1 および第 3 主成分得点の散布図（2005 年）

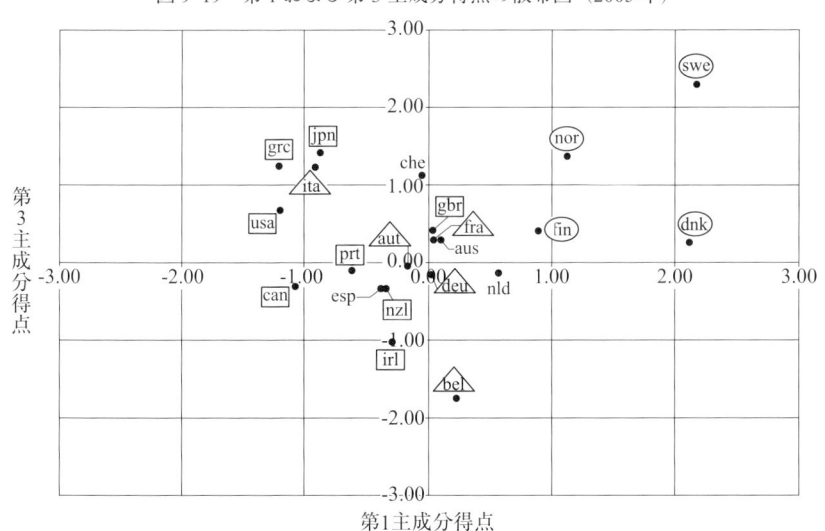

口，生産年齢人口[9]および老年人口[10]に関する，再分配前のジニ係数および相

---

9)　本章では，生産年齢人口は，18 歳以上 65 歳未満とする。
10)　本章では，老年人口は 65 歳以上とする。

対的貧困率を用いる。つまり，3種類のジニ係数および3種類の相対的貧困率，あわせて6種類の所得格差の指標を用いることにする。

まず，3つの主成分と6つの所得格差の指標からなる18通りの組み合わせについて，分析対象期間の最後の年である2008年の各国の主成分得点と所得格差の指標との間の相関係数を計算した。その結果，相関係数の値が0.4以上となり，主成分得点と所得格差の指標との間に一定の相関関係があると認められるのは，次の組み合わせである。第1主成分とジニ係数（総人口）の相関係数は-0.46，第1主成分とジニ係数（生産年齢人口）の相関係数は-0.49，第2主成分とジニ係数（老年人口）の相関係数は0.62，第3主成分とジニ係数（総人口）の相関係数は-0.40，第3主成分とジニ係数（生産年齢人口）の相関係数は-0.47，第3主成分とジニ係数（老年人口）の相関係数は-0.43，第2主成分と相対的貧困率（老年人口）の相関係数は0.53，第3主成分と相対的貧困率（生産年齢人口）の相関係数は-0.48である。

ここで，相関係数の値が0.4以上である主成分と所得格差の指標の年齢層との関係の妥当性について考察する。第1主成分である新しい社会的リスクへの対応度は，ジニ係数（総人口）とジニ係数（生産年齢人口）との間に一定以上の強さの相関関係が認められた。先に述べたように，社会的リスクへの対応は，労働市場や家族の変化に対応したものであり，主として生産年齢人口を対象としていると考えられる。また，生産年齢人口の総人口に占める割合を考えると，第1主成分である新しい社会的リスクへの対応度は，生産年齢人口を対象とするジニ係数だけではなく，総人口を対象とするジニ係数とも一定以上の強さの相関関係があることは妥当であると考える。

第2主成分である年金の重視度は，ジニ係数（老年人口）および相対的貧困率（老年人口）との間に一定以上の強さの相関関係が認められた。年金の中には遺族年金も含まれるが，標準的な年金支給開始年齢に達している人々に対する年金が主たるものであり，老年人口を主たる対象としていると考えられる。したがって，第2主成分である年金の重視度は，老年人口を対象とするジニ係数および相対的貧困率と一定以上の強さの相関関係があることは妥当であると

考えられる。

　第3主成分である失業者への所得保障の軽視度は，ジニ係数（総人口），ジニ係数（生産年齢人口），ジニ係数（老年人口）および相対的貧困率（生産年齢人口）との間に一定以上の強さの相関関係が認められた。失業者への所得保障は，生産年齢にある失業者を対象としており，さらに生産年齢人口の総人口に占める割合を考えると，第3主成分である失業者への所得保障の軽視度は総人口を対象とするジニ係数，および生産年齢人口を対象とするジニ係数および相対的貧困率と一定以上の強さの相関関係があることは妥当であると考えられる。しかし，第3主成分である失業者への所得保障の軽視度が，老齢人口を対象とするジニ係数と一定以上の強さの相関関係があることの合理的理由を見いだすことは難しい[11]。

　以上より，相関係数の値が0.4以上である主成分と所得格差の指標の年齢層との関係は，それぞれの主成分が関係する年齢層を考慮すると，ほぼ妥当であることが確認された。この考察を踏まえて，妥当性が確認できた7つの主成分と所得格差の指標の組み合わせにおいて，分析対象国がどのような状態にあるのか検討する。

　図9-20にはジニ係数（総人口）と第1主成分得点の散布図，また図9-21にはジニ係数（生産年齢人口）と第1主成分得点の散布図が，それぞれ示されている。2つの図の共通点として，以下を指摘することができる。第1に，第1主成分得点とジニ係数の間に負の相関関係が成立する。つまり，ジニ係数が小さく所得分配の平等度が高いほど，新しい社会的リスクへの対応度が高く，一方，ジニ係数が大きく所得分配の平等度が低いほど，新しい社会的リスクへの対応度が低い。第2に，第3グループに属するデンマーク，スウェーデン，ノルウェー，フィンランドは，所得分配の平等度が高く，新しい社会的リスクへの対応度も高い。

　図9-22には，ジニ係数（老年人口）と第2主成分得点の散布図が示されてい

---

11) この問題については，今後の課題としたい。

る。ジニ係数（老年人口）と第2主成分得点の関係について，次のことを指摘することができる。第1に，第2主成分得点とジニ係数の間に正の相関関係が成立する。つまり，ジニ係数が小さく所得分配の平等度が高いほど年金の重視度が低く，ジニ係数が大きく所得分配の平等度が低いほど年金重視度が高い。第2に，第2グループに属するすべての国々（オーストリア，ベルギー，フランス，イタリア，ドイツ）は，老年人口の所得分配の平等度が低く，年金の重視度が高い。

図9-23にはジニ係数（総人口）と第3主成分得点の散布図，また図9-24にはジニ係数（生産年齢人口）と第3主成分得点の散布図が，それぞれ示されている。2つの図の共通点として，以下を指摘することができる。第1に，第3主成分得点とジニ係数の間に負の相関関係が成立する。つまり，ジニ係数が小さく所得分配の平等度が高いほど，失業者への所得保障の軽視度が高く，一方，ジニ係数が大きく所得分配の平等度が低いほど，失業者への所得保障の軽視度が低い。第2に，第3グループに属するデンマーク，スウェーデン，ノルウェーは，所得分配の平等度が高く，失業者への所得保障の軽視度も高い。

図9-25には，相対的貧困率（老年人口）と第2主成分得点の散布図が示されている。相対的貧困率（老年人口）と第2主成分得点の関係について，ジニ係数（老年人口）と第2主成分得点関係と同様に，次のことを指摘することができる。第1に，第2主成分得点と相対的貧困率の間に正の相関関係が成立する。つまり，相対的貧困率が小さく貧困度が低いほど年金の重視度が低く，相対的貧困率が大きく貧困度が高いほど年金の重視度が高い。第2に，第2グループに属するすべての国々（オーストリア，ベルギー，フランス，イタリア，ドイツ）は，老年人口の貧困度が高く，年金の重視度が高い。

図9-26には，相対的貧困率（生産年齢人口）と第3主成分得点の散布図が示されている。相対的貧困率（生産年齢人口）と第3主成分得点の関係について，ジニ係数（生産年齢人口）と第3主成分得点関係と同様に，次のことを指摘することができる。第1に，第3主成分得点と相対的貧困率の間に負の相関関係が成立する。つまり，相対的貧困率が小さく貧困度が低いほど，失業者への所

図 9-20　ジニ係数（総人口，再分配前）と第 1 主成分得点の散布図（2008 年）

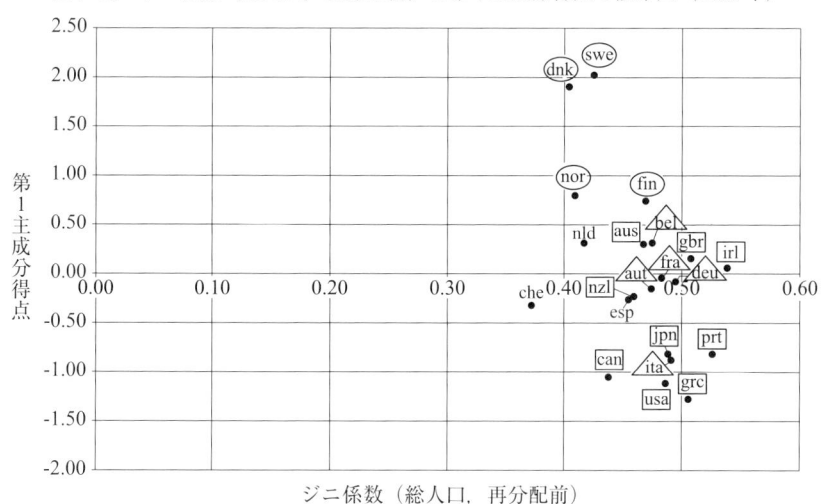

図 9-21　ジニ係数（生産年齢人口，再分配前）と第 1 主成分得点の散布図（2008 年）

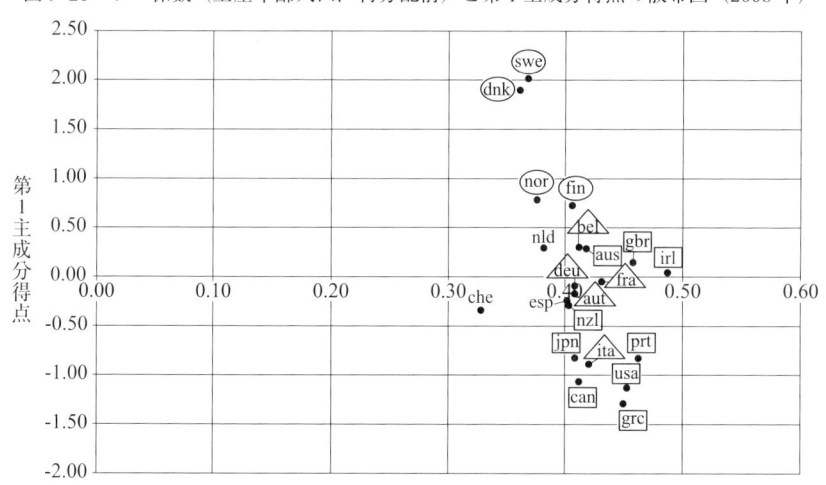

得保障の軽視度が高く，一方，相対的貧困率が大きく貧困度が高いほど，失業者への所得保障の軽視度が低い。第 2 に，第 3 グループに属するデンマーク，スウェーデン，ノルウェーは，貧困度が低く，失業者への所得保障の軽視度も高い。

272 第2部 諸外国の税財政における格差問題と対応

図 9-22 ジニ係数（老年人口，再分配前）と第 2 主成分得点の散布図（2008 年）

ジニ係数（老年人口，再分配前）

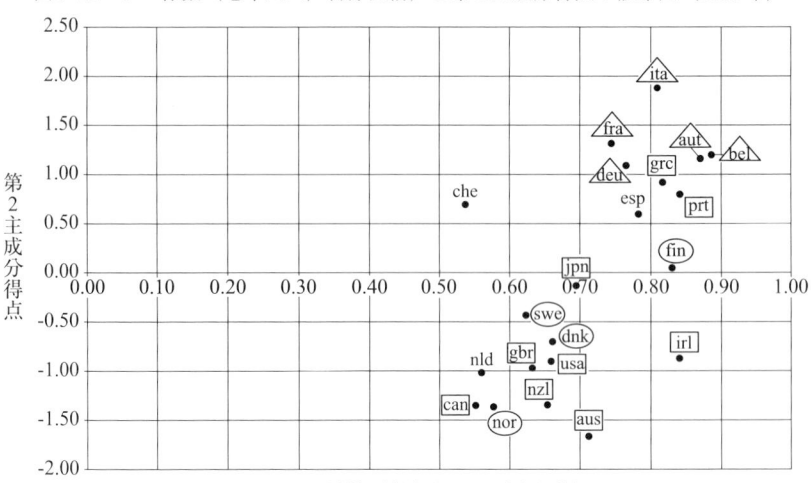

図 9-23 ジニ係数（総人口，再分配前）と第 3 主成分得点の散布図（2008 年）

ジニ係数（総人口，再分配前）

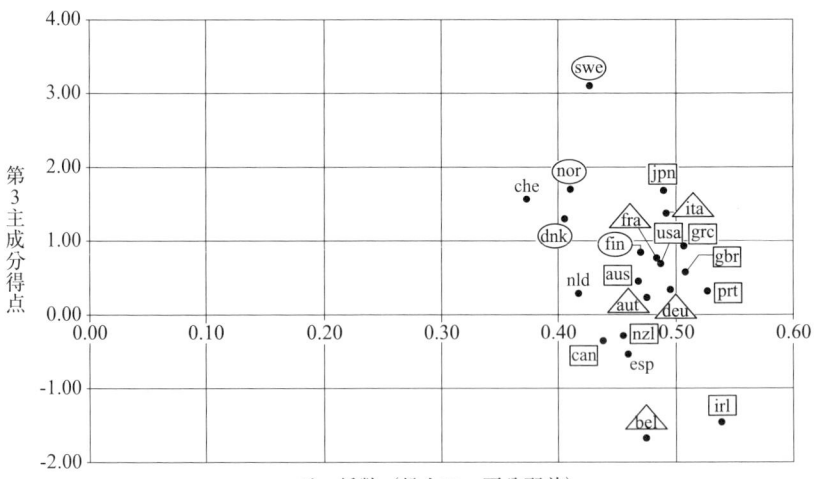

　以上の 3 つの主成分と所得格差の指標との関係についての考察より，次のことがわかる。第 1 に，新しい社会的リスクに関する第 1 主成分と所得格差の指標との正の相関関係，伝統的社会的リスクに関する第 2 主成分と所得格差の指標との正の相関関係，伝統的社会的リスクに関する第 3 主成分と所得格差の指

第 9 章　OECD 諸国の社会的リスクへの対応と所得格差について　273

図 9-24　ジニ係数（生産年齢人口，再分配前）と第 3 主成分得点の散布図（2008 年）

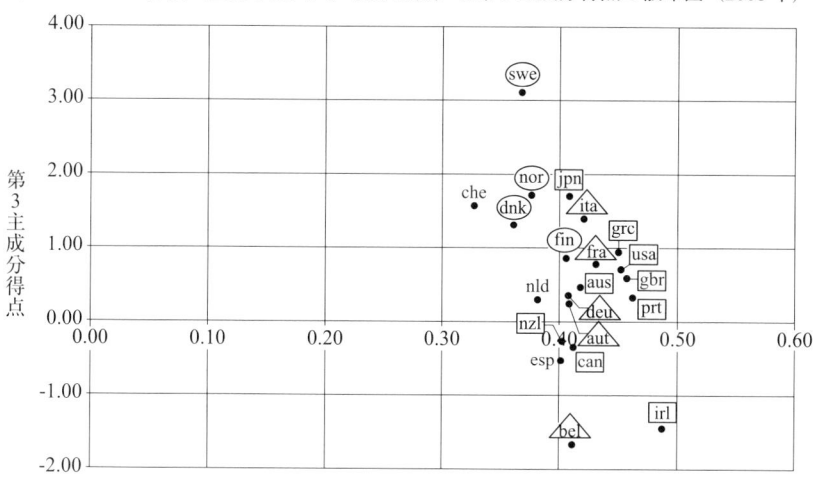

図 9-25　相対的貧困率（老年人口，再分配前）と第 2 主成分得点の散布図（2008 年）

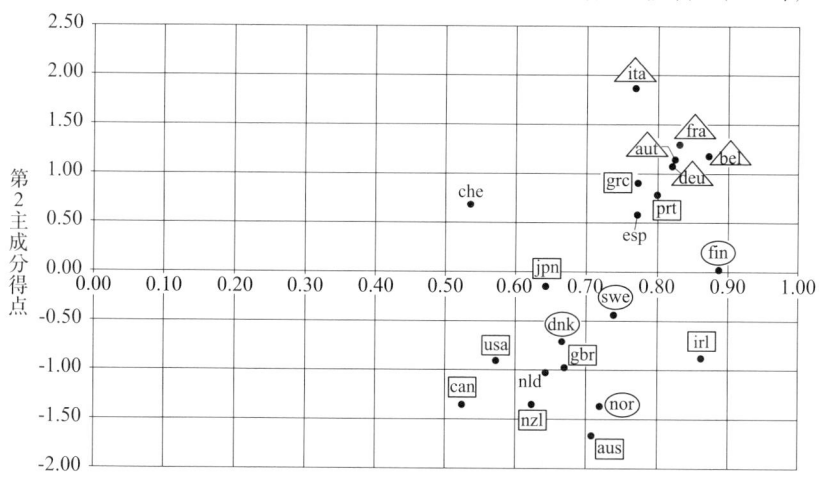

標との負の相関関係を考慮すると，所得格差が小さい国々は，新しい社会的リスクへの対応が強いのに対して，所得格差が大きい国々は，伝統的社会的リスクへの対応が強い。第 2 に，北欧諸国，とりわけデンマーク，スウェーデン，ノルウェーは，特異な国々である。つまり，所得格差は小さく，相対的に，伝

274 第2部 諸外国の税財政における格差問題と対応

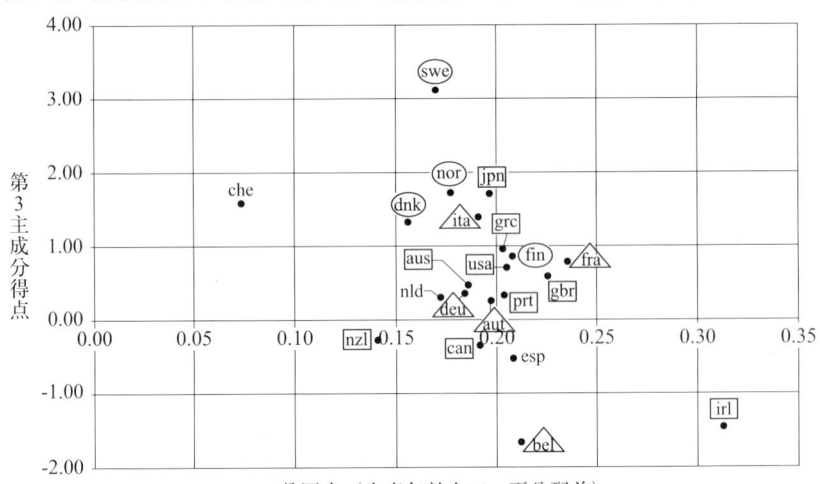

図9-26 相対的貧困率（生産年齢人口，再分配前）と第3主成分得点の散布図（2008年）

統的社会的リスクへの対応から新しい社会的リスクへの対応にシフトしている国々である。

5. おわりに

本章では，OECDのSOCXデータを用いた主成分分析によって，OECD加盟国のうち21カ国において，社会的リスクへの対応がどのように時系列的に変化したのかを検討した。さらに，各国の社会的リスクへの対応に関する主成分得点を用いて，階層的クラスター分析を行い，21カ国のグループ分けを試み，その結果を踏まえて，各国の社会的リスクへの特徴づけを行った。また，社会的リスクへの対応と所得格差の程度との関係を考察した。その結果，主として以下のような結論を得ることができた。

第1に，OECD加盟国21カ国の社会的リスクへの対応の違いを考える基準として，新しい社会的リスクへの対応度および伝統的社会的リスクへの対応度，それぞれが重要であることが示されたが，新しい社会的リスクへの対応度が重要であり，全体の情報の40％以上を説明し，最大の説明力を持つ基準であることが示された。

第2に，社会的リスクへの対応度を考慮し，階層的クラスター分析を用いて分析対象国をグループ分けした結果，自由主義レジームや北欧諸国は同質性が高いが，それ以外の国々は，福祉国家レジーム論との類型化との対応は弱い。

　第3に，新しい社会的リスクへの対応度は，所得格差と負の相関を示すが，伝統的社会的リスクへの対応度は，所得格差と正の相関を示す。

　第4に，階層的クラスター分析により，同一グループに区分けされたオーストリア，ベルギー，フランス，イタリア，ドイツは，他の国々と比較して，老年人口の所得格差が大きく，伝統的社会的リスクにかかわる年金を重視する傾向が極めて強い。

　第5に，北欧諸国，とりわけデンマーク，スウェーデン，ノルウェーは，所得格差は小さく，相対的に，伝統的社会的リスクへの対応から新しい社会的リスクへの対応にシフトしている特異な国々である。

　ところで，本論では，分析対象国の制度を考慮せずに，単にデータ処理することにより分析を行った。そのため，各国の社会的リスクへの対応度が，どのような要因によってもたらされるのか，明確にされていない。このような問題は，さらなる分析をすすめるにあたり重要であり，今後の課題としたい。

参 考 文 献

飯島大邦（2014）「ヨーロッパの福祉国家の社会的リスクに対する対応について―主成分分析による評価―」塩見英治・谷口洋志編著『現代リスク社会と3・11複合災害の経済分析』（中央大学経済研究所研究叢書59）中央大学出版部。

飯島大邦（2015）「欧州社会保護統計データによる社会的リスクの変化に関する考察―主成分分析とクラスター分析を用いて―」小口好昭編『会計と社会―ミクロ統計・メソ統計・マクロ会計の視点から』（中央大学経済研究所研究叢書61）中央大学出版部。

内田治（2013）『主成分分析の基本と活用』日科技連出版社。

国立社会保障・人口問題研究所編（2014）『社会保障費用統計の理論と分析』慶應義塾大学出版会。

西村周三・京極高宣・金子能宏編著（2014）『社会保障の国際比較研究』ミネルヴァ書房。

稗田健志（2010）「新しい社会的リスクの比較政治経済学」（『レヴァイアサン』47号）108-128ページ。

Adema, W., P. Fron and M. Ladaique (2011), Is the European Welfare State Really More

Expensive: Indicators on Social Spending, 1980-2012; and a Manual to the OECD Social Expenditure Database (SOCX)", *OECD Social, Employment and Migration Working Paper*, No.124.

Bonoli, G.(2005), "The politics of the new social policies: Providing coverage against new social risks in mature welfare states", *Policy & Politics*, 33(3), pp. 431-449.

Bonoli, G.(2007), "Time matters: Postindustrialization, new social risks, and welfare state adaptation in advanced industrial democracies", *Comparative Political Studies*, 40(5), pp. 495-520.

Esping-Andersen, G.(1990), *The Three Worlds of Welfare Capitalism*, Polity Press（岡沢憲芙・宮本太郎監訳（2001）『福祉資本主義の三つの世界：比較福祉国家の理論と動態』ミネルヴァ書房).

Esping-Andersen, G. (1999), *Social Foundations of Postindustrial Economies*, Oxford University Press（渡辺雅男・渡辺景子訳（2000）『ポスト工業経済の社会的基礎―市場・福祉国家・家族の政治経済学』桜井書店).

OECD(2007), *The Social Expenditure Database: An Interpretive Guide SOCX 1980-2003*

Vaalavuo, M.(2013), "The redistributive impact of 'old' and 'new' social spending", *Journal of Social Policy*, 42(3), pp. 513-539.

第3部 財政調整および公共料金政策における格差問題と対応

第 10 章

過疎対策と過疎地域の財政力格差
──過疎対策は財政力の地域格差を是正できたか──

御 船 洋

1. はじめに

2013〜2014 年に日本創成会議（座長：増田寛也氏）が発表した「消滅可能性都市」に関する報告（以下，「増田報告」という。）[1]は，大きな社会的反響を呼んだ。増田報告の斬新な点は，女性の出産可能年齢を 20〜39 歳とみなし，市町村ごとにこの年代の女性人口の将来推計を行い，20〜39 歳の女性人口が減り続ける市町村を「消滅可能性都市」と命名し，全国で 896 の市区町村が将来消滅する可能性があると予測した点にある。

地方の人口減や東京一極集中が，総人口減少の中で，さらに少子高齢化が進む中で起きているという点で，現在の状況はこれまでの状況とは大きく異なっている。とはいえ，地方の人口減少も人口の東京への一極集中も今に始まった現象ではない。こうした現象は 1950 年代後半に始まった高度経済成長期からすでに起きているといえる。東京を中心とした都市部への人口移動により人口

---

1) 増田編著（2014）を参照。なお，増田編著（2014）は，『中央公論』2013 年 12 月号掲載の特集「壊死する地方都市　戦慄のシミュレーション」，同 2014 年 6 月号掲載の緊急特集「消滅する市町村 523」同 2014 年 7 月号掲載の特集「すべての町は救えない　人口急減社会への処方箋」を基にして加筆修正されたものである。

が減少した地方自治体では人口減少対策を講じたし，国も対策に乗り出している。これが過疎対策である。

　本章では，この過疎対策を取り上げ，これまで実施されてきた国の過疎対策が過疎地域の人口減少に歯止めを掛けることができたのかどうか，また，過疎地域の財政力の地域間格差を是正することができたのかどうか等について検証する。

　過疎地域の財政に関する研究は，すでに多くの蓄積がある。制度論系の先行研究の展望は，棄田（2006）が与えてくれているが，研究内容は過疎地域の財政の実態分析であり，都市と農村の財政調整論であり，過疎地域の財政の類型化論であり，個別の過疎市町村財政の事例研究等であった。一方，近代経済学系の過疎問題研究としては，新飯田（1971）（1972）を嚆矢と位置づけてよいだろう。新飯田（1971）（1972）では，当時浸透し始めていた公共経済学的分析ツール（公共財概念など）を駆使して過疎問題の経済学的意義や原因を探っている。また，萩原（1984）は，Stiglitz（1977）のモデルを援用して地域間の最適人口配分の観点から過疎問題を取り上げ，過疎地域への補助金の厚生効果等を分析した。さらに，齊藤・中井（1995）は，過疎市町村への地方交付税措置に焦点を当て，過疎市町村の基準財政需要への加算額を推計することにより，過疎対策事業の効率性に疑問を投げかけている。しかしながら，これまでの研究においては，国の過疎対策が過疎市町村財政力の地域格差是正や，過疎市町村と非過疎市町村の財政力の格差是正にどのような効果を発揮したか，といった視点は希薄であったように思われる。

　本章における議論は以下の順序で行う。まず第2節で，過疎の概念規定および過疎地域の要件について取り上げる。次いで第3節では，これまでに施行された過疎対策を規定する4つの法律（以下，「過疎法」という。）の下で進められた過疎対策の経緯と概要について説明する。続く第4節では，過疎地域の市町村数，人口，面積についてその推移をみる。そして第5節では，第4節で得られた過疎地域の特徴に鑑みて，過疎市町村を多く抱える道県（以下，「過疎県」という。）を8つピックアップして，それぞれについて財政力格差の状況を検討

する。そしてその検討結果を受けて第6節で，これまでの過疎対策の評価を行う。最後に第7節で本章のまとめと今後の課題について述べ，本章を締めくくる。

2. 過疎地域とはどこか

　「過疎」という概念は，「過密」の対概念として1960年代に初めて登場した比較的新しい概念である[2]。1950年代後半から始まったわが国の高度経済成長の過程で，地方から首都圏を中心とする都市部に大量の人口移動が起きた。その結果，都市部では住宅難，交通混雑，ごみ処理問題等々，人口集中による「過密」が新たな問題を引き起こした。その一方，人口が流出した地方では，経済停滞，働き手不足，税収減等の問題が生じた。地方から都市部への人口移動はその後も続き，現在に至っている。経済成長に伴って都市に生じた問題に対処するために「過密」問題と位置づけてその対策を「過密対策」と呼んだ。それに対して地方に起こった問題への政策的対応が迫られ，「過疎」の概念が配置され，「過疎対策」が立案・実施されるに至ったのである。すなわち，「過密」も「過疎」も国の政策と深く結びついた概念だといえる。

　過疎地域とはどこかという，過疎地域の定義については，後述するように，実は時代時代によって異なる。すなわち，厳密にいえば，1970年代，1980年代，1990年代，2000年代，2010年代の過疎地域の定義は皆異なるのだ。なぜこのような定義の変更が起きるのかといえば，過疎地域の定義は，原則，人口減少率と財政力指数（基準財政収入額／基準財政需要額の3カ年平均値）の全国平均の2つの基準値を定めたうえで行われており，各時期によって上記2つの基準値の大きさが変更されるからである。

　人口減少率については，1960年代・1970年代の大規模な人口移動が起きて

---

[2] 小田切（2014）は，「過疎」という造語は1960年代前半に島根県石見地方で生まれたと言われていることを紹介している（24ページ）。また，今井編著（1968）は，「辞書にも百科辞典にもまだ取り上げられていない"過疎"という新しいことばを定義づけることは，そう容易なことではない」と述べている（9ページ）。

いた頃の地方の人口減少率に比べ，それが収まった後の地方の人口減少率は小さくなっている。そうした中，以前の人口減少率の大きさを過疎の定義の基準として使用し続けることは不適当となる。

また，財政力指数についても，経済成長に伴って各地域の基準財政需要額も基準財政収入額も変動するので，当然全国平均も変動するため，いつまでも同一の値を使用し続けることはできない。

現在，「過疎地域」の定義を明定しているのは，「過疎地域自立促進特別措置法」（2000年4月1日施行。その後随時改正。2021年3月31日失効。以下「自立促進法」という。）第2条である。この法律は，当初，2000年4月1日から2010年3月31日までの10年間の時限立法であったが，その後法延長がなされ，現在では2020年度末まで11年間延長されている。そして，2010年度と2014年度に人口要件（人口減少率）と財政要件（財政力指数と公営競技収益）が新たに追加され，表10-1に見るように，定義の内容は，非常に複雑になっている。

ところが，過疎地域の定義は，これだけではない。表10-1で取り上げられているのは過疎市町村だが，それは別名「本過疎」と呼ばれるもので，過疎にはこれ以外に「過疎地域とみなされる市町村」（みなし過疎市町村（「みなし過疎」））と「過疎地域とみなされる区域を有する市町村」（一部過疎市町村（「一部過疎」））の2分類がある。

過疎地域とみなされる市町村（みなし過疎）は，自立促進法第33条第1項の要件を満たす市町村を指す。すなわち，「過疎地域の市町村の廃置分合又は境界変更があった場合には，当該廃置分合又は境界変更により新たに設置され，又は境界が変更された市町村の区域で総務省令・農林水産省令・国土交通省令で定める基準に該当するものは，過疎地域とみなして，この法律の規定を適用する。」と規定されている。つまり，みなし過疎は，過疎地域市町村の市町村合併が行われた場合（過疎市町村と非過疎市町村の合併，過疎市町村同士の合併）に適用される分類である。

具体的なみなし過疎の要件は，次のとおりである。

第10章　過疎対策と過疎地域の財政力格差　283

表10-1　過疎地域の要件の変遷

法律名	過疎地域対策緊急措置法	過疎地域振興特別措置法	過疎地域活性化特別措置法	過疎地域自立促進特別措置法	
期間	1970.4.1～1980.3.31	1980.4.1～1990.3.31	1990.4.1～2000.3.31	2000.4.1～2021.3.31	
				2000.4.1～	2010.4.1～	2014.4.1～（新たに追加）
人口要件（以下のいずれか）	1960～1970年（10年間）の人口減少率10％以上	1960～1975年（15年間）の人口減少率20％以上	①1960～1995年（35年間）の人口減少率30％以上 ②1960～1995年（35年間）の人口減少率25％以上かつ1995年の高齢者（65歳以上）比率24％以上 ③1960～1995年（35年間）の人口減少率25％以上かつ1995年の若年者（15歳未満）30歳比率15％以下	①1960～1995年（35年間）の人口減少率30％以上 ②1960～1995年（35年間）の人口減少率25％以上かつ1995年の高齢者（65歳以上）比率24％以上 ③1960～1995年（35年間）の人口減少率25％以上かつ1995年の若年者（15歳未満）比率15％以下 ④1970～1995年（25年間）の人口減少率19％以上 （①～③は1970～1995年（25年間）の人口が10％以上増加している団体は除く。）	①1960～2005年（45年間）の人口減少率33％以上 ②1960～2005年（45年間）の人口減少率28％以上かつ2005年の高齢者比率29％以上 ③1960～2005年（45年間）の人口減少率28％以上かつ2005年の若年者比率14％以下 ④1980～2005年（25年間）の人口減少率17％以上 （①～③は1980～2005年（25年間）の人口が10％以上増加している団体は除く。）	①1965～2010年（45年間）の人口減少率33％以上 ②1965～2010年（45年間）の人口減少率28％以上かつ2015年の高齢者比率32％以上 ③1965～2010年（45年間）の人口減少率28％以上かつ1985年の若年者比率12％以下 ④1980～2010年（25年間）の人口減少率19％以上 （①～③は1985～2010年（25年間）の人口が10％以上増加している団体は除く。）
財政要件	1966～1968年度　財政力指数0.4未満	①1976～1978年度　財政力指数0.37以下 ②公営競技収益10億円以下	①1986～1988年度　財政力指数0.44以下 ②公営競技収益10億円以下	①1996～199年度　財政力指数0.42以下 ②公営競技収益13億円以下	①2006～2008年度　財政力指数0.56以下 ②公営競技収益20億円以下	①2010～2012年度　財政力指数0.49以下 ②公営競技収益40億円以下

（出所）総務省過疎対策室資料。

規模要件：廃置分合等前の過疎地域市町村の人口が3分の1以上または，廃置分合等前の過疎地域市町村の面積が2分の1以上

　　　　　かつ　社会基盤の整備が十分でなく，住民福祉の向上が阻害されていること

人口要件：1965～2000年の35年間の人口が減少（2010年3月31日以前の合併）

　　　　　1960～2005年の45年間の人口が減少（2010年4月1日以後の合併）

　　　　　かつ1975～2000年の25年間の人口が減少（2010年3月31日以前の合併）

　　　　　1980～2005年の25年間の人口が減少（2010年4月1日以後の合併）

財政力要件：廃置分合等前3カ年平均の財政力指数

　　　　　　0.42以下（2010年3月31日以前の合併）

　　　　　　0.56以下（2010年4月1日以後の合併）

ただし，2010年3月31日以前に合併した市町村の財政力指数が0.42～0.71の場合，2010年4月1日以後に合併した市町村の財政力指数が0.56～0.70の場合には，5年間に限り当該市町村を「みなし過疎」とし，それ以後は「一部過疎」として取り扱う。

また，過疎地域とみなされる区域を有する市町村（一部過疎）は，同じく自立促進法第33条第2項の要件を満たす市町村のことをいう。すなわち「合併市町村（市町村の合併（2以上の市町村の区域の全部もしくは一部をもって市町村を置き，又は市町村の区域の全部若しくは一部を他の市町村に編入することで市町村の数の減少を伴うものをいう。以下同じ。）により設置され，又は他の市町村の区域の全部若しくは一部を編入した市町村をいい，過疎地域の市町村を除く。以下同じ。）のうち合併関係市町村（市町村の合併によりその区域の全部または一部が合併市町村の区域の一部となった市町村をいう。以下同じ。）に過疎地域の市町村（当該市町村の合併が行われた日の前日においてこの項の規定の適用を受けていた市町村を含む。）が含まれるものについては，当該合併市町村の区域のうち当該市町村の合併が行われた

日の前日において過疎地域であった区域を過疎地域とみなして，この法律の規定を適用する。」と規定されている。

具体的には，上記のみなし過疎の要件を満たさない市町村は，合併前の旧市町村のみを過疎地域とみなす「一部過疎」として取り扱われる。

以上，要するに，現在，過疎地域の市町村は，本過疎，みなし過疎，一部過疎の3種類に分類される。

いうまでもなく，法整備により過疎に3つの分類を設けたのは，「平成の大合併」(1999～2010年）により，過疎市町村と非過疎市町村の合併，あるいは過疎市町村同士の合併が数多く行われたことに対応し，過疎対策の対象範囲を明確化するためのものである。だが，そのために過疎地域の定義がますます複雑になったことは否定できない。

3．過疎対策の経緯と概要

本節では，なぜ過疎対策が始まったのか，これまでどのような過疎対策が実施されてきたのか，等について述べる[3]。

---

[3] 本節の説明は，過疎対策研究会編（2010）の「資料2」(279-292ページ）に負うところが大きい。なお，過疎地域の状況，過疎対策の概要，推移等に関する資料としては，いわゆる『過疎白書』がほとんど唯一の資料といってよい。『過疎白書』は緊急措置法の施行に伴い過疎対策が実施され始めた直後の1971年度版（1972年6月発行）が第1号であり，その後ほぼ毎年発行され続けている。しかし，①白書のタイトルが途中で変更されている，②編者も代わっている，③発行時期が不定期であり，発行されなかった年度がある，等，資料としての一貫性や統一性にやや問題があるといわざるを得ない。さらに最大の問題は，④『過疎白書』の発行時期によって「過疎」の定義が異なり，新しい定義に基づいて，過去のデータを作り直している点だ。

これまでの『過疎白書』の刊行の状況は以下のとおりである。
・昭和46年度版（自治省過疎対策管理官室編『過疎地域の現状と対策（過疎白書）』）から発行開始（1972年6月発行）
・昭和48年版・昭和49年版……自治大臣官房過疎対策管理官室編『過疎白書（過疎対策の現況）』
・昭和50年版……『過疎対策の現況（過疎白書）』（奥付なし）
・昭和51年版（1977年1月発行）～昭和56年版（1982年3月発行）……国土庁地方振興局過疎対策室編『過疎対策の現況』

3-1 過疎の社会問題化

過疎は，1960年代前半までは問題として認識されていなかった。過疎が社会問題として取り上げられ，過疎対策の必要性が議論されるようになるのは，1965年の国勢調査の結果が明らかになる1967年頃と推察される。前回（1960年）の国勢調査と比べて，46都道府県（沖縄は除く）のうち，25県で人口が減少した。また，3,375市町村（特別区は除く）のうち，2,574市町村（76.3％）で人口が減少した。さらに，人口減少の様子を詳しくみると，人口が10％以上減少したのは897市町村，20％以上減少したのは117市町村，30％以上減少したのは36村であった。

政府の公式文書で初めて「過疎」の言葉が用いられたのは「経済社会発展計画」（1967年3月）および「経済審議会地域部会報告」（1967年10月）においてであった。

「経済社会発展計画」においては，「……（昭和）40年代においては，生活水準，教育水準の向上や産業構造の高度化に伴って，人口の都市集中はいっそうの進展をみせるとともに，他方，農山漁村においては，人口流出が進行し，地域によっては地域社会の基礎的生活条件の確保にも支障をきたすような，いわゆる過疎現象が問題となろう。……」というふうに言及されている。

また「経済審議会地域部会報告」においては「……都市への激しい人口移動は人口の減少地域にも種々の問題を提起している。人口減少地域における問題を『過密問題』に対する意味で『過疎問題』と呼び，『過疎』を人口減少のた

- 昭和57年度版（1983年4月発行）～平成9年度版（1998年8月発行）……国土庁地方振興局過疎対策室監修『過疎対策の現況』
- 平成10年度版（1999年9月発行）……過疎地域活性化対策研究会編集協力『過疎対策の現況』
- 過疎対策研究会編『過疎対策データブック』（2002年3月発行）
- 平成13年度版（2003年1月発行）～平成19年度版（2010年2月発行）……過疎対策研究会編『過疎対策データブック―平成○○年度過疎対策の現況―』
- 『平成20年度過疎対策の現況』から冊子体での公刊がなくなり，概要のみ，総務省のウェブサイト（過疎対策室のページ）に掲載されている。

本章では，特に断らない限り，これらの文献を『過疎白書』と略記する。

めに一定の生活水準を維持することが困難になった状態，たとえば防災，教育，保健などの地域社会の基礎的条件の維持が困難になり，それとともに，資源の合理的利用が困難となって地域の生産機能が著しく低下することと理解すれば，人口減少の結果，人口密度が低下し，年齢構成の老齢化がすすみ，従来の生活パターンの維持が困難となりつつある地域では，過疎問題が生じ，または生じつつあると思われる。……」という記述がみられる。

3-2　過疎地域振興緊急特別措置法

1968年頃から，人口流出の進行が著しい地方自治体を中心に，国に対して過疎対策を早期に確立してほしいとの強い要望が出されるようになり，そうした動きを受けて過疎対策の立法化が検討されるようになった[4]。

1969年に議員提案により，「過疎対策特別措置法」案が国会に提出されたが，審議未了で廃案となった。その後再提出されたものの，衆議院解散により，再び廃案となった。結局，翌1970年に，衆議院地方行政委員長提案で「過疎地域対策緊急措置法」（以下，「緊急措置法」という。）案が国会に提出され，成立した。ただし，10年間の時限立法（1970年4月1日～1980年3月31日）とされた。

緊急措置法の目的は，①人口の過度の減少防止，②地域社会の基盤強化，③住民福祉の向上，④地域格差の是正の4点とされた（表10-2を参照）。

---

[4]　過疎対策のほかにも，いわゆる「条件不利地域」の振興を目的とした法律が作られ，国庫補助金の補助率の引き上げ，地方交付税の特例，税制上の特例，地方債の特例，融資上の特例等，さまざまな特例措置が講じられている。具体的には，次のような法律が該当する。「離島振興法」（1953年7月施行），「豪雪地帯対策特別措置法」（1962年4月施行），「山村振興法」（1965年5月施行），「半島振興法」（1985年6月施行），「特定農山村地域における農林業等の活性化のための基盤整備の促進に関する法律」（1993年9月施行）。以上のうち，最初の4本の法律は議員立法である。過疎法で指定されている過疎地域はこれらの法律で適用地域に指定されている地域と重複しているところが少なからずあると推測される。したがって，厳密に考えれば，過疎対策の効果を検討する場合には，これらの各法律に盛り込まれている対策における特例措置を合わせて検討する必要がある。しかし，本章では，そこまでの検討は行っていない。

表 10-2 過疎対策の目的

法律名	緊急措置法	振興法	活性化法	自立促進法
適用年度	1970〜1979	1980〜1989	1990〜1999	2000〜2020
目的	・人口の過度の減少防止 ・地域社会の基盤強化 ・住民福祉の向上 ・地域格差の是正	・過疎地域の振興 ・住民福祉の向上 ・雇用の増大 ・地域格差の是正	・過疎地域の活性化 ・住民福祉の向上 ・雇用の増大 ・地域格差の是正	・過疎地域の自立促進 ・住民福祉の向上 ・雇用の増大 ・地域格差の是正 ・美しく風格のある国土の形成

(出所) 表10-1と同じ。

表 10-3 過疎対策における事業実績等

(単位:％,億円)

法律名 (期間(年度))	産業の振興	交通通信体系の整備,情報化並びに地域間交流の促進	生活環境の整備	高齢者等の保健及び福祉の向上及び増進	医療の確保	教育の振興文化の振興	集落等の整備	その他	総事業費
緊急措置法 (1970〜1979)	22.2	49.6	11.3		1.2	12.0	0.2	3.5	79,018
振興法 (1980〜1989)	27.8	49.5	10.4		1.4	9.8	0.2	0.9	173,669
活性化法 (1990〜1999)	29.3	39.3	17.6	3.1	1.7	6.8	0.3	1.8	363,286
自立促進法 (2000〜2013)	28.8	35.6	19.1	4.8	2.9	7.3	0.5	1.1	333,160
実績合計 (1970〜2013)	28.3	40.7	19.2		2.0	8.0	0.4	1.5	949,133

(出所) 総務省自治行政局過疎対策室『平成25年度版 過疎対策の現況』より作成。

　緊急措置法の適用期間は，2次にわたる石油危機（1973年および1979年）を経験して，日本経済が高度成長から安定成長に移行する期間であった。立法に至る経緯からも明らかなように，緊急措置法の最大の目的は，人口減少の激減を緩和することであった。緊急措置法により，過疎地域を抱える都道府県は

「過疎地域振興計画」の策定が義務づけられ，それに基づき，産業の振興，交通通信体系の整備，生活環境の整備等を促進する過疎対策事業が実施された。緊急措置法施行期間中の総事業費は約7.9兆円であり，そのうちの約半分（49.6％）が交通通信体系の整備，情報化並びに地域間交流の促進に使用され，約2割（22.2％）が産業の振興に使用された（表10-3を参照）。

その結果，過疎地域の人口は，緊急措置法施行以前の1960年～1965年の5年間の減少率，および1965年～1970年の5年間の減少率はそれぞれ10％を超えていたが，緊急措置法施行後の5年間（1970年～1975年）の減少率は8％台に低下し，その後も人口減少率は年率1％程度になるなど，緊急措置法の目的は概ね達成されたといえる。

3-3 過疎地域振興特別措置法

このように，人口の大幅な減少に一定の歯止めは掛かったが，過疎地域における人口流出が止まったわけではなく，地域インフラ整備，雇用，医療・福祉等の面で，非過疎地域と比べて，過疎地域は依然として低水準にあることは否定すべくもなかった。

そこで，緊急措置法が失効（1980年3月末で失効）する2年前頃から，過疎地域に対する特別措置の継続を求める運動が活発化し，国会での請願が採択されるなどして過疎対策継続の機運が高まり，結局，緊急措置法制定のときと同じように，衆議院地方行政委員長が法案を国会に提出するという形を取り，「過疎地域振興特別措置法」（以下「振興法」という。）が1980年3月31日に全会一致で成立し，翌4月1日から施行された。

振興法は，緊急措置法とは異なり，その主要目的を人口の過度の減少防止とはしていない。むしろ，長年の人口減少によってもたらされた過疎地域の停滞を打開し，過疎地域の振興を図ることを最重要の目的とした。すなわち，振興法に掲げられた目的は①過疎地域の振興，②住民福祉の向上，③雇用の拡大，④地域格差の是正，の4点であった（表10-2を参照）。そして，振興法も10年間の時限立法（1980年4月1日～1990年3月31日）とされた。

振興法の下でもさまざまな過疎対策が行われたが、10年間の総事業費は約17.4兆円であり、その前の10年間（緊急措置法施行時期）の総事業費に比べて2倍以上に増加した。ただし、内訳をみると、産業振興事業は5.6ポイント増加したが、全体の約半分（49.5％）が交通通信体系の整備、情報化並びに地域間交流の促進に使われるという状況は変わっていない（表10-3を参照）。

特別措置法以来、20年間にわたり、過疎債の発行、国庫補助率のかさ上げ措置等、財政、税制、金融、行政上の特別措置により、過疎市町村のインフラ整備は進んできた。

3-4　過疎地域活性化特別措置法

しかしながら、振興法施行下において、過疎地域の人口減少が続いているうえに、高齢化が進み、福祉や介護が深刻な問題となってきた。さらに、生産機能の回復も遅れており、雇用の停滞と相まって、財政基盤の脆弱化が進んだ。過疎地域は、従来抱えていた問題が解決しないばかりか、少子高齢化等の新たな問題に直面するという事態を迎えた。

かくして、振興法の失効（1990年3月末）よりも2年ほど前から、10年前と同じように、過疎対策の継続を求める意見や要望が出されるようになり、国会等での検討が行われた後、これも10年前と同じく、衆議院地方行政委員長から国会に法案が提出され、1990年3月30日に全会一致で「過疎地域活性化特別措置法」（以下「活性化法」という。）が成立し、4月1日から施行された。

活性化法の目的は、振興法と同じといってよい。すなわち、①過疎地域の活性化、②住民福祉の向上、③雇用の増大、④地域格差の是正、の4項目であった（表10-2を参照）。そして、活性化法も10年間の時限立法（1990年4月1日～2000年3月31日）とされた。

活性化法に基づく事業として主要なものは、基幹的な市町村道整備については都道府県が代行して行う制度が特別な経過措置として導入された（1990～1994年度）。この制度が適用されるべき市町村として全国で100団体が公示された。また、1995年度には、公共下水道事業についても都道府県が市

町村に代わって代行整備する制度が設けられた。

3-5 過疎地域自立促進特別措置法

活性化法は，バブル景気（1986年12月〜1991年2月）の絶頂期に始まったが，すぐにバブルが崩壊したため，そのほとんどの時期がバブル崩壊後の長いデフレ不況の時期と重なった。その影響で地域経済は停滞し，過疎地域の状況はさほど改善されず，人口減少・高齢化・若者の流出は依然として続き，非過疎地域との格差は縮まっていないとの認識がもっぱらであった。

こうしたことを背景として，活性化法が失効する2年前の1998年頃から，過疎地域を抱える地方公共団体から，過疎対策の継続や拡大を求める要望が出されるようになり，国会等でも検討が行われた。10年前，20年前と全く同様の構図である。その結果，これも10年前，20年前と同様に，衆議院地方行政委員長から「過疎地域自立促進特別措置法」案が国会に提出され，同案は2000年3月24日に全会一致で成立し，4月1日から施行された。

自立促進法の目的は次の5項目である。すなわち，①過疎地域の自立促進，②住民福祉の向上，③雇用の増大，④地域格差の是正，⑤美しく風格のある国土の形成，である（表10-2を参照）。②〜④は以前の振興法や活性化法と同じだ。⑤は自立促進法において新たに加わった目的であるが，その意図は「全国的な視野に立った過疎地域の新しい価値・意義を認め，豊かな自然環境や広い空間の中での多様な居住・生活様式を実現する場として整備し，交流を通して都市と相互補完関係にある新しい生活空間を確保するとともに，美しい景観の整備，地域文化の振興や多様な地域産業の振興等により，過疎地域がそれぞれの個性を発揮して自立できる地域社会を構築すること」とされている。

自立促進法は，これまでの3法と同様に10年間の時限立法（2000年4月1日〜2010年3月31日）とされたが，過疎地域の厳しい状況が続いたため，同法は6年間失効期限が延長された（2010年4月1日〜2016年3月31日）[5]。しかし，

---

5) このときの新しい過疎対策については高見（2010）を参照。

2011年3月11日に発生した東日本大震災により，被災した自治体の過疎対策事業の遅れが生じたことから同法の失効期限をさらに5年間延長する法改正が行われ，その結果，前述したように，現在では，失効期限が2021年3月31日となっている。

自立促進法における過疎対策事業の実績は表10-3のとおりである。産業の振興事業および交通通信体系の整備，情報化並びに地域間交流の促進事業はそれぞれ大きな割合を占めているが（両者の合計が全体の約3分の2を占めている），ともに漸減傾向にあり，それに代わって「生活環境の整備」事業や「高齢者の保健及び福祉の向上及び増進」事業の割合が増加している。

また，自立促進法における特別措置の主な内容は表10-4にまとめてあるが，過疎地域においては，たとえば，小中学校の統合による校舎新設や増設の際の国庫支出金の補助率がかさ上げされる（非過疎地域は2分の1だが過疎地域は10

表10-4 自立促進法における特別措置の内容

	特別措置の内容
財政上の特別措置	・国の負担または補助の割合の特例 　（小中学校の統合，保育所，消防署　等） ・過疎対策事業債
税制上の特別措置	・所得税・法人税に係る事業用資産の買い換えの場合の課税の特例 ・所得税・法人税に係る減価償却の特例 ・地方税の課税免除または不均一課税に伴う減収補てん
行政上の特別措置	・基幹的市町村道・農道・林道・漁港関連道の整備（都道府県代行制度） ・公共下水道の幹線管渠等の整備（都道府県代行制度） ・医療の確保 ・高齢者の福祉の増進　等
金融上の特別措置	・農林漁業金融公庫等からの資金の貸付　等

(出所) 過疎対策研究会編 (2010)。

分の5.5）といったように，財政上・税制上・行政上・金融上のさまざまな特別措置が講じられている。

4. 過疎地域の市町村数，人口，面積の推移

本節では，過疎地域に分類される市町村数と人口の推移をみる。すでに，2節で述べたように（表10-1を参照），過疎地域の要件は人口要件と財政要件の2つだが，4つの法律ごとに人口要件と財政要件の基準が異なっている。したがって，10年ごとに過疎地域の「定義」が異なるのであるから，市町村数にしろ，人口にしろ，異時点間の量的な比較をしてなにがしかの傾向や特徴を見出そうとするには慎重を期す必要がある。そこで，ここでは，評価や分析を行うのではなく，単純にデータだけを記しておくことにしよう。

4-1 過疎地域市町村数の推移

過疎市町村数の推移については，表10-5のとおりである。まず，緊急措置法の時期では，当初（1970年5月1日現在）の公示市町村数は776団体であった。当時の市町村数は全部で3,280団体であったので，全体の約23.7％が過疎地域に指定されたことになる。同年9月に合併により1団体減となった後，1971年4月に274団体が追加公示されて1,049団体となり，最終的には1,093団体となった（全市町村数3,255団体の約34％）（表10-5(1)参照）。

1980年度に振興法が施行され，振興法における過疎地域の要件を満たした市町村数が公示されたが，その数は1,119団体であった。上述のように，緊急措置法の失効時期（1980年3月31日）には過疎地域市町村数は1,093団体であったが，そのうち，振興法になっても引き続き過疎地域に指定された市町村数は993団体，振興法の下で指定が解除された市町村数は100団体，新たに過疎地域に指定された市町村数は126団体であった。したがって，振興法の下で過疎地域に指定された1,119団体のうち継続して指定された市町村の割合は約88.7％ということになる。振興法失効時（1990年3月31日）における過疎地域公示市町村数は1,157団体であった。これは市町村全体（3,245団体）の約36％に

表 10-5　過疎地域の市町村数の推移

(1) 緊急処置法に基づく過疎地域市町村数の異動状況

年	月日	過疎地域市町村数	増減	異動事由	備考
1970	5.1	776		当初公示	1970.4.24～1980.3.31
	9.28	775	-1	合併	
1971	4.3	1,049	274	追加公示	
	5.1	1,048	-1	合併	
1972	4.22	1,047	-1	合併	
1973	3.31	1,048	1	追加公示	
	3.31	1,047	-1	合併	
	10.22	1,046	-1	合併	
1975	2.1	1,045	-1	合併	
	4.1	1,044	-1	期限切れ	
1976	4.1	1,042	-2	期限切れ	
	4.15	1,093	51	追加公示	

(2) 振興法に基づく過疎地域市町村数の異動状況

年	月日	過疎地域市町村数	増減	異動事由	備考
1980	4.1	1,119		当初公示	1980.4.1～1990.3.31「緊急措置法」失効時点の1,093団体のうち指定解除100団体，継続指定993団体，新規指定126団体
1981	4.1	1,151	32	追加公示	
1986	4.1	1,158	7	追加公示	
1987	4.1	1,157	-1	編入	

(3) 活性化法に基づく過疎地域市町村数の異動状況

年	月日	過疎地域市町村数	増減	異動事由	備考
1990	4.1	1,143		当初公示	1990.4.1～2000.3.31「振興法」失効時点の1,057団体のうち指定解除101団体，継続指定1,056団体，新規指定87団体
1991	4.1	1,166	23	追加公示	
	4.1	1,165	-1	合併	
1999	4.1	1,230			

(4) 自立促進法に基づく過疎地域市町村数の異動状況

年	月日	過疎地域市町村数	増減	異動事由	備考
2000	4.1	1,171		当初公示	2000.4.1～2010.3.31
2002	4.1	1,210			
2003	4.1	1,203			
2004	4.1	1,167			
2005	4.1	899			
2006	4.1	739			
2007	4.1	738			
2008	4.1	732			
2009	4.1	730			
2010	4.1	776			改正法（2010）により2015.3.31まで期限延長
2012	4.1	775			改正法（2012）により，2021.3.31まで期限延長 775団体のうち，本過疎581団体，みなし過疎34団体，一部過疎160団体

(出所)『過疎白書』各年度版より作成。

第 10 章　過疎対策と過疎地域の財政力格差　295

当たる（表 10-5(2)参照）。

　活性化法施行時（1990 年 4 月 1 日）における過疎地域公示市町村数は 1,143 団体であったが，そのうち，振興法時代から引き続き過疎地域に指定された市町村数は 1,054 団体，活性化法の下で指定が解除された市町村数は 103 団体，新たに過疎地域に指定された市町村数は 89 団体であった。したがって，活性化法下で過疎地域に指定された 1,143 団体のうち継続指定の市町村の割合は約 92％であった。活性化法失効時の過疎地域公示市町村数は 1,230 団体となったが，これは全市町村数（3,229 団体）の約 38％に当たる（表 10-5(3)参照）。

　自立促進法施行時（2000 年 4 月 1 日）における過疎地域公示市町村数は 1,171 団体であった。この時期における過疎地域市町村数をみる場合，2 つの点に注意する必要がある。第 1 に，この時期は平成の大合併の時期とほぼ一致するという点だ。この時期の市町村合併は，2004 年度（215 件），2005 年度（325 件）にピークを迎えた。その結果，市町村数は 2003 年度末に 3,132 団体であったものが 2004 年度末には 611 団体減って 2,521 団体になり，2005 年度末にはさらに 700 団体減って 1,821 団体になった。この影響が，過疎地域公示市町村数にも表れている。2004 年 4 月 1 日に 1,167 団体であった過疎地域市町村数は 1 年後の 2005 年 4 月 1 日には 268 団体減って 899 団体になり，2006 年 4 月 1 日にはさらに 160 団体減って 739 団体になっている。2 年間で実に 4 割近い減少である。

　第 2 に，以上で述べた平成の大合併に関係するが，多数の市町村合併が行われると，非過疎地域と過疎地域の合併，過疎地域同士の合併等，さまざまなケースが発生する。そのため，過疎地域に指定するための新たな基準を設ける必要が生じ，自立促進法で 3 種類の過疎地域概念（本過疎，みなし過疎，一部過疎）を設けたのであった。したがって，この時期の過疎地域公示市町村数には，3 種類の過疎地域が混在している点に注意が必要だ。

　ちなみに，2012 年 4 月 1 日現在の過疎地域公示市町村数は 775 団体であるが，そのうち本過疎が 581 団体（約 75％），みなし過疎が 34 団体（約 4％），一部過疎が 160 団体（約 21％）である。これは全市町村数（1719 団体）の約 45％

表 10-6　人口規模別過疎関係市町村数および構成割合

人口規模	全国市町村数(a)	過疎関係市町村数(b) 合計	過疎市町村	みなし過疎市町村	一部過疎を有する市町村	過疎市町村数の割合((b)/(a),単位:%)
～1,000	26	24	24			92.3
～2,000	49	47	47			95.9
～3,000	43	40	40			93.0
～4,000	67	58	58			86.6
～5,000	53	41	41			77.4
～6,000	51	41	41			80.4
～7,000	55	36	36			65.5
～8,000	51	27	25	1	1	52.9
～9,000	48	22	21		1	45.8
～10,000	37	26	26			70.3
～15,000	148	66	61	1	4	44.6
～20,000	148	70	61	2	7	47.3
～25,000	85	32	23	3	6	37.6
～30,000	76	30	21	2	7	39.5
～35,000	84	26	16	1	9	31.0
～40,000	62	24	10	4	10	38.7
～45,000	53	18	8	3	7	34.0
～50,000	45	11	5	1	5	24.4
～100,000	271	68	15	14	39	25.1
～300,000	196	53	2	2	49	27.0
～1,000,000	60	14			14	23.3
1,000,001～	12	1			1	8.3
合計	1,720	775	581	34	160	45.1

(注) 1. 市町村数は 2013 年 4 月 1 日現在。
　　 2. 人口は 2010 年の国勢調査による。
(出所) 表 10-3 と同じ。

に当たる（表 10-5(4)参照）。

　さらに，過疎地域公示市町村数を人口規模別に整理すると，表 10-6 のようになる。表 10-6 を見ると，どのような人口規模であっても，必ず過疎の市町村が存在することがわかる。同じ人口規模のグループに属する市町村のうち，過疎の市町村が占める割合は人口が少ない方が高く，人口が多い市町村になれば過疎市町村の割合が低下する傾向があることが見て取れる。しかし，人口が 3～10 万人規模や 10 万人以上の市町村の中にも過疎市町村が存在すると

いうことは意外であり，われわれの持つ過疎地域のイメージとは大きく異なるものであろう。

以上が，過去40年余りにわたる過疎地域公示市町村数の推移の状況である。すでに注意喚起したように，過疎の定義が変更されたり過疎の新たな概念が付加されたりしている中で，時系列的な比較は困難だ。しかし，あえて問うてみよう。この間，過疎地域は減ったのか，と。過疎地域公示市町村数の推移および過疎地域公示市町村数の対全市町村数比率といった単純指標を見る限り，過疎地域は増えている。

4-2 過疎市町村のブロック地域別比較

過疎地域の特徴を把握するために，次に全国を10の地域ブロックに分けて，ブロックごとの比較を行ってみよう。地域ブロックの区分は以下のとおりである。

　　北海道（1）……北海道
　　東　北（7）……青森県，岩手県，宮城県，秋田県，山形県，福島県，新潟県
　　関　東（9）……茨城県，栃木県，群馬県，埼玉県，千葉県，東京都，神奈川県，山梨県，長野県
　　東　海（4）……岐阜県，静岡県，愛知県，三重県
　　北　陸（3）……富山県，石川県，福井県
　　近　畿（6）……滋賀県，京都府，大阪府，兵庫県，奈良県，和歌山県
　　中　国（5）……鳥取県，島根県，岡山県，広島県，山口県
　　四　国（4）……徳島県，香川県，愛媛県，高知県
　　九　州（7）……福岡県，佐賀県，長崎県，熊本県，大分県，宮崎県，鹿児島県
　　沖　縄（1）……沖縄県

（1） 市町村数のブロック地域別比較

まず，表10-7(1)によって，ブロック地域別に過疎市町村数がどのように変

化したかをみる。表10-7は，過疎関係の4つの特別措置法の施行直後の時期におけるブロック地域別の過疎市町村数割合の推移を示したものである。同表の計数から次の3点が指摘できる。第1に，過疎市町村の割合が圧倒的に高いのは北海道であり，次いで中国，四国，九州が多く，これらのブロック地域では過疎市町村の割合が5割を超えている。第2に，時系列的にみると，多くのブロック地域において過疎市町村の割合が上昇傾向をたどっている。第3に，

表10-7 過疎市町村数のブロック地域別比較

(1) ブロック地域別過疎市町村数割合の推移

(単位：％)

年度	1972	1981	1991	2001	2012
北海道	64.8	65.6	68.4	71.7	79.9
東 北	29.3	36.7	37.4	38.7	53.7
関 東	14.9	16.4	17.1	15.9	22.1
東 海	11.7	12.3	18.7	19.1	22.5
北 陸	17.1	17.1	21.6	23.4	33.3
近 畿	15.5	15.6	19.9	20.1	25.8
中 国	47.5	52.4	52.2	54.1	73.8
四 国	49.3	47.7	50.0	51.4	69.5
九 州	53.9	54.3	52.4	50.7	59.7
沖 縄	－	37.7	41.5	39.6	43.9
合 計	32.3	34.4	36.0	36.3	45.1

（注）2012年度は，過疎関係市町村数の割合。

(2) 過疎市町村のブロック地域別分布状況の推移

(単位：％)

年度	1972	1981	1991	2001	2012
北海道	13.2	12.4	12.4	13.0	18.5
東 北	14.6	17.0	16.5	16.9	17.8
関 東	9.3	9.5	9.4	8.6	11.4
東 海	3.7	3.7	5.3	5.4	4.7
北 陸	1.8	1.7	2.1	2.2	2.2
近 畿	4.9	4.6	5.6	5.6	6.6
中 国	15.5	14.9	14.2	14.7	10.2
四 国	10.2	9.2	9.3	9.5	8.5
九 州	26.9	25.3	23.3	22.4	17.9
沖 縄	－	1.8	1.9	1.8	2.3
全 体	100.0	100.0	100.0	100.0	100.0

（注）2012年度は，過疎関係市町村数を用いて計算している。
（出所）表10-5と同じ。

2012年度には，過疎市町村の割合が急増しているが，これは，前述したように，自立促進法において平成の大合併に関連させて過疎の分類を3つに増やしたことが影響している。市町村合併により市町村数が大幅減少したことで分母の値が小さくなり，過疎の定義が拡大したことで分子の値が増加した結果，すべてのブロック地域における過疎市町村の割合が増大した。

次に，表10-7(2)によって，過疎市町村が全国にどのように分布しているかをみよう。同表からは次の3点が指摘できる。2001年度までのデータによると第1に，過疎市町村が最も多いのは九州であり，次いで東北，中国が多く，ブロック地域内の過疎市町村割合が圧倒的に多い北海道は，実は過疎市町村数で比較すると九州，東北，中国よりも少ないことがわかる。第2に，過疎市町村数が最も少ないのは沖縄であり，次いで北陸，東海，近畿の順となり，関東はその次に来る。第3に，以上の現象は2012年度に変化している。すなわち，北海道の過疎市町村数の割合が相対的に増大し，反対に九州，中国の割合が減少している。ただし，過疎市町村の少ない地域は北陸，沖縄，東海，近畿で変わっていない。

(2) 過疎市町村人口のブロック地域別比較

次に，過疎市町村の人口の割合がどのように変化してきたかをブロック地域別にみてみよう。表10-8(1)によれば，2010年度においてブロック地域内で過疎市町村の人口の割合が多いのは東北，北海道，四国，九州，中国であり，反対に少ないのは関東，東海，近畿，北陸，沖縄であり，はっきりと2グループに分けられる。また，（過疎の定義が表中の各年度においてすべて異なるという点に要注意だが）過疎市町村人口の割合は漸減傾向にある。ただし，平成の大合併以後は，増加している。

また，過疎地域に住んでいる人はどのブロック地域に多いかを2010年度についてみると（表10-8(2)参照），東北，九州，中国，北海道に多いことがわかる。反対に，他の6ブロック地域は少なく，特に沖縄，北陸では極端に少ない。過疎地域の人口は漸減傾向であったが，平成の大合併後には激増している。

表10-8 過疎市町村人口のブロック地域別比較
(1) ブロック地域別過疎市町村人口割合の推移

(単位：%)

年度	1970	1980	1990	2000	2010
北海道	26.6	19.1	17.0	18.3	21.5
東 北	12.4	13.9	12.5	12.4	22.6
関 東	2.0	1.5	1.3	1.1	1.2
東 海	2.0	1.4	2.0	2.2	2.6
北 陸	4.0	2.9	4.2	5.2	6.7
近 畿	1.8	1.4	1.7	1.7	2.9
中 国	15.2	13.5	11.6	12.0	16.3
四 国	20.5	14.7	14.2	14.7	20.4
九 州	24.3	20.2	17.1	15.3	19.6
沖 縄	-	5.5	6.6	5.7	7.5
全 国	8.6	7.0	6.2	6.0	8.1

（注）2010年度は，過疎関係市町村人口を用いて計算。

(2) 過疎市町村人口のブロック地域別分布状況の推移

(単位：%，千人)

年度	1970	1980	1990	2000	2010
北海道	15.5	13.1	12.6	13.8	11.5
東 北	15.9	20.4	20.0	20.3	25.7
関 東	7.2	6.9	7.0	6.1	5.3
東 海	2.6	2.3	3.8	4.3	3.8
北 陸	1.2	1.1	1.7	2.2	2.0
近 畿	3.5	3.3	4.5	4.6	6.0
中 国	12.0	12.6	11.8	12.4	12.0
四 国	9.0	7.5	7.8	8.1	7.9
九 州	33.0	32.1	29.8	27.3	25.0
沖 縄	-	0.7	1.1	1.0	1.0
全 国	100.0	100.0	100.0	100.0	100.0
過疎地域人口	8,889	8,165	7,629	7,537	10,326

（注）2010年度は，過疎関係市町村人口を用いて計算。
（出所）表10-5と同じ。

(3) 過疎地域面積のブロック地域別比較

続いて，過疎地域の面積の割合の変化をブロック地域別にみておこう。表10-9(1)によれば，ブロック地域全面積に占める過疎地域面積の割合が大きい

表 10-9　過疎地域面積のブロック地域別比較
(1) ブロック地域別過疎地域面積の割合の推移

（単位：％）

年度	1972	1980	1989	1998	2012
北海道	64.4	59.7	62.9	66.8	75.2
東　北	32.8	43.4	48.2	49.1	62.4
関　東	21.5	24.5	25.8	24.2	30.6
東　海	20.2	22.9	35.2	35.1	38.9
北　陸	17.6	18.2	28.2	30.7	33.0
近　畿	24.0	26.8	32.4	32.0	38.6
中　国	53.6	56.4	53.3	55.3	66.2
四　国	57.5	54.8	57.7	60.6	69.3
九　州	60.1	60.9	59.8	59.4	64.0
沖　縄	-	45.9	50.0	48.8	52.6
全　国	41.5	44.1	46.4	49.2	57.2

（注）2012年度は，過疎関係市町村の面積。

(2) 過疎地域面積のブロック地域別分布状況の推移

（単位：％）

年度	1970	1980	1990	2000	2010
北海道	32.9	29.9	30.0	30.9	29.0
東　北	16.6	20.3	20.3	20.4	23.0
関　東	7.0	7.3	7.1	6.6	7.1
東　海	3.8	4.0	5.7	5.5	5.3
北　陸	1.4	1.4	1.8	1.9	1.9
近　畿	4.3	4.4	5.0	4.8	4.9
中　国	11.1	10.8	9.7	9.8	9.8
四　国	7.0	6.2	6.2	6.3	6.0
九　州	15.9	15.1	13.6	13.1	12.5
沖　縄	-	0.6	0.6	0.6	0.6
全　国	100.0	100.0	100.0	100.0	100.0

（注）2010年度は，過疎関係市町村の面積。
（出所）表10-5と同じ。

のは北海道，九州，四国，中国，沖縄，東北であり，反対に関東，近畿，東海，北陸は相対的に割合が小さい。この傾向は平成の大合併後も変わっていない。また，日本全国でみると，過疎地域面積の占める割合は増大している。特に平成の大合併以後は著増し，いまや国土の6割近くが過疎地である。

表 10-10　過疎地域の市町村数，人口，面積が大きい県

(単位：％)

順位	市町村数割合		人口割合		面積割合	
1	島根県	100.0	秋田県	63.9	秋田県	89.7
2	鹿児島県	93.0	島根県	48.9	大分県	87.5
3	大分県	88.9	大分県	40.9	島根県	85.4
4	愛媛県	85.0	鹿児島県	36.8	高知県	79.6
5	高知県	82.4	岩手県	35.6	鹿児島県	76.7

(注) 過疎地域は 2013 年 4 月 1 日現在のもの。
(出所) 表 10-5 と同じ。

次に，過疎地に分類される土地はどのブロック地域に多いかについてみると（表 10-9(2)参照），北海道，東北，九州の 3 地域で全国の過疎地の 3 分の 2 を占めていることがわかる。

以上は，すべてブロック地域別の比較であったが，同じ項目について都道府県別比較を行い，過疎地域の市町村数の割合，人口割合および面積割合について，それぞれ大きい順に 5 県ずつ列挙したのが表 10-10 である。

県内の市町村数に占める過疎市町村の割合が最も大きいのは島根県（100％）である。島根県の市町村はすべてが過疎市町村である。次いで鹿児島県，大分県という九州の 2 県が入り，愛媛県，高知県という四国の県が続く。

県の人口に占める過疎市町村の人口の割合が全国一高いのは秋田県である。ちなみに，県の面積に占める過疎市町村の面積の比率が全国で最も高いのも秋田県である。表 10-10 の各項目を比べると，島根県，鹿児島県，大分県は 3 項目のすべてに登場していることが確認できる。

5. 過疎地域の財政力格差

さて，以上で述べた過疎市町村に関する実態，過疎対策の経緯や概況等を踏まえて，いよいよ本章の本題である過疎地域の財政力格差についての検討に入ろう。

過疎対策の目的は，過疎対策に係る 4 つの特別措置法（緊急措置法，振興法，活性化法，自立促進法）においてそれぞれ 4〜5 項目が掲げられているが，その

内容や表現は毎回微妙に異なっている。そうした中，すべての法律において共通して掲げられているのが「住民福祉の向上」と「地域格差の是正」である（表10-2参照）。このうち，本章で注目したいのが地域格差の是正である。地域格差とは何か，地域格差の是正とは何か，ということについて各法律で必ずしも明示されているわけではないが，一般的に考えて，地域格差とは経済格差，社会資本や社会インフラ整備（交通通信体系整備，生活環境，医療・福祉・教育サービス施設設備等）等の地域間格差を意味しているとみなしてよいだろう。

これらは直接間接に当該地域の財政力格差に関連しているとみなして，財政力の地域格差の視点からこれまで実施されてきた過疎対策を振り返り，評価したいと考える。すでに説明したように，過疎地域の要件として人口要件と並んで財政力要件が設定されている。それは次のようなものであった。

緊急措置法　1966〜1968年度の財政力指数：0.4未満
振興法　　　1976〜1978年度の財政力指数：0.37以下
活性化法　　1986〜1988年度の財政力指数：0.44以下
自立促進法　（2000〜2009年度）
　　　　　　1996〜1998年度の財政力指数：0.42以下
自立促進法　（2010〜2013年度）
　　　　　　2006〜2008年度の財政力指数：0.56以下
自立促進法　（2014〜2020年度）
　　　　　　2010〜2012年度の財政力指数：0.49以下

各法律では財政力要件を表す指標として財政力指数（基準財政収入／基準財政需要の3カ年平均値）が用いられている。そして，具体的な財政力指数の数値は，指定された期間における全市町村の財政力指数の平均値である。したがって，財政力指数が全国平均よりも低い市町村は過疎地域とみなされたのである。

本節では，各地域の財政力を測る指標として財政力指数を利用し，財政力の

地域格差を計測する尺度として財政力指数の変動係数（標準偏差／平均）を用いることにする。そして，表10-10に登場する岩手，秋田，島根，愛媛，高知，大分，鹿児島の各県に北海道を加えた8県を代表的な過疎県とみなして比較対象として取り上げ，過疎対策の法律が施行されている時期ごとに，施行の始期に当たる5つの年度（あるいはそれに近い年度）の財政力指数およびその平均値を計算し，それら数値の推移を追跡して過疎地域の財政力の実態と過疎市町村における過疎化のばらつきの推移を観察し，過疎地域の地域間格差が拡大したか縮小したかを判定しようというのが，本節における分析のねらいである。

5-1　過疎県における市町村の財政状況の推移

（1）　北　海　道

　北海道内の市町村の財政力指数の道平均値の推移は図10-1(1)に示されている。道内の全市町村の財政力指数の平均値は，1972年度の0.22から2012年度の0.25に上昇しており，道内の過疎市町村の財政力指数の平均値も1972年度の0.17から2012年度の0.19へと上昇している。この間，若干の増減があるが，両者の動きはほぼパラレルである。財政力指数の値そのものは非常に低いものの，過疎市町村の財政力は徐々に回復しているといえよう。

　一方，道内における市町村間の財政力格差をみるために財政力指数の変動係数を計算してその推移をグラフ化すると，図10-1(2)のようになる。市町村全体の財政力格差は1980年度にいったん縮小するが，その後は拡大して現在に至っている。過疎市町村における財政力格差についてみると，1980年度にいったん縮小してその後拡大するといったパターンは全市町村の場合と同様だが，直近の時期，すなわち2000年度から2012年度にかけての時期に財政力格差は大幅に是正されている。その結果，2012年度における過疎市町村の財政力指数の変動係数は1972年度のそれと同じ値になった。すなわち，北海道における過疎市町村の財政力格差は40年前の状態に戻ったといえる。換言すれば，この40年間で財政力格差は是正されなかったともいえよう。

第10章 過疎対策と過疎地域の財政力格差　305

図10-1　北海道内市町村の財政力指数
(1) 市町村財政力指数の道平均値の推移

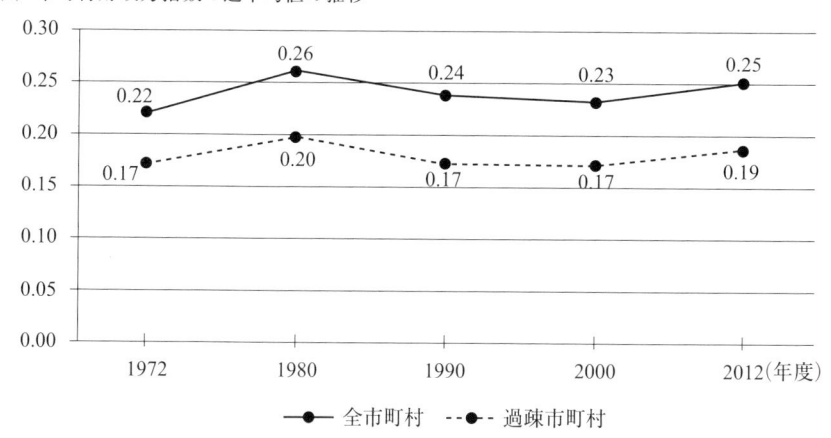

全市町村: 1972年 0.22、1980年 0.26、1990年 0.24、2000年 0.23、2012年 0.25
過疎市町村: 1972年 0.17、1980年 0.20、1990年 0.17、2000年 0.17、2012年 0.19

(2) 市町村財政力指数の変動係数の推移

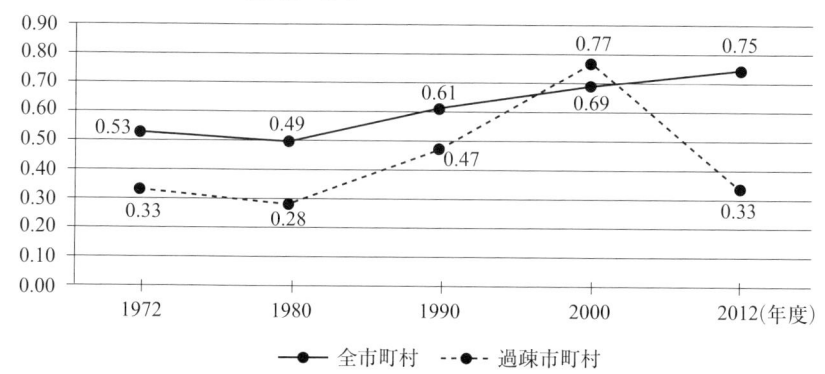

全市町村: 1972年 0.53、1980年 0.49、1990年 0.61、2000年 0.69、2012年 0.75
過疎市町村: 1972年 0.33、1980年 0.28、1990年 0.47、2000年 0.77、2012年 0.33

(出所)　自治省財政局指導課『市町村別財政状況調』各年度版，地方財務協会『市町村別決算状況調』各年度版，『過疎白書』各年度版より作成。

(2)　岩　手　県

　岩手県内の市町村の財政力指数の県平均値の推移は図10-2(1)に示されている。県内の全市町村の財政力指数の平均値は，1972年度の0.21から2012年度の0.32に上昇している。県内の過疎市町村の財政力指数の平均値も1972年度の0.14から2012年度の0.18へと上昇しているが，1980年度以後はほとんど増減がない状態である。これから，岩手県では，非過疎市町村の財政力指数が

306 第3部 財政調整および公共料金政策における格差問題と対応

図 10-2 岩手県内市町村の財政力指数

(1) 市町村財政指数の県平均値の推移

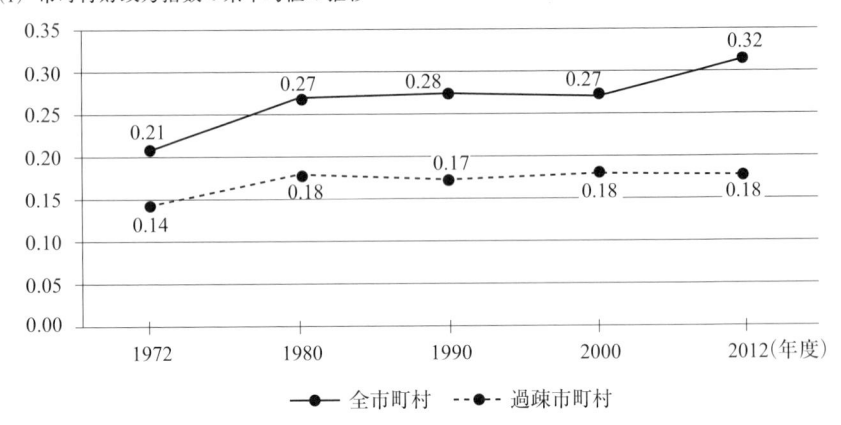

```
       1972    1980    1990    2000    2012(年度)
全市町村  0.21    0.27    0.28    0.27    0.32
過疎市町村 0.14    0.18    0.17    0.18    0.18
```

(2) 市町村財政力指数の変動係数の推移

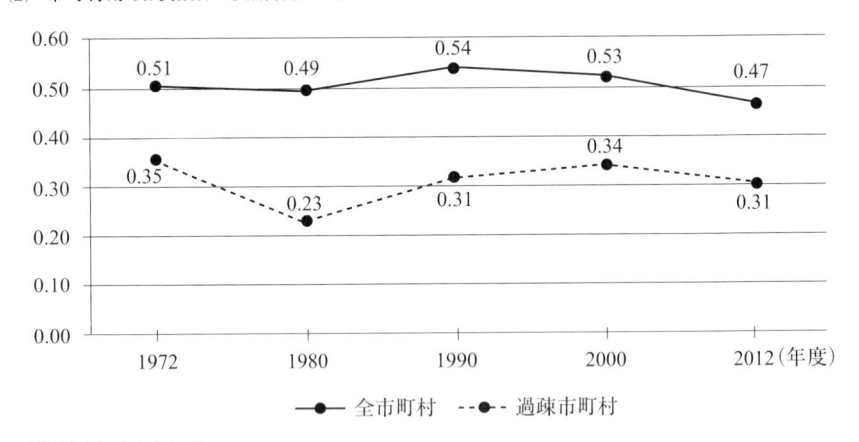

```
       1972    1980    1990    2000    2012(年度)
全市町村  0.51    0.49    0.54    0.53    0.47
過疎市町村 0.35    0.23    0.31    0.34    0.31
```

(出所) 図 10-1 と同じ。

大きく伸びて全市町村の財政力指数の引き上げに貢献したことがうかがえる。

図 10-2(2) によって岩手県内の市町村間の財政力格差の推移をみると，市町村全体の財政力格差は縮小→拡大→縮小のプロセスを経て，結果的に現在 (2012 年度) は 1972 年度に比べて縮小したといえる。過疎市町村における財政力格差についてみると，1980 年度にいったん大きく縮小した後拡大し，現在

は再び縮小し，結果的に 1972 年度に比べて現在は過疎市町村の財政力格差が改善されているといえる。

(3) 秋　田　県

秋田県は，過疎地域に住んでいる住民数および過疎地域面積が全国一の県である（表 10-10 参照）。秋田県内の市町村の財政力指数の県平均値の推移は図 10-3(1) に示されている。県内の全市町村の財政力指数の平均値は，1972 年度の 0.23 から 2012 年度の 0.29 に上昇している。また県内の過疎市町村の財政力指数の平均値も 1972 年度の 0.17 から 2012 年度の 0.23 へと上昇している。両者の動きに顕著な違いはない。

図 10-3(2) によって秋田県内の市町村間の財政力格差の推移を見ると，市町村全体の財政力格差は縮小→拡大→縮小のプロセスを経ているが，1972 年度から 2000 年度までは財政力格差はほぼ同じ状態で推移し，2000 年度から 2012 年度にかけて大きく格差是正が起きている点が特徴である。ところが，過疎市町村の財政力格差の動きはこれとは全く異なっている。1972 年度から 2012 年度まで，財政力格差はほぼ一貫して拡大している。特に 2000 年度から 2012 年度にかけて格差は大きく拡大しているのだ。その原因としては，秋田県においては，市町村合併の結果，市町村数が合併前に比べて大幅に少なくなったことが挙げられるであろう。

そして，全市町村における財政力格差の是正，過疎市町村における財政力格差の拡大という現象を併せ考えると，非過疎市町村における財政力格差是正が大きく進んだという現象が推測される。

(4) 島　根　県

島根県は過疎市町村数が全国一の過疎県である（表 10-10 参照）。島根県内の市町村の財政力指数の県平均値の推移は図 10-4(1) に示されている。県内の全市町村の財政力指数の平均値は，1972 年度の 0.19 から 2012 年度の 0.24 に上昇している。県内の過疎市町村の財政力指数の平均値も 1972 年度の 0.14 から 2012 年度の 0.15 へと微増している。1972 年度から 1980 年度にかけて財政力指数の平均値は上昇したが，その後はほぼ同じ値を維持して今日に至っている

308 第3部 財政調整および公共料金政策における格差問題と対応

図 10-3 秋田県内市町村の財政力指数

(1) 市町村財政力指数の県平均値の推移

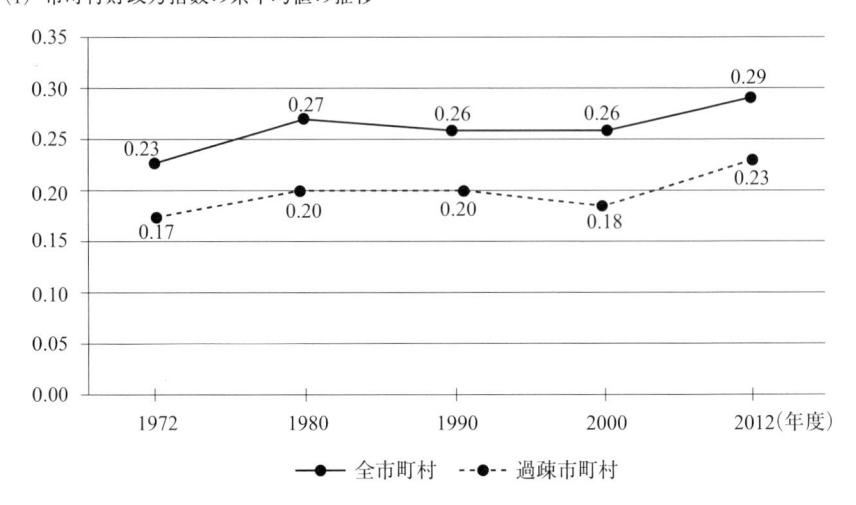

年度	1972	1980	1990	2000	2012
全市町村	0.23	0.27	0.26	0.26	0.29
過疎市町村	0.17	0.20	0.20	0.18	0.23

(2) 市町村財政力指数の変動係数の推移

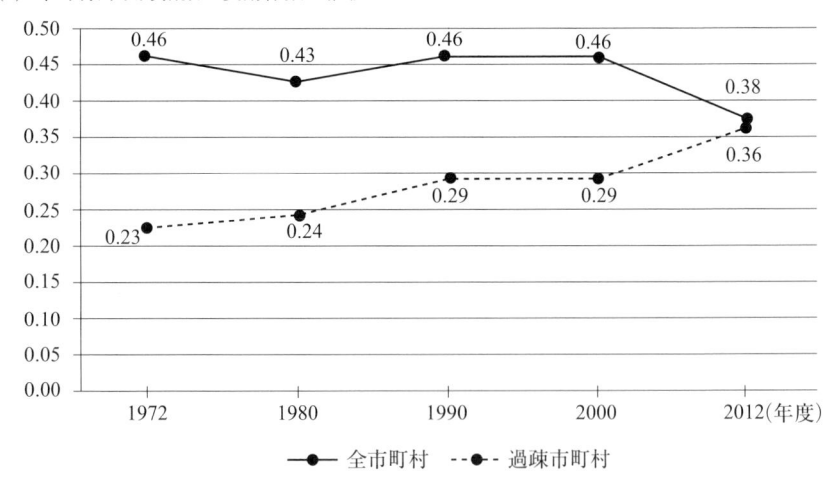

年度	1972	1980	1990	2000	2012
全市町村	0.46	0.43	0.46	0.46	0.38
過疎市町村	0.23	0.24	0.29	0.29	0.36

(出所) 図 10-1 と同じ。

という点で,両者の動きは似通っている。

図 10-4(2)によって島根県内の市町村間の財政力格差の推移を見ると,市町村全体の財政力格差は縮小→拡大→縮小→拡大のプロセスを経ているが,2000

図10-4　島根県内市町村の財政力指数

(1) 市町村財政力指数の県平均値の推移

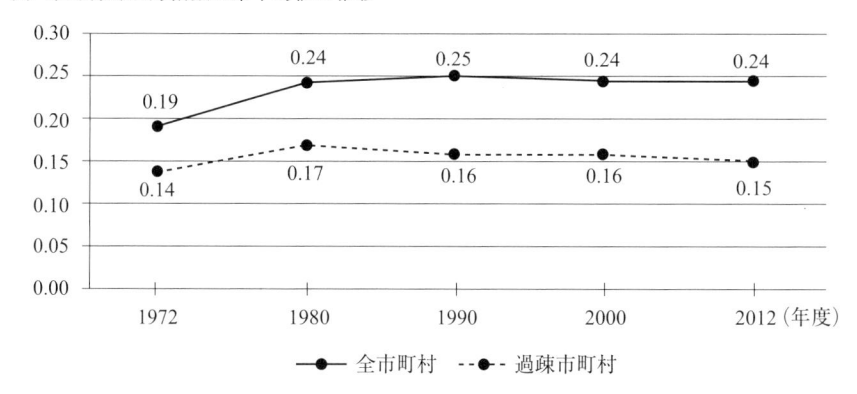

年度	全市町村	過疎市町村
1972	0.19	0.14
1980	0.24	0.17
1990	0.25	0.16
2000	0.24	0.16
2012	0.24	0.15

(2) 市町村財政力指数の変動係数の推移

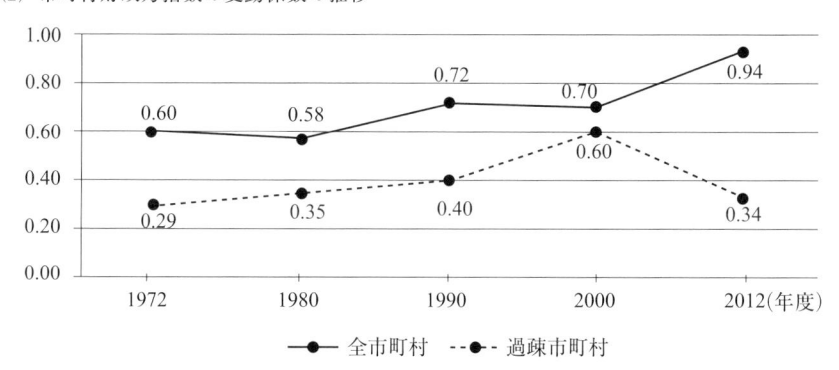

年度	全市町村	過疎市町村
1972	0.60	0.29
1980	0.58	0.35
1990	0.72	0.40
2000	0.70	0.60
2012	0.94	0.34

(出所)　図10-1と同じ。

年度から2012年度にかけて著しく格差が拡大している。ところが，過疎市町村の財政力格差の動きはこれとは全く異なり，1972年度から2000年度までは財政力格差は一貫して拡大してきたが，2000年度から2012年度にかけて格差は大きく縮小しているのだ。市町村合併によって，過疎市町村の財政力指数が平準化したことが推測される。と同時に，非過疎市町村の財政力格差が大幅に拡大したことも推測される。

(5) 愛媛県

愛媛県内の市町村の財政力指数の県平均値の推移は図10-5(1)に示されてい

310 第3部 財政調整および公共料金政策における格差問題と対応

図 10-5 愛媛県内市町村の財政力指数

(1) 市町村財政力指数の県平均値の推移

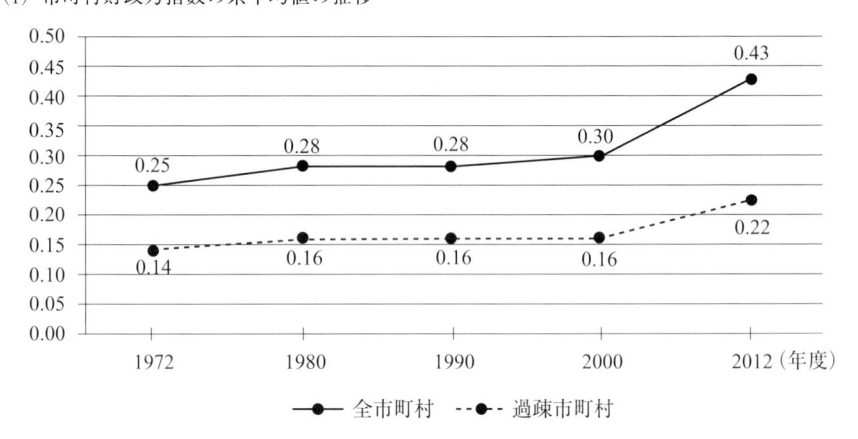

```
             1972    1980    1990    2000    2012(年度)
全市町村       0.25    0.28    0.28    0.30    0.43
過疎市町村     0.14    0.16    0.16    0.16    0.22
```

(2) 市町村財政力指数の変動係数の推移

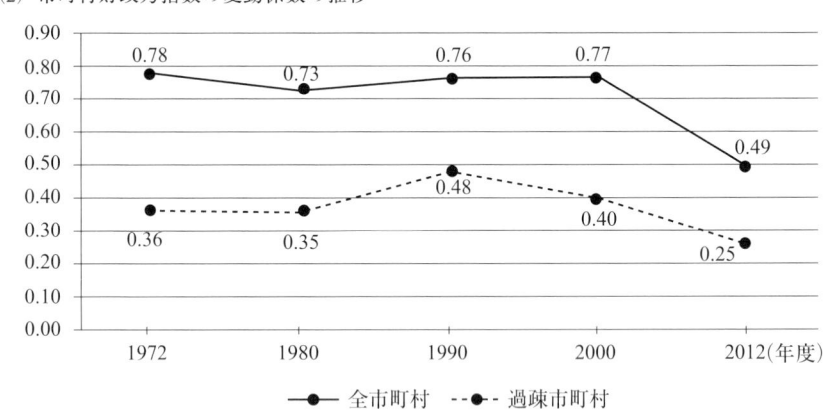

```
             1972    1980    1990    2000    2012(年度)
全市町村       0.78    0.73    0.76    0.77    0.49
過疎市町村     0.36    0.35    0.48    0.40    0.25
```

(出所) 図 10-1 と同じ。

る。県内の全市町村の財政力指数の平均値は，1972年度の0.25から2012年度の0.43に上昇しているが，特に2000年度から2012年度にかけて大きく増大している。県内の過疎市町村の財政力指数の平均値は，1972年度から2000年度まではほぼ横ばいであったが，2000年度から2012年度にかけてやや大きく増えた。

図10-5(2)によって愛媛県内の市町村間の財政力格差の推移をみると，市町

図 10-6　高知県内市町村の財政力指数

(1) 市町村財政力指数の県平均値の推移

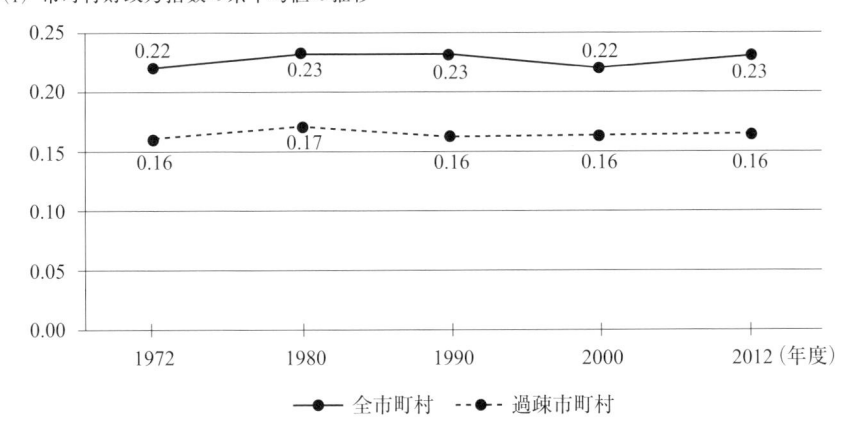

全市町村: 1972年 0.22, 1980年 0.23, 1990年 0.23, 2000年 0.22, 2012年 0.23
過疎市町村: 1972年 0.16, 1980年 0.17, 1990年 0.16, 2000年 0.16, 2012年 0.16

(2) 市町村財政力指数の変動係数の推移

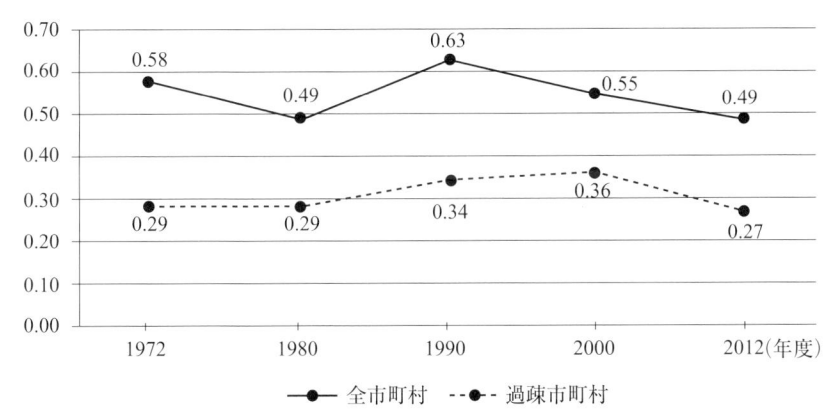

全市町村: 1972年 0.58, 1980年 0.49, 1990年 0.63, 2000年 0.55, 2012年 0.49
過疎市町村: 1972年 0.29, 1980年 0.29, 1990年 0.34, 2000年 0.36, 2012年 0.27

（出所）図 10-1 と同じ。

村全体の財政力格差は縮小→拡大→縮小のプロセスを経ているが，2000年度から2012年度にかけて著しく格差が是正されている。過疎市町村の財政力格差の動きもこれとよく似ているが，1990年度から格差是正の傾向が始まり，2000年度から2012年度にかけて著しく格差が是正された。

(6) 高　知　県

高知県内の市町村の財政力指数の県平均値の推移は図10-6(1)に示されてい

る。高知県の場合，全市町村の財政力指数の平均値も過疎市町村の財政力指数の平均値も，それぞれ，過去40年間，ほとんど変化していない。すなわち，この間，財政力は改善も悪化もしなかった。

図10-6(2)によって高知県内の市町村間の財政力格差の推移をみると，市町村全体の財政力格差は縮小→拡大→縮小のプロセスをたどっているが，2000年度から2012年度にかけて著しく格差が是正されている。過疎市町村の財政力格差については，1972年度から2000年度にかけて格差は拡大したが，2000年度から2012年度にかけて縮小した。1972年度と2012年度を比べると，全市町村も過疎市町村も財政力格差は改善されている。

(7) 大 分 県

大分県内の市町村の財政力指数の県平均値の推移は図10-7(1)に示されている。県内の全市町村の財政力指数の平均値と過疎市町村の財政力指数の平均値は同じような動きをしている。1972年度から2000年度までは両者ともほとんど変化がなかったが，2000年度から2012年度にかけて急上昇している。すなわち，直近の12年間で財政力は大幅に改善した。

図10-7(2)によって大分県内の市町村間の財政力格差の推移をみると，市町村全体も過疎市町村もともに財政力格差は拡大→縮小のプロセスをたどっているが，とくに2000年度から2012年度にかけて著しく格差が是正されている。

(8) 鹿 児 島 県

鹿児島県内の市町村の財政力指数の県平均値の推移は図10-8(1)に示されている。県内の全市町村の財政力指数の平均値と過疎市町村の財政力指数の平均値は似たような動きをしている。鹿児島県では，他県と違って1972年度から2012年度まで両者とも一度も減少することなく増大している。とくに過疎市町村の財政力指数の平均値は，1980年度から2000年度までは全く変化がなかった。

図10-8(2)によって鹿児島県内の市町村間の財政力格差の推移をみると，市町村全体では，1972年度以降40年間の前半では格差が拡大したが，まったく対称的に後半では格差が縮小し，2012年度には1972年度と同じ数値（0.49）

図10-7 大分県内市町村の財政力指数

(1) 市町村財政力指数の県平均値の推移

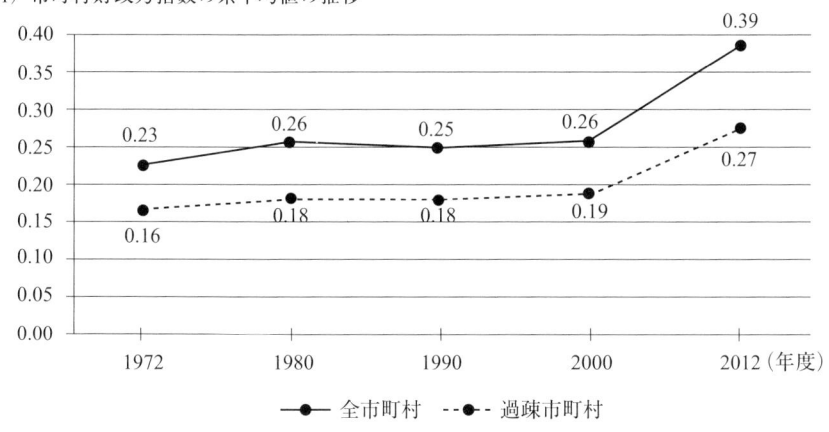

全市町村: 1972年度 0.23、1980年度 0.26、1990年度 0.25、2000年度 0.26、2012年度 0.39
過疎市町村: 1972年度 0.16、1980年度 0.18、1990年度 0.18、2000年度 0.19、2012年度 0.27

(2) 市町村財政力指数の変動係数の推移

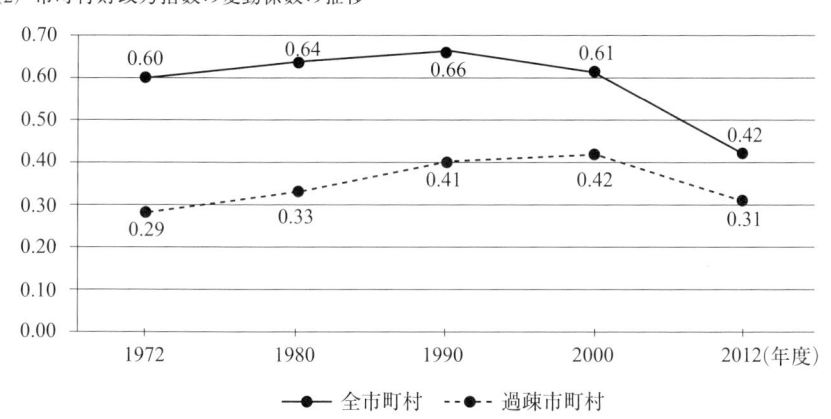

全市町村: 1972年度 0.60、1980年度 0.64、1990年度 0.66、2000年度 0.61、2012年度 0.42
過疎市町村: 1972年度 0.29、1980年度 0.33、1990年度 0.41、2000年度 0.42、2012年度 0.31

(出所) 図10-1と同じ。

に戻っている。一方，過疎市町村の財政力格差については，格差縮小→拡大→縮小→拡大のプロセスをたどっているが，2000年度から2012年度にかけて格差は拡大している。

以上の計測結果をまとめておこう。

まず，北海道および各県の全市町村の財政力格差について，1972年度と2012年度を比べた場合に，財政力格差が改善された県は5県（岩手県，秋田県，

314 第3部 財政調整および公共料金政策における格差問題と対応

図 10-8 鹿児島県内市町村の財政力指数

(1) 市町村財政力指数の県平均値の推移

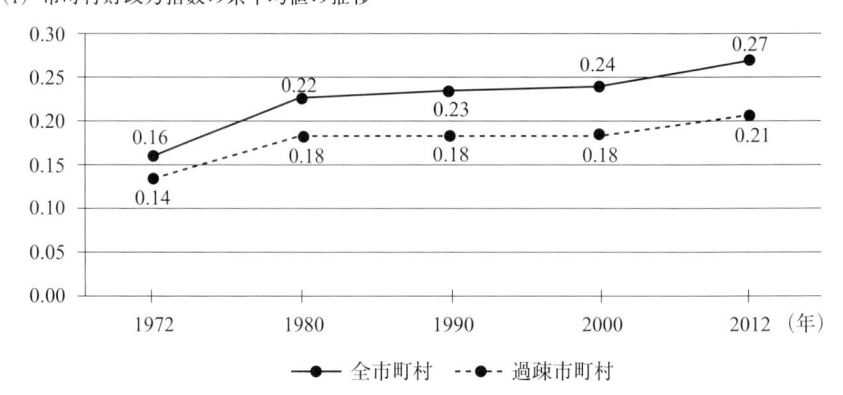

全市町村: 1972年 0.16, 1980年 0.22, 1990年 0.23, 2000年 0.24, 2012年 0.27
過疎市町村: 1972年 0.14, 1980年 0.18, 1990年 0.18, 2000年 0.18, 2012年 0.21

(2) 市町村財政力指数の変動係数の推移

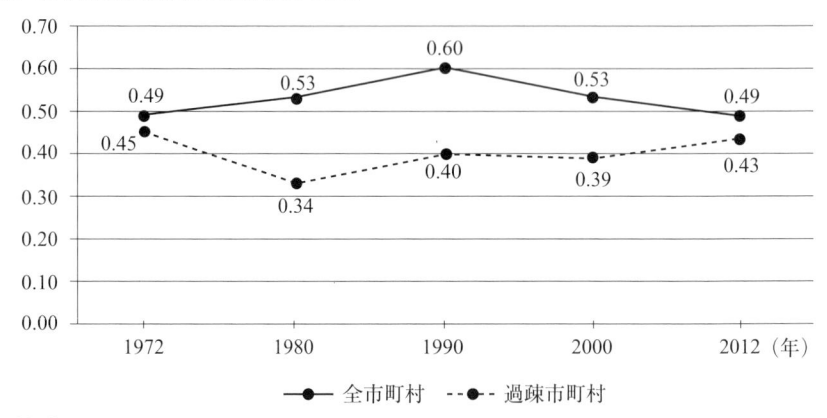

全市町村: 1972年 0.49, 1980年 0.53, 1990年 0.60, 2000年 0.53, 2012年 0.49
過疎市町村: 1972年 0.45, 1980年 0.34, 1990年 0.40, 2000年 0.39, 2012年 0.43

(出所) 図 10-1 と同じ。

愛媛県, 高知県, 大分県), 拡大したのは1道1県 (北海道, 島根県), 改善も拡大もしなかった県は鹿児島県1県であった。

同様に, 北海道および各県の過疎市町村の財政力格差について比較すると, 財政力格差が改善された県は6県 (岩手県, 島根県, 愛媛県, 高知県, 大分県, 鹿児島県), 悪化したのは秋田県, 改善も悪化もしなかったのは北海道であった。

5-2　全国の市町村の財政状況の推移

　以上は，過疎県の県内の市町村全体と過疎市町村の財政力指数（平均）の推移をみたものだが，次に，1972年度から2012年度の期間（ほぼ10年刻み）における全国の市町村全体の財政力指数（平均）の推移と，財政力指数（平均）の変動係数の推移をみておこう。図10-9において，市と町村に分けてグラフ化しているが，ここには過疎市町村と非過疎市町村の両方が含まれていることに注意されたい。また，図10-9のタイトルに記している「財政力指数（都道府県別平均値）の平均値」（以下，「都道府県別平均値」という。）の意味は，都道府県内の全市町村の財政力指数の平均値をまず求め（47個求まる），それらを合計して47で割って得た数値のことであって，各市町村の財政力指数を合計して市町村数で割って得た数値ではない点にも注意されたい。

　まず，図10-9(1)で市の都道府県別平均値の推移をみると，1972年度から2012年度までの40年間の前半の20年間で上昇し，後半の20年間で減少しているが，結果的に都道府県別平均値は上昇している。一方，町村の都道府県別平均値の推移も市と同様のパターンを示していて，結果的に町村の都道府県別平均値も上昇している。よって，この40年間で，市の財政力も町村の財政力もともに改善されてきたといえる。

　ところが，図10-9(2)で都道府県別平均値の変動係数の推移をみると，財政力格差の方は改善されていないことがわかる。全期間で町村の変動係数の方が市の変動係数より大きいのは町村の財政力格差の方が市の財政力格差よりも大きいことを示している。町村の変動係数は，40年間の途中では増減があったものの，2012年度の数値は1972年度の数値と同じになっている。つまり，この間，財政力格差は悪化も改善もしなかったといえる。

　市の変動係数についてもほぼ同様なことが指摘できよう。1972年度の変動係数は0.30であったのに対し，2012年度の変動係数は0.28であり，40年間でわずか0.02ポイント減少したに過ぎない。すなわち財政力格差は少しだけ是正が行われたといえるが，顕著な動きでは決してない。

316　第3部　財政調整および公共料金政策における格差問題と対応

図10-9　財政力指数（都道府県別平均値）の平均値

(1) 財政力指数（都道府県別平均値）の平均値

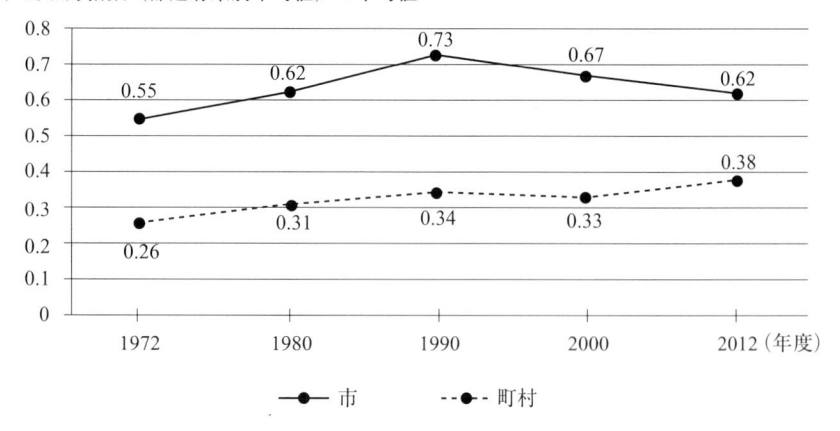

市: 1972年 0.55, 1980年 0.62, 1990年 0.73, 2000年 0.67, 2012年 0.62
町村: 1972年 0.26, 1980年 0.31, 1990年 0.34, 2000年 0.33, 2012年 0.38

(2) 財政力指数（都道府県別平均値）の変動係数の推移

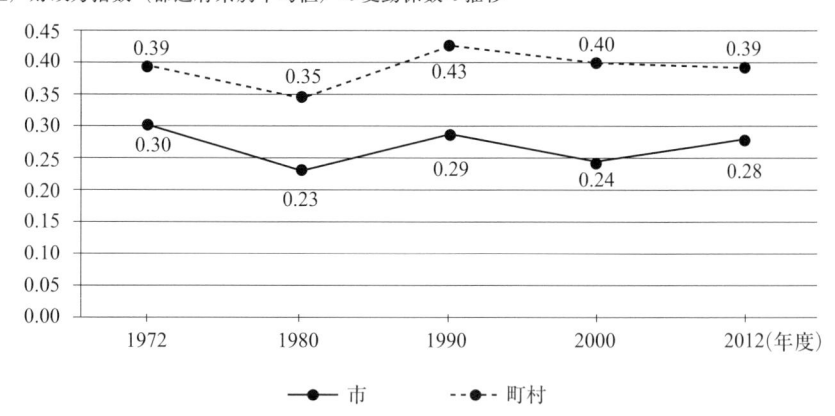

市: 1972年 0.30, 1980年 0.23, 1990年 0.29, 2000年 0.24, 2012年 0.28
町村: 1972年 0.39, 1980年 0.35, 1990年 0.43, 2000年 0.40, 2012年 0.39

（出所）図10-1と同じ。

6. 過疎対策の評価

　1970年度の緊急措置法施行以来今日まで，政府はさまざまな過疎対策を講じてきた。この間，財政上・税制上・行政上・金融上の特別措置を設けながら，総事業費92兆7,000億円を投じて多方面で事業を展開した（表10-3，表10-4参照）。その結果，たとえば，過疎地域における市町村道改良率は1970年

度に9％であったものが，2009年度には51.2％にまで増大し，また，過疎地域における市町村道舗装率も，1970年度はわずか2.7％であったものが，2009年度には68.6％になるなど，交通体系の整備，産業振興，生活環境の整備，高齢者等の保健福祉の充実等の面で大きな成果を上げたことは間違いない。

しからば，過去40年間以上にわたる過疎対策の目的のひとつとして常に掲げられていた地域格差の是正は達成されたといえるであろうか。

表10-11は，財政力指数の大きさをいくつかの段階に分け，1970年度以降，それぞれの数値グループに属する過疎市町村の割合の推移を一覧にしたものである。最大の数値グループにおける境界値には，各法律において過疎地域の財政力要件として指定された数値を取ってある。同表で財政力指数0.2未満の過疎市町村の割合の推移をみると，1970年度に40.5％であったものが，2001年度には62.5％に増加している。反対に，財政力指数0.2以上0.4未満の過疎市町村の割合は，1970年度の59.4％から2001年度には37.1％に減少している。直近の2011年度には財政力指数0.2未満の過疎市町村の割合が39.6％に，また財政力指数0.2以上0.4未満の過疎市町村の割合が56.7％になっているが，これは，2000年度以降の市町村合併による過疎関係市町村数の大幅減（2000年度の1210団体から2011年度の774団体へ436団体の減少）の影響である。

これらの計数と，前節で検討した，代表的な過疎県内における全市町村およ

表10-11　財政力指数段階別過疎関係市町村数の割合の推移

(単位：％)

年度		1970		1980		1990		2001	2011
財政力指数	0.1未満	3.3	0.1未満	4.3	0.1未満	9.2	0.1未満	6.9	2.5
	0.1以上0.2未満	37.2	0.1以上0.2未満	49.1	0.1以上0.2未満	54.2	0.1以上0.2未満	55.6	37.1
	0.2以上0.3未満	41.3	0.2以上0.3未満	39.9	0.2以上0.3未満	28.7	0.2以上0.3未満	27.9	36.8
	0.3以上0.4未満	18.1	0.3以上0.37以下	6.0	0.3以上0.44以下	7.8	0.3以上0.42未満	9.2	19.9
			0.37超	0.8	0.44超	0.2	0.42超	0.4	3.7
過疎市町村数合計		1,048		1,151		1,143		1,210	774

（出所）表10-5と同じ。

び過疎市町村の財政力格差の推移，ならびに全国の市および町村の財政力指数の都道府県別平均値の推移とを併せて考察すると，1970年度以降累次にわたって実施されてきた過疎対策は，過疎県内の財政力格差の是正に貢献したケースは確かにあるが，全国的にみた場合，過疎地域の財政力格差の是正は達成されていないといえる。

7. おわりに

本章では，過疎対策を規定した4本の法律の適用時期（1970年度以降今日まで）における過疎対策の経緯と主内容，過疎市町村の団体数，人口，面積の推移等を概観した後，過疎地域の財政力格差の推移について検討した。その際，過疎法における市町村の財政力要件のひとつである財政力指数を取り上げ，その値の変動係数を財政力格差の指標とみなして，過疎対策と財政力格差の関係について考察した。その結果，これまでの過疎対策は一定の効果をもたらしたものの，こと財政力の地域間格差に関してみる限り，格差は是正されていないということが明らかとなった。

しかしながら，上記の結論には，いくつかの留保事項が伴う点に注意が必要である。第1に，10年ごとに新しい過疎法が施行されていく中で，過疎の定義も10年おきに改定されていて，一貫した過疎の要件がないという点だ。多くの過疎市町村は継続して過疎地域に分類されているが，過疎の要件の変化に従って，いくつかの過疎市町村は入れ替わっている。こういうことの繰り返しでは，過疎市町村から非過疎市町村になった自治体があった場合，過疎対策の効果があって非過疎市町村になったのか，単なる過疎の要件の変更によって非過疎市町村になったのかが判定できない。

第2に，各市町村の財政力を表す指標として財政力指数が妥当な指標なのかどうかという点，および財政力の地域間格差を計測する手法として財政力指数の変動係数で比較するという手法がどの程度妥当なのかという点がある。特に後者については，不平等度の尺度としてはジニ係数をはじめとして他の指標もあるので，他の指標を用いて計測した際には，本章と同様の結論に至るかどう

かを検証できることに加え，さらに追加的な事実発見ができるかもしれない。

第3に，本章では，財政力指数（の平均値）の変動係数の大きさを過疎対策の有効性の判断基準として用いて議論したが，「過疎市町村の財政力指数の変動係数が変わらなかった（すなわち財政格差が是正されなかった）のは過疎対策が功を奏していないからだ」というロジックはいかにも粗っぽいといわざるを得ない。過疎地域における財政力指数の変動要因は，過疎対策以外にもたくさんあるからだ。過疎対策は非常にうまくいっていたのに，景気の急激な悪化により，その効果が帳消しになってしまったかもしれない。こうした要因を考慮に入れるには，より丁寧な計量分析が必要となろう。

以上の諸点についての検討は他日を期したい。

参考文献

今井幸彦編著（1968）『日本の過疎地帯』岩波書店（岩波新書）。

小田切徳美（2014）『農山村は消滅しない』岩波書店（岩波新書）。

過疎対策研究会編（2010）『過疎対策データブック―平成19年度過疎対策の現況―』（丸井工文社）。

栗田但馬（2006）『過疎自治体財政の研究』自治体研究社。

齊藤愼・中井英雄（1995）「後進地域の地方団体に対する保護政策」八田達夫・八代尚宏編『「弱者保護」の経済分析』（日本経済新聞社）137-161ページ。

自治省財政局指導課『市町村別財政状況調』（各年度）。

高見富二男（2010）「過疎対策の現状と課題～新たな過疎対策に向けて～」（『立法と調査』No. 300）16-29ページ。

地方財務協会『市町村別決算状況調』（各年度）。

新飯田宏（1971）「過疎問題の経済学的考察」（『季刊現代経済』第3号）96-119ページ。

新飯田宏（1972）「過疎問題」佐伯尚美・小宮隆太郎編『日本の土地問題』東京大学出版会，117-165ページ。

萩原清子（1984）「過疎問題の経済学的考察」（『地域学研究』第15巻）185-211ページ。

増田寛也編著（2014）『地方消滅―東京一極集中が招く人口急減』中央公論新社（中公新書）。

Stiglitz, J. E.(1977), "The Theory of Local Public Goods," in M. S. Feldstein and R. P. Inman, eds., *The Economics of Public Services*, Macmillan, pp. 274-333.

第11章

東京都市町村総合交付金等の沿革と財政調整機能

中 島 正 博

1. はじめに

　本章は，東京都から市町村に交付される都支出金のうち，市町村に対する「財源補完[1]」制度としての東京都市町村総合交付金等の沿革をまとめたうえで，その性格と機能を明らかにすることを目的とする。

　日本の地方財政研究において，都道府県支出金は近年では2兆円を超える規模となっているものの特定補助金であり，特定補助金については国庫補助金や地方債が比重として大きいこともあって，これまで，理論的にも定量的にもあまり分析されてこなかった。

　都道府県支出金の特徴についての先行研究としては，金澤（1994）で，分析の端緒が示されていた。金澤（1994）は，1977年，1986年，1992年の財政統計をもとに，大都市圏，地方圏などの10圏域に分けて，都道府県支出金の傾向を分析している。その結果，「第1に，国庫支出金の削減を財源保障の面から相対的に下支えする役割を果たしつつあること，第2に，対地方税比率の水

---

[1] 東京都市町村総合交付金の目的は，「市町村が実施する各種施策に要する経費の財源補完を通じて，市町村の経営努力を促進し，自主性・自立性の向上に資するとともに，地域の振興を図り，もって市町村の行政水準の向上と住民福祉の増進を図るため」（東京都市町村総合交付金交付要綱第1条）とされている。

準が1992年に大都市圏では関東臨海8.0％，近畿10.6％に対し，地方圏では北海道24.3％，四国，九州ともに25.0％というように，全国的な視点からみても，財政調整的機能を担っていることである。いまや，市町村の補助金問題は，都道府県支出金を除いては考えられない段階に到達している[2]」と結論づけている。金澤（1994）は，執筆時期という制約からバブル期までのものに留まり，その後の状況を分析していない。

そこで，拙稿（2012a）（2012b）において，金澤の分析以後の傾向を分析した。その結果，第1に，都道府県支出金は，90年代前半に大きく伸び，後半以降縮小しているが，その動向は公共事業費の増減によること，第2に，大都市より小都市，小都市より町村で，市町村の歳入における都道府県支出金のシェアが高く，税源の均てん化という意味での財源調整機能が果たされていたこと，第3に，近年の動きは普通建設事業費から民生費へとシフトしていることから大都市への配分の比重が大きくなっており財源調整機能が弱まっていることが，全国的な統計データからも和歌山県におけるデータからも明らかになった。

また，都道府県支出金の効果に関する先行研究としては，近藤（2012）（2013）がある。近藤（2012）では，2008，2009年度の2年分の市町村データから，都道府県支出金の自治体間分配においては，自治体の人口や面積といった客観的な指標のみならず，都道府県議会における政治的影響があることを指摘した。近藤（2013）では，1996〜2008年度の決算統計から，都道府県支出金のうち「都道府県費のみのもの」の規模に関しては，都道府県の財政状況が影響を与えているほか，市町村の受け取る国庫支出金に対して概ね補完的であることを示したが，「所得水準や財政力の乏しい自治体を抱える都道府県ほど都道府県支出金が大きくなるという関係は確認され」ず，財源調整的機能について疑問を呈している[3]。

---

2) 金澤（1994）28-29ページ。
3) 近藤（2013）100ページ。

このような先行研究をうけて，都道府県支出金の機能について，都道府県ごとに個別に検討することが求められている。

さて，東京都においては，2006年度から東京都市町村総合交付金制度が設けられている。これは，1961年から始まった振興交付金制度（同年からの「一般交付金」とその翌年度からの「特定交付金」からなる）が，1980年度に「市町村振興交付金」および「市町村調整交付金」として整理されたという前史がある。後述するように，その規模は，近年では，都支出金の2割程度を占めている。この東京都市町村総合交付金は，その要綱に「財源補完」が目的とされており，この機能について確認することが本章の課題である。

なお，本章においては，離島という地理的要因とともに，過疎地域振興法や小笠原振興法の影響が大きいと思われることから，島しょ部の町村は除外して分析することとする。また，市町村の個別データが直近10年度分の分析に留まるのは，統計データの制約である[4]。

2. 東京都内市町村における歳入の特徴

まず，本節では，東京都内の市町村の歳入の特徴についてみてみることにしよう。

東京都内の都市の歳入においては，地方税の比率とともに都支出金の占める割合も高い。たとえば，「（平成17年度普通会計決算について）歳入合計に占める都支出金の割合は，稲城市の16.5%を最高に，10%以上の団体が15団体にのぼり，一番割合の低い武蔵野市でも全国市町村の4.4%を上回る5.7%を占めるなど，総じて高い傾向がみられる。また，都支出金について，国庫財源を伴うものと都費のみのものとに分けてみてみると，歳入合計に占める都支出金の割合9.8%（多摩26市計）の内訳は，前者が2.1%であるのに対し，後者が7.6%

---

4) 入手したデータは，東京都内の市町村（島しょ部は除く）に対し，2012年11月に情報提供依頼を行ったものである。10年度分に限ったのは一般的な予算に係る文書の保存年限に配慮したからである。ご提供いただいた市町村担当者にこの場を借りて感謝申しあげる。

表 11-1　東京都市町村総合交付金の都支出金における構成比の推移

(単位:百万円, %)

年度	都支出金	合計(調整交付金, 振興交付金)	総合交付金	割合(%)
2002	126,416	21,219　(13,548　7,672)		16.8
2005	125,702	23,435　(17,628　5,807)		18.6
2006	130,306		26,032	20.0
2009	160,872		35,483	22.1
2012	193,183		38,453	19.9

(注)　島しょ部の町村を除いた合計(決算ベース)。
(出所)　各市町村提供データ,『市町村別決算状況調』各年度版,から作成。

となっており，都費のみの都支出金の割合が高いことがみてとれる[5]」という。

このように都支出金の比率が大きいのは，都単独補助の制度があることに加え，都支出金の2割程度を占める東京都市町村総合交付金という制度があるからなのである(表11-1)。

これを受け取る側の市町村からみたのが表11-2である。

まず，そもそも都支出金の中でも単独補助の割合が高く，都市においては75%，町村においては9割弱を占める。そして，都単独補助のうち，都市においては3割弱，町村においては5割を総合交付金が占めているのである。1人当たり総合交付金の配分をみると，都市で高いのはあきるの市1万7,870円，次いで清瀬市1万6,831円，福生市1万5,746円と縁辺部の都市が高く，一方低いのは府中市2,529円，次いで武蔵野市3,340円，調布市3,945円と，特別区に近く財政力が高い都市となっている。町村は，奥多摩町23万円，檜原村33万円と巨額な金額が交付されている(両町村は,過疎法による指定地域である)。

また，財政力指数と，1人当たり総合交付金の額および都単独支出金に占める総合交付金の割合とのそれぞれの相関をみると，マイナス0.742，マイナス0.826であり，強い逆相関がみられる。金額が大きいだけではなく，財政力の

5)　東京都市町村自治調査会(2008)16ページ。

第 11 章　東京都市町村総合交付金等の沿革と財政調整機能　325

表 11-2　市町村別総合交付金の比重（2009 年度決算）

(単位：百万円)

	都支出金(A)	うち都費のみのもの(B)	うち総合交付金(C)	都費のみの割合(B／A)	総合交付金の割合(C／B)	1人当たり総合交付金(円)	財政力指数
八王子市	23,627	18,240	3,545	0.772	0.194	6,432	1.03
立川市	6,355	4,700	780	0.740	0.166	4,472	1.24
武蔵野市	3,865	2,850	451	0.738	0.158	3,340	1.61
三鷹市	5,554	3,922	823	0.706	0.210	4,652	1.25
青梅市	5,659	4,128	1,220	0.729	0.296	8,826	0.97
府中市	7,650	5,348	621	0.699	0.116	2,529	1.34
昭島市	5,119	4,086	1,246	0.798	0.305	11,200	1.12
調布市	7,403	5,512	856	0.745	0.155	3,945	1.35
町田市	13,284	9,300	1,919	0.700	0.206	4,591	1.15
小金井市	4,704	3,844	942	0.817	0.245	8,422	1.16
小平市	6,068	4,639	1,483	0.765	0.320	8,279	1.07
日野市	6,831	4,993	1,508	0.731	0.302	8,637	1.07
東村山市	5,838	4,352	1,634	0.746	0.375	10,860	0.87
国分寺市	3,782	2,828	1,003	0.748	0.355	8,634	1.09
国立市	3,043	2,276	923	0.747	0.406	12,668	1.07
福生市	2,731	2,096	914	0.768	0.436	15,746	0.79
狛江市	2,807	2,315	921	0.825	0.398	12,072	0.93
東大和市	3,413	2,722	977	0.798	0.359	11,811	0.95
清瀬市	3,522	2,751	1,224	0.781	0.445	16,831	0.73
東久留米市	4,571	3,557	1,272	0.777	0.358	11,085	0.87
武蔵村山市	3,517	2,843	1,021	0.810	0.359	14,554	0.89
多摩市	5,991	4,636	983	0.774	0.212	6,752	1.24
稲城市	4,564	3,958	1,137	0.867	0.287	13,777	0.97
羽村市	2,522	1,612	780	0.639	0.484	13,910	1.12
あきる野市	4,104	3,228	1,449	0.787	0.449	17,870	0.81
西東京市	6,577	5,411	1,828	0.823	0.338	9,542	0.97
市合計	153,098	116,142	31,460	0.759	0.271	7,857	
瑞穂町	1,866	1,378	683	0.739	0.495	20,246	1.17
日の出町	1,851	1,596	952	0.862	0.597	58,392	0.81
檜原村	1,339	1,246	914	0.929	0.735	334,020	0.23
奥多摩町	2,718	2,578	1,474	0.948	0.572	235,320	0.43
町村計	7,774	6,795	3,339	0.874	0.491	68,139	

(出所)　各市町村提供データ，『市町村別決算状況調』各年度版から作成。

低いところに厚く配分するという財源調整機能を果たしているのである。

　このような都からの補助金，とりわけ市町村総合交付金という存在が，全国的にみて高いとされる東京都の市町村の福祉水準を支えているともいえよう。

なお，このところ地方分権の文脈で，県から市町村に対する事務移譲や財政移転が行われており，管見するところでは，山形県や島根県で，「市町村総合交付金」という制度がある。これらは，従来の個別の県単独補助金を整理・統合した包括補助金として発足・運用されているようであり，東京都市町村統合交付金のように「財源補完」を目的とはしていない。

3. 東京都における市町村財源補完制度の経緯

本節では，東京都における区市町村に対する財政移転制度の経緯を振り返ってみたい。

東京都は，第二次世界大戦中の1943年7月に，東京府と東京市を廃止する形で誕生した。東京市は1889年に15区をもって発足し，その後，東京市部の人口増などから，1932年に周辺部を吸収して35区となった。一方，東京府内の市町村は，八王子市や立川市は市制を施行していたが，多くは，農村自治体であった。

戦後，地方自治法のもとで，東京都内には特別区が設置された（旧東京市の35区を22区に再編。その後1区が独立）。その自主財源は少なく，東京都からの配布税方式としての補助金が交付され運営されていた。特別区は，1952年9月に東京都の内部団体としての位置づけがされ，「平衡交付金方式」の，その後は「基本額方式」としての都区財政調整制度が始まった[6]。都区財政調整制

---

6) 特別区協議会 (1983)，特別区長会事務局 (2002) 参照。配布税方式とは，1947年から1949年まで実施されたもので，営業税と法人都民税の一部と大都市配布税を原資として，特別区の課税力や財政需要，特別な事情を考慮して配分するものである。その後，1950年から52年まで実施された納付金方式とは，特別区ごとに，財政需要額と財政収入額を計算し，需要額が上回れば交付金を交付し，収入額が上回れば納付金を納付させるものである。さらに，1953年から「平衡交付金方式」となり，財政需要を地方財政平衡交付金に準拠して計算するようになった。納付金制度は存続された（2000年の改正で廃止）ので，地方財政平衡交付金（地方交付税）制度とは異なる。一方，交付金総額は，1964年に，固定資産税等の一定部分を原資とすることとされた。現在では，特別区の区域分の固定資産税，法人分の特別区民税，特別土地保有税の合計の55%とされている。

度は，ごく簡単にいえば，特別区の地域からの，東京都が徴収した税収を原資に，特別区に対し，その事務に必要な経費として配分するもので，財政移転であるとともに，特別区相互の行政の平準化をはかるものである。

さて，日本の復興，高度経済成長とともに，東京への人口移動が始まる。

「経済の高度成長とともに，人口と世帯は，この地域にものすごい勢いで流入を続けた。ちなみに，この十年間における人口増加率は，区部では 27% であったが，三多摩では 76% に達した。(その大多数は 23 区内から流入した社会増人口であった)」。「人口・世帯数の急増に伴って，市町村に対する行政需要は急増した。上下水道の増設，ごみ，し尿処理施設の拡充，清掃作業員の増員，道路の舗装，側溝整備，防犯灯の増設，教育施設の拡大，児童遊園地の整備，消防水利の増設等々である」。「急激な都市化とともに，地価は日増しに，非常な速度で騰貴していった。地価の急騰が市町村の財政を強く圧迫した。」[7]。

このような市町村財政状況から，国や都に対する要望として，たとえば，東京都市長会から，1956 年 5 月 25 日の関東市長会議に「人口急増市町村に対する教育施設の特別補助について」の議案が提出されている。提案理由としては，「これらの市町村は自然増でなく，都営，公団住宅等の建設に伴う社会増による場合が多い。これらによってその市町村は急激な人口増となり，種々の負担がかかって来る」とするもので，同趣旨の請願が国会にまで及び，1956 年 12 月開会の第 26 回国会決議にもなったようである[8]。

急激な人口増，しかも特別区からの人口移動と，国や東京都に権限があるはずの都市計画に計画性がないために，市町村がそのしわよせを受ける。しかも，学校など教育施設をはじめ公共施設建設は待ったなしである。このような市町村からの強い要望に対して，東京都としても何らかの対応が必要になってくる。そこで，1961 年に振興交付金制度が始まった。初年度は，予算ベースで 2 億 5000 万円であり，当時の都の性質別歳出における補助金等は 145 億円

---

7) 東京都財政史研究会 (1970) 795-798 ページ。
8) 東京都市長会 (1972) 20 ページ。

であり，その構成比はわずかなものであった。

　翌年1962年には，振興交付金のうち，建設事業に充てる一般交付金とは別にソフト事業に充てる特定交付金が設けられるようになった。特定交付金は，学校警備員費補助[9]（1962年度から）に始まり，以後，学校運営費補助（1967年度から），学童交通よう護員費補助（1967年度から），市町村立病院・診療所運営費補助（1968年度から），消火器設置助成（1972年度から），保育時間充実費補助（1967年度単年度措置。68年度から民生局所管の補助制度に），七島学生寮建設費補助（1968年単年度措置）といった市町村の行政経費の補完として，また，ごみ・し尿取扱手数料免除費補助（1970年度から），し尿浄化槽料金軽減措置費補助（1971年度から），生活保護世帯水道料金免除費補助（1970年度から）といった貧困対策，さらに，都営住宅所在に伴う固定資産税減収補てん（1970年度から），都水道施設所在に伴う固定資産税減収補てん（1970年度から）といった固定資産税収の補てん措置など，というように算定項目が追加されていった。

　一般交付金と特定交付金の金額の推移をみてみよう（図11-1）。1970年には，特定補助金として「ごみ・し尿取扱手数料免除費補助」が加わったために，28億円弱へと急拡大した。以後，この経費が特定交付金の6割程度を占める形で増加していく。さらに，貧困対策や都施設があることに対する固定資産税減収対策へと移っていく。したがって，一般財源を補完する制度であるといえる。一方，1971年には一般交付金も15億円強へと倍増し，石油ショック後の1974年から1976年にかけ減少するが，再び増加する。高度経済成長期の人口急増対策としての公共施設整備のための財政補完が，人口増が一段落した時期に拡大していくのである。制度創設時には，一般交付金，特定交付金あわせて，都税収入の0.1から0.2％程度の規模だったのが，1970年代前半には0.7％程度を

---

[9] 学校の教員をはじめ職員は都費負担が原則であり，警備員も都職員が宿直を行っていた。その宿直を廃止し，市町村の負担で警備員を配置することとされたが，都が従来負担していた宿日直手当分を補助してほしいという市町村からの要望（1960年4月19日第1回市長会議で採択）をうけたものである。1校当たり約12万円，都内の小中学校3,300校分として4,116万円が予算措置され，市町村に配分された（東京都市長会（1972）53ページ）。

図 11-1　振興交付金の内訳の推移

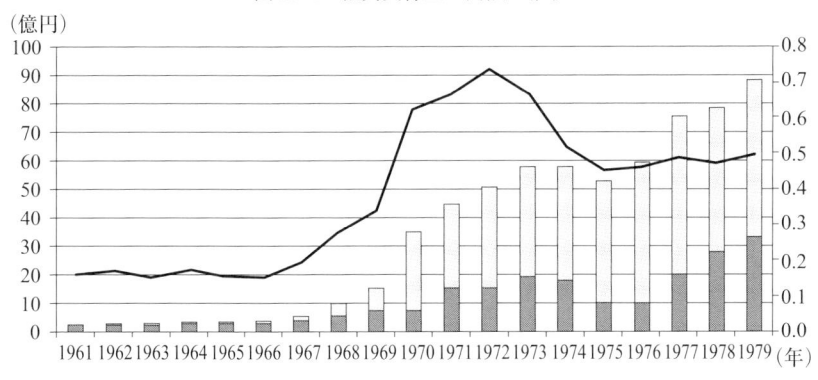

■ 一般交付金　□ 特定交付金　── 都税収入に対する比率（右目盛り％）

（注）一般交付金，特定交付金とも，島しょ部の町村も含めた予算ベース。
（出所）『東京都区市町村年報』各年度版，『東京都一般会計予算説明書』各年度版より作成。

記録するが，後半にかけ，0.5％前後に安定してくる。

　このように，1961年度から始まった振興交付金制度は，建設事業に充当する一般交付金と，市町村の行うソフト事業に充てる一般財源の補完としての特定交付金として始まり，その金額も順次増加した。1970年代後半には，東京都における都税収（予算ベース）の0.5％程度の水準に落ち着いていった。

4. 東京都市町村調整交付金・振興交付金としての整理

　このように発足した，市町村への「財源補完」制度としての振興交付金制度であるが，70年代の二度にわたる石油ショックによる税収難は東京都を直撃する。「財政再建」の文脈の中で振興交付金制度の整理の議論が始まった。

　都における「財政再建」は，1978年度決算における102億円の形式収支赤字，2,000億円の実質赤字（同年の歳出総額は2兆6,200億円），経常収支比率100％超という事態に直面したことから，1979年度には形式収支の赤字を解消し，80年度には実質赤字を限度額の2分の1にしたうえで，4年後にはさらに経常収支比率を95％以下にまで低めることを目標に，①行政機構の簡素化をはじめとする内部努力の推進，②事務事業の見直しと受益者負担の適正化，③

区市町村との間の事務配分の見直しと財政負担の適正化，④税財政制度の改善，の具体的方策を審議する「財政再建委員会」が設置された[10]。

1979年11月にまとめられた「中間報告」においては，区市町村への補助金の見直しとして2つの提案がなされている。

ひとつは，高率補助金の適正化である。法令によって義務づけられないものが多いほか，10割補助もあり，区市町村に応分の財政負担を求めるべきとした。

もうひとつは，財政補完的補助金の統廃合であり，「学校運営費補助，公立病院運営費補助などのように市町村が全面的に財政負担すべき事業に，都が補助を行っているものがある。この種の補助金は，その経緯からみてただちに廃止することは困難であるとしても，特定事業への補助の形式は適切でないので，当面，たとえば振興交付金に統合するなどの措置を講ずるべきである[11]」とされた。この中間報告にそった形で，1980年度予算は編成された。

1980年4月にまとまった最終報告においても，高率補助金の一層の見直し，存続された補助金の市町村調整交付金への組み入れ，都で行っている都営住宅，清掃工場，下水処理施設等の建設にともなう環境整備事業の財政負担の見直し，消防事務の経費負担の適正化が，提言されている[12]。

このような，東京都から市町村への補助金を整理する議論の中で，市町村側も反論を行っている。そこで持ちだされてきたのが，「多摩格差」である。

多摩格差そのものは，高度成長期からいわれていた。たとえば，東京都自身，都内の市町村にアンケートを行ったうえで『三多摩市町村行財政の現状と問題点』という報告書を1965年にまとめている。そこでまず強調されたのは，特別区との行政格差である[13]。さらに，特別区部に近く，特別区部からの転

---

10) 1979年7月31日開催の第1回財政再建委員会における都知事挨拶から要約。なお，出典は都庁職員労働組合（1979）（都立中央図書館所蔵）であり，同資料には，都支出金が他の府県より多額である等を示した総務局資料も収録されている。
11) 東京都企画報道室（1979）20ページ。
12) 東京都企画報道室（1980）17-18ページ。
13) 東京都企画調整局開発振興部（1965）53ページ。「非常な格差がある」（狛江町，

入者，特別区部への通勤者の多い地域では，特に対策が必要だというのだ[14]。

1980年前後の時期には，全体として人口流入は一段落するが，人口増が進行中の市町村もあり，多摩地域の自治体相互に格差がみられるようになったのである。

東京都町村会は，1979年11月29日に，知事あて要望書を提出している。それは，「東京都のとられている各種市町村補助は特別区と市町村或いは市町村間の行政格差を縮小せしめ広く住民の福祉に寄与してまいりました。特に本会を構成する町村は山間，島しょの町村が多くその立地条件から過疎化が依然として進行しております。反面，病院医療の各種福祉行財政及び簡易水道の布設など行政に寄せられる住民の期待は極めて大きいものがあり住民の生命と財産を守る施策を遂行する上では，東京都の補助は欠くことの出来ないものであります」とするものであった[15]。

なお，町村長は政治家でもあり，かつて1966年5月2日の臨時総会において，「三多摩地域の振興のために努力するといいながら現在迄なんらの具体的な答えを出していない。来たるべき都知事選挙には，三多摩島しょの全町村（当時26町村。引用者注）は一致して自民党には協力しない」と発言した町長がいることが報告されている[16]。このような政治的圧力を背景に，市町村側は都に制度設計を迫っていたのである。

では，多摩地域内の格差とはどのようなものであっただろうか（表11-3）。1965年から1970年にかけ，国勢調査人口は都市の平均で41％，中でも武蔵

秋多町），「相当な格差がある」（小金井市，多摩町，福生町），「はなはだしい格差がある」（大和町），「格差がありすぎる」（村山町），「ひどい格差がある」（保谷町），「不当極まる格差である」（羽村町）など，格差を強調している。

14）東京都企画調整局開発振興部（1965）54ページ。「区部からの転入者による人口の急激な増加（武蔵野市，三鷹市，府中市，小平市，東村山市，清瀬町，立川市），住民の多くが区内への通勤者である事実（三鷹市，多摩町）などを考えると，当然に区との格差は解消されるべきであるとしている。中にはその故にこそむしろ区部以上の強力な施策を必要とする（三鷹市）という見解すらある」とされる。

15）東京都町村会（1990）302ページ。

16）東京都町村会（1990）166ページ。

332 第3部 財政調整および公共料金政策における格差問題と対応

表 11-3 東京都内市町村の相互の格差の状況

(単位:%, 割合)

	1971年度			1976年度			1981年度		
	人口増減(65年70年国調比)	財政力指数	経常収支比率	人口増減(70年75年国調比)	財政力指数	経常収支比率	人口増減(75年80年国調比)	財政力指数	経常収支比率
八王子市	22.0	0.91	97.9	27.3	0.94	95.9	20.0	0.89	89.9
立川市	16.2	1.00	110.6	18.0	0.94	96.2	3.3	0.98	101.6
武蔵野市	2.6	1.31	74.7	1.9	1.36	79.7	-1.9	1.37	76.8
三鷹市	14.6	0.96	79.8	5.9	1.00	83.0	-0.3	1.04	82.8
青梅市	16.5	0.82	115.7	21.4	0.82	100.0	14.9	0.81	90.4
府中市	29.0	0.98	85.3	11.8	0.89	87.3	5.3	0.99	83.4
昭島市	26.8	0.78	89.0	10.8	0.85	92.7	6.5	0.89	95.5
調布市	33.5	0.77	77.6	11.7	0.92	82.2	2.6	0.93	80.7
町田市	75.0	0.72	71.8	26.1	0.86	75.8	15.7	0.89	81.7
小金井市	23.7	0.87	89.4	8.8	0.85	99.9	-0.3	0.86	94.5
小平市	30.4	0.86	71.3	13.7	0.84	77.1	-1.0	0.92	78.0
日野市	45.0	1.00	78.6	28.7	0.89	86.6	14.7	1.02	78.9
東村山市	29.0	0.58	71.5	16.7	0.66	85.1	6.0	0.76	93.4
国分寺市	25.7	0.82	81.2	8.5	0.80	85.5	3.2	0.90	87.4
国立市	37.3	0.70	82.7	8.0	0.69	90.4	-0.5	0.80	91.2
田無市	19.0	0.91	111.8	15.3	0.89	83.3	-0.7	0.97	84.4
保谷市	20.9	0.66	79.0	6.1	0.73	85.4	-0.2	0.86	87.3
福生市	23.2	0.62	83.9	22.5	0.65	79.9	4.8	0.67	75.1
狛江市	50.8	0.65	76.9	16.2	0.63	80.3	1.1	0.73	72.7
東大和市	45.6	0.53	78.2	26.6	0.65	88.8	12.1	0.71	82.3
清瀬市	42.4	0.44	82.1	16.7	0.49	94.8	2.2	0.61	94.6
東久留米市	65.2	0.57	69.3	29.1	0.65	96.0	5.7	0.72	88.6
武蔵村山市	194.2	0.70	79.2	23.2	0.66	72.5	12.5	0.77	82.1
多摩市	65.3	0.74	72.1	113.4	0.73	79.9	45.5	0.72	84.8
稲城市	59.3	0.76	69.6	42.5	0.60	89.4	9.6	0.66	83.3
秋川市				34.4	0.53	92.2	11.9	0.60	90.6
市部平均	40.5	0.79	83.2	21.7	0.79	86.9	7.4	0.89	85.9
標準偏差	36.8	0.21	13.0	21.1	0.30	7.5	9.9	0.17	7.0
変動係数	0.91	0.24	0.16	0.97	0.23	0.09	1.34	0.19	0.08
羽村町	42.2	0.91	71.8	45.4	1.05	73.4	26.8	1.03	70.7
瑞穂町	14.4	0.42	74.9	17.3	0.70	80.1	10.0	0.70	60.6
秋多町	64.2	0.46	66.8						
日の出町	9.3	0.48	100.8	29.7	0.47	105.7	20.9	0.51	94.1
五日市町	8.5	0.45	78.6	12.0	0.53	84.5	6.9	0.64	82.5
檜原村	-6.7	0.21	83.8	-0.9	0.15	85.9	-9.7	0.17	79.1
奥多摩町	-13.3	0.57	92.7	-10.0	0.50	93.8	-7.1	0.48	84.1
町村部平均	16.9	0.50	81.3	15.6	0.57	87.2	8.0	0.59	78.5
標準偏差	27.3	0.21	12.0	20.2	0.30	11.3	14.6	0.28	11.6
変動係数	1.61	0.42	0.15	1.29	0.52	0.13	1.83	0.48	0.15

(注) 秋多町は, 1972年5月5日に市制施行するとともに, 秋川市に名称変更。
(出所)『市町村別決算状況調』各年度版から作成。

村山市は194％の伸びをみせている。1970年から1975年にかけ，都市部では22％，町村では16％の伸びである。113％の伸びをみせた多摩市がある一方，武蔵野市（1.9％），三鷹市（5.9％），保谷市（6.1％）をはじめ，伸びが10％以下にとどまっているところが6市ある。さらに，1975年から1980年にかけては，都市部で7％，町村で8％の伸びとなり，武蔵野市（マイナス1.9％）ほか6市で人口が減少した。これらの都市は，中央線沿線や特別区に隣接する，人口増の早かった地域である。人口増の格差の指標として変動係数をみるなら，0.91，0.97，1.34と格差が広がってきている。このように人口増には格差がある一方，財政力指数の変動係数をみると，都市部で1971年に0.24，1976年に0.23だったのが，1981年には0.19と格差が縮小している。経常収支比率も同様に，1971年の0.16，1976年に0.09が，1981年には0.08と格差が縮小している。

　要するに，人口増の違いはみられる一方，財政力指数や経常収支比率などの財政指標には格差が相対的にみられないのである。

　東京都全体の財政危機をうけ，東京都から市町村への補助金の見直しが行われた。都としては金額の減額をしたい。市町村側（とりわけ町村会）は，多摩格差，多摩地域内部の格差是正要望があり，都からの補助金は必要不可欠である。そして，市町村側の主張をいれたものとして，調整交付金制度の制度設計がなされ，その骨子が，1980年2月19日の町村会定期総会で報告された[17]。

　それによると，今後の「東京都が行政補完の見地から行う財政補完制度のうち総合的財政補完制度」の体系としては，市町村調整交付金と市町村振興交付金および市町村振興基金の3つで対処するものとされた。このうち，市町村振興基金は，市町村の行う公共事業へ低利で貸し付けを行う制度であり，本章では立ち入っての検討は行わない。

　さらに，「（市町村）振興交付金とは市町村の公共施設整備等に要する一般財源の不足を補う事により市町村間の行政水準の均衡を図ることを目的とした財

17）　東京都町村会（1990）308-309ページ。

政補完制度とし従前の一般交付金を充てる」とされた。また，「（市町村）調整交付金とは市町村の行政需要に要する一般財源の不足を補うことにより，市町村の行政水準の維持拡充を計ることを目的とした財政補完制度として創設する」とされ，「市町村が実施する行政水準の確保を図るため経常経費（人件費を除く）に対する一般財源補完制度として創設する」「調整交付金は個別の政策目的を付さない財政補完とし各種の施策に対しては特定財源扱いとしない」（傍点は引用者）ものと整理された。そのうえで，「振興交付金と調整交付金は，ともに各市町村ごとの財政力及び財政事情等を考慮して配分する」ものとされた。多摩地域の市町村相互の格差を，「財政力及び財政事情等を考慮して配分する」ことで，格差是正を図ろうとしたのである。

　このように多摩地域相互の格差は是正される方向で決着をみた。一方，補助金の見直しは，東京都の財政再建が目的であるので，交付金等が先細りする恐れがある。「いくら財政難でも福祉事業を後退させるようなことがあっては困る。都がカットをしても市町村は自治行政の最前線にいるのでカットは出来ない」という懸念が表明された。加えて，「制度の趣旨からすると既存の特定交付金を原資とするとともに，補助見直しに伴う，削減額に対する，激変緩和措置としての財源を取り込むこと，更に都の財政再建の動向を見て，昭和56年度以降は，必ず都税に基準を求める等の本格的制度化により，市町村の安定的な財源の確保を図ること」などの条件が付され，都との交渉に臨むこととされた[18]。

　このような折衝を経て，市町村調整交付金については，「市町村間の教育，福祉等の行政水準の均衡及び市町村と特別区との行政格差の解消を図るとともに，市町村における地域特性について，個別特殊事情に応じた弾力的，効率的な対応を図」（市町村調整交付金交付要綱第1）ると，特別区および多摩地域内部の多摩格差の解消を目的とすることとして明記された。

18）　東京都町村会（1990）310-311ページ。なお，説明のために列席した都の行政部長は「都税（に基準を求めること，引用者注）については検討の余地はない。最大限趣旨を尊重する」と答弁している。

配分基準は，団体割[19]，財政状況割，行財政運営割，特殊財政事情割および減額項目割[20]の5つを，団体割5％，財政状況割60％，行財政運営割10％，特殊財政事情割40％，減額項目割15％（マイナス）として配分することとされた。

財政状況割とは，基準財政需要額の教育費と厚生費，消防費をもとに，財政力指数を基準に，割増計算されて配分される。具体的には，$A \times C / B \times a$で計算される。Aは，基準財政需要額の教育費と厚生費，消防費であり，Bは財政力指数，Cは都内市町村の財政力指数の単純平均である。aは，毎年度定める交付率である。したがって，財政力指数が東京都内の市町村の平均より低い自治体には厚く配分されることになり，表11-2でみたように，財政力指数が圧倒的に低い檜原村，奥多摩町では巨額の配分がなされることになる。

行財政運営割とは，経常収支比率をベースに計算される。

このように，市町村調整交付金は財政力指数や経常収支比率といった客観的な指標で配分を決めることとされた。なお，2004年度からは行財政運営割が廃止され，特殊財政事情割が50％となったほか，財政状況割の計算式に，「財政力指数」という表現がなくなったが，実態としては，毎年度に「別途定める配分係数」を計算式に加えることで，財政力指数が勘案されている。

さらに，特殊財政事情とは，特定地域振興対策，公営企業等運営対策，収益事業調整対策，個別事業対策を考慮して決めるものとされる。「個別事業対策」として，財政力等の指標では考慮できない，個別案件への裁量的対応を図るものとされたのである。

市町村振興交付金と市町村調整交付金の推移については，図11-2のとおりである。当初合計100億円程度であったものが，調整交付金が増額し，1990年代前半には合計300億円水準となった。その後，2000年にかけ，公共事業

---

19) 団体割は，自治体当たり均一の配分を行うものだが，基本額は市と町村で異なるとともに，面積や離島などの諸要件も勘案される。
20) 減額項目割とは，公益事業（公営ギャンブル）の収益金や，退職手当・期末手当・勤勉手当の超過支給分を勘案するものとされ，配分額から減じる。

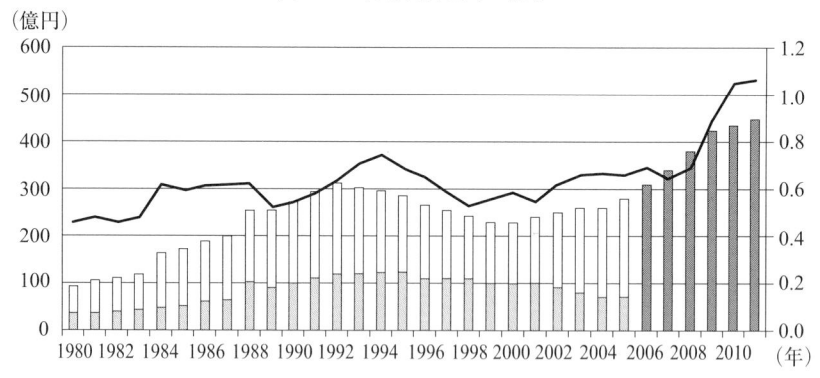

336　第 3 部　財政調整および公共料金政策における格差問題と対応

図 11-2　総合交付金等の推移

□振興交付金　□調整交付金　■総合交付金　──都税収入に対する比率(右目盛り %)

(注)　振興交付金，調整交付金，総合交付金とも，島しょ部の町村も含めた予算ベース。
(出所)　『東京都区市町村年報』各年度版，『東京都一般会計予算説明書』各年度版より作成。

費縮小の流れの中，市町村振興交付金は微減していくとともに，市町村調整交付金が大きく減少する。2001 年以降，市町村振興交付金の減少傾向はかわらないが，市町村調整交付金は増加していき，後でみる市町村総合交付金に統合された 2007 年には 300 億円と旧来の水準に到達した。

　先に経過でみたように，「市町村の安定的な財源として都の（ママ）市町村の財政状況を考慮したら，今後共，一定の原資を確保する」とされた総額確保についてみてみよう。市町村総合交付金と市町村振興交付金の合計が都税収入（予算ベース）に占める割合は，当初は 0.5％程度で数年は推移していたが，財政再建のめどのついた 1984 年代以降，0.6％へと上がったことがみてとれる。80 年代後半のバブル期の税収増に合わせて，市町村振興交付金も市町村調整交付金の予算も拡大する。1990 年代初頭のバブル崩壊時の税収減に伴い都税収入に対する比率はいったんは上昇するが，その後市町村調整交付金が減額されていくことで，ほぼ 0.6％の水準が確保されているといってよさそうである。都税収が安定化していく 2000 年度以降は，税収増に合わせて市町村調整交付金が，市町村振興交付金の減額分を埋める以上に増額していき，0.6％を少し上回る比率となっている。

1980年には，従来の制度は，市町村振興交付金と市町村調整交付金として整理された。財政再建の文脈ではあるが，多摩格差（特別区との格差と多摩地域内の格差）をかかげる市町村側の主張に基づいて，とりわけ市町村調整交付金は，財政力格差是正機能を果たすものとして設計されるとともに，市町村振興交付金と市町村調整交付金の合計額が，都税収入の0.6％程度の水準を確保するものとして総額も確保され，財源保障機能を持つものとなった。

5. 東京都市町村総合交付金への統合

2006年度から，市町村振興交付金と市町村調整交付金は統合され，新たな仕組みとして市町村総合交付金制度となった。その目的は，「市町村が実施する各種施策に要する経費の財源補完を通じて，市町村の経営努力を促進し，自主性・自立性の向上に資するとともに，地域の振興を図り，もって市町村の行政水準の向上と住民福祉の増進を図るため」（東京都市町村総合交付金交付要綱）とされ，直接には多摩格差の解消も公共施設整備も謳われなくなった。配分方式としては，財政状況割，経営努力割および振興支援割の3項目をそれぞれ，財政状況割30％，経営努力割15％，振興支援割55％で配分するものとされた。市町村調整交付金時代の，減額項目割は廃止された（地方行革が進み，東京都内の市町村においても，国基準を上回る退職金等の支給を行わなくなっているためもあろう）。

財政状況割は，市町村調整交付金時代の，団体割と，財政力指数を勘案した財政状況割とをあわせもった計算方法がとられている（財政状況割は団体割の9倍とされているので，団体割3％，財政状況割27％と言い直してよいだろう）。経営努力割は，人事給与制度の状況，徴税努力の状況，その他行財政改革の状況を指標に市町村が取り組む経営努力を判断するものである。振興支援割は，かつての振興交付金に相当すると思われる，市町村が実施する公共施設整備等，地域の振興に資する各種施策に係る所要一般財源を基準として配分されるまちづくり振興割と，旧調整交付金の特殊事情割に相当する，市町村における個別の特殊事情を考慮する特別事情割の合算額として計算される。

338　第3部　財政調整および公共料金政策における格差問題と対応

　図11-2をみると，市町村総合交付金へ移行して以降，予算も，都税収入（予算ベース）に対する比率も拡大を続けている。この理由として，「総合交付金の創設以来，310億円が340億円，そして昨年度は380億円，そして今年度は425億円という形で増額をしております。これにつきましては，やはり市長会や町会からのご要望，それから私どもが考えてございます，市町村の厳しい財政状況，こういったことを勘案してふやしてきているものでございます[21]」という答弁が行われている。

　この背景としては，多摩地域で急速に進んでいる高齢化が考えられる。多摩地域の高齢者人口は，229万人（2005年国勢調査）から263万人（2010年国勢調査）へと1.15倍となっており，これを背景に，たとえば，基準財政需要額の厚生費は，多摩地域市町村の合計で2005年度は1,922億円が2010年度には2,360億円と1.23倍となっている（消防費や教育費は微減）。このような市町村の財政歳出圧力に配慮したものともいえよう。

　さて，市町村総合交付金に制度が移行し，予算枠全体が増えた中で，自治体への配分の傾向にどのような変化がみられるのだろうか。以下では，島しょ部を除く30市町村について，人口と財政力指数とで回帰分析をすることで検討する。

　記述統計をみると，財政力指数の標準偏差が2006年度がピークとなっている（紙幅の都合で年度がとんでいるがほぼ同じ傾向である）。三位一体改革後の税源移譲により，市町村民税が比例税となり，財政力指数の高い自治体ではマイナスの効果となることで，財政力指数の格差は縮小しているようである。一方，人口の格差は大きくなっている。

　表11-4と表11-5のとおり，市町村総合交付金，市町村振興交付金，市町村調整交付金とも，人口には正，財政力指数には負の符号となった。人口に比例

21）2009年10月16日開催の平成20年度各会計決算特別委員会での担当行政部長の答弁。http://www.gikai.metro.tokyo.jp/record/kakketsu/d4010240.html 2015年3月30日　このほかに，2007年は，国政においては自民党の低落のもとでも石原知事三選の年であるなど政治的要因も大きいと考えられる。他日を期したい。

第11章　東京都市町村総合交付金等の沿革と財政調整機能　339

表11-4　総合交付金等の推計結果（記述統計）

		平均	標準偏差	最大値	最小値
2002年度	人口（自然対数値）	11.401	1.046	13.169	8.073
	財政力指数	0.895	0.252	1.580	0.210
2006年度	人口（自然対数値）	11.417	1.075	13.199	7.990
	財政力指数	0.991	0.272	1.720	0.260
2012年度	人口（自然対数値）	11.425	1.112	13.225	7.823
	財政力指数	0.892	0.233	1.430	0.180

（注）人口は，年度末の住民基本台帳人口。
（出所）『市町村別決算状況調』各年度版から作成。

表11-5　総合交付金等の推計結果

		2002年度	2003年度	2004年度	2005年度
調整交付金	人口（自然対数値）	0.410***	0.390***	0.404***	0.427***
	財政力指数	-1.080***	-1.141***	-1.399***	-1.571***
	標本数	30	30	30	30
	補正R2	0.558	0.520	0.620	0.691
振興交付金	人口（自然対数値）	0.314**	0.346***	0.297***	0.297***
	財政力指数	-1.030*	-1.138***	-1.107***	-1.097***
	標本数	30	30	30	30
	補正R2	0.123	0.266	0.253	0.233
		2006年度	2007年度	2008年度	2009年度
総合交付金	人口（自然対数値）	0.331***	0.370***	0.378***	0.400***
	財政力指数	-1.369***	-1.593***	-1.706***	-1.718***
	標本数	30	30	30	30
	補正R2	0.627	0.663	0.681	0.696
		2010年度	2011年度	2012年度	
総合交付金	人口（自然対数値）	0.416***	0409***	0.407***	
	財政力指数	-1.818***	-1.827***	-1.860***	
	標本数	30	30	30	
	補正R2	0.683	0.716	0.748	

（注）***は1%有意水準で有意，**は5%有意水準で有意，*は10%有意水準で有意。
（出所）アンケート結果，『市町村別決算状況調』から作成。

して配分され，財政力指数には反比例して配分されることは，制度の性格上明らかであろう。

　市町村振興交付金については，係数はマイナスになってはいるものの，あてはまりは悪く，2002年度については，人口とのかかわりでの有意水準は5%，財政力指数とのかかわりでは有意水準も10%まで低くなっている。この理由

については，公共施設建設への補助であるかつての市町村振興交付金の性格が反映していると思われる。

全体として，市町村総合交付金へと制度がかわり，また増額している中で，人口に比例し，財政力指数に反比例しての配分が増えている。従来の市町村調整交付金のように，多摩地域の市町村の財政力格差を調整する機能が継続しているのである。

6. おわりに

本章は，東京都における都支出金のうち，東京都市町村総合交付金の沿革をまとめたうえで，その性格と機能を明らかにすることを目的とした。

東京都における市町村への財政支援の仕組みは，1961年度の振興交付金から始まった。市町村の人口急増対策（特別区からの人口移動）を背景に公共施設建設補助金としての性格を持っていたが，1962年には，学校警備員を嚆矢として，都の行っていた業務を市町村が引き受けるにあたっての代替財源としての特定補助金がもうけられる。1970年には，「ごみ・し尿取扱い手数料免除費補助」などの貧困者対策と，都施設所在による固定資産税収減少の補完部分が加わることで，公共事業に充てる一般分とソフト事業分の特定分の比率が逆転する。こうして，一般財源補完としての財政補完制度として，市町村に対する補助金の仕組みができあがる。

高度経済成長の陰りの中，東京都においても財政再建，行財政改革が実施され，市町村に対する補助金もその検討対象となった。ここにおいて，市町村側は，「多摩格差」として，特別区との格差とともに，多摩地域内部の格差の解消を主張する。その結果，従来の公共事業補助金は市町村振興交付金となるとともに，市町村間の財政力格差を調整するものとして，市町村調整交付金制度ができた。市町村調整交付金は，財政力指数や経常収支比率を勘案して計算されるとともに，特殊財政事情割として個別案件を考慮するものであった。また，市町村振興交付金とあわせての合計は，東京都税収の0.6％を目安とするような額で推移している。こうして財政力格差是正機能とともに，必要な総額

が確保される財源調整機能を持つものとなった。1990年代後半の税収ダウン時に，市町村振興交付金，市町村調整交付金とも減額されているが，その後，公共事業縮減の流れの中，市町村振興交付金は縮小する一方，市町村調整交付金が伸びてくる。

　両者は2006年に統合され，市町村総合交付金制度となったが，その配分を検討したところ，市町村調整交付金を受け継いだ財源調整機能を持つものとなっている。

　本章で残された課題は，2つある。統計データの制約で過去のデータの入手に困難が予想されるが，市町村振興交付金も財政力に反比例して配分されているようであり，事業の採択率や，市長の政治思想，都議会や市議会の構成なども加味して，その要因について検討したい。

　いまひとつは，近年の市町村総合交付金の伸びについてである。高度成長期に流入した住民の高齢化により，多摩地域の市町村の多くが財政的な困難に直面しており，今後も民生費は増加していくことが予想される。市町村総合交付金制度は，「民生費」をその計算根拠の一部とするために，これが伸びることは必然かもしれないが，これまでは東京都税収が減額すると交付金額も減少させることで都税収の一定割合を確保することとされていたにもかかわらず伸びているのである。政治的な折衝も含め，追究することとしたい。

参 考 文 献

金澤史男（1994）「補助金の再編と政府間財政関係」（『会計検査研究』10号）。
近藤春生（2012）「都道府県支出金の実証分析」穴沢・江頭『グローバリズムと地域経済』日本経済評論社。
近藤春生（2013）「都道府県支出金の実証分析」日本地方財政学会『大都市制度・震災復興と地方財政』勁草書房。
東京都企画調整局開発振興部（1965）『三多摩市町村行財政の現状と問題点』。
東京都企画報道室（1979）『都財政再建の方策―中間報告』。
東京都企画報道室（1980）『都財政再建の方策―最終答申』。
東京都財政史研究会（1970）『東京都財政史（下）』。
東京都市長会（1972）『東京都市長会史』。
東京都市町村自治調査会（2008）『多摩26市における税財政制度分析調査報告書』。
東京都町村会（1990）『東京都町村会史』。

特別区協議会（1983）『都区財政調整制度のしくみと沿革』昭和 58 年度版。
特別区長会事務局（2002）『都区財政調整制度のしくみと沿革』平成 14 年度版。
都庁職員労働組合（1979）『東京都財政再建委員会関係資料集』。
中島正博（2012a）「都道府県支出金の構造変化に関する一考察」（『中央大学経済研究所年報』43 号）。
中島正博（2012b）「和歌山県における県支出金の構造変化に関する一考察」（『経済理論』370 号）。

地方財政調査研究会編『市町村別決算状況調』各年度版，地方財務協会。
東京都総務局行政部『東京都区市町村年報』各年度版。
東京都『東京都一般会計予算説明書』各年度版。

第 12 章

自治体合併のタイミング
――連続時間サバイバル分析――

中 澤 克 佳

1. はじめに

　平成の大合併によって，わが国の市町村数は大きく減少した。1999 年 4 月 1 日から 2012 年 1 月までの間に，市町村数はおよそ半分（3,329 から 1,719）にまで減少している。自治体合併はわが国だけではなく多くの国において進められてきているが，その背景にあるのは合併による規模の経済性の実現である（Dollery et al., 2006）。人口規模の拡大が 1 人当たり歳出を逓減させるという規模の経済性に関しては，初期の研究として Hirsh（1959, 1965），Bodkin and Conklin（1971），そして Walzer（1972）が挙げられる。わが国の自治体を対象とした研究は 1980 年代後半から数多く手がけられるようになってきており，代表的な先行研究として林（2002）が挙げられるだろう。林（2002）では，自治体の公共サービス水準をコントロールした非線形最小二乗推定を用いることで，わが国の多くの市では費用最小人口規模以下の人口水準であることを示している。一方，実際に合併を経験した自治体の 1 人当たり歳出が減少したかを検証する研究も，数多く進められてきた（Mehay, 1981; Liner, 1992, 1994; Bish, 2001; Byrnes and Dollery, 2002; Reingewertz, 2012）。

　以上のように，自治体合併を巡る研究の焦点は規模の経済性であり，「どのような自治体が合併を志向するのか」という，自治体合併のインセンティブに

はあまり注目が集まってこなかった。しかし，近年，自治体合併のプロセスや自治体合併に向かうインセンティブに着目した研究も行われつつある。Hinnerich（2009），Jordahl and Liang（2010）は，スウェーデンの自治体合併を対象に，合併を契機とした小規模自治体のフリーライド行動を検証している。Bhatti and Hansen（2011）は，デンマークの自治体合併を対象に，自治体合併の組み合わせを検証している。Bhatti and Hansen（2011）では，潜在的な自治体の組み合わせ（合併案）に関してデータセットを構築し，実際に合併が実現した組み合わせと，そうではない組み合わせについてロジット分析を行っている。結果として，人口規模や地理的な近似性が合併成立の可否に大きな影響を与えていると結論づけている。

　一方で，わが国の自治体合併を対象とした合併プロセスの研究は，あまり多くない。数少ない先行研究として，広田（2007）は，合併を行った自治体の特性をロジット分析により明らかにしている。広田（2007）では，地方交付税に対する財源依存度が高い自治体ほど，合併する確率が高くなっていることを明らかにしている。広田（2007）は，わが国の自治体合併インセンティブを研究した嚆矢となるものであり，その意義は非常に大きい。しかしながら，合併成立の有無のみが対象となっており，以下で挙げる2つの疑問点に対して答えを提示してはいない。1つ目は，合併協議に参加した自治体間の相互性を考慮できていない点である。わが国における自治体合併は，合併協議に参加した自治体間での自発的協議によって決定される。個々の自治体の財政ないし社会経済変数のみで合併の有無を推定することは，合併参加のインセンティブの検証としては妥当としても，合併成立の要因を捉え切れているとはいいがたい。2つ目は，合併成立のタイミングを考慮できない点である。平成の大合併は旧合併特例法が改正された1999年度から旧特例法期限の2005年度末，そして新合併特例法下の2006年度以降の合併と，長い年月を要している。したがって，合併協議会参加や合併成立の時期も，自治体間で大きく異なっている。

　前者に関しては，宮下・中澤（2009）において，合併協議会参加自治体をひとつのユニットとして，財政ないし社会経済変数の格差が合併成立の有無と協

議期間に与える影響を検討している．結果として，参加自治体間での所得などの格差が大きい場合，合併に失敗する・合併成立までの時間がかかることを明らかにしている．一方，後者に関しては Nakazawa and Miyashita（2014），中澤（2015）において，各自治体の財政ないし社会経済変数が合併協議会参加，合併成立のタイミングに与える影響を離散時間ロジット分析によって検証している．Nakazawa and Miyashita（2014），中澤（2015）では，合併協議会参加や合併成立に関して，自治体の財政状況（交付税依存度）だけではなく，周辺自治体の協議参加・合併成立状況も大きな影響を与えることを明らかにしている．

　本章では，Nakazawa and Miyashita（2014），中澤（2015）で用いられた離散時間ロジット分析とは異なる，連続時間モデルを想定して，自治体合併の有無とタイミングに関するサバイバル分析を行う．離散時間ロジット分析は，対象となる個体の「人年データ（Person-year data）」と呼ばれるデータセットを作成し，各期における各個体の変数が状態変化（この場合は協議会参加や合併成立）に与える確率を推定するものである．したがって，時間依存の変数を導入することが可能である．一方で，連続時間モデルは観察対象の状態変化までの時間を連続的に捉えることができる場合に有効である．離散時間ロジット分析の場合，年度ごとの協議会参加ないし合併成立を 0 と 1 で捉えるが，連続時間モデルの場合，協議開始ないし合併成立までの日数データを利用し，背景にある確率分布を特定化した分析が可能になる．離散時間ロジット分析と連続時間モデルに関しては，それぞれメリット・デメリットがあるため，どちらが優れているということはできない．離散時間ロジット分析は，先に述べたように離散的にしか状態変化や確率変化を捉えることができない．一方で，説明変数の時間に伴う変化を許容できる．それに対して，連続時間モデルはイベント発生までの時間経過を連続的に捉えることで，発生確率についてより詳細な分布を想定・検定することができる．一方で，説明変数の時間に伴う変化を捉えることは難しい．

　以上の特性を踏まえて，本章では Nakazawa and Miyashita（2014），中澤（2015）とは異なる手法として連続時間モデルによるサバイバル分析を行うこ

とで，平成の大合併における自治体の合併協議会参加，合併成立と財政ないし社会経済変数の関係性を検証する。本章の構成は以下のとおりである。第2節では平成の大合併の背景について説明を行う。続く第3節では手法およびデータについて説明し，第4節で連続時間モデルを用いたサバイバル分析を行う。第5節は結論である。

2. 平成の大合併と合併インセンティブ

2-1 平成の大合併

わが国における自治体合併（市町村合併）は大きく3つの波に分けられる。最初の波は「明治の大合併」と呼ばれる1888年から1889年に行われた自治体合併である。小さな生活圏単位に分割されていた自治体を，基礎的自治体として統合することを目的として，自治体数を7万1,314から1万5,820まで大幅に減少させた。第2の波は「昭和の大合併」と呼ばれる1953年から1961年にかけて行われた自治体合併であり，自治体数は9,868から3,472まで減少した。地方行政や地方財政でよく用いられた用語である3,300自治体というのは，昭和の大合併の結果を受けた自治体数である。そして，第3の波が「平成の大合併」である。第1節で示したように，1999年4月1日から2012年1月までの間に，自治体数は3,329から1,719にまで減少している。平成の大合併の目的として，総務省（2010）は，「人口減少・少子高齢化等の社会経済情勢の変化や地方分権の担い手となる基礎自治体にふさわしい行財政基盤の確立を目的として，平成11年以来，全国的に市町村合併が積極的に推進されてきた。」と説明している[1]。言い換えると，政府は自治体規模を大きくすることで，基礎的自治体の基盤強化を図ったと捉えることができる。

昭和の大合併後，自発的な自治体合併を促すために，1965年に合併特例法（旧合併特例法）が自治体合併を推進するために制定され，普通交付税の算定替を合併後10年まで延長するなどの措置を講じてきた。しかし，この時期の自

---

[1] 総務省（2010）「平成の合併」について3ページ。

発的合併はあまり進まず，1965年から1999年までに減少した自治体数は163であった。このような状況が変化してきたのは1990年代後半からであり，地方分権の議論が高まる中で政府間関係の大幅な見直しが行われるようになる。1999年には，地方分権一括法の改正とともに旧合併特例法が改正され，自発的な自治体合併を促す各種施策が追加されることになる。主要なものとしては，合併算定替を合併後15年まで延長すること，合併に伴う費用の最大95%まで合併特例債による起債で賄えること，政府は特例債の元利償還金のうち70%まで交付税措置すること，等が挙げられる。一方で同時期には，三位一体の改革により，自治体の主要な財源である普通交付税が大幅に減額されることになる[2]。このような「アメとムチ」の政策によって，交付税依存度が高く，財政状況が厳しい自治体を中心に平成の大合併が進展することになる（広田，2007）。さらに，旧特例法の期限が2005年度末までとなったことを受けて，多くの自治体が2005年度末までの合併を目指すこととなった。

2-2 合併のプロセスとタイミング

自治体合併の意思決定に関して，①合併の選択・合併相手の選択，②合併時期の選択，という2つの強制性の有無から平成の大合併を整理すると，平成の大合併はいずれも自治体（間）の自発的な意思決定に委ねられている。つまり，合併の選択，合併相手の選択，合併時期の選択は，すべて自治体（間）に裁量権がある。特に後者（合併時期の選択）に関しては，これまでほとんど検討されてこなかった。すでに述べた宮下・中澤（2008），Nakazawa and Miyashita（2014）が検討しているが，これら先行研究ではイベント発生の確率分布を十分に想定・検定することができなかった。すでに述べたように，旧合併特例法下での自治体合併は，2005年度末が期限となっており，図12-1で示したように，期限に向けて急速に合併数は増加してきている。このような自治体合併の

---

[2] 2000年度から2005年度にかけて，普通交付税は21.4兆円から16.9兆円へと21%減少した。

図 12-1　年度別合併数・合併参加自治体数

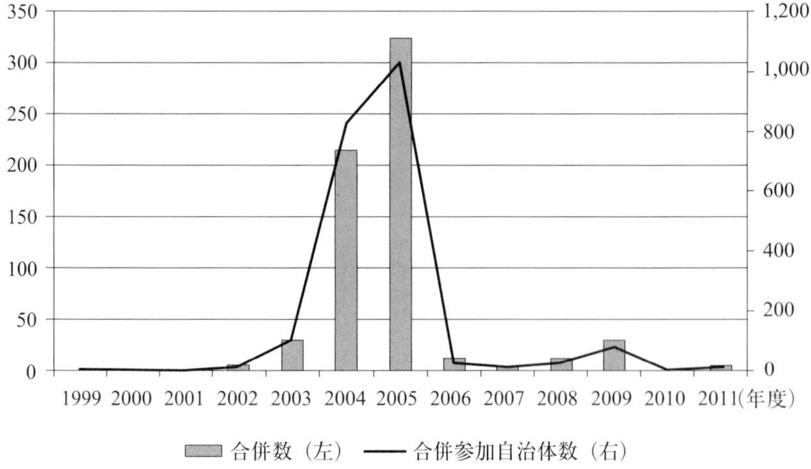

■ 合併数（左）　　── 合併参加自治体数（右）

（出所）総務省　合併デジタルアーカイブより作成。

トレンドも同時に考慮する必要がある。

　平成の大合併では，すべての潜在的に合併を志向する自治体は合併協議会を結成もしくは参加する。合併協議会は自治体発議もあれば，住民発議も存在する。合併協議会において合併プロセスや合併後の自治体について協議を行い，合意がなされれば自治体合併が成立することになる。当然ながら，協議会での合意に至らず，自治体合併が成立しなかったケースも存在する。つまり，自治体が合併を志向した場合，合併協議会の結成と合併成立という2段階のプロセスを経ることになる。宮下・中澤（2009）によれば，合併協議会結成から合併成立までの平均協議日数は538日，最小協議日数は46日，最大協議日数は1,352日となっており，合併協議会結成，合併成立までの期間はさまざまであることが分かる。

3．推定方法とデータ

3-1　モ　デ　ル

　本章では，自治体の合併協議会設置・合併成立のタイミングを検討するため

に，サバイバル分析を採用する。タイミングを検討する変数として，①合併協議会結成までの日数，②合併成立までの日数，を採用する。これら時間変数は連続時間データである。

まず，それぞれのイベント（合併協議会設置・合併成立）までの時間（日数）を T とする。イベントが起こる時間は主体ごとに変動し，累積分布関数 $F(t)$ は以下のように表すことができる。

$$F(t) = \Pr(T \leq t) = \int_0^t f(s) ds \tag{1}$$

生存時間関数は(2)で示される。

$$S(t) = \Pr(T \geq t) = 1 - F(t) \tag{2}$$

ハザード関数 $\lambda(t)$ は期限 t まで生存しているという条件下における，イベントが生起する確率を示している。

$$\lambda(t) = \lim_{\Delta t \to 0} \frac{\Pr(t \leq T \leq t + \Delta t | T \geq t)}{\Delta t} = \frac{f(t)}{S(t)} \tag{3}$$

パラメトリックなハザード関数を推定するために，その関数型を特定化する必要がある。本章では複数の関数型（Exponential, Weibull, Lognormal, Loglogistic, Generalized gamma）を採用し，当てはまりの良さを赤池情報量基準（AIC）を用いて評価する。

3-2 データ

観察開始日時は，旧合併特例法が改正され，平成の大合併が始まった1999年4月1日である。そして観察終了日時は，旧特例法の期限である2005年3月31日とする。合併協議会設置までの日数は，観察開始日時の1999年4月1日からの日数として計算する。合併までの日数も同様の計算を行う[3]。市町村

---

3) 合併成立までの日数は，合併協議会設置から合併成立までの日数にすることが考えられる。しかし，すでに述べたように，合併協議会の設置も自治体ごとに年度が異なっている。そのため，データを整理することが非常に困難であり，非合併自治

図 12-2　旧特例法下での合併協議会設置・合併成立数

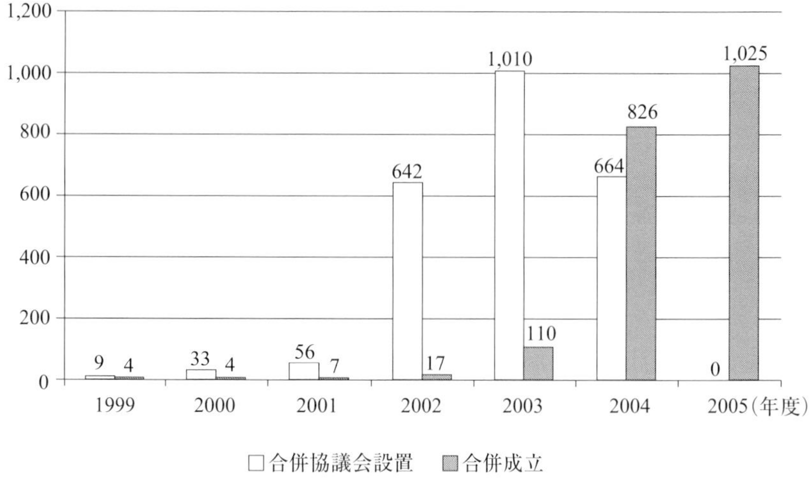

年度	合併協議会設置	合併成立
1999	9	4
2000	33	4
2001	56	7
2002	642	17
2003	1,010	110
2004	664	826
2005	0	1,025

(出所) 総務省　合併デジタルアーカイブより作成。

数の合計は3,184自治体，合併協議会に参加した自治体は2,414（76%），そして最終的に合併した自治体は1,959（62%）である。

推定において，社会経済的特性を表す諸変数を独立変数として採用する。前節で説明したように，歳入源として地方交付税（普通交付税）に強く依存している自治体ほど，合併に向かうインセンティブは強いと考えられる。したがって，歳入総額に占める普通交付税の割合を「交付税比率」として採用する。それに加えて，自治体の財政要因として，自治体のフローの財政弾力性を示す「経常収支比率」と，ストックの財政状況を示す「1人当たり地方債残高」を採用する。厳しい財政状況は，合併に向かう強いインセンティブとなるだろう。一方で，自治体合併には当然ながら合併する相手が存在する。厳しい財政状況は，当該自治体にとっての合併に向かうインセンティブとなるが，潜在的な合併対象自治体にとっては財政負担が増加することを意味する。たとえば，

体とのデータの調整ができないことから，1999年4月1日からの日数を計算することにした。

高い地方債残高となっている自治体と合併した他自治体は，その自治体の地方債負担を担わなければならない。つまり，厳しい財政状況は，合併協議会設置や合併成立にとって障壁となる可能性もある。

このような財政要因を考慮すると，厳しい財政状況にある自治体と合併する自治体は存在しないことになる。しかし，実際には小規模かつ財政状況が厳しい多くの自治体が合併している。その大きな理由としては，旧特例法における合併前後の財政措置が挙げられるだろうが，それ以外にも相対的に規模の大きな自治体が合併に向かうインセンティブは存在する。それは，合併することによって政令指定都市・中核市・特例市などの特別市に昇格し，独自の権限ないし都道府県の自治体の中でも重要な地位を占める自治体になるインセンティブである。そのインセンティブを抽出するために，合併を経て政令指定都市・中核市・特例市になった場合に1をとるダミー変数を導入する。

さらに，合併以前から周辺自治体と連携して行政事務を行っていた場合，その枠組みと経験を利用して合併に向かうことは十分に考えられる。したがって，一部事務組合・広域連合に参加していた自治体については1をとるダミー変数を作成する。また，上位政府（都道府県）は合併の推進に対して重要な役割を果たしている。しかしながら，そのサポートの有り様や度合いは都道府県ごとに異なっている。そこで，都道府県ダミーを導入し，都道府県の差違による合併のタイミングに与える影響をコントロールする。

最後に，自治体の特性を示す諸変数として「人口」，「面積」，「高齢化率」（65歳以上人口比率），「若年者比率」（15歳以下人口比率），「昼夜間人口比率」を採用する。以上の変数の記述統計を表12-1で示す。

これら説明変数は，同時性を考慮して被説明変数の1財政年度前のものを用いる。したがって，説明変数は1998年度から2004年度までのデータを用いる。しかし，面積，高齢化率，若年者比率に関しては，5年に1回の国勢調査データを用いている。したがって，以上のデータに関しては1995年の国勢調査データを用いることにする。

表 12-1 記述統計

	サンプル	平均	標準偏差	最小	最大	出所
合併協議会設置までの日数	2,414	1,591.93	343.84	4	2,177	A
合併成立までの日数	1,959	2,223.11	269.69	641	3,276	A
交付税依存率	3,184	0.30	0.13	0	0.705	B
経常収支比率	3,184	81.66	7.31	35.00	137.10	B
1人当たり地方債残高（1,000円）	3,184	683.58	622.09	59.04	12,968	B
政令指定都市・中核市・特例市昇格ダミー	3,184	0.03	0.17	0	1	C
一部事務組合・広域連合ダミー	3,184	0.15	0.36	0	1	C
人口（1,000人）	3,184	36.53	122.65	0.20	3,351.61	C
面積	3,184	114.98	135.00	1.27	1,408.10	D
高齢化率	3,184	22.75	6.84	6.84	49.32	D
若年者比率	3,184	14.19	2.31	4.53	26.16	D
昼夜間人口比率	3,184	91.20	11.98	58.11	285.57	D

（出所）A：総務省合併デジタルアーカイブ　B：総務省「市町村別決算状況等調」　C：総務省統計局　D：国勢調査より筆者作成。

4. 推定結果

推定結果を検討する前に，AIC を用いたハザード関数の特定化の結果を示す。AIC は表 12-2 である。

合併協議会設置までの日数に関しては，Log-logistic 分布が最も当てはまりが良く，合併成立までの日数に関しては，Weibull 分布が最も当てはまりが良い。それぞれのハザード関数の形状は，図 12-3 と図 12-4 で示す。

合併協議会の設置確率は，観察開始日の 1999 年 4 月 1 日から 1,000 日を経過した 2002 年度中盤あたりで急速に上昇し，2,000 日を経過した 2004 年度に入ってフラットとなる。合併成立の確率は，2,500 日あたりから旧合併特例法期限である 3,000 日超（2006 年 3 月 31 日）に向けて急速に増加する。この 2 つのハザード関数の形状が意味するのは，多くの自治体が旧合併特例法期限までの合併成立を目指し，それに間に合うように協議会を設置して協議を行ったと

表 12-2　AIC を用いたハザード関数の比較

	Exponential	Weibull	Lognormal	Log-logistic	Generalized gamma
合併協議会設置まで	6668.51	3227.19	3941.71	2990.28	3174.08
合併成立まで	5705.90	−491.11	84.24	−490.23	−490.77

第12章 自治体合併のタイミング 353

図12-3 合併協議会設置までのハザード関数
Form a Committee : Log-logistic regression

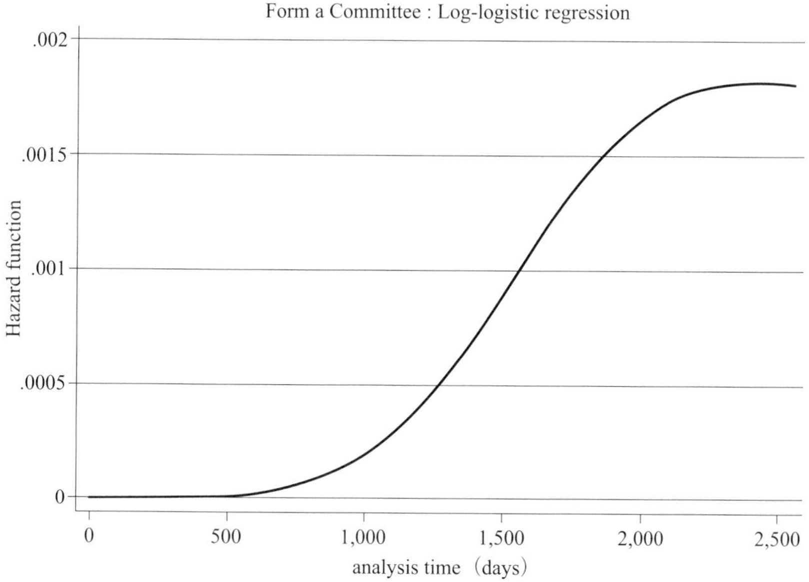

図12-4 合併成立までのハザード関数
Amalgamation : Weibull regression

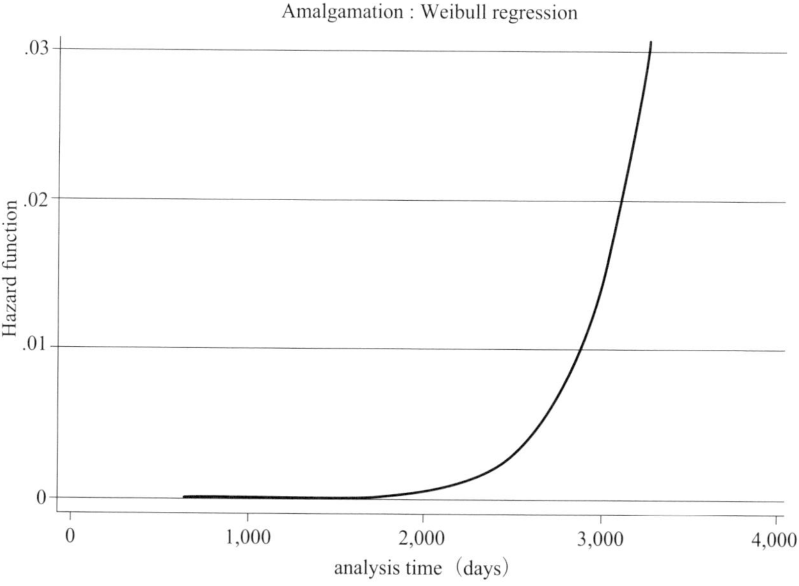

いうことである。

　さて，協議会設置に関してはLog-logistic分布が，合併成立に関してはWeibull分布が妥当であることを明らかにした。以下では，それぞれの関数型を想定した推定結果を検討する。推定において，頑健性を確保するために4つのモデルを同時に検討する。最初のモデル（Model 1）は，財政および合併のインセンティブとなる変数のみを採用している。2番目のモデル（Model 2）は，Model 1に自治体の特性を加えている。3番目のモデル（Model 3）は，Model 1に都道府県ダミーを加えたもの，4番目のモデル（Model 4）はModel 2に都道府県ダミーを加えたフルモデルである。モデルの妥当性（適合度）に関しては，Log-likelihoodの値を比較する。表12-3は協議会設置までの日数を対象とした推定結果である。表の各項目の上段は推定値，下段は標準誤差である。

　推定の結果，モデル間で大きな違いは生じていないことが明らかとなった。符号が正である場合，協議会設置確率が低く（遅く）なり，負の場合は高く（早く）なる。Model 2とModel 4において，一部の自治体特性変数の有意性が変化している。Log-likelihoodの値を比較すると，フルモデルであるModel 4の値が最も大きい。したがって，Model 4の推定結果に基づいて考察を行っていく。

　まず，交付税比率が高い自治体ほど早期に合併協議会設置に向かうことがわかる。第2節で述べたように，合併成立に向けた各種措置が，合併のインセンティブになった。一方で，住民1人当たり地方債残高が多い自治体は，合併協議会設置（参加）が遅くなる傾向にある。ストックの財政負担は合併後自治体に引き継がれるため，合併参加が忌避される傾向になるのかもしれない。政令指定都市・中核市・特例市昇格ダミーは負となった。つまり，より大きな自治体（都道府県内でも中核をなす自治体）になるという，合併に向かうポジティブなインセンティブは合併協議会設置確率を高める。また，一部事務組合・広域連合参加経験がある自治体は早期に合併に向かうことも明らかとなった。

　人口規模は合併協議会設置に影響を与えていない。一般的に，人口規模の大きい市は合併に向かうインセンティブは少ないと考えられるが，上で挙げたよ

表12-3 合併協議会設置までの日数に対する推定結果（Log-logistic 分布）

	Model 1	Model 2	Model 3	Model 4
交付税比率	-0.6861***	-0.3504***	-0.5642***	-0.4201***
	0.0570	0.0791	0.0557	0.0801
経常収支比率	0.0010	0.0013	-0.0004	-0.0005
	0.0010	0.0010	0.0010	0.0010
1人当たり地方債残高	0.0000***	0.0001***	0.0000**	0.0000***
	0.0000	0.0000	0.0000	0.0000
政令市・中核市・特例市昇格ダミー	-0.1011***	-0.1023**	-0.1283***	-0.1319***
	0.0357	0.0349	0.0355	0.0355
一部事務組合・広域連合ダミー	-0.0461**	-0.0279	-0.0600***	-0.0528**
	0.0187	0.0182	0.0209	0.0208
人口		0.0000		0.0001
		0.0001		0.0001
面積		0.0006***		0.0003***
		0.0001		0.0001
高齢化率		-0.015***		-0.0056***
		0.0019		0.0021
若年者比率		-0.0116***		-0.0038
		0.0044		0.0047
昼夜間人口比率		-0.0011**		-0.0007
		0.0007		0.0006
定数項	7.6221***	8.0164***	7.9577***	8.0323***
	0.0827	0.1372	0.0879	0.1458
都道府県ダミー	No	No	Yes	Yes
/ln_gam	-1.5256***	-1.5628***	-1.6842***	-1.6908***
	0.0173	0.0173	0.0174	0.0174
Log-likelihood	-1880.8927	-1775.4975	-1457.5360	-1437.1407
Num of obs.	3184	3184	3184	3184
Num of failuars	2414	2414	2414	2414

（注）項目上段は推定値，下段は標準誤差。***は1%，**は5%，*は10%水準で有意であることを示す。

うに大都市となることを目的に合併に向かう市や，合併後の財政措置を前提に小規模自治体と合併する市もあり，そのような効果が含まれていると考えられる。

続いて，合併成立までの日数を対象とした推定結果を表12-4で示す。

Log-likelihoodの値を比較すると，フルモデルであるModel 4の値が最も大きい。したがって，この推定でもModel 4の推定結果に基づいて考察を行っていく。

表 12-4　合併成立までの日数に対する推定結果（Weibull 分布）

	Model 1	Model 2	Model 3	Model 4
交付税比率	-0.2744***	-0.1193***	-0.2497***	-0.1933***
	0.0235	0.0312	0.0229	0.0324
経常収支比率	0.0005	0.0007*	0.0003	0.0003
	0.0004	0.0004	0.0004	0.0004
1人当たり地方債残高	0.0000***	0.0000***	0.0000	0.0000
	0.0000	0.0000	0.0000	0.0000
政令市・中核市・	-0.1621***	-0.1563***	-0.1426***	-0.1428***
特例市昇格ダミー	0.0126	0.0124	0.0145	0.0145
一部事務組合・	-0.0243***	-0.0102	-0.0312***	-0.0307***
広域連合ダミー	0.0073	0.0072	0.0084	0.0084
人口		0.0000		-0.0001**
		0.0000		0.0000
面積		0.0002***		0.0001***
		0.0000		0.0000
高齢化率		-0.0078***		-0.0040***
		0.0008		0.0009
若年者比率		-0.0054***		-0.0047**
		0.0017		0.0019
昼夜間人口比率		-0.0002		-0.0004
		0.0003		0.0002
定数項	7.8996***	8.0759***	8.0515***	8.1728***
	0.0324	0.0535	0.0361	0.0593
都道府県ダミー	No	No	Yes	Yes
/ln_p	2.1457***	2.1656***	2.2677***	2.2735***
	0.0197	0.0194	0.0191	0.0191
Log-likelihood	-193.4273	-76.6944	284.8273	303.5541
Num of obs.	3184	3184	3184	3184
Num of failuars	1959	1959	1959	1959

（注）項目上段は推定値，下段は標準誤差。*** は1％，** は5％，* は10％水準で有意であることを示す。

　推定の結果は，合併協議会設置を対象とした推定とほぼ異ならなかった。一般的に，合併協議会設置が早ければ，合併成立も早くなるということを意味している。しかしながら，いくつかの変数に関しては合併協議会設置の推定結果とは異なっている。たとえば，1人当たり合併地方債残高については，合併協議会設置（参加）に対してネガティブな影響を与えている一方で，合併成立までの日数には影響を与えていない。つまり，地方債残高が多い自治体は，合併の前提となる合併協議会そのものへの参加が困難となる傾向にある一方で，ひ

とたび参加できれば合併協議に大きな影響を与えていないということを示唆している。

人口規模は，合併協議会設置の推定結果とは異なり，合併成立を早める効果を持つことが明らかとなった。人口規模の大きい自治体を含む自治体合併は，多くの場合吸収合併の形態をとる。対等合併となっている場合でも，実質的には人口規模の大きい自治体が中心となって協議が進められる。人口規模が大きい自治体が中心となって合併を進める場合，合併を巡る議論はそうではない場合よりもスムーズに進むことが予想される。人口規模の大きい自治体であることが合併へのインセンティブとならないことは，合併協議会設置を対象とした推定から明らかである。一方，ひとたび合併協議会に参加した場合，議論の中核となる人口規模が大きい自治体の存在は議論を速やかにし，合併成立を早めることがわかった。

結論として，交付税比率が高い自治体，または政令指定都市・中核市・特例市への昇格を見込む自治体は合併協議会設置及び合併成立を早めることが明らかとなった。合併に向かわせるための財政措置は，自治体の合併協議会設置および合併の意思決定・時期に大きな影響を与えた。一方で，いくつかの変数（1人当たり地方債残高・人口規模）は合併協議会設置と合併成立に対して異なった影響を与えていた。

5. おわりに

本章は，1999年以降の平成の大合併における合併協議会設置と合併成立に要する期間が，自治体（協議会）ごとに大きく異なっている点に注目し，そのタイミングについて実証的に考察を行った。これまでの先行研究では，合併成立そのものの可否について分析を行ったものが中心であり，そのタイミングについては検討されてこなかった。タイミングに関して検討した先行研究も，ハザード関数を特定化しない離散時間分析で行われてきた。離散時間分析は，時間とともに変化する説明変数を許容できる利点はあるが，年度単位の分析となるため，合併協議会設置・合併成立までの日数というデータの特性を生かしき

ることができなかった。本章では，連続時間モデルを用いて分析を行うことで，その問題点をクリアした。

　本分析では，1999年度から2005年度末までの旧合併特例法下における市町村合併に注目した。この期間中に，2,414自治体が合併協議会に参加し，1,959自治体が合併に参加した。この大規模な合併の背景には，中央政府による各種の財政支援が大きな役割を果たしている。特に，普通交付税の合併算定替を合併後15年まで延長することは，財源を交付税に頼る自治体を合併に向かわせた。また，同時に進行した三位一体改革による地方交付税削減も影響を与えたと考えられる。

　推定の結果，交付税比率が同様に高い自治体，または政令指定都市・中核市・特例市への昇格を見込む自治体，一部事務組合や広域連合で共同事務を経験している自治体は，合併協議会設置および合併成立を早めることが明らかとなった。合併に向かわせるための財政措置は，自治体の合併協議会設置および合併の意思決定・時期に大きな影響を与えた。

　一方で，いくつかの変数に関しては，合併協議会設置と合併成立のタイミングに異なる影響を与えていることも明らかとなった。

　1人当たり地方債残高については，合併協議会設置（参加）に対してネガティブな影響を与えている一方で，合併成立までの日数には影響を与えていない。つまり，地方債残高が多い自治体は，合併の前提となる協議会そのものへの参加が困難となる傾向にある一方で，ひとたび参加できれば合併協議に大きな影響を与えていないということを示唆している。

　人口規模は，合併協議会設置の推定結果とは異なり，合併成立を早める効果を持つことが明らかとなった。人口規模の大きい自治体であることが合併へのインセンティブとならないことは，合併協議会設置を対象とした推定から明らかである。一方，ひとたび合併協議会に参加した場合，議論の中核となる人口規模が大きい自治体の存在は議論の進行を速やかにし，合併成立を早めることがわかった。

　本研究の限界としては，以下の点が挙げられる。まず，複数年度にわたる合

併では，時間の変化と共に財政変数なども変化し，それが合併の意思決定に影響するという問題が生じる。Hinnerich（2009），Jordahl and Liang（2010）は合併というイベントを前提として，財政変数が変化することを実証的に明らかにしている。この点を踏まえると，説明変数の変化も考慮した離散時間分析が望ましい。この点については Nakazawa and Miyashita（2014），中澤（2015）を参照されたい。また，合併協議会設置から合併までの意思決定は，自治体固有の要因だけではなく，協議会形成自治体間の要因によって決定される。その場合，個別自治体の要因ではなく，協議会における要因を考慮する必要もあるだろう。その点に関しては宮下・中澤（2009）を参照されたい。

　最後に，本書の共通テーマである「格差問題と税財政」との関連について言及しておきたい。人口減少と高齢化が特に地方部において進展している中で，自治体間の人口・経済・財政の格差がより明確になってきており，財源として交付税への依存度が高まる自治体が増加している。一方で，地方交付税の原資となる国税 5 税収入は頭打ちとなっており，三位一体の改革に示されるように，交付税の減額も行われた。基礎的自治体の役割が大きくなる中で，持続可能性が疑問視される自治体が数多く現れるようになったということである。平成の大合併は，基礎的自治体の役割強化と財政格差を背景に，特に財政的な持続可能性が厳しい小規模自治体への救済策として行われたと考えられる。本章の分析結果から明らかなように，交付税依存度が高く，高齢化の進展している自治体ほど早期に合併協議会を設置し，合併に向かうインセンティブが強い。つまり，自治体間の財政力格差が拡大する一方，国・地方を巡る税収と財政が厳しくなる中で，特に財政的持続可能性が厳しい小規模自治体が合併を選択していったということである。もちろん，この背景には旧合併特例法を根拠とした中央政府の政策誘導が存在している。しかし，本合併によって，上記の問題が解決されたわけではない。依然として地方財政を取り巻く環境は厳しく，目にみえた「自治体間格差」が合併後自治体内での「自治体内格差」に転化することになる。旧特例法による財政措置が期限切れとなっていく今後，その問題にどのような対処がなされるのか注目していくべきである。

参 考 文 献

総務省（2010）「平成の合併」について（http://www.soumu.go.jp/gapei/pdf/100311_1.pdf，2013年2月12日アクセス）。

中澤克佳（2015）「自治体合併のサバイバル分析」（『公共選択』63）93-104ページ。

林正義（2002）「地方自治体の最小効率規模：地方公共サービスの供給における規模の経済と混雑効果」（『フィナンシャル・レビュー』No. 61）59-89ページ。

広田啓明（2007）「市町村の選択行動と合併要因の検証－平成の大合併を事例として－」（『計画行政』30(4)）75-81ページ。

宮下量久・中澤克佳（2009）「市町村の合意形成コストの実証的分析―合併協議会から合併成立過程の検証」（『財政研究』5）254-275ページ。

Bhatti, Y. and K. Hansen (2011), "Who 'Marries' Whom? The Influence of Societal Connectedness, Economic and Political Homogeneity, and Population Size on Jurisdictional Consolidations", *European Journal of Political Research*, Vol. 50, pp. 212-238.

Bish, R. (2001), "Local Government Amalgamations: Discredited Nineteenth-Century Ideals Alive in the Twenty-First", C.D. Howe Institute Commentary, No. 150.

Bodkin, R.G., and Conklin, D.W. (1971), " Scale and Other Determinants of Municipal Government Expenditures in Ontario: A Quantitative Analysis", *International Economic Review*, 12, pp. 465-481.

Byrnes, J. and B. Dollery (2002), "Do Economics of Scale Exist in Australian Local Government? A Review of the Research Evidence", *Urban Policy and Research*, Vol. 20, pp. 391-414.

Dollery, B., L. Crase, and J. Byrnes (2006), "Local Government Amalgamation and South Australian Rising to the Challenge Inquiry", *Working Paper Series in Economics*, University of New England.

Hinnerich, B. T. (2009), "Do Merging Local Governments Free Ride on their Counterparts when Facing Boundary Reform?", *Journal of Public Economics*, Vol. 93, pp. 721-728.

Hirsch, W. (1959), "Expenditure Implications of Metropolitan Growth and Consolidation", *Review of Economics and Statistics*, Vol. 41, pp. 232-241.

Hirsch, W. (1965), "Cost Functions of an Urban Government Service: Refuse Collection", Review of Economics and Statistics, Vol. 47, pp. 87-93.

Jordahl, H. and C. Y. Liang (2010), "Merged Municipalities, Higher Debt: on Free Riding and the Common Pool Problem in Politics", *Public Choice*, Vol. 143, pp. 157-172.

Liner, H. (1992), "Annexation Impact on Municipal Efficiency", *Review of Regional Studies*, Vol. 22, pp. 75-87.

Liner, H. (1994), "Institutional Constraints, Annexation and Municipal Efficiency in the 1960s", *Public Choice*, Vol. 79, pp. 305-323.

Nakazawa, K. and T. Miyashita (2014), "Municipality Amalgamation in Japan: An Examination Using Event History Analysis", *Economics Bulletin*, 34(2), pp.627-633.

Mehay, S. L. (1981), "The Expenditure Effects of Municipal Annexation", *Public Choice*,

Vol. 36, pp. 53-62.

Reingewertz, Y. (2012), "Do Municipal Amalgamations Work? Evidence from Municipalities in Israel", *Journal of Urban Economics*, Vol. 72, pp. 240-251.

Walzer, N. (1972), "Economies of Scale and Municipal Police Services: The Illinois Experience", *Review of Economics and Statistics*, Vol. 60, pp. 431-447.

第 13 章

水道料金と費用における格差分析

田 代 昌 孝

1. はじめに

　人口および地理的環境に応じて，近年市町村間でさまざまな地域格差が生じている。重要なのは地域間格差の固定化を是正することであり，その有力な手段のひとつとして，地方交付税や国庫支出金等による財源調整が挙げられる。ただ，地方公営企業により提供される水道はその使用量に応じて料金が決定されるものであるため，基本的に独立採算を前提とした操業を行うことが原則となっている。したがって，水道料金やその費用の地域間格差は固定化され，住民や企業を誘致するための問題になっているのは事実である。

　また，各自治体における水道事業が複数ある地域も多く存在しており，それに応じて料金設定や水道を提供するための費用も異なっている。加えて，地域によっては一部事務組合のような形でいくつかの自治体が連結して，広域的な水道事業を行っているケースもある。それ以外に，自治体の非常に狭い地域で簡易水道事業を行っているケースもあろう。それゆえ，水道事業に関しては各自治体で料金体系が非常に複雑になっているのみならず，水道事業を行ううえでの費用も水道管の老朽化や経営の委託具合によって違うのが現状である。それに伴って，水道料金や費用においても地域間格差が生じるであろう。

　一般的に相対的不平等度を測る指標としては変動係数，ジニ係数，タイル尺

度等が挙げられる。そのうち，タイル尺度を使った分析では各グループが全体の格差にどの程度の影響を与えているのかを分析することが可能となる。これまでタイル尺度を使って地方税の格差を計測した代表例として，高林（2005），望月・野村・深江（2011），齊藤（2014）等が挙げられる。そのため，地方税の格差に関する研究については一定の成果が得られたと考えられる。

ただその一方で，タイル尺度を使って水道料金やその費用について，どの程度の格差があるのかを検証した先行研究はきわめて少ない。そのため，本章ではタイル尺度の計測に基づき，水道の基本料金と水道事業の費用に関する地域間格差の分析を行う。具体的には，『地方公営企業年鑑（平成16～23年度)』のデータを利用して，各都道府県で生じている料金格差，あるいは水道事業の費用格差が全体の格差にいかなる影響を与えているのかを分析した。

本章の構成は以下のようなものである。第2節では経営主体と事業別における料金変化を述べている。第3節では都道府県別における水道事業の費用について説明した。そのうえで，第4節では水道料金と費用に関する格差を各都道府県で計測している。その結果を踏まえたうえで，第5節では，水道料金と費用に関するタイル尺度の分析を行っている。おわりにでは，全体のまとめと今後の課題について述べている。

2. 経営主体と事業別における水道料金の変化

一般的に，各自治体における歳出と歳入はある程度金額が決まっており，住民や企業もそれに合わせて自分の効用を最大にするような行動を取る。ただ水道料金の場合，その料金体系は必ずしも各自治体で単一に決まっているとは限らない。水道事業の経営主体には，都道府県営，指定都市営，市営，町村営，企業団営等があり，それぞれで料金の体系が異なっている。

表13-1は各経営主体による料金体系の変化をまとめたものである。これを見ると，都道府県営が最も安く，逆に町村営は最も高くなっていることがわかる。通常都市部に比べて，地方では町村営で水道事業を営むところが多い。また，地方では住居が点在しており，規模の経済が働かず経営効率も悪い。それ

表 13-1　各経営主体による料金体系の変化

(単位：円)

平成年度	16	17	18	19	20	21	22	23
都道府県営	282.65	281.77	290.42	289.96	288.92	288.85	285.88	292.76
指定都市営	849.15	819.29	810.13	806.29	804.35	792.89	772.11	737.68
市営	1028.10	1046.95	1040.14	1040.79	1037.14	1032.65	1034.06	1036.44
町村営	1338.64	1293.86	1304.42	1318.98	1311.15	1316.69	1315.51	1310.85
企業団営	760.61	709.67	724.61	708.50	694.12	690.25	684.01	675.56

(注)　水道料金は基本料金と従量料金とがあるが，数値は全て家庭用の基本料金を表している。
(出所)　総務省統計局編『地方公営企業年鑑（平成16～23年度）』より作成。

以外に，山間部では動力費が高くなるだけでなく，ダムやため池の維持で費用が都市部より高くなる可能性がある。それらの要因から地方ではその費用に見合うような料金収入が必要となり，その金額も高額となってしまう。その結果，地方では住民や企業を誘致するのも不利な状況にあり，これに対する改善策が見当たらない[1]。

　また，平成16年度と比較して23年度を考えた場合，市営，町村営の水道料金はほぼ変わらないが，指定都市営，企業団営のそれは約100円だけ安くなっている。政令指定都市になるためには，人口要件も含まれており，市がいくつか合併するか，あるいは大きな市がいくつかの町村を吸収するような形での合併が多い。それに対して，企業団営においてもいくつかの市が統合して一部事務組合のような形で操業を行うケースもある。したがって，水道事業の広域化は経営を効率化させ，住民の水道料金を安くさせる効果があるように思える[2]。とりわけ，自治体の中には水道事業の広域化を通じて水不足を解消さ

---

[1]　実際，大企業を誘致すると農業用水が不足することから，住民の生活が困難となるような自治体もいくつかある。また，離島にある観光事業では水が不足するため，その経営が困難になるケースもある。もっとも，地方では従来からある水道管と新規のものをつなぐことを嫌うケースもあるかもしれない。合併による水道事業の広域化には議会の同意を得なければならない。

[2]　地方部においては水道管の老朽化が進んでおり，更新事業も行わなければならない。そのため，更新投資に財源が必要となるが，それが不足する過疎の自治体も多数存在する。また，広域化が行われた場合，料金窓口や各種届出，管路事故に対して，一定時間内に対処することが可能となる。(詳細は石原・菊池(2011)，191ペー

表13-2 事業別における料金体系の変化

(単位:円)

平成年度	16	17	18	19	20	21	22	23
用水供給事業	92.16	89.75	90.31	89.70	88.18	88.57	85.03	83.42
末端供水事業	1207.71	1155.65	1155.09	1158.03	1151.71	1147.48	1145.41	1144.79
簡易水道事業	1394.90	1418.17	1437.79	1578.54	1564.83	1576.00	1615.19	1589.50

(出所) 表13-1と同じ。

せ,住民や企業を積極的に誘致するものもある[3]。

 その一方で,各自治体が水源を自己水に頼る用水供給であるか,あるいは受水に頼る末端給水であるかによっても水道料金体系が大きく異なる[4]。表13-2は用水供給,末端給水,簡易水道事業別における料金体系の変化をまとめたものである。これをみると用水供給の水道料金が非常に安価であることがわかる。したがって,各自治体が受水団体であるかどうかは水道料金体系を決める大きな要因となる[5]。

 さらに表13-1と関連させて述べれば,用水供給を行う都道府県営の水道事業数は平成16と23年度においてあまり変化しない一方で,企業団営の行う用水供給事業数は変化している。具体的には,用水供給を行う4つの企業団営水道事業が減ったものの,平成23年度では新たに6つの企業団営水道事業が加

ジにある。)
3) 全国では水源が乏しく,広域化が困難な地域もある。たとえば,松山市では平成6年水不足が起こり,蛇口から出る水の量を減らしたり,水を供給する時間を制限させたりしたことがヒアリング調査からわかっている。未給水地域解消を目指して,第四拡張事業が完了したのは平成4年であり,松山市は渇水対策をいかに取り組むかが大きな課題でもあった。
4) ここで用水供給や末端給水事業は地方公営企業法適用なのに対して簡易水道事業は法非適用なのは注意しなければならない。石原・菊池(2011)は地方公営企業法が適用されるメリットとして1.会計情報の明確化,2.正確なコスト把握,3.減価償却の適性の算定等を挙げている。したがって,経営状況を明らかにするためには法適用による企業会計方式にした方が望ましい。(詳細は石原・菊池(2011),168-170ページにある。)
5) 実際,大阪府下において,平成22年度大阪水道企業団の売値が下がった。そのため受水団体の受水費が大きく変化したところがかなり存在した。

わっている．したがって，より最近では企業団営で用水供給事業を行う自治体が増えている．

3. 都道府県別における水道事業の費用について

さらに，今度は水道事業の費用が各都道府県でいかに異なるかについて考えてみよう．水道事業の費用は営業費用と資本費用とに分かれる．営業費用は，既存の水道施設を維持管理していくために必要とされる費用であり，職員給与費，薬品費，動力費，修繕費，受水費，減価償却費，通信運搬費，委託料および手数料等から構成される．また，資本費用には支払利息等がある．

ここでは職員給与費と委託料，減価償却費，支払利息，修繕費，薬品費のみを取り上げて分析してみた[6]．水道料金算定要領から各費用について説明してみると，減価償却費は料金算定期間中の償却資産の取得価格に対し，定額法により算出した額である．それに対して，薬品費は料金算定期間中の総水量に1立方メートル当たりの薬品費を乗じて適正に算出した額である．また，修繕費は移動固定資産の取得価格に対して，標準的経費係数を乗じて得た額から，人件費その他別途営業費用に算入される費用の額を控除して適正に算出した額となっている．

資本費用とは支払利息および資産維持費の合計額があり，算定方式としては，通常，レート・ベース方式と積み上げ方式の2つが考えられる[7]．支払利息とは企業債の利息，取得諸費および発行差金償却費ならびに一時借入金の利息の合計額となっている．表13-5には各都道府県における水道事業の営業費用と資本費用の平均値がまとめてある．

---

6) それ以外の費用も重要であると思われるが，その金額が0円/立方メートルとなる自治体が多数存在しており，後のタイル尺度で分析を行う都合上，これらの費用は分析対象から除いた．
7) 資産維持費とは施設の建設，改良，再構築及び企業債の償還等に充当されるべき額に対して適正な率を乗じて算定した額である．現実的には，資産維持費を計上した場合，水道料金が高額となるため，資産維持費を資本費に含めない自治体もいくつかある．

表 13-3 からどの都道府県でも減価償却費の金額が大きく、薬品費の金額が小さいことがわかる。とりわけ、減価償却費の金額が最も大きかったのは岩手県や福島県にある水道事業で 145.25 円/㎥、126.55/㎥である。これに対して、薬品費の金額が小さかったのは、山形県や福島県にある水道事業であり、それぞれ 0.80 円/㎥であった。

4. 水道料金と費用に関する都道府県ごとの格差

ここでは、都道府県営、指定都市営、市営、町村営、企業団営である用水供給、末端給水、簡易水道事業を分析対象に、水道料金の格差が各都道府県でどの程度あるのかを考えてみよう。

表 13-4 には各都道府県における水道料金の変動係数が示してある。平成 23 年度においては、千葉県や滋賀県などで変動係数が 0.675、0.612 と大きいのに対して、熊本県、大分県はそれぞれ 0.250、0.234 とその値が小さかった。表 13-4 から全国でも比較的南方にある県で水道料金の格差がないことがわかる。

井上（1997）はこのように水道料金の地域間格差が出る理由として、地理的条件等の要因だけでなく、原水の違いによる水質や卸売価格の違い、設備投資の状況、経営の規模と効率性、有収率（年間総排水量に占める年間総有収水量の割合によっても料金が異なる）等を挙げている[8]。また、中井（2011）は資金不足比率（資金不足額と事業規模との比）や受水費（用水供給事業から水を購入する費用）、受水率（どれだけ用水供給事業から水を購入しているか）等の理由で水道料金が異なる可能性を指摘している[9]。それ以外に、太田（1989）では総括原価ではなく、各事業法、すなわち各監督官庁に料金規制が大きく関与していることを指摘していた[10]。

時系列で考えてみると、平成 16 年度に比べて、23 年度では変動係数が大きくなっている都道府県が多く、近年では水道料金の格差は拡大している傾向に

---

8) 井上（1997）、78-85 ページ。
9) 中井（2011）、83-92 ページ。
10) 太田（1989）、41-42 ページ。

表 13-3 都道府県の営業費用と資本費用

(単位：円/㎥)

	職員給与費	委託料	減価償却費	支払利息	修繕費	薬品費
北 海 道	33.67	20.23	85.08	26.23	14.60	3.55
青 森 県	33.30	14.79	86.84	39.72	10.33	1.92
岩 手 県	37.85	27.08	145.25	53.34	19.38	1.74
宮 城 県	30.21	22.79	75.70	24.06	13.09	1.52
秋 田 県	27.96	15.69	81.52	34.19	10.19	3.10
山 形 県	24.28	14.84	78.35	22.40	9.42	0.80
福 島 県	37.97	16.45	126.55	35.65	14.30	0.80
茨 城 県	22.25	20.83	68.76	20.78	13.59	1.86
栃 木 県	17.07	16.59	72.25	23.17	8.80	1.70
群 馬 県	24.92	10.57	51.05	14.05	8.43	1.88
埼 玉 県	15.71	14.92	49.11	9.77	7.00	0.94
千 葉 県	27.58	27.95	83.73	28.37	11.77	3.21
東 京 都	26.20	22.94	54.42	14.50	17.18	3.08
神奈川県	19.62	10.62	47.51	15.99	6.71	1.39
新 潟 県	20.62	11.51	62.95	23.07	11.49	2.26
富 山 県	15.70	8.48	58.02	16.57	7.45	1.47
石 川 県	17.74	8.62	82.11	21.60	8.34	1.92
福 井 県	16.45	7.72	65.25	19.61	7.20	1.40
山 梨 県	18.09	10.76	52.26	14.85	5.81	2.21
長 野 県	19.18	10.61	68.93	21.41	9.02	1.21
岐 阜 県	12.92	9.96	48.62	13.32	9.71	1.04
静 岡 県	14.42	8.64	42.65	10.04	6.20	1.23
愛 知 県	15.12	8.28	42.44	5.73	6.13	0.87
三 重 県	19.23	12.24	57.34	15.50	7.90	1.76
滋 賀 県	16.55	11.95	49.44	14.09	5.71	1.82
京 都 府	23.69	10.62	57.60	14.56	9.61	2.10
大 阪 府	26.29	15.65	41.98	12.03	6.66	1.30
兵 庫 県	21.45	14.23	72.74	20.74	7.71	1.72
奈 良 県	30.23	11.73	56.50	12.51	7.58	2.77
和歌山県	28.04	10.58	50.93	13.52	9.28	2.52
鳥 取 県	26.25	5.84	58.49	20.12	8.66	3.52
島 根 県	23.60	10.79	67.88	26.34	10.75	3.43
岡 山 県	21.10	7.92	53.26	13.86	8.67	2.16
広 島 県	27.57	17.57	64.84	22.81	11.10	3.02
山 口 県	32.90	16.13	54.28	19.67	8.99	3.65
徳 島 県	26.65	8.00	48.17	16.20	6.46	2.78
香 川 県	20.89	12.18	47.90	14.13	10.04	3.96
愛 媛 県	27.21	19.76	79.43	21.98	12.73	3.17
高 知 県	21.29	7.70	40.04	18.29	5.89	2.86
福 岡 県	30.56	15.46	61.42	19.13	10.25	2.24
佐 賀 県	28.29	14.78	56.08	17.38	10.26	4.20
長 崎 県	29.37	15.44	59.46	17.38	9.18	3.72
熊 本 県	22.43	11.43	54.18	15.57	6.56	2.01
大 分 県	30.43	13.05	48.74	15.28	8.35	4.11
宮 崎 県	32.50	21.87	65.72	19.97	9.32	2.81
鹿児島県	30.75	9.95	59.35	16.22	8.16	3.86
沖 縄 県	22.88	11.40	34.24	10.23	8.82	5.45
全 国	24.76	14.54	65.23	19.77	9.75	1.43

(出所) 総務省統計局編『地方公営企業年鑑（平成23年度）』より作成。

表 13-4　各都道府県の水道料金に関する変動係数

平成年度	16	17	18	19	20	21	22	23
北 海 道	0.382	0.386	0.389	0.384	0.375	0.382	0.386	0.391
青 森 県	0.332	0.368	0.351	0.376	0.372	0.352	0.356	0.357
岩 手 県	0.333	0.387	0.380	0.387	0.424	0.416	0.424	0.404
宮 城 県	0.408	0.368	0.443	0.407	0.348	0.367	0.356	0.356
秋 田 県	0.384	0.401	0.412	0.411	0.332	0.367	0.392	0.393
山 形 県	0.399	0.440	0.437	0.454	0.488	0.490	0.490	0.490
福 島 県	0.457	0.444	0.401	0.398	0.404	0.409	0.418	0.412
茨 城 県	0.309	0.320	0.337	0.361	0.380	0.396	0.392	0.386
栃 木 県	0.298	0.254	0.245	0.252	0.248	0.279	0.327	0.354
群 馬 県	0.482	0.366	0.536	0.355	0.356	0.547	0.546	0.546
埼 玉 県	0.387	0.404	0.401	0.407	0.417	0.414	0.420	0.420
千 葉 県	0.612	0.645	0.672	0.653	0.643	0.672	0.673	0.675
東 京 都	0.460	0.460	0.460	0.460	0.460	0.457	0.481	0.481
神奈川県	0.375	0.401	0.392	0.402	0.404	0.394	0.420	0.407
新 潟 県	0.457	0.445	0.492	0.446	0.459	0.518	0.457	0.460
富 山 県	0.490	0.545	0.535	0.537	0.567	0.568	0.565	0.543
石 川 県	0.427	0.406	0.413	0.429	0.429	0.429	0.455	0.458
福 井 県	0.334	0.343	0.320	0.310	0.292	0.283	0.291	0.290
山 梨 県	0.357	0.388	0.402	0.381	0.465	0.461	0.461	0.477
長 野 県	0.415	0.435	0.425	0.439	0.444	0.433	0.442	0.443
岐 阜 県	0.444	0.440	0.454	0.447	0.448	0.488	0.487	0.487
静 岡 県	0.326	0.350	0.351	0.362	0.382	0.343	0.369	0.453
愛 知 県	0.581	0.326	0.324	0.337	0.369	0.381	0.383	0.381
三 重 県	0.473	0.473	0.459	0.470	0.454	0.441	0.451	0.445
滋 賀 県	0.530	0.567	0.562	0.572	0.573	0.609	0.609	0.612
京 都 府	0.577	0.405	0.435	0.449	0.449	0.439	0.457	0.448
大 阪 府	0.326	0.290	0.320	0.335	0.347	0.389	0.388	0.386
兵 庫 県	0.479	0.561	0.550	0.542	0.524	0.525	0.519	0.506
奈 良 県	0.572	0.549	0.529	0.495	0.495	0.525	0.526	0.524
和歌山県	0.347	0.277	0.287	0.287	0.287	0.287	0.290	0.290
鳥 取 県	0.591	0.437	0.437	0.437	0.438	0.425	0.425	0.413
島 根 県	0.482	0.471	0.496	0.488	0.491	0.492	0.496	0.519
岡 山 県	0.484	0.511	0.537	0.560	0.550	0.535	0.536	0.539
広 島 県	0.343	0.353	0.353	0.366	0.364	0.368	0.373	0.370
山 口 県	0.412	0.398	0.413	0.388	0.388	0.376	0.376	0.366
徳 島 県	0.593	0.597	0.582	0.591	0.575	0.362	0.353	0.348
香 川 県	0.381	0.340	0.514	0.416	0.427	0.514	0.514	0.521
愛 媛 県	0.564	0.618	0.608	0.595	0.620	0.620	0.615	0.602
高 知 県	0.308	0.271	0.308	0.260	0.260	0.415	0.415	0.298
福 岡 県	0.423	0.450	0.449	0.456	0.460	0.464	0.446	0.465
佐 賀 県	0.411	0.478	0.460	0.468	0.468	0.449	0.448	0.446
長 崎 県	0.354	0.379	0.379	0.384	0.376	0.368	0.366	0.350
熊 本 県	0.273	0.273	0.260	0.254	0.246	0.250	0.250	0.250
大 分 県	0.266	0.254	0.254	0.243	0.237	0.238	0.234	0.234
宮 崎 県	0.289	0.292	0.292	0.292	0.287	0.295	0.281	0.271
鹿児島県	0.231	0.228	0.238	0.236	0.235	0.291	0.219	0.274
沖 縄 県	0.326	0.419	0.336	0.430	0.410	0.330	0.330	0.340
全　　国	0.483	0.492	0.495	0.495	0.492	0.496	0.496	0.495

(出所) 表 13-1 と同じ。

ある。これは合併が進むことによって水道事業が広域化する地域がある一方で，現在でも簡易水道で水を提供している地域では水道料金が高額になってしまうためだと思われる[11]。

さらに，今度は水道事業の費用に関して，各都道府県でどの程度の格差があるかを考えてみよう。表13-5には水道事業の費用に関する変動係数がまとめてある。表13-5から薬品費については変動係数が大きく，それ以外の費用については変動係数が1より小さいものが多いことがわかる。ただ，福島県の減価償却費，愛媛県や宮崎県の委託料については変動係数が2より大きく，格差がかなりあるものと思われる。福島県では南相馬市や田村市のように減価償却費が135.95円/㎥，104.04円/㎥と高い自治体がある一方で，国見町や石川町のように35.44円/㎥，31.10円/㎥と安い自治体もある。

5. 水道料金と費用に関するタイル尺度の分析

前節までは変動係数を使って，水道料金やその費用に関する都道府県格差を議論してきた。ただ，変動係数は単なる標準偏差と平均の比率を取った値であり，単なるデータに関するばらつき具合を示したに過ぎない。実際には，各都道府県の変数が全体に対してどれだけのシェアを占めるかというウエイトづけを行うことは重要である。ジニ係数やタイル尺度を使った分析はその点を考慮して結果を導き出している。

ただ，ジニ係数は各都道府県格差がどれほどあるのかを分析することは可能であるが，各都道府県が全体の格差に対してどれだけ寄与しているのかを明らかにするのは難しい。それに対して，タイル尺度を使った分析では各都道府県が全体の格差に対して，どれだけ寄与しているのかを分析することが可能となる。そのため，税収や所得についてどれだけの格差があるのかを明らかにするべく，タイル尺度を使った地域間格差の研究がこれまで盛んに行われてきた。

---

[11] 実際，平成16年度では市営の水道事業より町村営の水道事業の方が多かったものの，平成17年度以降では市営の方が町村営の水道事業の数を上回っている。

表 13-5 水道事業の費用に関する変動係数

	職員給与	委託料	減価償却費	支払利息	修繕費	薬品費
北 海 道	0.501	0.688	0.505	0.856	1.274	1.124
青 森 県	0.390	0.538	0.512	0.962	0.741	1.510
岩 手 県	0.848	1.122	1.721	1.613	1.733	0.764
宮 城 県	0.705	1.048	0.414	0.720	0.775	1.073
秋 田 県	0.478	0.575	0.586	0.878	0.556	0.946
山 形 県	0.421	0.464	0.535	0.895	0.673	1.491
福 島 県	1.632	0.493	2.001	1.142	0.956	0.996
茨 城 県	0.429	0.515	0.512	0.935	0.651	0.883
栃 木 県	0.405	0.536	0.367	0.568	0.459	1.736
群 馬 県	0.947	0.761	0.322	0.586	1.060	1.139
埼 玉 県	0.455	0.385	0.312	0.472	0.654	1.728
千 葉 県	0.787	1.362	0.801	1.320	0.679	1.130
東 京 都	0.373	0.300	0.434	0.662	1.253	1.496
神奈川県	0.434	0.518	0.311	0.603	0.729	2.237
新 潟 県	0.501	0.478	0.533	0.755	0.750	1.242
富 山 県	0.403	0.676	0.379	0.555	0.892	2.667
石 川 県	0.699	0.467	0.611	0.684	0.632	2.005
福 井 県	1.109	0.629	0.799	0.623	0.640	2.978
山 梨 県	0.478	0.879	0.566	0.667	0.801	2.011
長 野 県	0.370	0.639	0.378	0.663	0.550	2.391
岐 阜 県	0.569	0.582	0.382	1.093	0.632	3.374
静 岡 県	0.493	0.571	0.315	0.620	0.548	2.991
愛 知 県	0.451	0.503	0.247	0.665	0.517	4.099
三 重 県	0.394	0.466	0.395	0.613	0.711	2.625
滋 賀 県	0.447	0.399	0.300	0.515	0.667	3.087
京 都 府	0.311	0.511	0.378	0.543	0.603	2.504
大 阪 府	0.329	0.674	0.555	0.989	0.792	3.111
兵 庫 県	0.458	0.549	0.692	1.393	0.633	2.498
奈 良 県	0.592	0.368	0.643	1.195	0.573	1.954
和歌山県	0.405	0.705	0.449	0.645	0.627	2.314
鳥 取 県	0.719	0.445	0.315	0.516	0.630	2.475
島 根 県	0.436	0.396	0.403	0.517	0.353	2.643
岡 山 県	0.651	0.833	0.526	0.827	0.639	2.945
広 島 県	0.498	0.707	0.841	0.828	0.848	2.580
山 口 県	0.435	0.756	0.304	0.398	0.429	2.320
徳 島 県	0.641	0.429	0.345	0.662	0.652	2.911
香 川 県	0.423	1.055	0.347	0.822	0.630	2.074
愛 媛 県	0.994	2.365	1.231	0.886	1.491	2.581
高 知 県	0.331	0.498	0.301	0.386	0.438	3.261
福 岡 県	0.881	0.658	0.584	0.905	0.743	2.434
佐 賀 県	0.344	1.095	0.387	0.743	0.584	2.252
長 崎 県	0.272	0.574	0.360	0.687	0.619	2.500
熊 本 県	0.397	0.625	0.429	0.536	0.517	4.000
大 分 県	0.368	0.451	0.220	0.487	0.592	2.605
宮 崎 県	1.105	2.135	0.927	0.728	0.614	3.362
鹿児島県	0.490	0.395	0.292	0.559	0.842	2.319
沖 縄 県	0.380	0.566	0.376	1.018	0.571	2.082
全 国	0.774	1.058	1.036	1.179	1.031	1.477

(出所) 表 13-3 と同じ。

たとえば，高林（2005）ではタイル尺度を使って各地方における主要税収の格差だけでなく，大阪府下のデータに基づき市町村民税や固定資産税の地域間格差を分析している。また，望月・野村・深江（2010）は申告所得税や市町村民税の地域間格差をタイル尺度による分析を通じて明らかにしている。高林（2005）と望月・野村・深江（2010）の分析に関する違いは，後者では税率効果や控除効果を考慮した分析が行われているのに対して，前者ではそれを考慮していないことである。それ以外に，齊藤（2010）は人口規模別，あるいは道州制グループ別に分けてタイル尺度の計測を行っている。

相対的な格差の指標としては，ジニ係数やタイル尺度が代表的な例として挙げられる。そのうちジニ係数は所得のすべての対を対称的に取り，その差の絶対値の総計を所得で除したもので所得分配の不平等を測るものであり，ある所得分配 $x=(x_1, x_2, ……, x_n)$ に対して(1)式のように定義される[12]。

$$G_x = \frac{1}{2n^2\mu} + \sum_{i=1}^{n}\sum_{j=1}^{n} | x_i - x_j | \tag{1}$$

さらに，理論的に(1)式から(2)式のように展開され計算される[13]。

$$G_x = 1 + \frac{1}{n} - 2\sum_{i=1}^{n}\frac{\varphi_i}{n} \tag{2}$$

それに対して，タイル尺度は情報理論のエントロピー概念に基づいて構築された不平等の尺度である。この指標はある事象の情報価値は確率の減少関数であるということに基づいている。ここで確率の代わりに所得を取り，総所得を1に基準化して完全平等1が達成された場合，この値は最大 $\log n$ を取ることになる。したがって，所得のエントロピーをその最大 $\log n$ から控除するならば，タイル尺度はある所得分配 $x=(x_1, x_2, ……, x_n)$ に対して(3)式のように表すことができる[14]。

---

12) 青木（1979），94-96ページ。望月・野村・深江（2010），66ページ。
13) Kimura（1994），pp. 83-97.
14) 青木（1979），91-93ページ。

$$T(x)=\log n-\sum_{i=1}^{n} x_{i}log\frac{1}{x_{i}}=\sum_{i=1}^{n} x_{i}lognx_{i} \qquad (3)$$

ここで一般化されたエントロピー尺度は0と1以外の値αに対しては(4)式のように定義される[15]。

$$I_{\alpha}(x)=\frac{1}{\alpha\,(1-\alpha)}\frac{1}{n}\sum_{i=1}^{n}\left[1-\left(\frac{x_{i}}{\mu}\right)^{\alpha}\right] \qquad (4)$$

このときI_1がタイル尺度となり(5)式のように定義される。

$$I_{1}(x)=T_{(x)}\ \frac{1}{n}\sum_{i=1}^{n}\frac{x_{i}}{\mu}ln\left(\frac{x_{i}}{\mu}\right) \qquad (5)$$

タイル尺度をさまざまな要因に分解するため、所得分配$x=(x_1, x_2, \cdots\cdots, x_n)$を$K$グループに分解するとタイル尺度は(6)式で定義されることになる[16]。

$$T_x=\sum_{k=1}^{K}\frac{n_k\mu_k}{n\mu}T_x^k+\sum_{k=1}^{K}\frac{n_k\mu_k}{n\mu}log\frac{\mu_k}{\mu} \qquad (6)$$

ここでは所得を水道料金、あるいは費用と考えており、Kグループは各都道府県の数の47となる。また、μは平均値、μ_kは各都道府県の平均値を表している。したがって、各都道府県の水道料金、あるいは費用が表13-3に示した全国平均とあまり変わらない場合、その値は限りなく1に近づき、寄与度を決める要因は各都道府県にある水道事業のシェアとなる。

表13-6は用水供給、末端給水、簡易水道事業を含む全国の水道事業をデータに取って、ジニ係数とタイル尺度の変化をまとめたものである。これを見ると、平成16年度から22年度にかけて、ジニ係数とタイル尺度の値は上昇していく傾向にあり、近年で水道料金の地域間格差は拡大しているといえる。そのため、各都道府県の水道料金格差が全体の地域間格差にどのような影響を与えているのかを分析する必要があろう。

---

[15] Sen (1997), p.158.
[16] 望月・野村・深江 (2010), 67ページ。Theil (1967), pp. 91-96.

表 13-6　水道料金に関するジニ係数とタイル尺度

平成年度	16	17	18	19	20	21	22	23
ジニ係数	0.2688	0.2702	0.2720	0.2720	0.2736	0.2741	0.2755	0.2750
タイル尺度	0.1224	0.1248	0.1264	0.1267	0.1284	0.1295	0.1304	0.1301

（出所）表 13-1 と同じ。

　表 13-7 は各都道府県の格差が全体のタイル尺度に及ぼす寄与度を表している。平成 23 年度で考えると，北海道の寄与度が 0.09903 と最も大きく，逆に東京の寄与度は 0.00268 と最も小さかった。これは北海道にある水道事業が平成 23 年度において，106 と非常に多いためであり，それに対して，東京都にある水道事業は 6 と非常に少なかったことが原因の 1 つとして考えられる。それ以外に茨城県，福岡県の寄与度が大きく，これらの都道府県における水道料金の格差は全体に与える影響が大きい[17]。また時系列で考えると，平成 16 年度から 17 年度にかけて寄与度の大きさが大きく変化している都道府県が多い。これは合併により町村営から市営へと経営主体が変わった水道事業が多く存在したためであると考えられる。

　さらに，今度は水道事業の費用に関するタイル尺度の計測から，各都道府県の寄与度を議論してみよう。表 13-8 は水道事業の費用格差に関する寄与度をまとめたものである。表 13-8 からどの事業費用に関しても北海道の寄与度が大きいのに対して，東京都の寄与度は小さいのがわかる。これは前節の議論と同様に水道事業数のシェアが影響を及ぼしているものと考えられる。とりわけ，薬品費については北海道の寄与度が 0.17856 と大きい一方で，支払利息については東京都の寄与度が 0.00324 と最も小さかった。

　また，職員給与費については，北海道のみならず福岡県，福島県，千葉県等の寄与度も大きく，それぞれ 0.05161，0.04276，0.03923 であった。福島県，千葉県の寄与度が大きいことは職員給与費のみならず，減価償却費，支払利息

---

17)　平成 23 年度の水道料金で考えると，北海道では最小で 23 円，最大で 2,850 円，茨城県では最小 72 円，最大で 2,625 円，福岡県は最小で 74 円，最大で 2,205 円となっている。水道料金の格差が少ない東京都は最小で 115 円，最大で 903 円であった。

表 13-7 水道料金の格差に関する寄与度

平成年度	16	17	18	19	20	21	22	23
北 海 道	0.07773	0.09458	0.09376	0.09612	0.10492	0.09931	0.09871	0.09903
青 森 県	0.02558	0.02865	0.03060	0.02756	0.03042	0.03111	0.03016	0.02945
岩 手 県	0.02924	0.02547	0.02587	0.02587	0.02570	0.02752	0.02674	0.02381
宮 城 県	0.04028	0.03484	0.03564	0.03661	0.03393	0.03548	0.03323	0.03317
秋 田 県	0.02024	0.01629	0.01548	0.01556	0.01521	0.01618	0.01628	0.01638
山 形 県	0.02973	0.02886	0.02933	0.03050	0.02440	0.02635	0.02604	0.02612
福 島 県	0.03680	0.03359	0.03451	0.03466	0.03282	0.03465	0.03541	0.03495
茨 城 県	0.05027	0.04511	0.04584	0.04429	0.04227	0.04657	0.04620	0.04502
栃 木 県	0.02421	0.02605	0.02660	0.02547	0.02462	0.02315	0.02306	0.02142
群 馬 県	0.01995	0.01896	0.01859	0.01888	0.02083	0.01737	0.01771	0.01777
埼 玉 県	0.03728	0.03766	0.03708	0.03707	0.03608	0.03214	0.03230	0.03301
千 葉 県	0.03423	0.03274	0.03295	0.03444	0.03432	0.03557	0.03451	0.03578
東 京 都	0.00230	0.00293	0.00298	0.00297	0.00282	0.00318	0.00267	0.00268
神 奈 川 県	0.00744	0.00974	0.00952	0.00950	0.00949	0.01000	0.01013	0.01029
新 潟 県	0.03694	0.02704	0.02769	0.02738	0.02453	0.02407	0.02471	0.02488
富 山 県	0.01038	0.01102	0.01086	0.01076	0.00989	0.01097	0.01109	0.01119
石 川 県	0.01541	0.01634	0.01668	0.01639	0.01556	0.01726	0.01700	0.01642
福 井 県	0.00953	0.00947	0.00970	0.00990	0.01095	0.01091	0.01125	0.01131
山 梨 県	0.00698	0.00850	0.00800	0.00848	0.00849	0.00909	0.00926	0.00951
長 野 県	0.03826	0.03647	0.03772	0.03670	0.03499	0.03429	0.03370	0.03394
岐 阜 県	0.02044	0.02531	0.02587	0.02489	0.02649	0.02611	0.02437	0.02448
静 岡 県	0.02751	0.02478	0.02353	0.02333	0.02115	0.02012	0.02014	0.02083
愛 知 県	0.02003	0.02054	0.02094	0.01976	0.02052	0.01917	0.01970	0.02056
三 重 県	0.02002	0.01627	0.01544	0.01654	0.01633	0.01724	0.01743	0.01706
滋 賀 県	0.01605	0.01823	0.01895	0.01992	0.01891	0.01799	0.01730	0.01770
京 都 府	0.01388	0.01553	0.01355	0.01342	0.01329	0.01415	0.01492	0.01479
大 阪 府	0.01739	0.02228	0.02155	0.02346	0.02251	0.02388	0.02280	0.02406
兵 庫 県	0.03809	0.03051	0.03007	0.03021	0.03003	0.03060	0.03137	0.03027
奈 良 県	0.01234	0.01668	0.01641	0.01774	0.01933	0.01862	0.01894	0.01844
和 歌 山 県	0.01520	0.01763	0.01866	0.01862	0.01795	0.01990	0.02000	0.02006
鳥 取 県	0.00674	0.00726	0.00738	0.00736	0.00708	0.00722	0.00736	0.00745
島 根 県	0.00729	0.00826	0.00759	0.00758	0.00719	0.00797	0.00814	0.00736
岡 山 県	0.01763	0.02161	0.01859	0.01737	0.01977	0.01916	0.01959	0.01972
広 島 県	0.01258	0.01287	0.01233	0.01234	0.01263	0.01347	0.01278	0.01209
山 口 県	0.00787	0.00794	0.00807	0.00810	0.00904	0.00863	0.00878	0.00990
徳 島 県	0.01159	0.01214	0.01230	0.01235	0.01325	0.01231	0.01261	0.01259
香 川 県	0.02071	0.01395	0.01296	0.01298	0.01473	0.01394	0.01420	0.01425
愛 媛 県	0.01443	0.01423	0.01446	0.01416	0.01403	0.01511	0.01555	0.01630
高 知 県	0.00707	0.00868	0.00882	0.00823	0.00804	0.00806	0.00821	0.00894
福 岡 県	0.03840	0.04255	0.04387	0.04315	0.04249	0.04200	0.04328	0.04135
佐 賀 県	0.01888	0.01739	0.01774	0.01742	0.01773	0.01831	0.01750	0.01877
長 崎 県	0.01819	0.01475	0.01499	0.01460	0.01430	0.01370	0.01423	0.01435
熊 本 県	0.01925	0.01948	0.01972	0.01955	0.01932	0.02042	0.02079	0.02017
大 分 県	0.00872	0.00956	0.00972	0.00984	0.00937	0.01034	0.01061	0.01065
宮 崎 県	0.01432	0.01501	0.01525	0.01522	0.01378	0.01449	0.01535	0.01555
鹿 児 島 県	0.01300	0.01307	0.01338	0.01306	0.01242	0.01272	0.01353	0.01448
沖 縄 県	0.00729	0.00918	0.00881	0.00971	0.01609	0.00929	0.01035	0.01172

(出所) 表 13-1 と同じ。

表 13-8 水道事業費用格差に関する寄与度

	職員給与	委託料	減価償却費	支払利息	修繕費	薬品費
北 海 道	0.10475	0.10761	0.10092	0.10369	0.11601	0.17856
青 森 県	0.02763	0.02078	0.02721	0.04148	0.02169	0.02499
岩 手 県	0.03140	0.03806	0.04551	0.05571	0.04069	0.02293
宮 城 県	0.03043	0.03889	0.02880	0.03051	0.03337	0.02342
秋 田 県	0.01574	0.01496	0.01733	0.02423	0.01452	0.02923
山 形 県	0.02086	0.02161	0.02542	0.02423	0.02047	0.00936
福 島 県	0.04276	0.03137	0.05381	0.05052	0.04074	0.04200
茨 城 県	0.02901	0.04600	0.03386	0.03410	0.04483	0.03806
栃 木 県	0.01264	0.02082	0.02021	0.02161	0.01649	0.00902
群 馬 県	0.02289	0.01644	0.01771	0.01572	0.01959	0.02413
埼 玉 県	0.02746	0.04418	0.03242	0.02113	0.03098	0.02303
千 葉 県	0.03923	0.06873	0.04591	0.05185	0.04326	0.07203
東 京 都	0.00466	0.00691	0.00365	0.00324	0.00773	0.00467
神奈川県	0.01104	0.01013	0.01010	0.01133	0.00955	0.00671
新 潟 県	0.01833	0.01733	0.02113	0.02582	0.02585	0.02986
富 山 県	0.00698	0.00638	0.00974	0.00927	0.00838	0.00405
石 川 県	0.00999	0.00822	0.01746	0.01531	0.01188	0.01058
福 井 県	0.00829	0.00659	0.01241	0.01097	0.00917	0.00388
山 梨 県	0.00911	0.00918	0.00994	0.00942	0.00741	0.01009
長 野 県	0.02785	0.02663	0.03857	0.03993	0.03315	0.02067
岐 阜 県	0.01416	0.01951	0.02122	0.01938	0.02766	0.00829
静 岡 県	0.01538	0.01562	0.01718	0.01348	0.01673	0.01140
愛 知 県	0.01971	0.01829	0.02090	0.00919	0.02023	0.00684
三 重 県	0.01538	0.01659	0.01733	0.01503	0.01599	0.01182
滋 賀 県	0.00981	0.01200	0.01107	0.01051	0.00587	0.00522
京 都 府	0.01545	0.01173	0.01418	0.01141	0.01586	0.01215
大 阪 府	0.03506	0.03536	0.02114	0.01975	0.02247	0.01628
兵 庫 県	0.02669	0.03000	0.03419	0.03249	0.02427	0.02301
奈 良 県	0.02597	0.01708	0.01834	0.01353	0.01649	0.02480
和歌山県	0.01994	0.01275	0.01368	0.01210	0.01670	0.01796
鳥 取 県	0.00934	0.00352	0.00785	0.00900	0.00779	0.00608
島 根 県	0.00769	0.00596	0.00836	0.01081	0.00887	0.00498
岡 山 県	0.01750	0.01113	0.01669	0.01447	0.01821	0.01257
広 島 県	0.01552	0.01676	0.01379	0.01446	0.01581	0.01108
山 口 県	0.01462	0.01295	0.00972	0.01100	0.01078	0.01274
徳 島 県	0.01500	0.00763	0.01024	0.01148	0.00920	0.00910
香 川 県	0.01176	0.01223	0.01072	0.01002	0.01505	0.02078
愛 媛 県	0.01774	0.02181	0.01955	0.01803	0.02100	0.01719
高 知 県	0.01010	0.00619	0.00717	0.01023	0.00707	0.00524
福 岡 県	0.05161	0.04422	0.03917	0.04067	0.04380	0.04276
佐 賀 県	0.01592	0.01409	0.01192	0.01232	0.01483	0.01876
長 崎 県	0.01567	0.01395	0.01198	0.01167	0.01239	0.01561
熊 本 県	0.01861	0.01606	0.01698	0.01568	0.01377	0.00725
大 分 県	0.01352	0.00982	0.00818	0.00855	0.00939	0.01184
宮 崎 県	0.02022	0.02305	0.01544	0.01564	0.01467	0.00917
鹿児島県	0.02825	0.01548	0.02059	0.01875	0.01898	0.04209
沖 縄 県	0.01831	0.01544	0.01035	0.01030	0.01786	0.02775

(出所) 表 13-3 と同じ。

についてもいえる。減価償却費と支払利息で寄与度の大きい都道府県が同じ傾向にあるのは，水道管の更新事業を地方債等の借り入れで賄っているのではないかと考えられる。

6．おわりに

　地方公営企業により提供される水道は独立採算を前提とした操業を行うことが原則となっている。そのため，水道料金やその費用に関する地域間格差は固定化される可能性が高い。また，水道事業が複数あることから，水道料金やその費用体系は非常に複雑なものとなっている。したがって，水道料金や費用に関する地域間格差を分析することは重要であろう。そのうえで，各都道府県グループが全国における水道料金とその費用の地域間格差にどのような影響を与えているのかをタイル尺度で計測する作業も必要となろう。

　これまでタイル尺度を使った分析は地方税収や所得の地域間格差を議論する際に行われてきた。ただ，タイル尺度を使って水道料金やその費用に関する地域間格差を分析したものは少ない。そのため，本章では『地方公営企業年鑑（平成16～23年度）』のデータに基づき，水道料金とその費用に関する地域間格差をタイル尺度により計測してみた。

　計測の結果，水道料金については平成16年度から22年度にかけて格差は拡大傾向にあり，その寄与度は北海道が最も大きく，東京都が最も小さいことがわかった。それ以外に，茨城県や福岡県の水道料金格差が全国における地域間格差に及ぼす影響も大きい。また，水道事業の費用についても全国での地域間格差に対して，北海道の及ぼす影響が最も大きく，東京都の及ぼす影響は最も小さかった。それ以外に，減価償却費と支払利息については北海道のみならず，千葉県や福島県の寄与度が大きく，これら2つの費用については寄与度の大きい都道府県が同じ傾向にある。これは，水道管の更新事業を地方債等の借り入れで賄っている自治体が多いためではないかと考えられる。

　もっとも，本分析がいくつかの課題を抱えているのも事実である。ここでのタイル尺度による寄与度分析は都道府県にある水道事業数のシェアによって大

きく左右される結果となってしまった。これに関する解釈をいかに行うかは重要であり，これについては今後の研究課題とする。それ以外に本分析は『地方公営企業年鑑（平成 16～23 年度）』に基づき行われているが，実際の各自治体における水道料金，あるいは費用体系はさらに複雑である。『水道統計』は『地方公営企業年鑑』よりも詳細なデータを提供しており，今後はそれを使った分析も必要となろう。

付記：本稿は桃山学院大学共同プロジェクト 11 連 216「水の多面的アプローチ：アジアの水，関西の水」からの助成金を受けて作成したものである。

参 考 文 献

青木昌彦（1979）『分配理論』筑摩書房。
石原俊彦・菊池明敏（2011）『地方公営企業経営論─水道事業の統合と広域化─』関西学院大学出版会。
井上繁（1997）「水道料金の内々格差とこれからの水道事業経営」（『都市問題研究』第 49 巻第 8 号）都市問題研究会。
太田正（1989）「地方公営企業と料金設定基準（上）─水道事業における実体資本維持説と個別原価主義をめぐって」（『立教大学経済学論叢』第 33 号）。
齊藤由里恵（2010）『自治体間格差の経済分析』関西学院大学出版会。
高林喜久生（2005）『地域間格差の財政分析』有斐閣。
中井英雄（2011）「第 4 章地方公営企業と第三セクター等」中井英雄・齋藤愼・堀場勇夫・戸谷裕之『新しい地方財政論』有斐閣アルマ，82-106 ページ。
望月正光・野村容康・深江敬志（2010）『所得税の実証分析─基幹税の再生を目指して─』日本経済評論社。
Kimura, K.（1994），"A Micro-macro Linkage in the Measurement of Inequality: Another Look at the Gini Coefficient," *Quality and Quantity*, Vol. 28.
Sen, A.（1997），*On Economic Inequality*, Enpanded edition with a substantial annexe by J. Foster & A. Sen Oxford. Clarendon Press（鈴村興太郎・須賀晃一訳『不平等の経済学』東洋経済新報社，2000 年）．
Theil. H.（1967），*Economics and Information Theory*, North-Holland.

第 14 章

電力市場におけるベストミックスの理論的再構築
—— 電力市場の価格政策が格差問題に与える影響の分析 ——

田 中 廣 滋

1. はじめに

われわれは長期的な視点では気候変動問題から生じる不確実性の闇の恐怖からの脱出をめざしながら，日常の生活では，快適な生活を支える電力への依存を高めている。電力が安定的に供給されることを前提として，電力を光熱のエネルギー源として利用するだけでなく，電気信号を使用する多様な機器が多く普及している。気候変動問題の重要な要因に挙げられる資源の浪費から省資源社会に移行するためには，資源の効率的な利用を実現しなければならない[1]。この社会システム変革の中心に情報技術が位置し，この技術革新を電力市場が支援する。電力の用途が広がる中で，エネルギー効率を高める努力を継続しながら，必要とされる水準の電力を社会に供給することは社会の基盤を支える安全保障の問題であるということができる。電力は生産や消費の高度化を推進する財であるとともに必需品として社会生活を支える役割を果たす。さらに，電力はその消費量が，年間および一日のうちにも大きな変動があり，蓄蔵が難し

---

[1] Van den Bergh et al. (2008) や Upham et al. (2013) など多数の議論で共通の認識が確認される。

い性質に特徴がある。年間を通じてあらゆる時点で電力の市場での需要と供給が均衡することが必要であることから，電力市場は，エネルギー効率を高めながら，社会の総需要量を制御可能な市場構造に関する改善と気候変動問題の緩和に役立つエネルギー源の開発という課題に直面する。このような状況の下で，エネルギーに関する新たなイノベーションの波がこの困難な状況からわれわれを救い出してくれると待望される。2008年～2009年の世界経済金融危機は世界の経済社会を深刻な経済的活動の低下に連動した。この危機が拡大しないために，各国はグリーン・イノベーションの政策を推進して，その波及効果が経済活動を上昇局面に転換することをターゲットに定めた[2]。この政策の経済効果は財政支出と雇用量の創出を対比する単純な費用効果分析の議論の対象となった。各国の財政赤字の拡大により，気候変動問題への財政的な支援は縮小の傾向があるが，これまでの世界規模での大胆な政策展開によって，大規模な社会変革が現在進行して，そう遠くない将来にわれわれはその効果を実感することになるであろう[3]。再生可能エネルギーの普及が電力市場における固定買取市場によって，促進されるが，この補助金制度によって市場の効率性が失われる恐れがあり，その制度設計と運営上の柔軟な対応が必要である[4]。Tanaka（2011）と田中（2013a）は，電力の固定買取制度がもたらす技術革新の効果が費用便益で評価される手法を開発する。われわれの主たる関心は次の相互に関連する3つの問題に解答を見出すことであろう。この変革の中で，再生可能エネルギー発電が電力の柱となるのか，シェールガス革命がエネルギー問題の救世主となるのか，さらに，原子力発電が再生するのか。第2節のテーマは，原子力発電と再生可能エネルギーからの発電の代替可能性である。これらの大きな議論の流れに，燃料電池や水素エネルギーに関する技術開発競争が大

---

2) Barbier（2010），Aldy et al.（2007）および Upham et al.（2013）などの議論を参照。
3) Cass R. Sunstein, "Yes, Regulation Can Kill Jobs, "（©2015 Bloomberg）は，技術革新がもたらす新たな環境規制が雇用と社会に与える影響に関して幅広い議論があることを紹介する。（http://www.bloombergview.com/articles/2014-03-04/yes-regulation-can-kill-jobs 2015.1.6）
4) Mendonça et al.（2010）．

きな影響を与える可能性が注目されている[5]。固定買取制の結果として「電力会社が受入れ不可能なほどの太陽光発電が各地で稼働すれば，何が起こるかは現時点で予測困難である。せっかく作った電気は，それを電力会社の系統に流し込めば，需給の不一致が生じ，大混乱が起きるおそれがあるときは，残念ながら捨てられるしかない。だが，水素社会が来れば事態が変わる。余った電気で水を電気分解して水素を作っておけばエネルギーの『貯蔵』になる」[6]。第3節で，このような議論の理論的基礎づけはエネルギーのベストミックスの分析手法を改善することによって可能となることが論証される。電力は国民の生活基盤を支える必需品としての性格を強めている。それだけに，電力の価格と供給体制が社会公正により大きな影響を与えることが懸念される。第4節は，この理論的な分析の出発点となった東京都町田市との共同アンケート調査の結果（田中 2011a）を紹介して，市場の価格機構の機能を活用するイノベーション政策が，所得と資産に恵まれた住民に相対的に大きな恩恵を与えることを論証する。

エネルギーに関する技術革新を推進する政策の枠組みに関する議論は，田中 (2010a), (2010b) と Tanaka (2009) において展開される。気候変動問題を解決するための市場機構を活用した手段に関する分析は Yohe (1998) で示された余剰分析が田中 (1998a), (1998b), 長谷川 (2003), 田中 (2013b) で展開された。2011 年の大震災後の原子力発電に関する分析に関して田中 (2014) は原子力発電の再開発に関して必要な住民の合意プロセスを市場アプローチに適応させる。

本章の構成は以下のとおりである。本論文の複数の目的はエネルギー源から構成される電力市場を統一された理論モデルを用いて解明することである。その過程において，エネルギーのベストミックスの経済学的分析が有効であるこ

---

[5] 『NEDO 水素エネルギー白書 2014』は水素を利用する社会を実現するための取組の現状と全体像を紹介する。
[6] 『日本経済新聞』2014 年 11 月 30 日，電子版セレクション。筆者は，文章の大意が変わらないように注意して，形式の修正をした。

とと，そのための分析の枠組みが提示される。原子力発電所の再稼働や新たな再生可能エネルギー発電の育成は，多くの分野における技術的な問題の解決を必要とする。これらの一連の技術開発は電力の送配電のシステムに大きな負荷を追加する。市場の分析では，新たなエネルギー源の追加あるいは削減は電力の供給量と価格の変動という副作用を伴う。電力市場における再編の過程で市場の競争メカニズムを活用するエネルギー供給に関するイノベーションが十分に進まなければ，電力における化石燃料への依存が高まる可能性も存在する。第2節において，原子力発電に代替する再生可能エネルギーからの電力発電の可能性が論じられる。原子力発電の社会的費用をこれまで以上に評価する一方で，再生可能エネルギーの企業参入が進めば，化石燃料への依存を一定にしながら，原子力から再生可能エネルギーへのエネルギー源のシフトが実現する[7]。具体的には，原子力発電の再稼働が原子力発電の社会的な限界費用を高めることを前提として，原子力発電への比重の低下とその供給量の削減を代替するための再生可能エネルギーの効率性向上と供給力増強のための総合的なエネルギー政策が論じられる。主な帰結は，脱原子力発電では，再生可能エネルギーからの発電時のコストは増して，電力価格の上昇と化石エネルギーからの電力供給の比重が高まる。原子力発電所の再稼働は，電力の価格を一定に保つことができれば，再生可能エネルギーからの電力で原子力発電のシェアの一部を代替することができる。この過程で，再生可能エネルギーからの電力発電の効率性が改善される技術が開発される。第3節は，電力市場全体のシステム改革が論じられる。電力市場の自由化の影響が論じられることが多いが，本章では電力の蓄蔵機能を強める技術改革を促進する市場の整備が論じられる。電力の蓄電能力の増強は，有力な新規のエネルギー源の開発と同様の効果を電力市場にもたらすことが論証される。社会的余剰の実現が次のように確かめられる。電力貯蔵技術が市場取引の対象となり，電力の固定資本の調達が市場を通

---

[7] 原子力発電に関する住民による評価に関するモデル分析は，田中（2001）と（2014）で提示される。

じて可能になる方法が具体化する。結果として，電力の価格の引き下げと供給量の増加が進み，経済的余剰の増加が実現する。

2. 脱原子力発電と原子力発電再稼働の費用便益分析

2-1 不透明な電力市場の将来

本章の目的は，電力市場のベストミックスの経済理論的な分析法を開発して，その有効性を検証することである。多数のエネルギー源から電力は供給されるが，電力市場は異なるエネルギー源からの電力を家庭用あるいは産業用の用途にブレンドして消費者に供給している。このことは，個々のエネルギー源からの電力の供給のシステムが変更されれば，電力市場に大きな変化が生じることを意味する。「欧州太陽光発電産業協会（EPIA）によると，2012年の世界の新規に導入される発電容量は2011年比でわずか2％増にとどまる。(これは)最大の欧州が23％減となったのが主因」[8]である。この報道は，ドイツなどヨーロッパの諸国が先導して，導入してきた再生可能エネルギーの買取制度の影響で電力の価格が上昇して，需要が減少していることを示している。

日本でも，「固定買取制度は2012年7月に始まった。2012年6月末の約2061万kWから2013年5月末には約2366万kWになり，約305万kW増えた。増えた分の9割超を太陽光発電が占めた。だが，同じ期間に，国が制度に基づいて建設を認めた発電施設は2237万kWにのぼる。実際に運転が始まった施設はその7分の1以下にとどまった。(買取価格は年々切り下げられていく。)発電事業者が電力会社に買い取ってもらう価格は，発電設備の設置を国に認められた時点だ。その価格は，少なくとも10年間は同じ価格に据え置かれる。このため，買取価格が高いうちに建設の認定だけを先に受けておき，建設費用が十分下がるのを待って建設を始めようとする発電事業者がいるという」(（ ）内は筆者による。)[9]。

---

[8] 日本経済新聞，2013年7月12日。
[9] 朝日新聞，2013年8月21日。

この報道によれば，太陽光発電からの電力の買取量は将来的に急増して，電力の価格が上昇を続けることにより，将来的には買取制度の価格を低く設定したりするなどして，現状の制度を維持することは困難であると予想される[10]。その一方で，2015年には，原子力発電の再開が予想されるが，その再開に必要なコストが議論される。「東海原発も普通の原発の数分の一の規模であるが廃炉の総費用は885億円と日本原電（日本原子力発電株式会社）は見積もる。経済産業省の試算では，国内の全原発を廃炉にした場合のコストは2兆7900億円。原発1基当たり300億〜800億円という計算だ。[11]」原子力発電に関する議論を費用便益の視点から考察することも重要になる。日本が脱原発の政策を選択した場合，現在想定されている以上の費用の負担が国民の生活に及ぶことも予想される。原子力発電は化石エネルギーからの発電と再生可能エネルギーからの発電とともに社会的便益と費用の観点から統一的に論じられることが必要である。次節で，ベストミックスの分析手法を適用することによって，3つのエネルギーからの発電に関する議論は明快にされる。

2-2 市場機能と国民的合意

エネルギー問題では，個々の政策に関して国民が異なった意見を持ったとしても，その意見が電力市場というひとつの場で集約され，国民全体の意思決定がなされる。田中（2011b）で使用されたモデルを用いることによって，この問題は説明可能である。そのために，図14-1が作成される。再生可能エネルギーや原子力を使用することが国民の経済的な負担にプラスに作用するとは限らないが，政府の補助金などの支援の下に化石エネルギーに依存する電力供給体制が構築されることが想定される。

議論が明確になるように，モデルを用いて推論が展開される。エネルギー源

10） 日本経済新聞，2014年7月3日の記事は，買取コストの電気料への上乗せ額は標準的な世帯で，2012年度の月87円から2014年度には225円に上昇したと報じている。この上乗せ額の上昇の速度はドイツを上回ることが懸念されている。

11） 日本経済新聞，2013年6月5日。

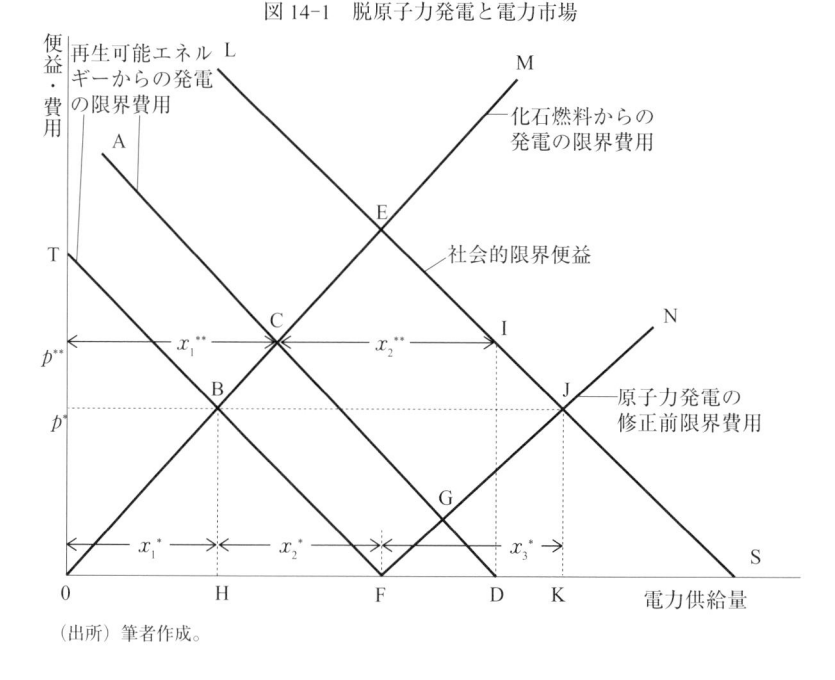

第14章 電力市場におけるベストミックスの理論的再構築　387

図14-1　脱原子力発電と電力市場

(出所) 筆者作成。

が，化石エネルギー，再生可能エネルギーと自然エネルギー，原子力エネルギーの3つに分類され，各分類の合計額がx_1, x_2, x_3で表示される。社会に供給されるエネルギーの総量はxであると想定される。発電総量xは3つのエネルギー源からの発電量の総和であるとき，等式$x = x_1 + x_2 + x_3$が成立する。各エネルギー源からの発電能力の総量xのもとでの社会的便益と社会的費用は$B(x)$と$C(x)$で表示される。各エネルギー源からの発電のコストは異なると想定される。化石エネルギー，再生可能エネルギーと自然エネルギー，原子力エネルギーの3タイプのエネルギー源からの発電量はx_1, x_2, x_3で表示される。また，各エネルギーからの発電に関連して生ずる社会的費用は$C_1(x_1), C_2(x_2), C_3(x_3)$と書かれる。社会での意思決定はこの3つのエネルギー源を上手に組み合わせて必要な電力を得ることであり，x_1, x_2とx_3を同時に決定しなければならない。本章において，最善の理論が実際の政策に適用され，電力の需要関数は社会の限界便益に等しいと仮定され，

$$p = \frac{dB}{dx}(x) \tag{1}$$

を満足する。

　生産された電力がどのエネルギー源によって生産されたか，消費者が区別することは不可能なので，単一の電力価格（料金）p が形成される。3つのエネルギー源からの電力を市場に供給する電力会社の利潤は

$$px - (C_1(x_1) + C_2(x_2) + C_3(x_3)) \tag{2}$$

で計算される。各エネルギー源からの電力の供給量は利潤最大化の条件に基づき，次の条件式

$$p^* = \frac{dC_i}{dx_i}(x_i^*), \quad i = 1, 2, 3. \tag{3}$$

を満たす。このとき，(1)は

$$p^* = \frac{dB}{dx}(x_1^* + x_2^* + x_3^*)$$

と書き直され，(3)式から，市場においてベストミックスと呼ばれる最適なエネルギー政策が実現される。次に，原子力発電所の事故などによる国民感情の悪化から，脱原子力発電の政策が採用されて，原子力発電が主要な電力の供給源ではなくなると仮定しよう。式の上では，脱原子力発電政策における最適供給条件(3)が，$i = 1, 2$ に対して成立する。

$$p^{**} = \frac{dB}{dx}(x_1^{**} + x_2^{**}) = \frac{dC_i}{dx_i}(x_i^{**}), \quad i = 1, 2.$$

ところで，限界費用は逓増するのに対して，限界便益は逓減する。電力の価格が単一であることに注意すれば，

$$\frac{dC_i}{dx_i}(x_i^*) = \frac{dB}{dx}(x_1^* + x_2^* + x_3^*) < \frac{dB}{dx}(x_1^* + x_2^*), \quad i = 1, 2, 3. \tag{4}$$

が成立して，脱原子力政策の下でのエネルギーの均衡供給水準は，脱原子力発電の供給体制では，限界便益が限界費用より高いという不均衡をもたらす。市

場では需要価格が供給価格よりも高いという状況がもたらされて，短期的には，各エネルギー源ごとに電力供給の増強と市場価格の上昇による需要の減少が市場の調整過程で生じる。式の上では，新しい電力の市場均衡において，次の3つの式の組み合わせが成立する。

$x_i^* < x_i^{**}$, $i=1, 2$.

$(x_1^* + x_2^* + x_3^*) > (x_1^{**} + x_2^{**})$.

$p^* < p^{**}$.

図 14-1 を用いた分析は田中（2011b）[12]で開始される。ここでは，LS 曲線が電力供給の社会的限界便益曲線である。まずはじめに，電力供給源は，化石燃料，再生可能エネルギー，原子力であり，各エネルギー源からの発電の限界費用は 0M，FT，FN 曲線によって描かれる。この費用のもとでのベストミックスの市場均衡は点 B と点 J によって表示される。電力の市場価格は p^* である。次に，脱原子力発電政策が導入されたとしよう。このとき，原子力からの電力供給がなくなり，再生可能エネルギーからの発電の限界費用が AD 線にシフトして，電力の市場価格は p^* から p^{**} に上昇する。電力の供給総量は DK の長さだけ減少する。図 14-1 では，化石燃料からの電力供給が x_1^* から x_1^{**} に増加するが，もうひとつの柱である再生可能エネルギーからの電力供給量は x_2^* から x_2^{**} へと変化するが，再生可能エネルギー源からの発電のイノベーションによる AD 曲線の傾きの低下などが生じなければ，期待に反して，再生可能エネルギーからの電力供給が伸びない可能性もあることから，電力供給における化石燃料への依存が高まることを防止するために，再生可能エネルギーからの電力供給を増加するための政策が必要になる。また，費用と便益に関して以下の推論が可能である。脱原子力発電政策への移行から，便益の減少額は台形 IDKJ の面積で示されるのに対して，費用の増加額は四角形 CBFD の面積から三角形 FKJ の面積を控除した値に等しくなる。この2つの値が正の値であれば，便益が減少して，費用が増加することが確かめられることになり，脱原

---

12) この問題の図による説明は田中（2011b），211-215 ページで試みられた。

子力発電政策からの純便益は負となることが確かめられる。

　これまでの推論において，いくつかの前提が設定されているが，次の2つの可能性は認められていない。第1に，再生可能エネルギーからの技術進歩とともにその限界費用が低下する。第2に，原子力発電に関する安全基準が強化され，原子力発電の限界費用が上昇する。この2つの条件が満たされる状態は図14-2に描かれる。費用便益の比較が容易になるように，電力の価格が一定のまま，原子力発電の再稼働が進むことが想定されている。

　図14-2では，化石燃料からの電力供給が一定のままで，再生可能エネルギーからの電力供給が x_2^* から x_2^{***} に増加する一方で，原子力からの発電量が x_3^* から x_3^{***} に減少することが示されている。市場均衡水準を示す点Bと点Jが一定であるので，便益額が点Jまでの社会的便益曲線の下方の面積，3つの三角形の底辺の和と高さが同一であることから，便益と費用ともに再稼働により一定に維持することが可能である。電力の供給が原子力発電所の再稼働によ

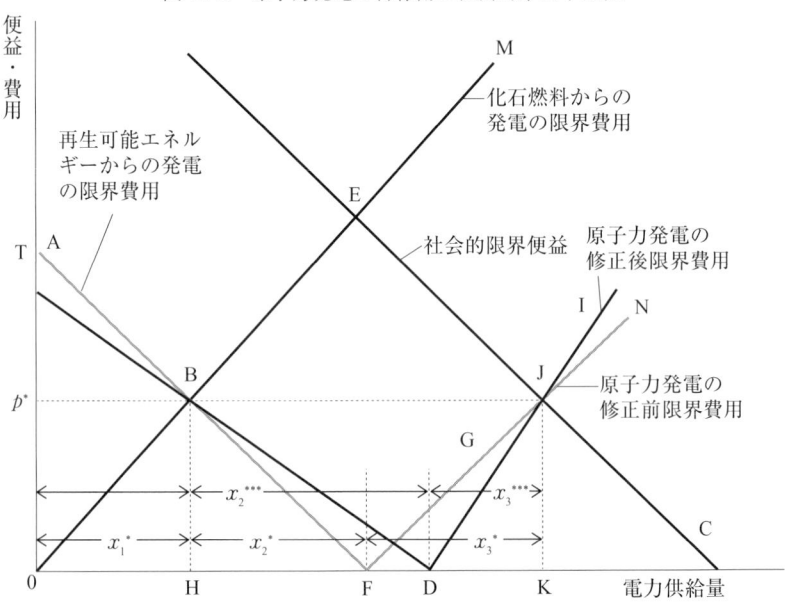

図14-2　原子力発電の再稼働と社会的厚生中立性

(出所) 筆者作成。

って一定の水準に維持することが可能であれば，電力供給体制の変更が社会厚生に与える影響は中立であるという可能性が示される．

3. 電力の蓄蔵と再利用の市場分析

電力は生産と生活を支えるライフラインを構成する．電力は需要と供給の市場均衡が各時点で成立することで市場供給される．一時的に超過需要が生じると，停電が発生することになる．そのためには各時点で需要を上回る供給を確保することが必要になる．電力市場を細分して，需給量を制御する管理技術の開発は停電のリスクを低く保ちながら，超過需要を管理する有効な対応策である．そのためには法制度や大規模な社会インフラの整備などが必要になる．昼間などのピーク時の需要が非ピーク時の数量と比較して，極端に大きくなり，その変動量の一部を再利用したり，貯蔵することも電力市場の需給の調整を円滑にする手段だと考えられて，ピークロード料金などが実際に導入されている．本節では，前節で導入されたベストミックスの基本モデルを用いて，燃料電池，電池のバッテリーなどのように一時的な余剰電力を利用したり，蓄えたりする技術開発に関する費用・便益分析が実施される．電力の貯蓄あるいは再利用を分析するために，以下のような仮定が用いられる．前節と同様に化石エネルギー，再生可能エネルギーと自然エネルギーの2タイプのエネルギー源からの発電量は x_1, x_2 で表示されるが，x_3 はエネルギーの貯蓄あるいは再利用から生み出された発電量である．エネルギーの再利用あるいは貯蓄の効果が明確になるように，x_1, x_2 だけの電力が供給されていたとしよう．図 14-2 を修正した図 14-3 を用いて電力貯蔵の技術開発の効果が説明される．はじめに，既存の2つのエネルギー源からの電力供給効果は電力の供給が $(x_1^* + x_2^*)$ に等しくなり，限界便益は 0T の長さで表示される．第3の技術である電力の蓄積を(3)で示される最適の水準まで進めなければならない．図 14-3 のうえでは，市場均衡点は点 E から点 J にシフトする．化石エネルギーと再生可能エネルギーの限界費用曲線が変化しないと仮定されているので，社会的厚生は台形 EFKJ の面積だけ増加する．また，可変費用は三角形 FKJ の面積だけ増加する．技

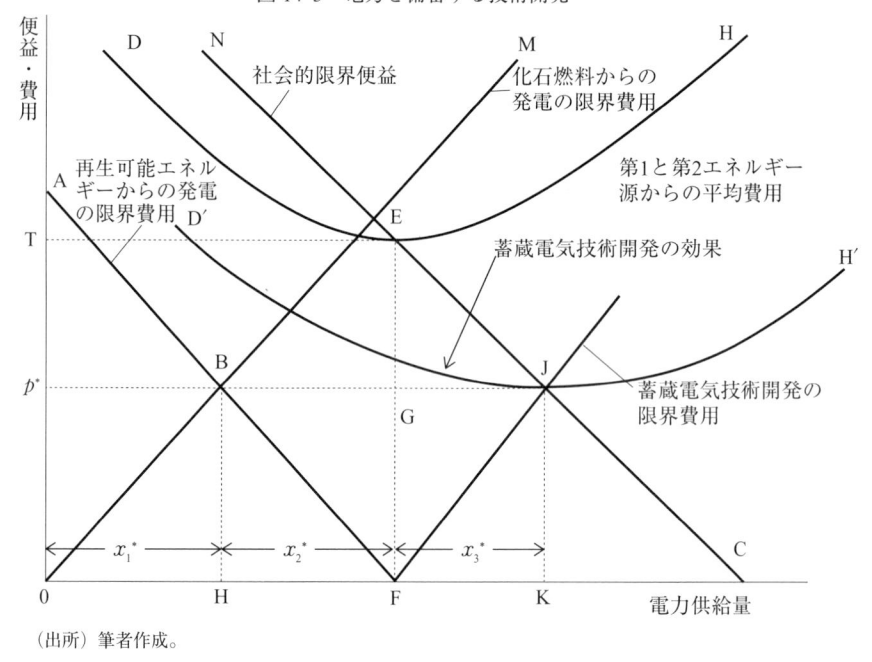

392　第3部　財政調整および公共料金政策における格差問題と対応

図14-3　電力を備蓄する技術開発

便益・費用

D　N　　　M　　　　H
　　社会的限界便益
　　　　　　　化石燃料からの
　　　　　　　発電の限界費用
A
　再生可能エネル
　ギーからの発電　　　　　　　　第1と第2エネルギー
　の限界費用　D'　　　　　　　　源からの平均費用
T
　　　　　　　　E
　　　　　　　　蓄蔵電気技術開発の効果
　　　　　　　　　　　　　　　　　　　　H'
　　　　　　　　　　　　　　　J
p^*　　　B　　　　　　　　　　　　　蓄蔵電気技術開発の
　　　　　　　　　G　　　　　　　　　限界費用

　　　　　x_1^*　　x_2^*　　x_3^*　　　　　　C
0　　　　　H　　　F　　　K　　　電力供給量

（出所）筆者作成。

術開発によって生じる経済的余剰は三角形EFJの面積である。電力が価格p^*で販売することが可能であれば，生産者の利潤は三角形GFJ，消費者余剰は三角形EGJの面積に等しくなる。電力貯蔵技術の成果が評価される市場が開発されると電力の固定資本の調達が市場を通じて可能になる方法が具体化する。結果として，電力市場における平均費用が低下して，電力の価格の引き下げと供給量の増加が進み，経済的余剰の増加が実現する。

　電力・エネルギーに関連する事業において，固定資本が巨額に達することが課題分析にとって鍵となる概念である。基本モデル(4)とそれをグラフにした図14-1と14-2は最善の解の分析に焦点を当てる。蓄電の電力供給の技術開発の意味は，このベストミックスの分析の枠組みで明らかにされる。この新技術開発が始まる前の需要と供給の均衡が点Fであるとしよう。最善の水準より電力の供給量がFKだけ不足する。電力市場はこの電力供給の不足を価格の上

昇による需要の削減という対応で具体化する。この市場の均衡点 E は現在の事業者に五角形 T0BFE の面積で示される固定資本費を含む余剰をもたらす。この電力市場における技術開発の競争はこの余剰の利用の仕方を変える。この余剰資金を市場の拡大に結び付く技術開発に投入すると，限界費用曲線 FJ で示される蓄電技術が活用可能な市場が開拓される。その反面，市場の供給が拡大したことによって市場価格は T から p^* に引き下げられる。新しい電力供給の技術開発は供給を増加させるための競争を促して，平均費用曲線 DEH を下方向に D′JH′ 曲線へとシフトさせて，新しい最善の均衡点 J が市場を通じて実現するように作用する。

4. エネルギー市場の価格政策と格差の内容

本章の分析に用いられたモデルは，実証研究に基づき理論化された。本章は原子力の再稼働，電力固定買取制度と再生可能エネルギーの供給拡大，電力の蓄蔵システムの改革の 3 つの政策を同時進行させるエネルギー政策の分析と評価である。この分析の対象となる状況がこれまで多くの国で未体験であることから，この問題に関する分析手法がこれまでの理論的な成果から得られると期待できる可能性は余り大きくない。その反面，今回のエネルギー政策がスムーズに推進されるためには，電力の市場メカニズムの有効な活用が重要な鍵となる。単一のエネルギーからの電力供給の料金論はすでに多くの理論が蓄積されて，この議論の体系は確立されている[13]。本論文はこの分析の枠組みの改革を企図する。図 14-1 において，脱原子力発電と再生可能エネルギーを組み合わせた，政策は電力の市場価格を上昇させ，図 14-1 の DK で示される消費量を削減させる。電力が上級財なので，所得の下位層にその負担が相対的に増大すると推測される。図 14-2 はこの負担が増大しないケースを論じる。図 14-3 は，エネルギーの蓄蔵技術の改革などの新しい市場の開拓を通じて期待される価格の低下と所得階層の負担の軽減の可能性が解明される。しかしながら，情

---

13) Laffont and Tilore（1994）の 3 章は料金の役割を体系的に整理する。

報技術の革新は，利用者に応じて異なる料金を契約料金とすることを可能にする。このような電力供給の実践的な革新が電力の自由化の議論に大きな影響を与え，本章の理論的な貢献を超えて，電力の経済理論自体を大きく書き替えると予想される。

この理論展開は電力の消費における格差が細分化されていく問題に直面しなければならない。本章の議論の実証研究は 2009 年と 2010 年に行われた東京都町田市との共同事業「新エネルギーに関する町田市民アンケート調査」に起源を有する[14]。以下では，2010 年の調査結果に基づき，その内容が紹介される。アンケート調査は，化石エネルギーと原子力発電への依存を低下させるための代替的な選択肢として，「太陽光発電」，「太陽熱」，「燃料電池」，「コージェネレーション」，「高効率給湯器（エコジョーズ，エコキュート等）」，「その他」を設定した。省エネ装置の導入に関する質問の回答が図 14-4 で示される。

消費者の選択は蓄蔵型のエネルギー装置に対する選好が顕著に表れる。表

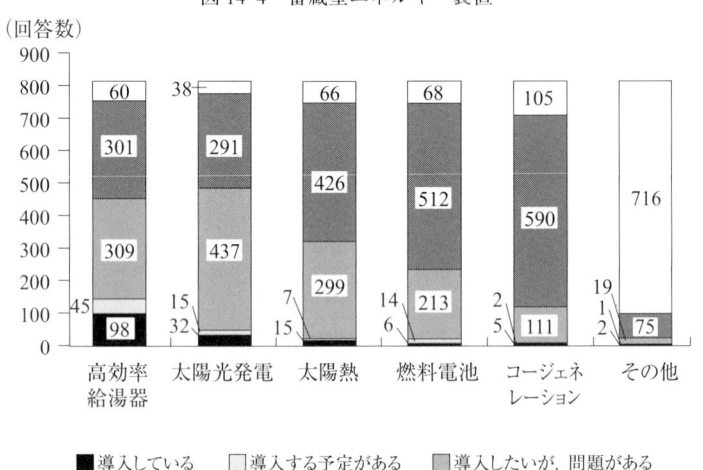

図 14-4 蓄蔵型エネルギー装置

	高効率給湯器	太陽光発電	太陽熱	燃料電池	コージェネレーション	その他
導入している	98	32	15	6	5	2
導入する予定がある	45	15	7	14	2	1
導入したいが，問題がある	309	437	299	213	111	75
導入するつもりはない	301	291	426	512	590	19
無回答	60	38	66	68	105	716

（出所）田中（2011a）。

---

14) 田中（2011a）と（2011c）。

14-1 中の「1 番目」,「2 番目」,「3 番目」は消費者が装置購入に際して重視する項目の優先度である。その購入動機では，設置価格と発電効率が大きなウェイトを占めており，補助金や融資制度は最優先の項目ではなく，購入を後押しする要因となっている。

本章の格差分析では，補助金などの政策の対象者が偏っていることとその効果が格差解消には機能していないことである。図 14-5 で設置しない理由として，経済的な理由と住居の環境が挙げられる。表 14-6 は設置の費用と支出可能な所得に対する割合を示す。消費者は所得に依存する支出可能額の範囲内で，設置価格の装置を選択する。当然のことであるが，消費者は所得に対する価格の割合が高くなるほど高額の設備の購入を選択する可能性が高くなること

表 14-1 省エネ・再生エネ装置購入の動機

重 点 項 目	1 番目	2 番目	3 番目
設 置 価 格	206	51	38
発 電 効 率	38	90	65
補助金・融資制度	26	108	89
地球温暖化問題に対する貢献	29	24	52
資金の回収見通し	27	51	77
無　　回　　答	487	489	492

出所）田中（2011a）。　　　　　　　　　　　　　（回答数）

図 14-5　導入する上の問題点

（回答数）
- 設置価格が高い: 470
- 導入できる環境にない: 301
- 資金回収の見通しが立たない: 232
- 補助金・融資制度の未整備: 198
- 導入の仕方がわからない: 87
- 環境に対する効果が疑問: 76
- 発電効率が悪い: 67
- 興味がない: 10

（出所）筆者作成。

396 第3部 財政調整および公共料金政策における格差問題と対応

図 14-6 経済的な余裕と居住環境の選好

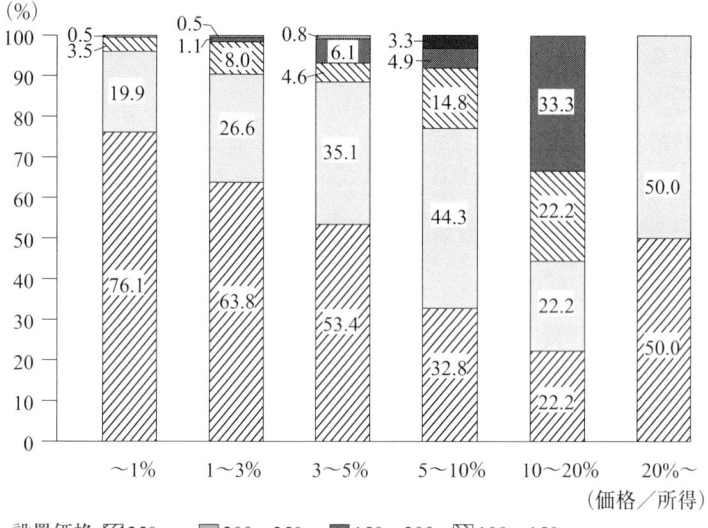

選択される施設の割合
(%)

	～1%	1～3%	3～5%	5～10%	10～20%	20%～
250～	0.5	0.5	0.8	3.3		
200～250	3.5	1.1				
150～200		8.0	4.6	4.9		
100～150	19.9	26.6	35.1	14.8	33.3	
50～100	76.1	63.8	53.4	44.3	22.2	50.0
～50(万円)				32.8	22.2	50.0
					22.2	

（価格／所得）

設置価格　250～　　200～250　　150～200　　100～150
　　　　　50～100　　～50（万円）

（出所）田中（2011c）。

を覚悟する。実際には，この比率が消費者の選択の幅を意味していて，経済的な余裕を反映しているのであれば，この集計結果は所得が高いなどの経済的な余裕が電力市場における消費者の高品質な生活の選択につながるという事実を物語るといえる。

　また，図14-7は固定買取価格による価格上昇の許容額が住宅の所有形態別に表示される。持ち家の築年齢が広範囲に分布することから，統計では平均化されて全体的な傾向は特徴が明確に現れない。集合住宅では持ち家と賃貸では対照的な分布がみられる。賃貸の集合住宅に居住する消費者は電力価格の上昇に抵抗感が強いのに対して，集合住宅でも持ち家の世帯は高品質のエネルギー環境を保証する電力価格の上昇を許容する。この分析結果は賃貸住宅の居住者にエネルギーの価格政策における補助金などの恩恵が及びにくいことを物語っていると解釈される。このように資産の格差が価格政策に傾斜するエネルギー

図14-7 資産とエネルギー市場価格の許容額

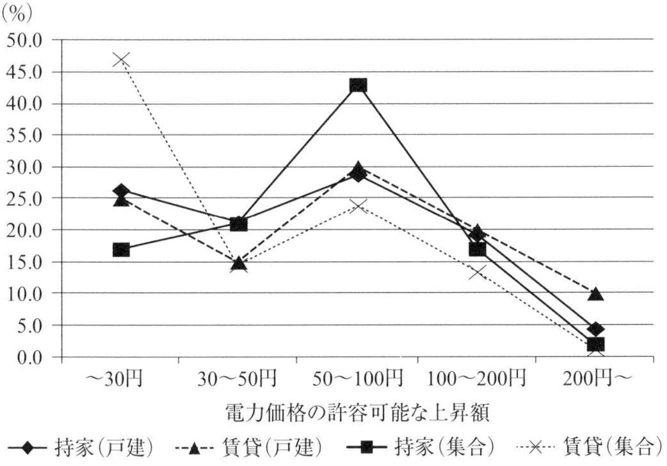

電力価格の許容可能な上昇額

◆ 持家(戸建)　▲ 賃貸(戸建)　■ 持家(集合)　× 賃貸(集合)

(出所) 田中 (2011c)。

政策において，社会厚生の配分の偏りの要因となることを良く理解して，電力の自由化の政策は慎重に進められるべきである。

5. おわりに

　エネルギーの供給が論じられるとき，ベストミックスが前提とされる。電力供給の現場では，需要量の変動に対応して安い電源から電力発電が稼働させられる。しかしながら，電力の市場理論では安定供給が優先され，大量の電力が供給可能なエネルギー源からの電力供給が論じられる。いいかえると，性質が異なる電源からの電力の供給に関する体系的な理論分析は展開されてこなかった。本章は，異なる特徴を有する電源からの電力市場における組み合わせの適合度を論じることができる理論モデルを提示する。Tanaka (2011b) は，技術開発などに必要な固定費用の費用便益分析を最善の理論と同時に議論することを可能にした。本章のモデルはこの理論的な成果を発展させたものであり，最善の理論に基礎をおくが，平均費用の分析も可能なように工夫されている。大量の電力供給能力を有する化石エネルギーに依存しない電力市場の確立とその運営のためには，ベストミックスの機能を理論的に解明することが必要であり，

統一されたモデル分析がこの分野で重要な役割を演じる。この分析の出発点において，価格機構のインセンティブが特定の条件を有する住民に有利に作用することが確かめられた。しかしながら，このような，市場の機能を重視したインセンティブ・メカニズムにおいて，固定費用の一部が負担能力を有する住民や企業により自発的に分担されることを推進するシステムが設計される。この制度が機能すれば，結果として，大多数の国民はこのインセンティブ・メカニズムによって，安い電力料金と豊富な電力供給という便益を享受できることが見込まれる。その一方で，電力という生活の基盤を形成する財の消費において，このインセンティブ・メカニズムの適用の恩恵を受けられないで電力料金の負担だけが増大する住民がその所得と住宅の状況によって定められることが明らかになる。本章で論じられた必需品としての電力消費と格差の問題は，電力市場の価格政策に重要な論点を提供する。「2015年度の買い取り総額は1兆3000億円程度で，標準的な家庭の負担は年5700円程度。(政府の方針では，2030年度に) 買取費用は最大で約4兆円となり，標準家庭の負担は年1万円を大きく超える見通し」(( ) 内は筆者による)[15]。買取制度のように価格機構に基づくインセンティブ政策は，4節で解明されたように，各個人の所得や資産状態によって良好に機能せずに，負担の公平性に大きな疑問が生じる。このような価格政策は特に所得が低い層には過重な負担となり，所得と生活の格差を広げる要因となることが明確となった。経済の活性化を目指すために市場の機能を活用するさまざまな政策がどんなに効果を予想できても，所得と生活の両面で大きな格差の社会問題に大きな影響が現れる前に，これらの政策は有期間での見直しが不可欠である。

　本章において，3つのエネルギー供給源からの電力の市場供給が論じられる。現状では，再生可能エネルギーが主電源の位置を占めることはないので，このエネルギーは他のエネルギーと切り離し論じられることが多い。その存在意義が高まり，第2位の電源を目指すこのエネルギーにとって，本章で開発さ

---

15)　「日本経済新聞」2015年6月8日。

れたモデル分析は，再生可能エネルギーからの電力供給が電力システム全体に与える課題を解明する。この理論的モデルは再生可能エネルギーからの電力供給を論じるときに有効な分析方法である。以上の議論では，原子力エネルギーの依存を減らしながら，再生可能エネルギーの利用を高める可能性がモデルを用いて論証される。この分析の特徴は，電力市場が有効に機能すると想定されていることである。その分析予測が，有力な将来像を反映する。その実現可能性を明確にするためには，本章では，いくつかの仮定に基づいて推論が展開されることが注意されなければならない。第1に，電力市場の数量は年間の取引量を表示する。変動が大きいピーク時の需要と供給はこの議論では論じられない。第2に，図14-2における分析において，原子力発電に関する社会的費用の評価の引き上げと再生可能エネルギーにおける技術進歩が前提にされている。図14-2における中立命題の成立は，この2つの要因が実際に機能することに依存する。この効果を実際に実現するためには，有効なエネルギー政策の実施が必要になる。また，化石燃料の利用の効率性に関する技術革新は仮定されていないことから，シェールガス開発，水素エネルギーなどの積極的な利用による電気の蓄蔵技術などの技術革新に関する分析は以上の結論に影響を与えることになる。第3に，電力に関する社会的便益が長期的にどのように変化するのかも重要なテーマとなり，その変化が以上の結論に大きな影響を与える。IT技術と電力の融合は都市の構造自体を変革するという議論もかなり説得力があるので，この限界便益曲線の性質を解明することもこれからの需要なテーマとなるであろう。

参 考 文 献

新エネルギー・産業技術総合開発機構（2014）『NEDO 水素エネルギー白書 2014』
　　http://www.nedo.go.jp/content/100567362.pdf（2015.1.10）
田中廣滋（1998）「温室効果ガスの排出権に関する国際的な取引としてのクリーン開発メカニズムと排出権市場」，『国際公共経済研究』第 8 号）14-21 ページ。
田中廣滋（2001）「公共財としての廃棄物最終処分場の整備」田中廣滋編著（2001）『環境ネットワークの再構築』中央大学出版部，143-166 ページ。
田中廣滋（2010a）「気候変動と環境技術革新」（『地球環境レポート』13 号）1-14

ページ．

田中廣滋（2010b）『気候変動問題と環境技術革新戦略』中央大学教育 GP。http://www2.chuo-u.ac.jp/econ/gp/img/publish/2009bookletindex.pdf（2015.1.10）

田中廣滋（2011a）「新エネルギーに関する東京都町田市民アンケート調査報告 2010 年度」中央大学教育 GP。https://www2.chuo-u.ac.jp/econ/gp/act10/img/machida_answer2010.pdf（2015.1.10）

田中廣滋（2011b）「環境技術とイノベーションの費用便益分析の指標　環境経済学のワンポイント講義．14 回」（『地球環境レポート』14 号）211-215 ページ．

田中廣滋（2011c）「都市の持続可能なガバナンス―低炭素社会と公民協働のコミュニケーション手法について」田中廣滋編著『グローバル都市形成における東京都と天津市の比較研究』，中央大学教育 GP。https://www2.chuo-u.ac.jp/econ/gp/img/publish/2010bookj/bookj_mokuji.pdf（2015.1.10）

田中廣滋（2013a）「電力の固定買取制度と環境技術の費用便益分析」，中央大学（経済学論纂）53 巻，479-501 ページ．

田中廣滋（2013b）「ポスト京都議定書の枠組みと排出権市場の役割」，中央大学（経済学論纂），54 巻，31-41 ページ．

田中廣滋（2014）「グローバルな地域発展戦略と原子力発電の市場アプローチ」岸真清，黒田巌，御船洋編著『グローバル下の地域金融』中央大学出版部，347-360 ページ．

田中廣滋他（1998）『公共経済学』東洋経済新報社．

長谷川智之（2003）「不確実性と温暖化交渉の行方」，田中廣滋編著（2003）『費用便益分析―環境と公共分野の理論―』中央大学出版部，63-87 ページ．

Aldy, J.E. and R.N.Stavins（2007）, *Architectures for Agreement: Addressing Global Climate Change in the Post-Kyoto World Cambridge*, Cambridge University Press.

Barbier, E.B.（2010）, *A Global Green New Deal: Rethinking the Economic Recovery*, United Nations Environment Programme, Cambridge University Press.

Cato, M.S.（2009）, *Green Economics: An Introduction to Theory, Policy and Practice*, London, Earthscan.

Laffont, J.J. and J. Tilore（1994）, *A Theory of Incentives in Procurement and Regulation*, London, The MIT Press.

Markandya, A., A.Bingano and R. Porchia eds.（2010）, *The Social Cost of Electricity: Scenarios and Policy Implications*, Cheltenham, Edward Elgar Publishing Limited.

Mendonça, M., D. Jacobs and B. Sovacool（2010）, *Powering the Green Economy: The feed-in tariff handbook*, London, Earthscan.

Moody, J.B. and Nogrady, B.（2010）, *The Six Wave: How to Succeed in a Resource-limited World*, North Sydney NSW, Random House Australia Pty Ltd.（峯村利哉訳（2011）『第 6 の波―環境・資源ビジネス革命と次の大市場』徳間書店）．

Tanaka, H.（2009）, The Sustainable Framework of Climate Change and Financial Crises 2008-09. http://www.london-accord.co.uk/index.php?option=com_content&view=article&id=173&Itemid=133（2015.1.10）

Tanaka, H.（2011）, "Global Public Supports for Innovation in Environmental Technology,"

London Accord, pp.1-12. http://www.longfinance.net/component/yuidt/index.php?option=com_content&view=article&id=402&Itemid=157（2015.1.10）

Upham, R. T. P., S. Mander, C. McLachlan, P. Boucher, C. Gough and D. A. Ghanem, (eds.) (2013), *Low-Carbon Energy Controversies*, New York, Routledge.

Van den Bergh, J. C. M. and F. R. Bruinsma, eds. (2008), *Managing the Transition to Renewable Energy: Theory and Practice from Local, Regional and Macro Perspectives*, Cheltenham, UK, Edward Elgar Publishing Limited.

Yohe, G.W. (1998), "First Principle and the Economic Comparison of Regulatory Alternatives in Global Change", in Toth, (ed.) Cost-Benefit Analysis of Climate Change: The Broader Perspective, Basel, Birkhäuser Verleg, pp. 17-28.

執筆者紹介 （執筆順）

関野満夫（せきのみつお）　研究員（中央大学経済学部教授）
栁下正和（やなぎしたまさかず）　客員研究員（城西大学経営学部准教授）
横山　彰（よこやまあきら）　研究員（中央大学総合政策学部教授）
浅羽隆史（あさばたかし）　客員研究員（成蹊大学法学部教授）
片桐正俊（かたぎりまさとし）　研究員（中央大学経済学部教授）
広瀬義朗（ひろせよしろう）　客員研究員（東京都立産業技術高等専門学校ものづくり工学科准教授）
篠原正博（しのはらまさひろ）　研究員（中央大学経済学部教授）
李　　森（りしん）　客員研究員（福山大学経済学部教授）
飯島大邦（いいじまひろくに）　研究員（中央大学経済学部教授）
御船　洋（みふねひろし）　研究員（中央大学商学部教授）
中島正博（なかじままさひろ）　客員研究員（和歌山大学経済学部准教授）
中澤克佳（なかざわかつよし）　客員研究員（東洋大学経済学部准教授）
田代昌孝（たしろまさゆき）　客員研究員（桃山学院大学経済学部准教授）
田中廣滋（たなかひろしげ）　研究員（中央大学経済学部教授）

格差対応財政の新展開　　　　中央大学経済研究所研究叢書　64

2016年3月1日　発行

　　　　編著者　片　桐　正　俊
　　　　　　　　御　船　　　洋
　　　　　　　　横　山　　　彰
　　　　発行者　中央大学出版部
　　　　　　代表者　神　﨑　茂　治

　　　　　　　　　　東京都八王子市東中野742-1
　　　　発行所　中央大学出版部
　　　　　　　電話 042(674)2351　FAX 042(674)2354

Ⓒ 2016　　　　　　　　　　　　　　　　　藤原印刷

ISBN978-4-8057-2258-9

■ 中央大学経済研究所研究叢書 ■

6. 歴史研究と国際的契機　　中央大学経済研究所編　A5判　1400円
7. 戦後の日本経済——高度成長とその評価——　中央大学経済研究所編　A5判　3000円
8. 中小企業の階層構造
　　——日立製作所下請企業構造の実態分析——　中央大学経済研究所編　A5判　3200円
9. 農業の構造変化と労働市場　中央大学経済研究所編　A5判　3200円
10. 歴史研究と階級的契機　中央大学経済研究所編　A5判　2000円
11. 構造変動下の日本経済
　　——産業構造の実態と政策——　中央大学経済研究所編　A5判　2400円
12. 兼業農家の労働と生活・社会保障
　　——伊那地域の農業と電子機器工業実態分析——　中央大学経済研究所編　A5判　4500円〈品　切〉
13. アジアの経済成長と構造変動　中央大学経済研究所編　A5判　3000円
14. 日本経済と福祉の計量的分析　中央大学経済研究所編　A5判　2600円
15. 社会主義経済の現状分析　中央大学研究所編　A5判　3000円
16. 低成長・構造変動下の日本経済　中央大学経済研究所編　A5判　3000円
17. ME技術革新下の下請工業と農村変貌　中央大学経済研究所編　A5判　3500円
18. 日本資本主義の歴史と現状　中央大学経済研究所編　A5判　2800円
19. 歴史における文化と社会　中央大学経済研究所編　A5判　2000円
20. 地方中核都市の産業活性化——八戸　中央大学経済研究所編　A5判　3000円

中央大学経済研究所研究叢書

21. 自動車産業の国際化と生産システム　　中央大学経済研究所編　A5判　2500円
22. ケインズ経済学の再検討　　中央大学経済研究所編　A5判　2600円
23. AGING of THE JAPANESE ECONOMY　　中央大学経済研究所編　菊判　2800円
24. 日本の国際経済政策　　中央大学経済研究所編　A5判　2500円
25. 体制転換──市場経済への道──　　中央大学経済研究所編　A5判　2500円
26. 「地域労働市場」の変容と農家生活保障
　　──伊那農家10年の軌跡から──　　中央大学経済研究所編　A5判　3600円
27. 構造転換下のフランス自動車産業
　　──管理方式の「ジャパナイゼーション」──　　中央大学経済研究所編　A5判　2900円
28. 環境の変化と会計情報
　　──ミクロ会計とマクロ会計の連環──　　中央大学経済研究所編　A5判　2800円
29. アジアの台頭と日本の役割　　中央大学経済研究所編　A5判　2700円
30. 社会保障と生活最低限
　　──国際動向を踏まえて──　　中央大学経済研究所編　A5判　2900円〈品切〉
31. 市場経済移行政策と経済発展
　　──現状と課題──　　中央大学経済研究所編　A5判　2800円〈品切〉
32. 戦後日本資本主義
　　──展開過程と現況──　　中央大学経済研究所編　A5判　4500円
33. 現代財政危機と公信用　　中央大学経済研究所編　A5判　3500円
34. 現代資本主義と労働価値論　　中央大学経済研究所編　A5判　2600円
35. APEC地域主義と世界経済　　今川・坂本・長谷川編著　A5判　3100円

中央大学経済研究所研究叢書

36.	ミクロ環境会計とマクロ環境会計	A5判	小口好昭編著	3200円
37.	現代経営戦略の潮流と課題	A5判	林・高橋編著	3500円
38.	環境激変に立ち向かう日本自動車産業 ——グローバリゼーションさなかのカスタマー・サプライヤー関係——	A5判	池田・中川編著	3200円
39.	フランス—経済・社会・文化の位相	A5判	佐藤 清編著	3500円
40.	アジア経済のゆくえ ——成長・環境・公正——	A5判	井村・深町・田村編	3400円
41.	現代経済システムと公共政策	A5判	中野 守編	4500円
42.	現代日本資本主義	A5判	一井・鳥居編著	4000円
43.	功利主義と社会改革の諸思想	A5判	音無通宏編著	6500円
44.	分権化財政の新展開	A5判	片岡・御船・横山編著	3900円
45.	非典型型労働と社会保障	A5判	古郡鞆子編著	2600円
46.	制度改革と経済政策	A5判	飯島・谷口・中野編著	4500円
47.	会計領域の拡大と会計概念フレームワーク	A5判	河野・小口編著	3400円
48.	グローバル化財政の新展開	A5判	片桐・御船・横山編著	4700円
49.	グローバル資本主義の構造分析	A5判	一井 昭編	3600円
50.	フランス—経済・社会・文化の諸相	A5判	佐藤 清編著	3800円
51.	功利主義と政策思想の展開	A5判	音無通宏編著	6900円
52.	東アジアの地域協力と経済・通貨統合	A5判	塩見・中條・田中編著	3800円

中央大学経済研究所研究叢書

53.	現代経営戦略の展開	A5判	高橋・林編著 3700円
54.	ＡＰＥＣの市場統合	A5判	長谷川聰哲編著 2600円
55.	人口減少下の制度改革と地域政策	A5判	塩見・山﨑編著 4200円
56.	世界経済の新潮流 ――グローバリゼーション，地域経済統合，経済格差に注目して――	A5判	田中・林編著 4300円
57.	グローバリゼーションと日本資本主義	A5判	鳥居・佐藤編著 3800円
58.	高齢社会の労働市場分析	A5判	松浦　司編著 3500円
59.	現代リスク社会と3・11複合災害の経済分析	A5判	塩見・谷口編著 3900円
60.	金融危機後の世界経済の課題	A5判	中條・小森谷編著 4000円
61.	会計と社会 ――ミクロ会計・メソ会計・マクロ会計の視点から――	A5判	小口好昭編著 5200円
62.	変化の中の国民生活と社会政策の課題	A5判	鷲谷　徹編著 4000円
63.	日本経済の再生と新たな国際関係	A5判	中央大学経済研究所編 5300円

＊価格は本体価格です．別途消費税が必要です．